T0225068

Dietrich Boles

Parallele Programmierung spielend gelernt mit dem Java-Hamster-Modell

Dietrich Boles

# Parallele Programmierung spielend gelernt mit dem Java-Hamster-Modell

Programmierung mit Java-Threads

STUDIUM

**VIEWEG+
TEUBNER**

Bibliografische Information der Deutschen Nationalbibliothek
Die Deutsche Nationalbibliothek verzeichnet diese Publikation in der
Deutschen Nationalbibliografie; detaillierte bibliografische Daten sind im Internet über
<http://dnb.d-nb.de> abrufbar.

1. Auflage 2008

Alle Rechte vorbehalten
© Vieweg+Teubner | GWV Fachverlage GmbH, Wiesbaden 2008

Lektorat: Ulrich Sandten | Kerstin Hoffmann

Vieweg+Teubner ist Teil der Fachverlagsgruppe Springer Science+Business Media.
www.viewegteubner.de

Umschlaggestaltung: KünkelLopka Medienentwicklung, Heidelberg
Druck und buchbinderische Verarbeitung: STRAUSS GMBH, Mörlenbach
Gedruckt auf säurefreiem und chlorfrei gebleichtem Papier.
Printed in Germany

ISBN 978-3-8351-0229-3

# Vorwort

Das Java-Hamster-Modell ist ein didaktisches Modell zum spielerischen Erlernen der Programmierung mit Java. Grundlegende Programmierkonzepte werden durch das Entwickeln so genannter „Hamster-Programme" erlernt, mit denen virtuelle Hamster durch eine virtuelle Landschaft gesteuert werden und dabei bestimmte Aufgaben lösen. Zum Java-Hamster-Modell gibt es eine Buchreihe, die aktuell aus drei Bänden besteht. Der erste Band („Programmieren spielend gelernt mit dem Java-Hamster-Modell"[Bol08]) gibt eine allgemeine Einführung in die Grundlagen der Programmierung und stellt die Konzepte der imperativen Programmierung vor. Der zweite Band („Objektorientierte Programmierung spielend gelernt mit dem Java-Hamster-Modell"[BB04]) führt in die objektorientierte Programmierung ein. Im vorliegenden dritten Band steht das Erlernen der Konzepte der parallelen Programmierung im Allgemeinen und der Programmierung mit Java-Threads im Speziellen im Mittelpunkt.

## Ziel und Motivation

Ursprüngliches Ziel des Hamster-Modells war es, Programmieranfängern die „Angst" vor der Programmierung zu nehmen und die Komplexität der vielen technischen, methodischen und inhaltlichen Neuigkeiten, die anfangs auf sie einströmen, zu reduzieren. Nahezu alle Bücher zum Erlernen der Programmierung beginnen mit Typen, Operatoren, Ausdrücken und Variablen. Durch die Nähe dieser Konstrukte zur Mathematik werden davon bereits viele Schüler bzw. Studienanfänger abgeschreckt. Im Hamster-Modell beginnen Programmieranfänger mit den wesentlichen Konzepten der (imperativen) Programmierung, nämlich den Anweisungen. Das Programmieren verläuft damit quasi analog zu Tätigkeiten des alltäglichen Lebens, wie Kochen, Basteln oder Puzzlen. Im Mittelpunkt steht hierbei der Begriff des Algorithmus und damit das Wesentliche der Programmierung, nämlich das Lösen von Problemen mit Hilfe des Computers.

Der größte Vorteil des Hamster-Modells – in Zusammenhang mit dem Hamster-Simulator, einer Software zum Entwickeln und Ausführen von Hamster-Programmen – ist, dass Anweisungen bzw. Befehle, die man dem Computer erteilt, direkt visualisiert werden. Beim Befehl vor hüpft bspw. ein Hamster im Territorium eine Kachel nach vorne. Programmieranfänger können damit unmittelbar nachvollziehen, was ihre Programme tun und ob sie korrekt oder fehlerhaft sind. Diese Visualisierung motiviert Programmieranfänger deutlich mehr als mittels System.out.println Zahlenkolonnen auf die Konsole zu schreiben.

Dass in den spielerischen Elementen des Hamster-Modells und der Visualisierung von Anweisungen noch deutlich mehr Potential steckt, als Programmieranfängern das Erlernen der grundlegenden Programmierkonzepte zu erleichtern, werden Sie hoffentlich beim Durcharbeiten des vorliegenden Buches selbst feststellen. Sie als Leser wollen die parallele Programmierung kennenlernen. Sie wollen wissen, was sich hinter dem Thread-Konzept von Java verbirgt. Genau das werden Ihnen in diesem Buch die Hamster demonstrieren. Die Hamster werden nämlich als visuelle Repräsentation von Prozessen bzw. Threads genutzt; das Thread-Konzept von Java wird durch die Hamster quasi visualisiert.

Vielleicht werden Sie jetzt sagen „Ich bin doch gar kein Kind mehr. Ist das nicht alles ein bisschen kindisch mit den Hamstern!?" Ich bin mir ziemlich sicher, dass Sie das bereits nach den ersten Kapiteln anders sehen werden. Es macht einfach deutlich mehr Spaß, beim Ausführen eines selbst entwickelten Programms den Hamstern bei ihrer Arbeit zuzuschauen, als wie in anderen Lehrbüchern zur parallelen Programmierung Textausgaben der Threads auf der Konsole mühsam nachvollziehen zu müssen. Sie sehen an den Aktionen der Hamster unmittelbar, was Ihr Programm tut und ob es das tut, was es soll, oder noch Fehler enthält.

Ein paar Beispiele sollen Ihnen schon einmal Geschmack auf das machen, was Sie in diesem Buch erwartet:

- Hamster sind selbstständige Prozesse, die sich Wettrennen liefern: „Wer erreicht als erster das leckere Korn?"

- Die Hamster bekommen die Aufgabe, Körnerhaufen der Größe nach zu sortieren. Gemeinsam geht das viel schneller.

- Die Hamster wollen gemeinsam erkunden, auf welcher Kachel des Territoriums die meisten Körner liegen. Dazu müssen sie miteinander kommunizieren.

- Die Hamster wissen, dass auf der anderen Seite einer tiefen Schlucht besonderes leckere Körner liegen. Leider führt jedoch nur eine schmale, instabile Brücke über die Schlucht, die immer nur abwechselnd betreten werden darf. Um nicht in die Schlucht zu stürzen, müssen die Hamster das Betreten der Brücke untereinander koordinieren.

- Die Hamster wollen einen gefährlichen Berg erklimmen. Einer von Ihnen ist jedoch noch ein ziemlich unerfahrener Bergsteiger. Die anderen müssen ihm helfen.

- Die Hamster simulieren das bekannteste Problem der parallelen Programmierung, das so genannte Philosophen-Problem. Gelingt es ihnen, die Benutzung einer eingeschränkten Menge von Gabeln zu synchronisieren, um nicht Gefahr zu laufen, elendig verhungern zu müssen?

## Zielgruppe und Voraussetzungen

Zielgruppe des vorliegenden Buches sind Programmierer[1], die die Grundkonzepte der imperativen und objektorientierten Programmierung mit Java beherrschen und nun die Konzepte der parallelen Programmierung im Allgemeinen und die Programmierung mit Java-Threads im Speziellen erlernen wollen. Dabei ist es unerheblich, ob die vorausgesetzten Kenntnisse durch das Lesen der beiden anderen Java-Hamster-Bände oder anderweitig erworben wurden. Die drei Bände des Java-Hamster-Modells sind prinzipiell voneinander unabhängig. In Kapitel 2 dieses Buches werden die notwendigen Grundlagen des Java-Hamster-Modells ausführlich erläutert.

## Das Java-Hamster-Modell im WWW

Natürlich gibt es zum Java-Hamster-Modell auch eine Website. Unter **http://www.java-hamster-modell.de** finden Sie viele weitergehende Informationen und Materialien zum Hamster-Modell im

---

[1]Lediglich aufgrund der besseren Lesbarkeit wird in diesem Buch ausschließlich die maskuline Form verwendet.

Speziellen und zum Programmieren im Allgemeinen. Sie können dort alle Beispielprogramme dieses Buches herunterladen und finden zusätzliche Aufgaben und Musterlösungen. Es stehen weitere Online-Bücher, Vorlesungsmaterialien und Spiele rund um das Thema Hamster zur Verfügung. Ferner gibt es ein Forum, über das Sie mit anderen Hamster-Programmierern in Kontakt treten und Meinungen, Fragen und Antworten austauschen können.

Weiterhin sind die Java-Hamster-Bücher auch im BookIP-System präsent (www.bookip.de). BookIP ist eine neue Web-2.0-Plattform zur Verbesserung der Kommunikation zwischen Verlagen, Autoren und Lesern.

# Der Hamster-Simulator

Von der Java-Hamster-Website können Sie auch kostenlos den so genannten **Hamster-Simulator** herunterladen. Beim Hamster-Simulator handelt es sich um ein Programm, mit dem Sie Hamster-Programme entwickeln und ausführen können. Dazu stellt er eine Reihe von Werkzeugen zur Verfügung: einen Editor zum Eingeben und Verwalten von Hamster-Programmen, einen Compiler zum Übersetzen von Hamster-Programmen, einen Territoriumsgestalter zum Gestalten und Verwalten von Hamster-Territorien, einen Interpreter zum Ausführen von Hamster-Programmen und einen Debugger zum Testen von Hamster-Programmen. Der Hamster-Simulator ist einfach zu bedienen, wurde aber funktional und bedienungsmäßig bewusst an professionelle Entwicklungsumgebungen für Java (z.B. Eclipse) angelehnt, um einen späteren Umstieg auf diese zu erleichtern.

Ich kann Ihnen nur dringend empfehlen, den Hamster-Simulator auf Ihrem Computer zu installieren. Es macht nicht nur Spaß, die Hamster durch ihr Territorium flitzen zu sehen und sie bei der Arbeit zu beobachten. Vielmehr ist es zum Erlernen der Programmierung dringend erforderlich, sich selbstständig mit Aufgaben auseinanderzusetzen und eigenständig Lösungsprogramme zu entwickeln und zu testen. Allein durch Lesen lernt man nicht Programmieren!

# Dank

Ich setze das Java-Hamster-Modell seit vielen Jahren in meinen Vorlesungen zur Programmierung an der Universität Oldenburg ein. Ich möchte mich hiermit bei den Studierenden ganz herzlich für die zahlreichen Anregungen und Tipps bedanken. Besonders gefreut habe ich mich auch über die vielen positiven Rückmeldungen zahlreicher „Java-Hamster-Fans", die mich in den vergangenen Jahren erreicht haben. Sie haben mir gezeigt, dass das Hamster-Modell nicht nur gut ankommt, sondern auch seinen Zweck erfüllt, die grundlegenden Konzepte der Programmierung auf verständliche und motivierende Art und Weise zu vermitteln.

Dank gebührt weiterhin Frau Kerstin Hoffmann und Herrn Ulrich Sandten vom Vieweg+Teubner-Verlag für die tolle Zusammenarbeit. Besonders danken möchte ich aber Daniel Jasper für die Erstellung der Grundversion des Hamster-Simulators, Anja Hasler und Christiane Sinzger für das süße Hamster-Bild auf der Seite nach dem Inhaltsverzeichnis sowie meiner Frau, Dr. Cornelia Boles, für viele wichtige Hinweise und für ihre tatkräftige Unterstützung beim Korrekturlesen. Nicht vergessen möchte ich an dieser Stelle, meinen beiden Kinder, Sarah und Janik, ein Dankeschön zu sagen. Sie mussten immer ein wenig darunter „leiden", wenn sich ihr Papa mal wieder für ein paar Stunden an den Schreibtisch gesetzt und das Spielen mit Ihnen unterbrochen hat.

# Kontakt

Anmerkungen, Meinungen, Lob, Kritik, Fragen und Verbesserungsvorschläge zum Buch sind übrigens erwünscht. Meine Anschrift lautet: Dr.-Ing. Dietrich Boles, Universität Oldenburg, Department für Informatik, Escherweg 2, D-26121 Oldenburg; Email: dietrich@boles.de

Nun wünsche ich allen Leserinnen und Lesern viel Spaß und Erfolg beim Erlernen der parallelen Programmierung mit den Java-Hamstern.

Oldenburg, im Mai 2008                                                    Dietrich Boles

# Inhaltsverzeichnis

# Kapitel 1
# Einleitung

Bei der „normalen" Programmierung mit Java haben wir es mit der Entwicklung *sequentieller Programme* zu tun. Sequentielle Programme sind dadurch gekennzeichnet, dass bei ihrer Ausführung ein einzelner Prozess erzeugt wird, der die Anweisungen des Programms nacheinander ausführt. In diesem Buch werden wir uns mit *parallelen Programmen* auseinandersetzen. Im Unterschied zu sequentiellen Programmen werden bei der Ausführung paralleler Programme in der Regel mehrere Prozesse gestartet, die gleichzeitig aktiv sind und gemeinsam versuchen, das gegebene Problem zu lösen.

Dieses Buch trägt den Titel „Parallele Programmierung spielend gelernt". Allerdings ist der Begriff „Parallele Programmierung" eigentlich nicht ganz korrekt. Er suggeriert, dass parallel programmiert wird, d.h. dass unter Umständen mehrere Programmierer gleichzeitig mit der Entwicklung eines Programms beschäftigt sind. In der Informatik versteht man unter „paralleler Programmierung" jedoch die Entwicklung *paralleler* – oder synonym *nebenläufiger* – Programme und in diesem Sinne wird der Begriff auch in diesem Buch verwendet.

In dieser Einleitung wird in Abschnitt 1 zunächst der Begriff der Parallelität genauer untersucht und die echte Parallelität wird mit der Quasi-Parallelität verglichen. Letztere bildet die Grundlage der Programmierung mit Java-Threads. Abschnitt 2 zeigt kurz die Vorteile des Einsatzes von Java-Threads auf. Abschnitt 3 gibt einen Überblick über die Konzepte der parallelen Programmierung und bereitet Sie damit darauf vor, was Sie in diesem Buch erwarten wird. Abschnitt 4 führt Ihnen schon einmal vor Augen, dass die parallele Programmierung weitaus höhere Ansprüche an Sie als Programmierer stellt als die sequentielle Programmierung. Das Besondere dieses Buches ist jedoch der Einsatz des Java-Hamster-Modells beim Erlernen der parallelen Programmierung und in Abschnitt 5 werden Sie erfahren, was genau das Besondere diese Modells ist und welche Vorteile der Einsatz des Java-Hamster-Modells mit sich bringt. Abschnitt 6 grenzt die parallele Programmierung von der so genannten *verteilten Programmierung* ab und führt kurz auf, welche Konzepte Java für die verteilte Programmierung bietet. Bevor Sie in Abschnitt 8 mehr über den genauen Aufbau des Buches erfahren, sollten Sie gründlich Abschnitt 7 lesen. In Abschnitt 7 werden nämlich wichtige Anmerkungen dazu gemacht werden, wie Sie beim Durcharbeiten dieses Buches vorgehen sollten.

## 1.1 Parallelität

In Abhängigkeit von der Interpretation des Begriffs „gleichzeitig" lassen sich die *echt-parallele* von der *quasi-parallelen* Ausführung paralleler Programme abgrenzen. Existieren mehrere Prozessoren, auf die die einzelnen Prozesse verteilt werden können, können in der Tat mehrere Anweisungen zum exakt gleichen Zeitpunkt – also echt-parallel – ausgeführt werden. Existiert hingegen nur ein einzelner Prozessor, ist dies nicht möglich. In diesem Fall muss es eine interne Instanz – einen so genannten *Scheduler* – geben, die den Prozessor unter den Prozessen „aufteilt": Mal bekommt der eine Prozess den Prozessor zugeteilt, mal ein anderer. Dieser Wechsel zwischen den Prozessen erfolgt in der Regel so schnell, dass der Ausführende des Programms das gar nicht mitbekommt und es den Anschein hat, dass tatsächlich mehrere Prozesse gleichzeitig ihre jeweiligen Anweisungen ausführen. Daher spricht man auch von *Quasi-Parallelität*.

Beim Thread-Konzept von Java haben wir es mit einer solchen Quasi-Parallelität zu tun. Threads sind dabei so genannte leichtgewichtige Prozesse, die sich den Adressraum eines schwergewichtigen Prozesses auf Betriebssystemebene teilen, also auf gemeinsame Speicherbereiche – sprich Variablen – zugreifen können.

Sie können sich das zunächst so vorstellen, dass Sie wie gewohnt ihr Java-Programm aufrufen, wodurch die JVM (Java Virtual Machine) einen Prozess auf Betriebssystemebene startet. In diesem Prozess existiert zunächst ein einzelner Thread, der die Möglichkeit besitzt, weitere Threads zu erzeugen und zu starten. Diese Threads arbeiten quasi-parallel zueinander ihre Anweisungen ab und werden durch den so genannten *Java-Scheduler*, der in die JVM integriert ist, verwaltet und koordiniert.

Die Sprachkonstrukte der echt-parallelen und der quasi-parallelen Programmierung sind prinzipiell gleich. Es muss Konstrukte zum Erzeugen, Starten und Stoppen von Prozessen (bzw. Threads) geben. Es müssen Konstrukte existieren, damit die Prozesse miteinander kommunizieren, d.h. Daten austauschen können, und es müssen Konstrukte zur Verfügung stehen, mit denen eine Koordination der Prozesse dahingehend erreicht werden kann, dass sie unter Umständen aufeinander warten, bis bestimmte Bedingungen erfüllt sind. Bei quasi-parallelen Programmen kommen jedoch unter Umständen noch Konstrukte zum Zugriff auf den Scheduler hinzu, um bspw. die Reihenfolge der Zuordnung der Prozesse zum Prozessor beeinflussen zu können.

# 1.2 Vorteile

Sie mögen sich nun vielleicht die Frage stellen: Wenn man zur Lösung eines komplexen Problems $n$ Prozesse einsetzt und diese auf $n$ zur Verfügung stehende Prozessoren verteilt, dann ist eine unter Umständen deutlich schnellere Lösung des Problems denkbar. Welche Vorteile bringt es jedoch, wenn sich die $n$ Prozesse einen einzelnen Prozessor teilen müssen? Der Scheduler verbraucht ja zusätzliche Rechenzeit, sodass ein Java-Programm, das mehrere Threads einsetzt, immer langsamer sein muss als ein äquivalentes sequentielles Programm!?

Um dieses „Vorurteil" gegenüber der quasi-parallelen Programmierung zu widerlegen, stellen Sie sich ein Programm vor, bei dem zu bestimmten Zeitpunkten Eingaben vom Benutzer verlangt und anschließend mit diesen Eingaben komplexe Berechnungen angestoßen werden. In der Regel vergehen mehrere Sekunden, bis ein Benutzer nach einer Eingabeaufforderung die Eingabe abgeschlossen hat. In einem sequentiellen Programm steht das Programm in dieser Zeit still. In einem quasi-parallelen Programm, in dem die Eingabe und die Berechnung in unterschiedlichen Threads erfolgt, kann jedoch während der Eingabe-Thread wartet der Berechnungsthread seine Berechnungen durchführen. Folge: Die Gesamtausführungszeit bestimmter Programme kann durch den Einsatz von Threads deutlich reduziert werden.

Neben einer möglichen Effizienzsteigerung bringt das Thread-Konzept weitere Vorteile mit sich:

- In Java sorgt der Garbage-Collector dafür, dass nicht mehr zugreifbarer Speicherplatz wieder frei gegeben wird. Der Garbage-Collector wird in Java als eigenständiger Thread realisiert, der automatisch durch die JVM gestartet wird und nebenläufig zu anderen Threads die

Speicherbereinigung durchführt. Sie brauchen als Programmierer dazu an keiner Stelle bestimmte Funktionen aufrufen und der Benutzer des Programms bekommt davon nichts mit, insbesondere gibt es keine erkennbaren Wartezeiten.

- Wenn Sie mit dem Hamster-Simulator arbeiten und ein Hamster-Programm ausführen, können Sie die Ausführung durch Anklicken des Stopp-Buttons abbrechen. Ein solches Verhalten ist nur dadurch realisierbar, dass die Ausführung des Hamster-Programms in einem anderen Thread als die Erkennung und Verarbeitung von Benutzereingaben erfolgt.

- Wenn Sie im Internet Suchanfragen stellen, Bücher bestellen oder Reisen buchen, haben Sie immer den Eindruck, dass Sie gerade alleine den entsprechenden Dienst nutzen. In der Tat greifen jedoch in der Regel viele Personen gleichzeitig auf den entsprechenden Web-Server zu. Java-basierte Webserver bearbeiten jede Anfrage in einem eigenständigen Thread, sodass der Eindruck der exklusiven Nutzung entsteht, tatsächlich jedoch viele Anfragen gleichzeitig bearbeitet werden.

Der Einsatz von Threads bringt eine Reihe weiterer Vorteile mit sich, die noch ausführlich in Kapitel 4.9 erörtert werden.

## 1.3 Konzepte der parallelen Programmierung

Damit Sie sich schon einmal etwas genauer vorstellen können, was Sie im Laufe des Buches erwarten wird, soll an dieser Stelle ein kleiner Überblick über die Konzepte der parallelen Programmierung, insbesondere der Programmierung mit Java-Threads gegeben werden.

- **Thread-Beschreibung**: Es muss beschrieben werden, welche Anweisungen ein Thread eines bestimmten Typs ausführen soll. In Java leitet man hierzu eine Klasse von der Klasse `java.lang.Thread` ab und überschreibt eine geerbte Methode namens `run`.

- **Thread-Erzeugung und -Start**: Threads müssen erzeugt und gestartet werden. In Java erzeugt man hierzu ein Objekt einer von der Klasse `java.lang.Thread` abgeleiteten Klasse und ruft für dieses die Methode `start` auf. Dies bewirkt den Start eines neuen Threads, der nebenläufig zu anderen Threads die Anweisungen der Methode `run` der entsprechenden Klasse abarbeitet.

- **Kommunikation**: Selten arbeiten Threads isoliert voneinander. Vielmehr berechnen sie Ergebnisse, die sie anderen Threads zur Verfügung stellen bzw. mitteilen. Hierzu bedarf es Mechanismen zur Kommunikation zwischen Threads. Java-Threads teilen sich einen gemeinsamen virtuellen Adressraum, d.h. sie können auf gemeinsame Variablen zugreifen. Ein Thread, der ein Ergebnis berechnet hat, kann den Wert einer gemeinsamen Variablen zuweisen. Andere Threads können den Wert lesen und für ihre eigenen Aktivitäten nutzen.

- **Synchronisation**: Der gleichzeitige Zugriff auf gemeinsame Variablen kann schwerwiegende Fehler zur Folge haben. Daher gilt es, den Zugriff zu synchronisieren. Java stellt hierzu die synchronized-Anweisung zur Verfügung, mit der *kritische Abschnitte* geschützt werden können.

- **Koordination**: Wenn mehrere Threads zusammenarbeiten, kann es passieren, dass ein Thread warten muss, bis ein anderer Thread ein bestimmtes Ergebnis berechnet hat bzw. – allgemeiner ausgedrückt – eine bestimmte Bedingung erfüllt ist. Zum Warten auf die Erfüllung von

Bedingungen bzw. zum Signalisieren des Erfülltseins von Bedingungen kennt jedes Objekt in Java die Methoden `wait` und `notify`.

Bei der Entwicklung von Programmiersprachen, die für die parallele Programmierung geeignet sind, also spezielle Sprachkonstrukte zur Umsetzung der gerade beschriebenen Konzepte zur Verfügung stellen, gibt es zwei Varianten: die Definition einer neuen Programmiersprache oder die Integration entsprechender Konstrukte in existierende Programmiersprachen. In Java wurde die zweite Variante gewählt. Konstrukte für den Umgang mit Threads wurden – wie wir im Laufe des Buches noch sehen werden – sehr harmonisch und aufbauend auf den objektorientierten Konzepten in die Sprache integriert.

# 1.4 Probleme der parallelen Programmierung

Ich will Ihnen bereits an dieser Stelle bewusst machen, dass die parallele Programmierung weitaus höhere Ansprüche an Sie als Programmierer stellt als die sequentielle Programmierung. Insbesondere können sich sehr viel leichter Fehler in Ihre Programme einschleichen. Bestimmte Fehler treten vielleicht einmal bei Tausenden von Programmausführungen auf und derartige Fehler lassen sich auch nur schwer finden und beseitigen.

Hauptproblem der parallelen Programmierung mit Java-Threads ist, dass nicht festgelegt ist, wann und wie lange die einzelnen Threads den Prozessor zugeteilt bekommen. Java-Anweisungen werden nicht als atomar angesehen, sodass es durchaus möglich ist, dass ein Thread-Wechsel sogar während der Auswertung eines Ausdrucks erfolgt. Startet man ein Programm mehrmals unter denselben Bedingungen, kann die Threadzuteilung völlig unterschiedlich sein. Parallele Programme sind also in der Regel nicht-deterministisch und können daher sehr leicht, wenn man nicht entsprechende Vorkehrungen trifft, zu nicht-determinierten, also verschiedenartigen und unter Umständen falschen Ergebnissen führen.

Im Folgenden werden schon mal kurz zwei konkrete Beispiele für mögliche Auswirkungen dieser Eigenschaft aufgeführt. Weitere Probleme –und natürlich Lösungsmöglichkeiten – werden im Laufe des Buches erörtert.

- **Wettlaufsituationen**: Sei $x$ eine gemeinsame int-Variable zweier Threads mit dem aktuellen Wert 0 und führen die beiden Threads jeweils die Anweisung x = x + 1; aus, kann es dazu kommen, dass $x$ anschließend nicht den gewollten Wert 2, sondern den fehlerhaften Wert 1 enthält. Dieses ist genau dann der Fall, wenn nach der Berechnung des Ausdrucks x + 1 durch den ersten Thread ein Thread-Wechsel erfolgt, der zweite Thread die Anweisung ausführt und erst danach der erste Thread den berechneten Wert 1 der Variablen zuweist.

- **Verklemmungen**: Wenn zwei Threads auf eine Bedingung warten, die nur der jeweils andere Thread erfüllen kann, kann es zu so genannten *Deadlocks* kommen: Beide Threads warten endlos. Eine andere Art derartiger Verklemmungen sind *Livelocks*, die Ihnen sicher aus dem alltäglichen Leben bekannt sind: Sie kommen in einem Gang einer anderen Person entgegen und versuchen, sich immer nach derselben Seite gegenseitig auszuweichen.

# 1.5  Paralleles Java-Hamster-Modell

Bringen wir nun aber auch endlich mal die Java-Hamster ins Spiel, denn um sie dreht sich ja alles in diesem Buch. Für diejenigen von Ihnen, die die beiden ersten Bände der Java-Hamster-Bücher nicht kennen, stellt sich insbesondere die Frage „Was ist das Java-Hamster-Modell überhaupt?" und alle Leser wollen nun sicher wissen, welche Beziehung gibt es zwischen den Hamstern und der parallelen Programmierung.

Ausführlich geht Kapitel 2 auf das Hamster-Modell ein. An dieser Stelle reicht es zu wissen, dass das Hamster-Modell ein spezielles didaktisches Modell zum Erlernen der Programmierung ist. Sie als Programmierer entwickeln Programme, mit denen sie virtuelle Hamster durch ein virtuelles Territorium steuern und dabei bestimmte Aufgaben lösen lassen. Hamster können sich dabei fortbewegen und Körner ins Maul nehmen bzw. wieder ablegen. Mit dem so genannten *Hamster-Simulator* existiert eine spezielle Entwicklungsumgebung für derartige „Hamster-Programme", der die Auswirkungen der Programme auf dem Bildschirm visualisiert.

Im ersten Band der Java-Hamster-Bücher werden die Konzepte der imperativen Programmierung eingeführt. Man spricht auch vom imperativen Hamster-Modell. Es gibt nur einen einzelnen Hamster. Aufbauend auf dem ersten Band werden im zweiten Band der Java-Hamster-Bücher die Konzepte der objektorientierten Programmierung vermittelt. In diesem objektorientierten Hamster-Modell können aus einer vordefinierten Klasse `Hamster` weitere Hamster erzeugt werden. Und in diesem dritten Band bzw. dem im Folgenden mit dem „parallelen Hamster-Modell" bezeichneten Modell geht es um die Konzepte der parallelen Programmierung.

Das parallele Hamster-Modell baut dabei auf dem objektorientierten Hamster-Modell auf. Eigentlich ist es sogar dasselbe Modell. Denn die Klasse `Hamster`, von der alle Hamster als Java-Objekte erzeugt werden, ist nicht – wie in Band 2 der Java-Hamster-Bücher beschrieben – direkt von der Klasse `java.lang.Object` abgeleitet, sondern vielmehr von der Klasse `java.lang.Thread`. Das bedeutet, jedem Hamster-Objekt kann man einen Thread zuordnen, der das Objekt steuert. Überschreibt man in einer Hamster-Klasse die Methode `run`, erzeugt mehrere Hamster(-Objekte) der Klasse und ruft deren Methode `start` auf, wird für alle Hamster nebenläufig die Methode `run` ausgeführt. Die Hamster werden quasi selbstständig. Anders als in der objektorientierten Programmierung müssen Sie als Programmierer nicht mehr vorgeben, in welcher Reihenfolge die Hamster agieren. Diese Reihenfolge wird durch den Java-Scheduler festgelegt und ist nicht mehr vorhersehbar. Wird in der run-Methode der jeweilige Hamster bspw. jeweils bis zur nächsten Mauer gesteuert, ist es abhängig vom Java-Scheduler, welcher der Hamster als erster die Mauer erreicht. Bei mehrmaliger Ausführung des Programms ergibt sich in der Regel ein vollkommen anderer Ablauf des „Wettrennens".

Ein selbstständiger Hamster kann in diesem Sinne angesehen werden als „Visualisierung" eines Threads. Die Ausführung einer Anweisung eines Threads wird dem Benutzer unmittelbar durch die Aktion des entsprechenden Hamsters im Territorium vor Augen geführt. Es ist an den Aktionen der Hamster unmittelbar erkennbar, welcher Thread gerade aktiv ist und das Zusammenspiel der Hamster im Territorium visualisiert die Auswirkungen einer Kommunikation bzw. Synchronisation zwischen den den Hamstern zugeordneten Threads. Durch die Visualisierung demonstrieren Ihnen die Hamster die Auswirkungen des Einsatzes der Konzepte der parallelen Programmierung. Sie erleichtern Ihnen damit das Verständnis der Konzepte und letztendlich das Erlernen der parallelen Programmierung schlechthin.

In anderen Lehrbüchern zur parallelen Programmierung erfolgt eine Visualisierung der parallelen Programmierkonzepte in der Regel dadurch, dass entsprechende Ausgaben in Textform auf der Konsole erfolgen. Das ist jedoch wenig intuitiv und langweilig. Beim parallelen Hamster-Modell liefern sich die selbstständigen Hamster auf dem Bildschirm Wettrennen, sie koordinieren das gemeinsame „Abgrasen" eines Körnerfeldes, sie müssen aufeinander warten, wenn es gilt, eine „instabile Körnerbrücke" zu überqueren, oder sie simulieren das meistbekannte Problem der parallelen Programmierung, das so genannte Philosophenproblem, um nur einmal ein paar Beispiele für das zu nennen, was Sie in den kommenden Kapiteln erwarten wird. Das parallele Hamster-Modell bietet damit einen spielerischen Zugang zu den Konzepten der parallelen Programmierung. Die einzelnen Konzepte werden schrittweise und aufeinander aufbauend eingeführt. Jedes Kapitel enthält viele Beispielprogramme, die Sie im Hamster-Simulator direkt ausführen können, und gibt Ihnen Übungsaufgaben an die Hand, durch die Sie die Anwendung der vermittelten Konzepte selbstständig einüben können. Damit sollte das Ziel dieses Buches, nämlich das Erlernen der parallelen Programmierung nicht nur problemlos gelingen, sondern auch Spaß machen.

## 1.6 Weitere Parallelitätskonzepte in Java

Programme, Anwendungen bzw. Systeme, die nicht auf einem einzelnen Rechner ausgeführt werden, sondern auf mehreren Rechnern, die über ein Netzwerk miteinander verbunden sind, werden als *verteilte Anwendungen* bzw. *verteilte Systeme* bezeichnet. Im Unterschied zu Threads eines Java-Prozesses, die sich einen virtuellen Adressraum teilen und daher über gemeinsame Variablen Informationen austauschen können, erfolgt die Interprozesskommunikation bei verteilten Anwendungen durch das Übertragen von Daten über das Netzwerk. Neben der parallelen Programmierung mit Java-Threads bietet Java auch Konzepte für die verteilte Programmierung, insbesondere Sockets, RMI und Webservices:

- *Sockets* bilden eine standardisierte Schnittstelle zwischen der Implementierung des Netzwerkprotokolls durch das Betriebssystem und der Anwendungssoftware. Sockets lassen sich vergleichen mit einer Telefonverbindung, über die Daten gesendet und empfangen werden können. Zunächst wird zwischen den Prozessen, die miteinander kommunizieren wollen, eine Verbindung aufgebaut. Danach können Daten bidirektional versendet bzw. empfangen werden. Zum Schluss wird die Verbindung wieder geschlossen. Java bietet im Paket `java.net` eine Menge von Klassen zum Umgang mit Sockets.

- *RMI* (Remote Method Invocation) ermöglicht, dass von einem Rechner aus Methoden eines Objektes aufgerufen werden, das sich auf einem anderen Rechner befindet. Über die Parameter der Methoden lassen sich Daten versenden und über die Rückgabewerte Daten empfangen. Die tatsächliche Implementierung dieser Kommunikation, die auf Sockets basiert und durch Java realisiert wird, bleibt dem Programmierer verborgen. Klassen und Interfaces für RMI stellt Java im Paket `java.rmi` zur Verfügung.

- *Webservices* sind Web-basierte Anwendungen, die offene XML-basierte Standards und Transportprotokolle zum Datenaustausch zwischen Prozessen nutzen. Seit der Version 1.6 bzw. 6.0 unterstützt Java die Entwicklung von Webservices durch das Paket `javax.xml`.

Die verteilte Programmierung bzw. die Programmierung verteilter Systeme wird in dem vorliegenden Buch bis auf einen kleinen Exkurs in Kapitel 11.4 nicht weiter behandelt, es beschränkt sich bewusst auf die parallele Programmierung (wie ja auch schon der Titel des Buches aussagt). Nichtsdestotrotz ist es prinzipiell möglich, mit den Möglichkeiten, die Java bietet, verteilte Hamster-Programme zu entwickeln, bei denen ein Hamster in einem Hamster-Simulator, der bspw. auf einem Rechner in Berlin gestartet wurde, Daten mit einem Hamster auf einem Rechner in New York austauscht.

Wer sich für die verteilte Programmierung interessiert, sei auf die beiden Bücher [TvS07] und [Oec07] verwiesen. Ersteres erläutert sehr ausführlich die zugrunde liegenden Prinzipien und Paradigmen, das zweite Buch geht konkret auf die Java-Programmierung mit Sockets und RMI ein.

## 1.7 Anmerkungen zum Buch

Das vorliegende Buch ist so aufgebaut, dass die einzelnen Konzepte der parallelen Programmierung mit Java-Threads Schritt für Schritt und aufeinander aufbauend vorgestellt werden. In jedem Kapitel wird zunächst ein Konzept vorgestellt und anhand von kleineren Beispielen demonstriert. Anschließend folgen in jedem Kapitel jeweils drei Beispielprogramme, die das in diesem Kapitel Gelernte an etwas komplexeren Problemen verdeutlichen. Jedes Kapitel endet mit einer Menge an Übungsaufgaben und ich kann Ihnen nur dringend empfehlen, sich intensiv mit den Aufgaben auseinanderzusetzen. Programmieren lernt man nicht durch Lesen. Programmieren lernt man nur durch Üben, Üben, Üben.

Bevor Sie mit dem Lesen der nachfolgenden Kapitel beginnen, laden Sie sich am besten zunächst von der Java-Hamster-Website http://www.java-hamster-modell.de den kostenlosen Hamster-Simulator herunter. Mit diesem können Sie Hamster-Programme entwickeln, ausführen und testen. Insbesondere enthält der Hamster-Simulator auch alle Beispielprogramme dieses Buches. Mein Tipp: Bevor Sie versuchen, die einzelnen Beispielprogramme jeweils zu verstehen, führen Sie sie doch zunächst im Hamster-Simulator aus und lassen sich von den Hamstern die entsprechenden Konzepte demonstrieren und visualisieren. Sie werden sehen, das hilft Ihnen ungemein beim Verstehen der Konzepte der parallelen Programmierung.

Auf der Java-Hamster-Website finden Sie viele weitere nützliche Informationen zum Hamster-Modell im Speziellen und zum Erlernen der Programmierung im Allgemeinen. Insbesondere gibt es dort auch ein Forum, in dem Sie bei Problemen Fragen stellen und mit anderen Hamster-Programmierern diskutieren können. Hier finden Sie auch Lösungen anderer Programmierer zu den Aufgaben dieses Buches und können von Ihnen erstellte Lösungen hochladen und anderen zur Verfügung stellen.

Weiterhin sei noch darauf hingewiesen, dass zwar die im Hamster-Modell vordefinierte Klasse Hamster die Klasse ist, von der normalerweise Hamster als Objekte erzeugt werden. Allerdings wird in den meisten Programmen dieses Buches nicht direkt die Klasse Hamster verwendet, sondern eine Klasse AllroundHamster. Die Klasse AllroundHamster ist von der Klasse Hamster abgeleitet und stellt neben den ursprünglichen Hamster-Befehlen viele nützliche und häufig benötigte Methoden zur Verfügung. Die Klasse wird im Detail in Anhang B.4 vorgestellt.

An dieser Stelle möchte ich natürlich nicht verschweigen, dass es auch noch andere Bücher gibt, die sich mit dem Thema „Parallele Programmierung" bzw. „Programmierung mit Java-Threads" auseinandersetzen. Einen sehr schönen und ausführlichen Überblick über die allgemeinen Konzepte der parallelen Programmierung gibt [HH94] (auch wenn das Buch schon etwas älter ist). Speziell dem Umgang mit Java-Threads widmen sich die Bücher [Oec07], [GPB+06], [OW04] und [Lea99].

## 1.8 Aufbau des Buches

Das vorliegende Buch ist so aufgebaut, dass nach dieser motivierenden Einleitung in Kapitel 2 das Hamster-Modell vorgestellt wird. Hamster sind Objekte einer vordefinierten Klasse Hamster, auf deren Methoden in Kapitel 2 im Detail eingegangen wird.

Objekte im objektorientierten Sinn können als passiv angesehen werden. Der Programmierer bestimmt, wann für welches Objekt welche Methode aufgerufen wird. Da aber die Klasse `Hamster` von der Java-Klasse `Thread` abgeleitet ist, kann man die Hamster mit Hilfe des Thread-Konzepts aus dieser Lethargie befreien: Die Hamster werden selbstständig. Was sich genau hinter dem Begriff der Selbstständigkeit verbirgt und wie man als Programmierer mit selbstständigen Hamstern umgeht, das demonstriert Kapitel 3.

Während Kapitel 3 eher einen motivierenden und einführenden Überblick über das Thread-Konzept von Java gibt, widmet sich Kapitel 4 anschließend ausführlich der Klasse `Thread`, die im Mittelpunkt der Thread-Programmierung mit Java steht. Das Kapitel zeigt insbesondere, wie man Threads definieren, erzeugen und starten kann. Weiterhin erörtert das Kapitel den Nutzen und die Einsatzbereiche von Threads.

Beim Thread-Konzept von Java haben wir es mit einer Quasi-Parallelität zu tun. Der Java-Scheduler kümmert sich darum, welcher Thread wann und wie lange den Prozessor zugeteilt bekommt. Kapitel 5 stellt den Java-Scheduler vor und zeigt, wie man das Scheduling als Programmierer beeinflussen kann.

Ab Kapitel 6 wird das Sozialleben der selbstständigen Hamster erweitert. Während sie bis hierhin eigentlich recht isoliert und jeder für sich gearbeitet haben, werden sie in Kapitel 6 mit der Fähigkeit ausgestattet, miteinander zu kommunizieren, d.h. Informationen auszutauschen. Die Kommunikation zwischen Threads basiert dabei auf der Verwendung gemeinsamer Variablen. In Kapitel 6 werden verschiedene Varianten der Nutzung gemeinsamer Variablen zur Kommunikation zwischen Threads aufgezeigt.

Der Zugriff mehrerer Threads auf gemeinsame Variablen kann zu schwerwiegenden Fehlern führen, insofern er nicht synchronisiert wird. Die Hamster demonstrieren derartige Programmierfehler in Kapitel 7 auf eindrucksvolle Weise. Sie stellen in diesem Kapitel mit dem `synchronized`-Konstrukt jedoch auch das Konzept vor, das Java zur Vermeidung von Synchronisationsfehlern zur Verfügung stellt.

Das Warten eines Threads auf einen anderen ist eine spezielle als *einseitige Synchronisation* bezeichnete Form der Synchronisation, die in Kapitel 8 behandelt wird.

Genau genommen wird bei der einseitigen Synchronisation nicht auf einen anderen Thread gewartet, sondern auf die Erfüllung einer Bedingung durch einen anderen Thread. Wenn jedoch zwei Threads darauf warten, dass jeweils der andere eine bestimmte Bedingung erfüllt, kommt es zum dauerhaften Stillstand des Programms, *Verklemmung* genannt. Mit bestimmten Typen derartiger Verklemmungen, wie Deadlocks und Livelocks, setzt sich Kapitel 9 auseinander.

So traurig es auch klingt, in Kapitel 10 müssen wir uns mit dem Tod der Hamster beschäftigen. Genauer geht es in diesem Kapitel um die Frage, ob und wie man Threads stoppen bzw. beenden kann.

Mit Kapitel 10 sind die Basiskonzepte der Thread-Programmierung mit Java vollständig eingeführt. Mit Kapitel 11 folgt ein Kapitel, das den Einsatz der Konzepte bei der Lösung etwas komplexerer Probleme demonstriert. Genauer werden in diesem Kapitel die drei großen Probleme der parallelen Programmierung, das Leser-Schreiber-Problem, das Erzeuger-Verbraucher-Problem und das Philosophen-Problem, in die Hamster-Welt übertragen und durch die Hamster gelöst und visualisiert.

Über die Basiskonzepte hinaus stellt Java weitere fortgeschrittene Programmierkonzepte zum Umgang mit Threads zur Verfügung, auf die in den Kapiteln 12 und 13 eingegangen wird. Kapitel 12 stellt mit Semaphoren und expliziten Sperren Alternativen zur Synchronisation vor, die flexibler als das in Kapitel 7 eingeführte `synchronized`-Konstrukt einsetzbar sind. In Kapitel 13 demonstrieren die Hamster die Verwendung einiger sehr nützlicher Thread-Mechanismen, die insbesondere zur Koordination mehrerer Threads vorteilhaft genutzt werden können.

Abgerundet wird das vorliegende Buch mit einem Anhang, in dem noch einmal alle Java-Klassen zum Umgang mit Threads sowie die vordefinierten Klassen des Java-Hamster-Modells zusammengefasst werden. Ein Glossar erläutert kurz und knapp die wichtigsten Begriffe der parallelen Programmierung und der Programmierung mit Java-Threads. Das Literaturverzeichnis gibt einen Überblick über referenzierte und weiterführende Bücher. Und zu guter Letzt erlaubt ein Sachverzeichnis das schnelle Auffinden bestimmter Begriffe im Text.

# Kapitel 2
# Das Hamster-Modell

Computer können heutzutage zum Lösen vielfältiger Aufgaben genutzt werden. Die Arbeitsanleitungen zum Bearbeiten der Aufgaben werden ihnen in Form von Programmen mitgeteilt. Diese Programme, die von Programmierern entwickelt werden, bestehen aus einer Menge von Befehlen bzw. Anweisungen, die der Computer ausführen kann. Die Entwicklung solcher Programme bezeichnet man als *Programmierung*.

Das Hamster-Modell ist ein spezielles didaktisches Modell zum Erlernen der Programmierung. Im Hamster-Modell nehmen virtuelle Hamster die Rolle des Computers ein. Diesen Hamstern können ähnlich wie einem Computer Befehle erteilt werden, die diese ausführen.

Ihnen als Programmierer werden bestimmte Aufgaben gestellt, die Sie durch die Steuerung der Hamster zu lösen haben. Derartige Aufgaben werden im Folgenden *Hamster-Aufgaben* genannt. Zu diesen Aufgaben müssen Sie in der *Hamster-Sprache* – eine Programmiersprache, die fast vollständig der Programmiersprache Java entspricht – Programme – *Hamster-Programme* genannt – entwickeln, die die Aufgaben korrekt und vollständig lösen. Die Aufgaben werden dabei nach und nach komplexer. Zum Lösen der Aufgaben müssen bestimmte Programmierkonzepte eingesetzt werden, die im Hamster-Modell inkrementell eingeführt werden.

Das ursprüngliche Hamster-Modell wird in dem Buch „Programmieren spielend gelernt mit dem Java-Hamster-Modell"[Bol08] eingeführt. In dem Buch – auch Band 1 der Java-Hamster-Bücher genannt – werden die Konzepte der imperativen Programmierung vorgestellt, weshalb das dort beschriebene Hamster-Modell im Folgenden auch als *imperatives Hamster-Modell* bezeichnet wird.

Aufbauend auf den Konzepten der imperativen Programmierung werden in Band 2 der Java-Hamster-Bücher, der den Titel „Objektorientierte Programmierung spielend gelernt mit dem Java-Hamster-Modell"[BB04] trägt, die Konzepte der objektorientierten Programmierung vermittelt. Dazu wurde das imperative Hamster-Modell leicht verändert und erweitert und wird im Folgenden auch als das *objektorientierte Hamster-Modell* bezeichnet.

Der vorliegende dritte Band der Java-Hamster-Bücher, in dem es um die parallele Programmierung mit Java-Threads geht, baut wiederum auf dem zweiten Band auf, d.h. die Grundlage ist das objektorientierte Hamster-Modell. Grund hierfür ist die Tatsache, dass in Java das Thread-Konzept inhärent mit den objektorientierten Sprachkonzepten verbunden ist.

Voraussetzung zum Lesen und Verstehen dieses dritten Bandes ist, dass Sie die objektorientierten Konzepte von Java kennen und beim Entwickeln von Programmen zur Lösung gegebener Probleme einsetzen können. Ideal ist es natürlich, wenn Sie bereits die beiden ersten Bände der Java-Hamster-Bücher durchgearbeitet haben. In diesem Fall haben Sie die Voraussetzung erfüllt und können dieses Kapitel überspringen. Denn dieses Kapitel ist für diejenigen Leser konzipiert, die zwar bereits objektorientiert mit Java programmieren können, aber noch nicht das Hamster-Modell kennen.

Im ersten Abschnitt werden die Komponenten des Hamster-Modells vorgestellt. Der zweite Abschnitt geht auf den Hamster-Simulator ein, der es erlaubt, Hamster-Programme zu entwickeln, auszuführen und zu testen. Im objektorientierten Hamster-Modell sind eine Klasse `Hamster` sowie weitere Klassen vordefiniert, die in Abschnitt 3 beschrieben werden. Abschnitt 4 zeigt, wie objektorientierte Hamster-Programme aufgebaut sind, und Abschnitt 5 führt die Klasse `AllroundHamster` ein, die über die Funktionen der Klasse `Hamster` hinaus viele weitere nützliche Funktionen zum Steuern der Hamster zur Verfügung stellt.

## 2.1 Komponenten des Hamster-Modells

Die Grundidee des Hamster-Modells ist ausgesprochen einfach: Sie als Programmierer müssen (virtuelle) Hamster durch eine (virtuelle) Landschaft steuern und gegebene Aufgaben lösen lassen.

### 2.1.1 Landschaft

Die Welt, in der die Hamster leben, wird durch eine gekachelte Ebene repräsentiert. Abbildung 2.1 zeigt eine typische Hamster-Landschaft – auch Hamster-Territorium genannt – inklusive Legende. Die Größe der Landschaft, d.h. die Anzahl der Kacheln, ist dabei nicht explizit vorgegeben. Die Landschaft ist beliebig aber nie unendlich groß.

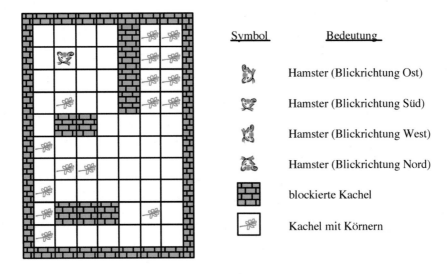

Abbildung 2.1: Komponenten des Hamster-Modells

Auf einzelnen Kacheln können ein oder mehrere Körner liegen. Kacheln, auf denen sich Körner befinden, sind in den Landschaftsskizzen durch ein spezielles Symbol gekennzeichnet. Dabei sagt das Symbol nur aus, dass auf der Kachel mindestens ein Korn liegt. Die genaue Anzahl an Körnern auf einem Feld geht aus der Landschaftsskizze nicht direkt hervor.[1]

Auf den Kacheln des Hamster-Territoriums können weiterhin auch Mauern stehen, was bedeutet, dass diese Kacheln blockiert sind. Hamster können sie nicht betreten. Es ist nicht möglich, dass sich

---

[1] Aus Gründen eines besseren Verständnisses wird die Anzahl an Körnern auf einer Kachel in den Abbildungen der folgenden Kapitel ab und zu als Zahl hinzugefügt.

auf einer Kachel sowohl eine Mauer als auch Körner befinden. Das Territorium ist immer vollständig von Mauern umgeben.

### 2.1.2 Hamster

Im objektorientierten Hamster-Modell existiert immer mindestens ein Hamster, der so genannte *Standard-Hamster*. Weitere Hamster können bei Bedarf erzeugt werden. Jeder Hamster steht dabei auf einer der Kacheln des Hamster-Territoriums. Diese Kacheln dürfen nicht durch eine Mauer blockiert sein, sie können jedoch Körner enthalten. Auf einer Kachel können sich durchaus mehrere Hamster gleichzeitig befinden.

Jeder Hamster kann in vier unterschiedlichen Blickrichtungen (Nord, Süd, West, Ost) auf den Kacheln stehen. Je nach Blickrichtung wird ein Hamster durch unterschiedliche Symbole repräsentiert.

Wenn ein Hamster auf einer Kachel steht, auf der auch Körner liegen, wird in der Skizze das Kornsymbol nicht angezeigt, d.h. es kann aus der Skizze nicht direkt abgelesen werden, ob sich ein Hamster auf einer Körnerkachel befindet.

Körner können sich nicht nur auf einzelnen Kacheln, sondern auch im Maul der Hamster befinden. Ob ein Hamster Körner im Maul hat und wenn ja, wie viele, ist ebenfalls nicht direkt aus der Landschaftsskizze ersichtlich.

Mit Hilfe bestimmter Befehle, die weiter unten genauer erläutert werden, kann ein Programmierer die Hamster durch ein gegebenes Hamster-Territorium steuern. Hamster können dabei von Kachel zu Kachel hüpfen, sie können sich drehen, Körner fressen und Körner wieder ablegen. Sie können sich die Hamster quasi als virtuelle Prozessoren vorstellen, die in der Lage sind, mit einem kleinen Grundvorrat an Befehlen ein Hamster-Territorium zu „erkunden".

## 2.2 Der Hamster-Simulator

Zum Entwickeln, Ausführen und Testen von Hamster-Programmen dient der Hamster-Simulator (siehe Abbildung 2.2). Beim Hamster-Simulator handelt es sich um eine bewusst einfach gehaltene Programmentwicklungsumgebung, die folgende Komponenten bereitstellt:

- einen **Editor** zum Eingeben, Verändern und Verwalten von Hamster-Programmen,

- einen **Territoriumgestalter** zum Gestalten und Verwalten von Hamster-Territorien,

- einen **Compiler** zum Übersetzen von Hamster-Programmen,

- eine **Simulationskomponente** zum Ausführen von Hamster-Programmen und

- einen **Debugger**, der beim Testen von Hamster-Programmen hilft.

Der Hamster-Simulator kann über die Website zum Java-Hamster-Modell kostenlos heruntergeladen werden (`www.java-hamster-modell.de`).

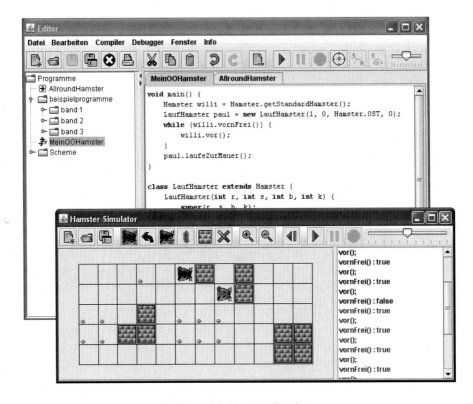

Abbildung 2.2: Hamster-Simulator

## 2.3  Vordefinierte Klassen des Hamster-Modells

Zur Programmierung der Hamster stellt das objektorientierte Hamster-Modell einige Klassen standardmäßig zur Verfügung.[2] Im Zentrum steht dabei die Klasse `Hamster`.

### 2.3.1  Exception-Klassen

Bevor die Klasse `Hamster` vorgestellt wird, werden zunächst die bei der Klassendefinition einge-
setzten Exception-Klassen eingeführt. Die Exception-Klassen des Hamster-Modells sind vordefiniert und müssen nicht explizit importiert werden. Alle Exception-Klassen des Hamster-Modells
werden direkt oder indirekt von der Klasse `RuntimeException` abgeleitet, sind also Unchecked-
Exceptions, die nicht unbedingt abgefangen werden müssen.

```
public class HamsterException extends RuntimeException {

    // hamster: der Hamster, der die Exception verschuldet hat
    public HamsterException(Hamster hamster)

    // liefert den Hamster, der die Exception verschuldet hat
    public Hamster getHamster()
```

---

[2]Eine vollständige Dokumentation der Klassen gemäß javadoc finden Sie in Anhang B.

```
}

public class HamsterInitialisierungsException
    extends HamsterException {

    // hamster: der Hamster, der die Exception verschuldet hat
    public HamsterInitialisierungsException(Hamster hamster)
}

public class HamsterNichtInitialisiertException
    extends HamsterException {

    // hamster: der Hamster, der die Exception verschuldet hat
    public HamsterNichtInitialisiertException(Hamster hamster)
}

public class MauerDaException extends HamsterException {

    // hamster: der Hamster, der die Exception verschuldet hat
    // reihe:   die Reihe, in der die Mauer steht
    // spalte:  die Spalte, in der die Mauer steht
    public MauerDaException(Hamster hamster, int reihe, int spalte)

    // liefert die Reihe, in der die Mauer steht
    public int getReihe()

    // liefert die Spalte, in der die Mauer steht
    public int getSpalte()
}

public class KachelLeerException extends HamsterException {

    // hamster: der Hamster, der die Exception verschuldet hat
    // reihe:   die Reihe der leeren Kachel
    // spalte:  die Spalte der leeren Kachel
    public KachelLeerException(Hamster hamster, int reihe, int spalte)

    // liefert die Reihe der leeren Kachel
    public int getReihe()

    // liefert die Spalte der leeren Kachel
    public int getSpalte()
}

public class MaulLeerException extends HamsterException {

    // hamster: der Hamster, der die Exception verschuldet hat
    public MaulLeerException(Hamster hamster)
}
```

## 2.3.2 Die Klasse Hamster

Zum Umgang mit Hamstern im objektorientierten Hamster-Modell dient die (vordefinierte) Klasse Hamster. Diese enthält folgende Attribute und Methoden:[3]

```
public class Hamster {

    // Konstanten
    public final static int NORD = 0;
    public final static int OST  = 1;
    public final static int SUED = 2;
    public final static int WEST = 3;

    // Konstruktoren
    public Hamster(int reihe, int spalte, int blickrichtung,
            int anzahlKoerner) throws HamsterInitialisierungsException
    public Hamster(Hamster hamster)

    // Grundbefehle
    public void vor() throws MauerDaException
    public void linksUm()
    public void gib() throws MaulLeerException
    public void nimm() throws KachelLeerException

    // Testbefehle
    public boolean vornFrei()
    public boolean kornDa()
    public boolean maulLeer()

    // Zusatzbefehle
    public void schreib(String zeichenkette)
    public String liesZeichenkette(String aufforderung)
    public int liesZahl(String aufforderung)

    // Zustandsabfragebefehle
    public int getReihe()
    public int getSpalte()
    public int getBlickrichtung()
    public int getAnzahlKoerner()

    // Klassenmethoden
    public static Hamster getStandardHamster()
    public static int getAnzahlHamster()
}
```

### 2.3.2.1 Konstruktoren

Zur Initialisierung eines neu erzeugten Hamsters gibt es zwei Konstruktoren. Beim ersten Konstruktor werden in den ersten beiden Parametern die Reihe und Spalte der Kachel angegeben, auf der

---

[3]Tatsächlich enthält die Klasse Hamster weitere Elemente, die aber für das Verständnis dieses dritten Bandes irrelevant sind und daher weggelassen werden.

der Hamster anfangs sitzen soll. Als dritter Parameter ist die anfängliche Blickrichtung des Hamsters und als vierter Parameter die Anzahl an Körnern in seinem Maul zu übergeben. Zur Festlegung der Blickrichtung können die Konstanten NORD, OST, SUED und WEST genutzt werden. Eine HamsterInitialisierungsException wird geworfen, wenn eine ungültige oder durch eine Mauer besetzte Kachel angegeben wird, wenn eine ungültige Blickrichtung (Wert nicht zwischen 0 und 3) übergeben wird oder wenn versucht wird, dem Hamster weniger als Null Körner ins Maul zu legen.

Für die Angabe der Reihe und Spalte einer Kachel ist dem Territorium ein Koordinatensystem zugeordnet. Jede Kachel ist in einer bestimmten Reihe und Spalte platziert und besitzt eine *r-Koordinate* (r = Reihe) und eine *s-Koordinate* (s = Spalte). Die Koordinaten sind natürliche Zahlen und beginnen bei 0. Die r-Koordinate wird nach unten pro Kachel um eine Zahl größer und die s-Koordinate wächst nach rechts hin. Die Kachel in der linken oberen Ecke hat damit die Position (r=0/s=0) – kurz (0/0).

Der zweite Konstruktor ist ein Copy-Konstruktor, dem ein bereits existierender Hamster übergeben werden kann. Der neu erzeugte Hamster wird mit demselben Zustand (Reihe, Spalte, Blickrichtung und Anzahl an Körnern im Maul) wie der bereits existierende Hamster erzeugt. Hamster, die mit Hilfe des Copy-Konstruktors erzeugt und initialisiert worden sind, werden auch als Vertretungshamster des im Parameter übergebenen Hamsters bezeichnet.

### 2.3.2.2 Grundbefehle

Die Hamster kennen vier Grundbefehle, mit denen sie durchs Territorium gesteuert werden und Körner ablegen und aufnehmen können:

- **vor**: Wird für einen Hamster die vor-Methode aufgerufen, hüpft der Hamster eine Kachel in seiner aktuellen Blickrichtung nach vorne. Wenn der Hamster vor einer Mauer steht, wird eine MauerDaException geworfen.

- **linksUm**: Wird für einen Hamster die linksUm-Methode aufgerufen, dreht sich der Hamster um 90 Grad nach links.

- **nimm**: Wird für einen Hamster die nimm-Methode aufgerufen, nimmt der Hamster von der Kachel, auf der er gerade steht, ein Korn in sein Maul, d.h. auf der aktuellen Kachel liegt anschließend ein Korn weniger und im Maul des Hamsters befindet sich ein Korn mehr. Wenn auf der Kachel, auf der der Hamster aktuell steht, kein Korn liegt, wird eine KachelLeerException geworfen.

- **gib**: Wird für einen Hamster die gib-Methode aufgerufen, legt der Hamster auf der Kachel, auf der er aktuell steht, ein Korn aus seinem Maul ab, d.h. nach Ausführung der Methode liegt auf der aktuellen Kachel ein Korn mehr und im Maul des Hamster befindet sich ein Korn weniger. Wenn der Hamster gar kein Korn im Maul hat, wird eine MaulLeerException geworfen.

### 2.3.2.3 Testbefehle

Mit Hilfe dreier Testbefehle, also Methoden vom Typ boolean, können Fehlersituationen, d.h. das Werfen von Exceptions, vermieden werden:

- **vornFrei**: Ein Aufruf der vornFrei-Methode für einen Hamster liefert `true`, wenn die Kachel in Blickrichtung vor dem Hamster nicht durch eine Mauer belegt ist. Steht dort eine Mauer, liefert die Methode `false`.

- **kornDa**: Ein Aufruf der kornDa-Methode für einen Hamster liefert `true`, wenn auf der Kachel, auf der sich der Hamster gerade befindet, mindestens ein Korn liegt. Liegt auf der Kachel kein Korn, wird `false` geliefert.

- **maulLeer**: Ein Aufruf der maulLeer-Methode für einen Hamster liefert `true`, wenn sich aktuell kein Korn im Maul des Hamsters befindet. Hat der Hamster mindestens ein Korn im Maul, wird `false` geliefert.

### 2.3.2.4 Zusatzbefehle

Zur Kommunikation mit dem Ausführenden eines Hamster-Programms gibt es folgende drei Methoden:

- **schreib**: Wird für einen Hamster die schreib-Methode aufgerufen, gibt dieser die als Parameter übergebene Zeichenkette auf den Bildschirm aus.

- **liesZeichenkette**: Wird für einen Hamster die liesZeichenkette-Methode aufgerufen, gibt dieser die als Parameter übergebene Zeichenkette auf den Bildschirm aus und erwartet vom Benutzer die Eingabe einer Zeichenkette, die dann als Rückgabewert der Methode geliefert wird.

- **liesZahl**: Wird für einen Hamster die liesZahl-Methode aufgerufen, gibt dieser die als Parameter übergebene Zeichenkette auf den Bildschirm aus und erwartet vom Benutzer die Eingabe einer Zahl, die dann als Rückgabewert der Methode geliefert wird.

### 2.3.2.5 Zustandsabfragebefehle

Der Zustand eines Hamster wird durch die Reihe und Spalte der Kachel, auf der er steht, seine Blickrichtung und die Anzahl an Körnern in seinem Maul definiert. Über folgende Methoden können Informationen über den Zustand eines Hamsters abgefragt werden:

- **getReihe**: liefert die Reihe der Kachel, auf der der Hamster aktuell steht.

- **getSpalte**: liefert die Spalte der Kachel, auf der der Hamster aktuell steht.

- **getBlickrichtung**: liefert die aktuelle Blickrichtung des Hamsters

- **getAnzahlKoerner**: liefert die Anzahl an Körnern, die der Hamster aktuell im Maul hat.

### 2.3.2.6 Klassenmethoden

Weiterhin gibt es noch zwei Klassenmethoden:

- **getStandardHamster**: liefert eine Referenz auf den Standard-Hamster, also den Hamster, der ohne ihn explizit erzeugen zu müssen, immer im Territorium vorhanden ist. Der Zustand des Standard-Hamsters kann im Hamster-Simulator mit Hilfe des Territoriumgestalters festlegt werden.

- **getAnzahlHamster**: liefert die Anzahl an Hamstern, die sich aktuell im Territorium befinden. Da es keine Methode zum Löschen oder Entfernen eines Hamsters gibt, ist das die Anzahl aller jemals in einem Programm erzeugten Hamster plus Eins für den Standard-Hamster.

### 2.3.3 Die Klasse `Territorium`

Mit Hilfe der Klasse `Territorium` können Informationen über den aktuellen Zustand des Territoriums abgefragt werden. Die Klasse stellt aber keine Methoden zum Ändern des Territoriumzustands zur Verfügung. Das ist im Hamster-Simulator ausschließlich mit Hilfe des Territoriumgestalters möglich. Da es im Hamster-Modell nur ein einziges Territorium gibt, definiert die Klasse `Territorium` ausschließlich Klassenmethoden.

```
public class Territorium {

    // es koennen keine Instanzen der Klasse erzeugt werden
    private Territorium()

    // liefert die Anzahl an Reihen im Territorium
    public static int getAnzahlReihen()

    // liefert die Anzahl an Spalten im Territorium
    public static int getAnzahlSpalten()

    // ueberprueft, ob sich auf der Kachel (reihe/spalte) eine Mauer
    // befindet;
    // es wird genau dann true geliefert, wenn sich auf der
    // angegebenen Kachel eine Mauer befindet oder wenn sich die
    // angegebenen Werte ausserhalb des Territoriums befinden
    public static boolean mauerDa(int reihe, int spalte)

    // liefert die Gesamtzahl an Koernern, die im Territorium auf
    // Kacheln herumliegen
    public static int getAnzahlKoerner()

    // liefert die Anzahl an Koernern auf der Kachel (reihe/spalte)
    // oder 0, falls die Kachel nicht existiert oder durch eine
    // Mauer blockiert ist
    public static int getAnzahlKoerner(int reihe, int spalte)

    // liefert die Gesamtzahl an erzeugten Hamstern im
    // Territorium (inkl. dem Standard-Hamster)
    public static int getAnzahlHamster()

    // liefert alle erzeugten Hamster im
    // Territorium (inkl. dem Standard-Hamster)
    public static Hamster[] getHamster()

    // liefert die Anzahl an Hamstern auf der Kachel (reihe/spalte)
    // oder 0, falls die Kachel nicht existiert oder durch eine Mauer
    // blockiert ist
    public static int getAnzahlHamster(int reihe, int spalte)

    // liefert alle erzeugten Hamster, die aktuell auf der
    // Kachel (reihe/spalte) stehen (inkl. dem Standard-Hamster)
    public static Hamster[] getHamster(int reihe, int spalte)
}
```

## 2.4 Objektorientierte Hamster-Programme

Objektorientierte Hamster-Programme bestehen aus einer Menge an Klassen und der so genannten
main-Prozedur. Die main-Prozedur wird außerhalb einer Klasse definiert, trägt den Namen main,
ist als void deklariert und ist parameterlos. Beim Starten eines Hamster-Programms wird die main-
Prozedur aufgerufen und abgearbeitet. Für Java-Programmierer: Die main-Prozedur entspricht der in
Java-Programmen üblichen Start-Methode public static void main(String[] args). Diese
gibt es im Hamster-Modell nicht (und das ist auch eigentlich schon der einzige Unterschied zu Java).

Um den Befehlssatz der Hamster zu erweitern, können neue Klassen von der Klasse Hamster abgeleitet werden. Solche Klassen werden *Hamster-Klassen* genannt. Hamster-Klassen erben alle Methoden der Klasse Hamster, können aber weitere hinzufügen.

Das folgende Beispiel demonstriert ein objektorientiertes Hamster-Programm. Es besteht aus der
Klasse SammelHamster sowie einer main-Prozedur. Die Klasse SammelHamster erweitert die Klasse Hamster um zwei neue Methoden sammle und laufeZurMauerUndSammle. Wird das Programm
gestartet, läuft zunächst der Standard-Hamster bis zur nächsten Mauer. Anschließend wird ein neuer Hamster vom Typ SammelHamster erzeugt. Auch dieser läuft dann bis zur nächsten Mauer und
sammelt dabei alle Körner ein.

```
class SammelHamster extends Hamster {
    SammelHamster(int r, int s, int b, int k) {
        super(r, s, b, k);
    }


    void sammle() {
        while (this.kornDa()) {
            this.nimm();
        }
    }

    void laufeZurMauerUndSammle() {
        this.sammle();
        while (this.vornFrei()) {
            this.vor();
            this.sammle();
        }
    }
}

void main() {
    Hamster willi = Hamster.getStandardHamster();
    while (willi.vornFrei()) {
        willi.vor();
    }

    SammelHamster paul = new SammelHamster(1, 0,
            Hamster.OST, 0);
    paul.laufeZurMauerUndSammle();
}
```

# 2.5 Die Klasse `AllroundHamster`

Neue Hamster-Klassen werden in diesem Buch meistens nicht direkt von der vordefinierten Klasse `Hamster` sondern von einer erweiterten Hamster-Klasse namens `AllroundHamster` abgeleitet. Diese definiert aufbauend auf den Methoden der Klasse `Hamster` viele weitere nützliche Methoden und stellt sie Hamster-Programmierern zur Verfügung.

```
public class AllroundHamster extends Hamster {

    // initialisiert einen neuen AllroundHamster mit den
    // uebergebenen Werten
    public AllroundHamster(int reihe, int spalte,
                           int blickrichtung, int koernerImMaul)

    // initialisiert einen neuen AllroundHamster mit den
    // Attributwerten eines bereits existierenden Hamsters
    public AllroundHamster(Hamster existierenderHamster)

    // der Hamster dreht sich "anzahlDrehungen" mal um 90 Grad
    // nach links
    public void linksUm(int anzahlDrehungen)

    // der Hamster dreht sich um 180 Grad
    public void kehrt()

    // der Hamster dreht sich um 90 Grad nach rechts
    public void rechtsUm()

    // der Hamster laeuft "anzahl" Schritte, maximal jedoch bis
    // zur naechsten Mauer; geliefert wird die tatsaechliche
    // Anzahl gelaufener Schritte
    public int vor(int anzahl)

    // der Hamster legt "anzahl" Koerner ab, maximal jedoch so
    // viele, wie er im Maul hat; geliefert wird die
    // tatsaechliche Anzahl abgelegter Koerner
    public int gib(int anzahl)

    // der Hamster frisst "anzahl" Koerner, maximal jedoch so
    // viele, wie auf der aktuellen Kachel liegen
    public int nimm(int anzahl)

    // der Hamster legt alle Koerner, die er im Maul hat, auf der
    // aktuellen Kachel ab; geliefert wird die Anzahl abgelegter
    // Koerner
    public int gibAlle()

    // der Hamster frisst alle Koerner auf der aktuellen Kachel;
    // geliefert wird die Anzahl gefressener Koerner
    public int nimmAlle()

    // der Hamster laeuft bis zur naechsten Mauer; geliefert wird
```

```
// die Anzahl ausgefuehrter Schritte
public int laufeZurWand()

// der Hamster testet, ob links von ihm die Kachel frei ist
public boolean linksFrei()

// der Hamster testet, ob rechts von ihm die Kachel frei ist
public boolean rechtsFrei()

// der Hamster testet, ob hinter ihm die Kachel frei ist
public boolean hintenFrei()

// der Hamster dreht sich so lange um, bis er in die
// uebergebene Blickrichtung schaut
public void setzeBlickrichtung(int richtung)

// der Hamster laeuft in der Spalte, in der er gerade steht,
// zur angegebenen Reihe; Voraussetzung: die Reihe existiert
// und es befinden sich keine Mauern auf dem gewaehlten Weg
public void laufeZuReihe(int reihe)

// der Hamster laeuft in der Reihe, in der er gerade steht,
// zur angegebenen Spalte; Voraussetzung: die Spalte
// existiert und es befinden sich keine Mauern auf dem
// gewaehlten Weg
public void laufeZuSpalte(int spalte)

// der Hamster laeuft zur Kachel (reihe/spalte);
// Voraussetzung: die Kachel existiert und es befinden sich
// keine Mauern im Territorium bzw. auf dem gewaehlten Weg
public void laufeZuKachel(int reihe, int spalte)

// ueberprueft, ob auf der Kachel, auf der der Hamster
// aktuell steht, mindestens eine bestimmte Anzahl an
// Koernern liegt
public boolean koernerDa(int anzahl)
}
```

# Kapitel 3
# Selbstständige Hamster

Bisher kennen Sie die Hamster als völlig passive Geschöpfe. Sie werden von Ihnen als Programmierer erzeugt und warten dann darauf, dass ihnen Befehle mitgeteilt werden, die sie anschließend ausführen. Sie als Programmierer geben dabei vor, welcher Hamster wann und in welcher Reihenfolge welche Aktionen ausführt.

Was den Hamstern bisher fehlt, ist ein Eigenleben. Sie wollen nicht mehr nur warten, dass ihnen Befehle erteilt werden, sie wollen stattdessen aktiv bzw. selbstständig agieren können. Genau diese neue Fähigkeit der Selbstständigkeit werden wir ihnen im Verlaufe dieses Kapitels beibringen. Dabei werden wir erfahren, dass die Hamster diese Fähigkeit von Anfang an besaßen, sie aber bisher nicht kannten und daher auch nicht ausnutzen konnten.

Verstehen Sie den Begriff der „Selbstständigkeit" jedoch nicht falsch. Die Hamster werden nicht auf einmal selbst Algorithmen zum Lösen von Problemen entwickeln können und Sie als Programmierer arbeitslos machen. Selbstständigkeit in diesem Zusammenhang bedeutet, dass Sie wie bisher auch den Hamstern vorgeben, was sie zu tun haben. Allerdings haben Sie als Programmierer keine bzw. nur eingeschränkte Möglichkeiten zu bestimmen, wann und in welcher Reihenfolge die Hamster agieren. Das entscheiden die Hamster selber bzw. genauer gesagt das zugrunde liegende Java-Laufzeitsystem.

In diesem Kapitel werden Sie kennenlernen, was genau selbstständige Hamster sind und wie Sie Programme mit selbstständigen Hamstern schreiben können. Es ist ein motivierendes Kapitel. Die der Selbstständigkeit der Hamster zugrunde liegenden Konzepte der Programmiersprache Java werden darauf aufbauend im nachfolgenden Kapitel im Detail erläutert.

Dieses Kapitel ist so aufgebaut, dass wir in Abschnitt 1 zunächst noch einmal rekapitulieren, welche Eigenschaften die uns bisher bekannten Hamster und entsprechende objektorientierte Hamster-Programme besitzen und welche Probleme damit einhergehen. In Abschnitt 2 werden Sie dann erfahren, wie Sie diese Probleme durch die Erzeugung selbstständiger Hamster lösen können. Abschnitt 3 fasst die Eigenschaften von parallelen objektorientierten Hamster-Programmen – das sind Hamster-Programme mit selbstständigen Hamstern – noch einmal zusammen. In Abschnitt 4 werden anschließend drei Beispielprogramme vorgestellt, die Ihnen den Einsatz selbstständiger Hamster demonstrieren und Abschnitt 5 enthält eine Menge von Aufgaben, mit denen Sie sich beschäftigen und damit die Entwicklung einfacher paralleler objektorientierter Hamster-Programme selbst einüben können.

## 3.1 Passive Hamster

In diesem Abschnitt werden die Fähigkeiten und Eigenschaften „normaler" passiver Hamster und objektorientierter Hamster-Programme anhand zweier Beispiele analysiert. Beide Beispiele werden dann im nachfolgenden Abschnitt durch selbstständige Hamster gelöst.

### 3.1.1 Beispiel 1

Schauen Sie sich zunächst einmal das folgende Hamster-Programm an. Zwei Hamster Paul und Willi sollen jeweils bis zur nächsten Wand laufen.

```
void main() {
    Hamster paul = new Hamster(1, 0, Hamster.OST, 0);
    Hamster willi = new Hamster(2, 0, Hamster.OST, 0);

    // Paul und Willi laufen solange abwechselnd nach
    // vorne, bis einer die naechste Mauer erreicht
    while (paul.vornFrei() && willi.vornFrei()) {
        paul.vor();
        willi.vor();
    }

    // evtl. hat Paul noch nicht die naechste Mauer erreicht
    while (paul.vornFrei()) {
        paul.vor();
    }

    // evtl. hat Willi noch nicht die naechste Mauer erreicht
    while (willi.vornFrei()) {
        willi.vor();
    }
}
```

Was passiert in diesem Programm? Zunächst werden die beiden Hamster erzeugt und ihnen die Namen paul und willi zugeordnet. Anschließend werden die beiden Hamster durch Aufruf ihrer Methoden vornFrei und vor durch das Territorium gesteuert. Der zugrunde liegende Algorithmus sieht dabei vor, dass die beiden Hamster immer abwechselnd laufen.

Eine ebenfalls korrekte Lösung der gestellten Aufgabe ist die folgende. Bei dieser Implementierung läuft zunächst Hamster Paul bis zur nächsten Wand und erst danach kommt Hamster Willi an die Reihe.

```
void main() {
    Hamster paul = new Hamster(1, 0, Hamster.OST, 0);
    Hamster willi = new Hamster(2, 0, Hamster.OST, 0);

    // zunaechst laeuft Paul bis zur naechsten Mauer
    while (paul.vornFrei()) {
        paul.vor();
    }

    // danach ist Willi an der Reihe
    while (willi.vornFrei()) {
        willi.vor();
    }
}
```

Was wir aus diesem Beispiel schlussfolgern können, ist folgendes. Hamster, so wie wir sie bisher kennen, sind passiv. Sie warten nach ihrer Erzeugung und Initialisierung darauf, dass ihnen Befehle erteilt werden. Der Programmierer gibt dabei explizit vor

- welcher Hamster was tut,

- wann und in welcher Reihenfolge die Hamster ihre Aktionen ausführen.

## 3.1.2  Beispiel 2

Schauen wir uns ein zweites objektorientiertes Hamster-Programm an. Zwei Hamster sollen jeweils bis zur nächsten Wand laufen und dabei alle Körner einsammeln. Vorgegeben ist die folgende erweiterte Hamster-Klasse SammelHamster.

```
class SammelHamster extends Hamster {

    SammelHamster(int r, int s, int b, int k) {
        super(r, s, b, k);
    }

    void laufBisZurMauerUndSammle() {
        this.sammle();
        while (this.vornFrei()) {
            this.vor();
            this.sammle();
        }
    }

    void sammle() {
        while (this.kornDa()) {
            this.nimm();
        }
    }
}
```

Im Hauptprogramm werden zwei Sammel-Hamster erzeugt und anschließend ihre Methode lauf-BisZurMauerUndSammle aufgerufen.

```
void main() {
    SammelHamster heidi = new SammelHamster(1, 0,
            Hamster.OST, 0);
    SammelHamster maria = new SammelHamster(2, 0,
            Hamster.OST, 0);

    heidi.laufBisZurMauerUndSammle();
    maria.laufBisZurMauerUndSammle();
}
```

Damit ist jedoch vorgegeben, dass zunächst der eine Hamster seine Teilaufgabe vollständig löst. Erst danach ist der zweite Hamster an der Reihe. Sollen die Hamster in einer anderen Reihenfolge agieren – beispielsweise abwechselnd –, kann die Klasse SammelHamster nicht genutzt werden.

### 3.1.3 Fazit

Fassen wir die beobachteten Sachverhalte noch einmal zusammen:

Hamster, so wie wir sie bisher kennen, sind passiv. Nach ihrer Erzeugung und Initialisierung warten sie darauf, dass ihnen jemand einen Befehl erteilt. Ist das der Fall, führen sie die entsprechende Methode aus und warten anschließend auf einen weiteren Befehl.

Wann welcher Hamster was tut und in welcher Reihenfolge die Hamster agieren, gibt der Programmierer explizit vor. D.h. „normale" objektorientierte Hamster-Programme – wir bezeichnen sie im Folgenden als *sequentielle objektorientierte Hamster-Programme* – sind deterministisch[1]: Zu jedem Zeitpunkt ihrer Ausführung besteht höchstens eine Möglichkeit zur Fortsetzung. Daraus folgt, dass sie auch determiniert sind, d.h. wenn sie mit gleichen Startbedingungen mehrfach ausgeführt werden, laufen sie immer gleichartig ab und liefern die gleichen Ergebnisse.

## 3.2  Selbstständige Hamster

Wir wollen nun die Hamster aus ihrer Lethargie erwachen lassen. Sie sollen nicht mehr nur ständig darauf warten müssen, dass ihnen jemand einen Befehl erteilt, den sie dann ausführen. Vielmehr sollen die Hamster ein Eigenleben führen, d.h. selbstständig agieren können. Alles, was der Programmierer dann noch „von außen" tun muss, ist sie zu erzeugen und zu aktivieren.

Um die Hamster selbstständig zu machen, sind folgende Voraussetzungen zu schaffen:

- In einer erweiterten Hamster-Klasse muss eine spezielle Methode definiert werden können, in der sich das Eigenleben von Hamstern dieser Klasse beschreiben lässt. Diese Methode wird im Folgenden *Body* genannt.

- Es muss ein spezieller Befehl eingeführt werden, mit dem ein Hamster aktiviert werden kann. D.h. der Aufruf dieses Befehls für einen Hamster führt dazu, dass dessen Body ausgeführt wird, und zwar gleichzeitig mit den Bodies anderer Hamster. Der Befehl wird als *Aktivierungsbefehl* bezeichnet.

- Es muss eine Möglichkeit geschaffen werden, dass mehrere Hamster gleichzeitig aktiv sein können.

Der letzte Punkt ist ein zentraler Punkt, über den wir bisher noch gar nicht gesprochen haben. Das Ganze macht ja nur dann Sinn, wenn mehrere Hamster gleichzeitig aktiv sind. Wie soll das jedoch funktionieren? Ein Computer hat ja im Allgemeinen nur einen Prozessor!?

### 3.2.1  Mehrere Prozesse

Kümmern wir uns zunächst um die dritte Voraussetzung. Im ersten Band des Java-Hamster-Buches haben wir gelernt, dass ein Hamster-Programm immer durch Aufruf der main-Prozedur gestartet wird. Genauer gesagt, es wird ein Prozess erzeugt, in dessen Rahmen die main-Prozedur ausgeführt wird. Die Anweisungen der main-Prozedur werden dabei Schritt für Schritt abgearbeitet. Handelt es sich bei einer Anweisung um einen Prozedur- oder Methodenaufruf, wird in den entsprechen

---

[1]vergleiche Band 1 der Java-Hamster-Bücher, Kapitel 1.2.5

Prozedur- bzw. Methodenrumpf gesprungen und nach dessen vollständiger Bearbeitung an die Stelle des Aufrufs zurückgekehrt.

In der parallelen Programmierung ist es nun möglich, Programme zu schreiben, die zur Laufzeit in nicht nur einem sondern mehreren Prozessen abgearbeitet werden. Steht ein Rechner zur Verfügung, der mehrere Prozessoren besitzt, können die Prozesse auf die Prozessoren verteilt werden und gleichzeitig ablaufen. Man spricht auch von *echter Parallelität*. Ist jedoch nur ein einzelner Prozessor verfügbar, wird intern durch das Betriebssystem oder das Laufzeitsystem dafür gesorgt, dass die einzelnen Prozesse abwechselnd den Prozessor zugeteilt bekommen. Dieses Prinzip wird als *Pseudo-Parallelität, Quasi-Parallelität* oder *Nebenläufigkeit* bezeichnet. Abbildung 3.1 skizziert diesen Sachverhalt.

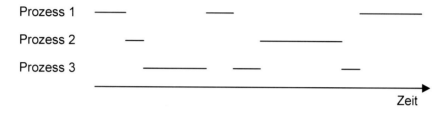

Abbildung 3.1: Prozessorzuteilung bei quasi-parallelen Prozessen

Vielleicht haben Sie sich schon mal gefragt, wieso kann ich mit meinem Rechner, der ja nur einen einzelnen Prozessor besitzt, gleichzeitig im Internet surfen, ein Word-Dokument bearbeiten und nebenher auch noch drucken? Hier kommt genau dieses Prinzip der Pseudo-Parallelität zur Geltung. Sie bekommen davon so gut wie nichts mit, weil Prozessoren heutzutage sehr schnell sind und die Umschaltung zwischen den Prozessen im Millisekundenbereich bzw. darunter liegt. Ein Prozess läuft ein paar Millisekunden, dann kommen andere an die Reihe und einige Millisekunden später darf der erste seine Arbeit fortsetzen.

Das abwechselnde Aktivieren der einzelnen Prozesse bezeichnet man auch als *Scheduling*. Dafür zuständig ist der so genannte *Scheduler*. Java[2] besitzt einen solchen Scheduler, der im Detail in Kapitel 5 beschrieben wird.

### 3.2.2 Body

Wenn Sie mit selbstständigen Hamstern arbeiten möchten, müssen Sie zunächst eine erweiterte Hamster-Klasse definieren. Die Klassendefinition kann dabei genauso erfolgen, wie Sie es in Band 2 der Java-Hamster-Bücher gelernt haben. Sie können also Attribute anlegen und Konstruktoren und Methoden definieren. Zusätzlich muss in der Klasse ein so genannter *Body* definiert werden. Das ist eine spezielle Methode mit dem Namen run, die als `public void` deklariert sein muss und keine Parameter besitzen darf:

```
class LaufHamster extends Hamster {

    LaufHamster(int r, int s, int b, int k) {
        super(r, s, b, k);
    }
```

---

[2]Genauer: jede Java Virtual Machine (JVM)

```
public void run() {  // Body
    ...
}
}
```

Im Rumpf der Methode run wird das Eigenleben von selbstständigen Hamstern dieser Klasse beschrieben. Prinzipiell kann in dieser Methode alles gemacht werden, was auch in anderen Methoden gemacht werden darf. Insbesondere dürfen natürlich die (geerbten) Hamster-Befehle aufgerufen werden.

```
class LaufHamster extends Hamster {

    LaufHamster(int r, int s, int b, int k) {
        super(r, s, b, k);
    }

    public void run() {  // Body

        // laufe bis zur naechsten Mauer
        while (this.vornFrei()) {
            this.vor();
        }
    }
}
```

### 3.2.3 Aktivierungsbefehl

Genauso wie passive Hamster müssen auch selbstständige Hamster zunächst erzeugt werden. Hierbei wird ein eventuell vorhandener Konstruktor ausgeführt. Die Aktivierung des Hamsters erfolgt anschließend durch Aufruf der vordefinierten parameterlosen Methode start für den entsprechenden Hamster:

```
1 void main() {
2     LaufHamster paul = new LaufHamster(0, 0, Hamster.OST, 0);
3     paul.start(); // Aktivierungsbefehl fuer Paul
4     ...
5 }
```

Was passiert hierbei genau? Innerhalb der Methode start wird für den betroffenen Hamster dessen Methode run aufgerufen. Allerdings erfolgt dieser Aufruf anders, als Sie es bisher gewohnt sind. Es wird nicht in den Methodenrumpf der Methode run gesprungen und auf deren Abarbeitung gewartet. Vielmehr wird ein neuer Prozess erzeugt und gestartet, der die Methode run ausführt. Die Methode start wird parallel dazu weiter ausgeführt.

Für das obige Programm bedeutet das, dass nach Zeile 3 zwei Prozesse existieren: ein Prozess, der die main-Prozedur ausführt und nun bei der Anweisung in Zeile 4 ist, und ein zweiter Prozess, der parallel dazu die run-Methode für Lauf-Hamster Paul ausführt. Abbildung 3.2 skizziert diesen Sachverhalt.

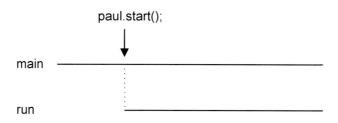

Abbildung 3.2: Auswirkung des Aktivierungsbefehls

### 3.2.4 Scheduling

Beim Konzept der selbstständigen Hamster handelt sich um Pseudo-Parallelität. Die Frage, die sich daher stellt, ist, welche Anweisung denn im obigen Programm nach Aktivierung von Hamster Paul als nächstes ausgeführt wird. Ist es die while-Schleife im Body der Klasse `LaufHamster` oder ist es die Anweisung in Zeile 4 des Hauptprogramms?

Die Antwort lautet: Dies ist nicht vorhersehbar. Entscheiden tut dies der Java-Scheduler. Aber es ist nicht festgelegt, wie er dies tut. Genauso ist nicht vorhersehbar, wie lange er den gerade aktiven Prozess laufen lässt und wann er auf einen anderen Prozess umschaltet. Daher kann ein und dasselbe Hamster-Programm mit selbstständigen Hamstern auf Rechnern mit unterschiedlichen Betriebssystemen vollkommen anders ablaufen. Ja, es ist in der Regel sogar so, dass, wenn Sie ein Hamster-Programm mehrmals hintereinander auf demselben Rechner starten, der Ablauf, d.h. die Reihenfolge der tatsächlich ausgeführten Befehle, unterschiedlich ist.

Programme mit selbstständigen Hamstern – im Folgenden auch im Unterschied zu sequentiellen objektorientierten Hamster-Programmen als *parallele objektorientierte Hamster-Programme* bezeichnet – sind also nicht-deterministisch: Zu einem bestimmten Zeitpunkt können mehrere Möglichkeiten der Fortsetzung bestehen. Das bedeutet aber, dass sie auch nicht-determiniert sein können, d.h. wenn sie unter gleichen Startbedingungen mehrfach ausgeführt werden, können sie unter Umständen unterschiedliche Ergebnisse liefern.

### 3.2.5 Programmende

Sequentielle Hamster-Programme mit einem einzelnen Prozess, wie wir sie in Band 1 und Band 2 der Java-Hamster-Bücher kennengelernt haben, sind genau dann beendet, wenn die letzte Anweisung der main-Prozedur ausgeführt worden ist. Jetzt haben wir jedoch die Möglichkeit, Programme mit mehreren Prozessen zu schreiben. Die Frage, die sich diesbezüglich unmittelbar stellt, ist: Wann ist ein Programm mit mehreren Prozessen eigentlich beendet?

In Java lässt sich die Frage einfach beantworten: Ein Programm ist genau dann beendet, wenn alle Prozesse beendet sind.[3] Auf die Hamster-Programmierung übertragen bedeutet das: Ein Hamster-Programm ist genau dann beendet, wenn die main-Prozedur sowie die Bodies aller aktivierten Hamster beendet sind.

Schauen wir uns dazu nochmal das obige Programm an. Auch wenn Zeile 4 des Hauptprogramms leer ist, d.h. die main-Prozedur nach der Aktivierung von Hamster Paul keine weiteren Anweisungen mehr enthält, ist das komplette Programm nicht unmittelbar beendet. Vielmehr läuft Hamster

---

[3]Allerdings gibt es eine Möglichkeit der Abweichung von diesem Grundsatz; siehe Kapitel 5.8.

Paul, wie in seinem Body beschrieben, auf jeden Fall bis zur nächsten Mauer. Danach sind die
while-Schleife und auch die run-Methode, d.h. der Body, beendet. Erst jetzt gibt es keinen laufenden
Prozess mehr und das komplette Programm ist zu Ende.

Wenn während der Ausführung eines Bodies eine Exception geworfen und nicht abgefangen wird –
bspw. eine MauerDaException, weil der entsprechende selbstständige Hamster gegen eine Mauer
gelaufen ist – ist dieser Prozess unmittelbar beendet. Sein im Allgemeinen fehlerhaftes Ende hat
jedoch keine Auswirkungen auf andere selbstständige Hamster bzw. Prozesse. Die laufen weiter.

### 3.2.6 Beispiel 1

Nun sind wir soweit, dass wir Beispiel 1 aus Abschnitt 3.1.1 – zwei Hamster sollen zur nächsten
Wand laufen – durch selbstständige Hamster lösen lassen können. Wir definieren dazu eine erweiterte Hamster-Klasse LaufHamster mit einem Body. Dieser Body ist so implementiert, dass ein
Hamster dieser Klasse zur nächsten Mauer läuft. Im Hauptprogramm erzeugen wir zwei Hamster
der Klasse LaufHamster und aktivieren beide durch Aufruf ihrer start-Methode. Beide Hamster
versuchen also „gleichzeitig", die nächste Wand zu erreichen.

```
class LaufHamster extends Hamster {

    LaufHamster(int r, int s, int b, int k) {
        super(r, s, b, k);
    }

    public void run() {
        while (this.vornFrei()) {
            this.vor();
        }
    }
}

void main() {
    LaufHamster paul = new LaufHamster(1, 0, Hamster.OST, 0);
    LaufHamster willi = new LaufHamster(2, 0, Hamster.OST, 0);
    paul.start(); // Aktivierungsbefehl fuer Paul
    willi.start(); // Aktivierungsbefehl fuer Willi
}
```

Führen Sie das Programm am besten einmal im Hamster-Simulator aus. Hier werden Sie sehen,
dass die Parallelität in Java nur eine Pseudo-Parallelität ist. Die beiden Hamster werden nie wirklich
gleichzeitig laufen. Vielmehr werden sie sich in der Regel abwechseln. Mal läuft Paul ein oder
mehrere Schritte. Danach führt Willi ein oder mehrere vor-Befehle aus. Wer jeweils wie lange an
der Reihe ist, entscheidet der Java-Scheduler.

Insgesamt existieren in diesem Programm drei Prozesse. Der erste wird beim Aufruf des Programms
gestartet, führt die main-Prozedur aus und ist beendet, nachdem er die beiden selbstständigen Hamster aktiviert hat. Die beiden anderen werden durch diesen Main-Prozess gestartet, führen jeweils den
Body der Klasse LaufHamster aus und sind beendet, wenn „ihr" Hamster die nächste Wand erreicht
hat. Das komplette Programm endet also erst dann, wenn die geforderte Aufgabe gelöst ist.

Starten Sie das Programm nach seinem Ende erneut im selben Ausgangsterritorium. Sie werden
feststellen, dass die Reihenfolge, in der die beiden Hamster zur Wand laufen, höchstwahrscheinlich

nicht dieselbe ist, wie beim ersten Mal. Es ist nicht vorhersehbar, welcher Hamster als erstes die nächste Mauer erreicht. Mal wird es Paul sein, ein anderes Mal Willi.

Achtung aufgepasst! Um die Wirkung des Aktivierungsbefehls zu demonstrieren, ändern wir das Hauptprogramm nun einmal ein wenig ab.

```
void main() {
    LaufHamster paul = new LaufHamster(1, 0, Hamster.OST, 0);
    LaufHamster willi = new LaufHamster(2, 0, Hamster.OST, 0);
    paul.run();
    willi.run();
}
```

Anstelle der start-Methode wird in diesem Programm die Methode run der beiden Hamster direkt aufgerufen. Was passiert ist, dass zunächst immer (!) Paul bis zur nächsten Wand läuft und erst danach Willi an der Reihe ist. Was ist der Grund hierfür?

Dieses Programm ist ein sequentielles objektorientiertes Hamster-Programm, wie wir es aus Band 2 der Java-Hamster-Bücher kennen. Es existiert lediglich ein einzelner Prozess, der die main-Prozedur ausführt. Es gibt keine selbstständigen Hamster. Paul und Willi sind passiv. Selbstständig, d.h. aktiv, werden Hamster erst durch Aufruf ihrer start-Methode. Und ein solcher Aufruf fehlt hier. Der Aufruf der Methode run für Paul bewirkt zwar, dass diese Methode ausgeführt wird. Sie wird jedoch wie eine normale Methode innerhalb des Main-Prozesses ausgeführt und nicht in einem anderen parallel ablaufenden Prozess, d.h. die main-Prozedur wartet auf die Beendigung der Methode.

### 3.2.7 Beispiel 2

Bei Beispiel 2 in Abschnitt 3.1.2 ging es darum, dass zwei Hamster jeweils bis zur nächsten Wand laufen und dabei alle Körner einsammeln sollen. Vorgegeben ist dabei die folgende erweiterte Hamster-Klasse SammelHamster.

```
class SammelHamster extends Hamster {

    SammelHamster(int r, int s, int b, int k) {
        super(r, s, b, k);
    }

    void laufBisZurMauerUndSammle() {
        this.sammle();
        while (this.vornFrei()) {
            this.vor();
            this.sammle();
        }
    }

    void sammle() {
        while (this.kornDa()) {
            this.nimm();
        }
    }
}
```

Auch diese Aufgabe werden wir nun durch den Einsatz selbstständiger Hamster lösen. Wir leiten dazu von der Klasse `SammelHamster` eine erweiterte Hamster-Klasse `SelbststaendigerSammel-Hamster` ab, in der ein Body definiert wird. Dessen Rumpf besteht aus einer einzelnen Anweisung, nämlich dem Aufruf der geerbten Methode `laufBisZurMauerUndSammle`.

```
class SelbststaendigerSammelHamster extends SammelHamster {

    SelbststaendigerSammelHamster(int r, int s, int b, int k) {
        super(r, s, b, k);
    }

    public void run() {
        this.laufBisZurMauerUndSammle();
    }
}
```

Das Hauptprogramm wird gegenüber der sequentiellen Lösung dahingehend geändert, dass für die beiden erzeugten Hamster nicht die Methode `laufBisZurMauerUndSammle`, sondern der Aktivierungsbefehl `start` aufgerufen wird. Letztendlich bewirkt dieser Aufruf den Aufruf der Methode `run` und damit den indirekten Aufruf der Methode `laufBisZurMauerUndSammle`. Der Unterschied zur sequentiellen Lösung ist jedoch, dass in dieser parallelen Lösung die Methode jeweils in einem neuen Prozess ausgeführt wird, sodass die Hamster nicht hintereinander, sondern quasi gleichzeitig ihre Teilaufgaben lösen.

```
void main() {
    SelbststaendigerSammelHamster heidi =
        new SelbststaendigerSammelHamster(1, 0, Hamster.OST, 0);
    SelbststaendigerSammelHamster maria =
        new SelbststaendigerSammelHamster(2, 0, Hamster.OST, 0);
    heidi.start();
    maria.start();
}
```

### 3.2.8 Fazit

Selbstständige Hamster sind Hamster, die nach ihrer Erzeugung, Initialisierung und Aktivierung über den Aktivierungsbefehl `start` nicht mehr passiv darauf warten, dass eine ihrer Methoden aufgerufen wird. Vielmehr führen sie selbstständig die Anweisungen in ihrem Body aus. Selbstständig bedeutet dabei implementierungstechnisch, dass ein neuer Prozess gestartet wird, der parallel – genauer quasi-parallel – zu anderen Prozessen abläuft.

Was ein selbstständiger Hamster tun soll, muss ihm der Programmierer in dessen Body vorgeben. Seine Befehle werden nicht mehr explizit, wie in sequentiellen Hamster-Programmen, bspw. im Hauptprogramm aufgerufen.

Der entscheidende Unterschied von parallelen gegenüber sequentiellen Hamster-Programmen liegt aber darin, dass der Programmierer keine Möglichkeit hat zu bestimmen, wann und in welcher Reihenfolge selbstständige Hamster agieren. Das regelt der Scheduler der zugrunde liegenden JVM. Wir werden jedoch in den kommenden Kapiteln noch Möglichkeiten kennenlernen, wie sich die Hamster untereinander abstimmen können, wer an der Reihe ist.

Welcher selbstständige Hamster wann und wie lange aktiv ist, kann vom Programmierer eben-falls nicht beeinflusst werden. Dies ist abhängig von der Implementierung des Java-Schedulers. Damit einher geht die Eigenschaft paralleler Hamster-Programme nicht-deterministisch und nicht-determiniert zu sein: Der mehrmalige Ablauf der Programme kann unterschiedlich erfolgen und unter Umständen unterschiedliche Ergebnisse produzieren.

# 3.3 Parallele objektorientierte Hamster-Programme

Bevor im nachfolgenden Abschnitt die Entwicklung paralleler objektorientierter Hamster-Program-me anhand dreier etwas komplexerer Beispiele verdeutlicht wird, werden in diesem Abschnitt die Ergebnisse der vorhergehenden Abschnitte nochmal zusammengefasst.

## 3.3.1 Eigenschaften paralleler objektorientierter Hamster-Programme

Parallele objektorientierte Hamster-Programme sind Hamster-Programme mit selbstständigen Hams-tern. Selbstständige Hamster sind Hamster spezieller erweiterter Hamster-Klassen, die nach ihrer Erzeugung und Initialisierung aktiviert werden. Die Aktivierung erfolgt dabei durch Aufruf ihrer Methode `start`. Der Aufruf führt dazu, dass ein neuer Prozess erzeugt wird, der quasi-parallel zu anderen Prozessen abläuft und der die Anweisungen des Bodies der Klasse – dass ist eine Methode mit der Signatur `public void run()` – ausführt. Wann welcher Prozess wie lange aktiv ist, obliegt dem Scheduler der zugrunde liegenden JVM. Ein paralleles objektorientiertes Hamster-Programm ist beendet, wenn die main-Prozedur und die Bodies aller selbstständigen Hamster beendet sind.

## 3.3.2 Implementierung selbstständiger Hamster

Wenn Sie mit selbstständigen Hamstern arbeiten wollen, müssen Sie folgendes tun:

- Sie müssen zunächst eine erweiterte Hamster-Klasse mit einem Body definieren.
- Im Body müssen Sie die Aktivitäten der jeweiligen Hamster der Klasse festlegen.
- Anschließend müssen Sie einen Hamster von der entsprechenden Klassen erzeugen und in-itialisieren.
- Durch Aufruf seiner Methode `start` können Sie den Hamster aktivieren, d.h. er führt in einem neuen Prozess die Anweisungen seines Bodies aus.
- Nach der Abarbeitung seines Bodies ist ein selbstständiger Hamster beendet.

## 3.3.3 Entwicklung paralleler objektorientierter Hamster-Programme

Parallele objektorientierte Programme sind nicht-deterministisch und können damit nicht-determi-nierte Ergebnisse produzieren. Diese Eigenschaften haben immense Auswirkungen auf die Fehler-suche in parallelen Hamster-Programmen. Wie wir in den kommenden Kapiteln noch sehen werden, gibt es anscheinend korrekte Programme, die bei denselben Ausgangszuständen auch tatsächlich in 99 Prozent der Fälle korrekt arbeiten, bei ganz bestimmten Reihenfolgen der Prozessorzuordnung der Hamster allerdings scheitern. Derartig fehlerhafte Programme sind jedoch nur schwer zu analysieren und zu debuggen, da die Programmabläufe nicht reproduzierbar sind. Daher ist ein sehr sorgfältiger Programmentwurf in der parallelen Programmierung noch wichtiger als bereits in der sequentiellen Programmierung! Wie dieser genau auszusehen hat, darauf werden wir in den kommenden Kapiteln noch zu sprechen kommen.

## 3.4  Beispielprogramme

Dieser Abschnitt soll Ihnen die Eigenschaften und die Entwicklung paralleler objektorientierter Programme und den Umgang mit selbstständigen Hamstern anhand dreier etwas komplexerer Beispielprogramme verdeutlichen. Laden Sie die Programme jeweils in den Hamster-Simulator und führen Sie sie mehrmals aus. Vergegenwärtigen Sie sich insbesondere die Unterschiede im Ablaufverhalten der Programme auch bei gleichen Ausgangsbedingungen.

### 3.4.1  Beispielprogramm 1

Zwei Hamster machen gemeinsam Skiurlaub. Sie möchten natürlich wissen, wer besser Ski fahren kann. Also verabreden sie sich zu einem „Parallelslalom". Sie stehen dazu vor einem unbekannt langen Slalomkurs aus Mauern (der eine Hamster in Reihe 1, der andere in Reihe 4) und sollen diesen, wie in Abbildung 3.3 angedeutet, bewältigen. Wer zuerst das jeweils direkt hinter der letzten Stange liegende Korn erreicht, hat gewonnen!

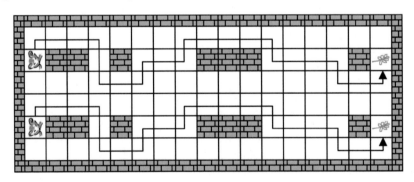

Abbildung 3.3: Typisches Hamster-Territorium zu Beispielprogramm 1

**Lösung:**
Es wird eine erweiterte Hamster-Klasse SkiHamster definiert, die den Algorithmus zum Slalomfahren in der Methode fahreSlalom implementiert. Diese wird in der run-Methode aufgerufen. In der main-Prozedur werden zwei Hamster dieser Klasse erzeugt und durch Aufruf der Methode start auf die Strecke geschickt.

Auch wenn Hamster Paul einen leichten Vorteil zu haben scheint, weil seine start-Methode zuerst aufgerufen wird, ist nicht vorhersehbar, welcher der beiden Hamster das Rennen gewinnt. Der Ausgang ist abhängig vom internen Java-Scheduler. Starten Sie das Programm mehrmals mit derselben Slalomstrecke im Hamster-Simulator und Sie werden sehen, dass mal Paul die Nase vorn hat und mal Willi.

```
class SkiHamster extends AllroundHamster {

    private boolean linksHerum;
    // Flag, das anzeigt, ob der Hamster links oder rechts
    // herum um die naechste Stange fahren muss

    SkiHamster(int reihe) {
        super(reihe, 0, Hamster.OST, 0);
        this.linksHerum = true; // beginne mit links herum
    }

    public void run() {
        this.fahreSlalom();
    }

    void fahreSlalom() {
        while (!this.kornDa()) {
            this.fahrBisZurNaechstenStange();
            if (this.linksHerum) {
                this.umfahreStangenLinksHerum();
                this.linksHerum = false;
            } else {
                this.umfahreStangenRechtsHerum();
                this.linksHerum = true;
            }
        }
        this.nimm();
    }

    void fahrBisZurNaechstenStange() {
        while (this.vornFrei()) {
            this.vor();
        }
    }

    void umfahreStangenLinksHerum() {
        this.linksUm();
        this.vor();
        this.rechtsUm();
        this.vor();
        while (!this.rechtsFrei()) {
            this.vor();
        }
        this.rechtsUm();
        this.vor();
        this.linksUm();
    }

    void umfahreStangenRechtsHerum() {
        this.rechtsUm();
        this.vor();
        this.linksUm();
```

```
        this.vor();
        while (!this.linksFrei()) {
            this.vor();
        }
        this.linksUm();
        this.vor();
        this.rechtsUm();
    }
}

void main() {
    SkiHamster paul = new SkiHamster(1);
    SkiHamster willi = new SkiHamster(4);
    paul.start();
    willi.start();
}
```

### 3.4.2 Beispielprogramm 2

Wie in Beispielprogramm 1 machen die beiden Hamster-Kumpel Paul und Willi Urlaub und wie Beispielprogramm 1 spielt auch Beispielprogramm 2 in den Bergen. Allerdings ist nun Sommer und die beiden Hamster wollen sich beim Bergsteigen messen. Paul steht dazu links vor einem regelmäßigen Berg unbekannter Höhe, Willi steht auf der anderen Seite (siehe auch das Beispiel in Abbildung 3.4). Wer zuerst den Gipfel erreicht, hat gewonnen!

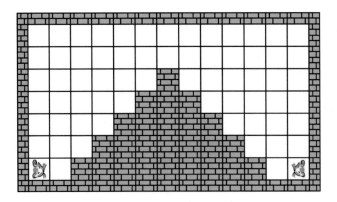

Abbildung 3.4: Typisches Hamster-Territorium zu Beispielprogramm 2

**Lösung:**
Es wird eine erweiterte Hamster-Klasse `KletterHamster` definiert. Hamster dieser Klasse können einen regelmäßigen Berg besteigen, und zwar von links. Hauptsächlich dafür verantwortlich ist eine Methode `erklimmeStufe`, mittels derer jeweils eine Stufe von links erklommen werden kann. Hamster `paul` ist eine Instanz dieser Klasse.

Hamster `willi` steht jedoch rechts vom Berg. Daher kann für ihn diese Klasse nicht unmittelbar genutzt werden. Als Lösung dieses Problems wird von der Klasse `KletterHamster` eine weitere Klasse `RechtsKletterHamster` abgeleitet, die die Methode `erklimmeStufe` so überschreibt, dass sie zum Erklimmen von Stufen von rechts genutzt werden kann. Für Hamster der Klasse RechtsKletterHamster wird diese Methode von der geerbten Methode run durch das Prinzip des dynamischen Bindens aufgerufen. Merken Sie sich: Auch der Body, d.h. die run-Methode wird vererbt!

Genauso wie beim Skifahren ist auch beim Bergsteigen nicht vorhersehbar, welcher der beiden Hamster der beste Kletterer ist. Der interne Java-Scheduler ist für den Ausgang der Wettkämpfe verantwortlich.

```java
//Hamster dieser Klasse erklimmen einen Berg von links
class KletterHamster extends AllroundHamster {

    KletterHamster(int r, int s, int b, int k) {
        super(r, s, b, k);
    }

    public void run() {
        this.laufeBisZumBerg();
        while (!this.gipfelErreicht()) {
            this.erklimmeStufe();
        }
    }

    void laufeBisZumBerg() {
        while (this.vornFrei()) {
            this.vor();
        }
    }

    void erklimmeStufe() {
        this.linksUm();
        this.vor();
        this.rechtsUm();
        this.vor();
    }

    boolean gipfelErreicht() {
        return this.vornFrei();
    }
}

// Hamster dieser Klasse erklimmen einen Berg von rechts
class RechtsKletterHamster extends KletterHamster {

    RechtsKletterHamster(int r, int s, int b, int k) {
        super(r, s, b, k);
    }

    void erklimmeStufe() {
        this.rechtsUm();
        this.vor();
        this.linksUm();
        this.vor();
```

```
        }
}

void main() {
    KletterHamster paul = new KletterHamster(Territorium
        .getAnzahlReihen() - 1, 0, Hamster.OST, 0);
    KletterHamster willi = new RechtsKletterHamster(
        Territorium.getAnzahlReihen() - 1, Territorium
            .getAnzahlSpalten() - 1, Hamster.WEST, 0);

    paul.start();
    willi.start();
}
```

### 3.4.3 Beispielprogramm 3

In einem rechteckigen Territorium ohne innere Mauern liegen „Körnertürme", d.h. die einzelnen Spalten des Territoriums sind von unten nach oben hin mit einer bestimmten Anzahl an Körnern gefüllt (siehe auch das Beispiel in Abbildung 3.5 (links)). Auf jeder Kachel liegt dabei maximal ein Korn. Die Hamster sollen die Körnertürme der Größe nach von links nach rechts sortieren (siehe Abbildung 3.5 (rechts)).

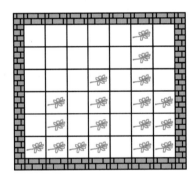 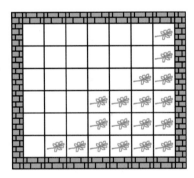

Abbildung 3.5: Typisches Hamster-Territorium zu Beispielprogramm 3

**Lösung:**
Eine (intelligente) Möglichkeit, die Körnertürme zu sortieren, besteht darin, die Körner jeder Reihe jeweils so weit wie möglich nach rechts zu „verschieben". Das kann dadurch erreicht werden, dass die Körner jeder Reihe zunächst aufgesammelt und anschließend von rechts beginnend wieder abgelegt werden. Dabei können natürlich mehrere Hamster gleichzeitig aktiv sein, und zwar jeweils einer für jede Reihe.

Es wird also eine erweiterte Hamster-Klasse `ReiheSortierHamster` definiert. In der Methode `run` dieser Klasse wird der obige Abarbeitungsalgorithmus für eine Reihe implementiert.

Im Hauptprogramm werden so viele Hamster erzeugt und in einem Array gespeichert, wie es Reihen im Territorium gibt. Die Hamster werden durch Aufruf der Methode `start` aktiviert und bearbeiten gleichzeitig jeweils „ihre" Reihe.

```
class ReiheSortierHamster extends AllroundHamster {

    ReiheSortierHamster(int r) {
        super(r, 0, Hamster.OST, 0);
    }

    public void run() {

        // bis zur Mauer laufen und evtl. vorhandene
        // Koerner aufnehmen
        this.nimm(1);
        while (this.vornFrei()) {
            this.vor();
            this.nimm(1);
        }

        // zuruecklaufen und dabei die aufgenommenen Koerner
        // so frueh wie moeglich wieder einzeln ablegen
        this.kehrt();
        this.gib(1);
        while (this.vornFrei()) {
            this.vor();
            this.gib(1);
        }
    }
}

void main() {
    ReiheSortierHamster[] hamster =
        new ReiheSortierHamster[Territorium.getAnzahlReihen()];
    for (int r = 0; r < hamster.length; r++) {
        hamster[r] = new ReiheSortierHamster(r);
        hamster[r].start();
    }
}
```

## 3.5 Aufgaben

Sie haben in diesem Kapitel gelernt, was selbstständige Hamster sind und wie man sie zur Lösung eines gegebenen Hamster-Problems einsetzen kann. Nun müssen Sie zeigen, dass Sie das Konzept der selbstständigen Hamster nicht nur verstanden haben, sondern auch selbst praktisch einsetzen können. Lösen Sie dazu bitte die folgenden Aufgaben.

### 3.5.1 Aufgabe 1

Erweitern Sie Beispielprogramm 1 aus Abschnitt 3.4.1 derart, dass nicht zwei sondern drei Hamster gleichzeitig gegeneinander im Parallelslalom antreten.

### 3.5.2 Aufgabe 2

Ein Jahr nach ihrem Urlaub in den Bergen (siehe Beispielprogramm 2 aus Abschnitt 3.4.2) machen die beiden Hamster Paul und Willi Urlaub in den USA. Beim Besuch des Grand-Canyon erinnern Sie sich natürlich an ihren Bergsteigerwettkampf vom letzten Jahr und Paul fordert Willi erneut zum Wettkampf heraus. Diesmal geht es darum, wer als erster das Tal des Canyons erreicht.

Paul und Willi stehen also analog zu der Ausgangssituation von Beispielprogramm 2 am linken bzw. rechten Rand einer regelmäßigen Mulde unbekannter Tiefe (siehe auch das Beispiel in Abbildung 3.6). Wer zuerst die Talsohle erreicht, hat gewonnen!

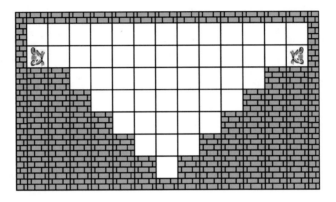

Abbildung 3.6: Typisches Hamster-Territorium zu Aufgabe 2

### 3.5.3 Aufgabe 3

In Beispielprogramm 3 in Abschnitt 3.4.3 haben die Hamster die Körnertürme von links nach rechts sortiert, d.h. die höchsten Türme stehen am Ende auf der rechten Seite des Territoriums. Ändern Sie das Beispielprogramm derart ab, dass die Türme von rechts nach links sortiert werden, d.h. die höchsten Türme stehen am Ende auf der linken Seite des Territoriums.

### 3.5.4 Aufgabe 4

Gegeben sei ein beliebig großes Territorium ohne innere Mauern. In jeder Reihe wird in der ersten Spalte ein selbstständiger Hamster mit Blickrichtung Osten erzeugt. Anschließend werden alle Hamster gestartet und versuchen, (möglichst als erster) die nächste Mauer zu erreichen.

### 3.5.5 Aufgabe 5

Gegeben sein ein beliebig großes rechteckiges Territorium ohne innere Mauern. In jeder Ecke des Territoriums steht ein selbstständiger Hamster (siehe auch das Beispiel in Abbildung 3.7). Die Hamster wollen ein Wettrennen bestreiten. Nach dem Start laufen sie dazu im Uhrzeigersinn immer an der Wand entlang. Schreiben Sie ein paralleles objektorientiertes Hamster-Programm, das dieses Szenario umsetzt.

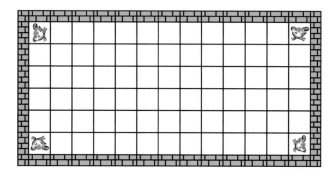

Abbildung 3.7: Typisches Hamster-Territorium zu Aufgabe 5

## 3.5.6 Aufgabe 6

Den Hamstern wird die Aufgabe gestellt, ein beliebig großes Territorium mit einer geraden Anzahl $r$ an Reihen ohne innere Mauern abzugrasen, d.h. alle Körner, die im Territorium liegen, einzusammeln. Zwei Hamster machen sich dazu gleichzeitig und selbstständig auf den Weg. Der eine beginnt in der linken oberen Ecke mit Blickrichtung Osten und grast die oberen $r/2$ Reihen ab. Der andere beginnt in der rechten unteren Ecke mit Blickrichtung Westen und grast die unteren $r/2$ Reihen ab (siehe auch das Beispiel in Abbildung 3.8).

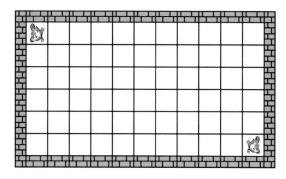

Abbildung 3.8: Typisches Hamster-Territorium zu Aufgabe 6

## 3.5.7 Aufgabe 7

Die Aufgabenstellung dieser Aufgabe ist analog zur Aufgabenstellung von Aufgabe 6. Allerdings besitzt das Territorium nun sowohl eine gerade Anzahl an Reihen als auch eine gerade Anzahl an Spalten. Diesmal machen sich vier Hamster gleichzeitig und selbstständig an die Arbeit. Der erste beginnt mit Blickrichtung Osten in der linken oberen Ecke und grast den linken oberen Quadraten ab. Der zweite steht mit Blickrichtung Westen in der rechten obere Ecke und sammelt alle Körner des rechten oberen Quadranten ein. Der dritte Hamster, der mit Blickrichtung Osten in der linken unteren Ecke erzeugt wird, kümmert sich um die Körner des linken unteren Quadranten und der vierte Hamster ist für den rechten unteren Quadranten zuständig. Er beginnt mit Blickrichtung Westen in der rechten unteren Ecke.

### 3.5.8 Aufgabe 8

Die Hamster bekommen die Aufgabe, in einem wie in Abbildung 3.9 skizzierten zyklenfreien Labyrinth, dessen Gänge maximal eine Kachel breit sind, ein verstecktes Korn zu finden. Zur Suche
gehen sie folgendermaßen vor: Zunächst macht sich vom Eingang (Kachel (0/0)) aus ein selbstständiger Hamster auf den Weg. Sobald er an eine Kreuzung gelangt, terminiert er, erzeugt und startet aber
zuvor noch für jeden von der Kreuzung abgehenden Weg einen neuen selbstständigen Hamster, der
das entsprechende Teillabyrinth durchforstet und dabei jeweils genauso vorgeht, wie der Ausgangshamster. D.h. jeder Hamster sucht nur bis zur nächsten Kreuzung und schickt dann andere Hamster
auf die Suche. Sobald ein Hamster das Korn findet, beendet er seine Arbeit. Andere bereits aktive
Hamster bekommen davon allerdings nicht mit und suchen weiter.

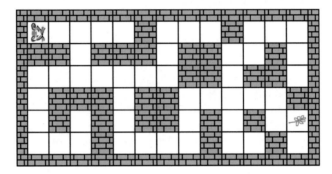

Abbildung 3.9: Typisches Hamster-Territorium zu Aufgabe 8

# Kapitel 4
# Threads

In Kapitel 2 haben Sie erfahren, was selbstständige Hamster sind und wie parallele objektorientierte Hamster-Programme, d.h. Programme mit selbstständigen Hamstern, implementiert werden. Kapitel 2 war dabei ein eher motivierendes Kapitel, das Ihnen einen kleinen Einblick in die Welt der parallelen (Hamster-)Programmierung geben sollte.

In diesem Kapitel werden die Ausführungen nun konkretisiert und verallgemeinert. Sie werden mit dem Thread-Konzept der Programmiersprache Java das Konzept kennenlernen, das den selbstständigen Hamstern zugrunde liegt. Sie werden sehen, das Konzept ist weitaus mächtiger, als damit „nur" die Hamster selbstständig machen zu können.

Zunächst wird in Abschnitt 1 genau erläutert, was Threads sind. In Abschnitt 2 erfahren Sie anschließend, dass in Java durch Ableiten von der vordefinierten Klasse Thread Threads definiert werden können und Abschnitt 3 geht darauf ein, wie Threads erzeugt und gestartet werden. Abschnitt 4 befasst sich mit dem Ende von Threads. In Abschnitt 5 wird mit dem Interface *Runnable* eine Alternative zur Definition von Threads vorgestellt. Die Zuordnung von Namen zu Threads wird in Abschnitt 7 behandelt. Wie Threads mit den Konzepten der objektorientierten Programmierung zusammenhängen, erfahren Sie in Abschnitt 8. Einen zusammenfassenden Vergleich zwischen selbstständigen und unselbstständigen Hamster enthält Abschnitt 9. Bevor das Kapitel mit drei etwas komplexeren Beispielprogrammen in Abschnitt 10 und einer Menge von Übungsaufgaben in Abschnitt 11 endet, verdeutlicht Abschnitt 9 den Nutzen und die Einsatzbereiche von Threads.

## 4.1 Was sind Threads?

Kapitel 2 hat gezeigt, dass selbstständige Hamster als eigenständige Prozesse realisiert werden. Prozess ist jedoch nicht gleich Prozess. In diesem Abschnitt wird daher zunächst der Begriff des Prozesses näher erläutert. Anschließend werden die Erkenntnisse auf die Programmiersprache Java übertragen.

### 4.1.1 Prozesstypen

Ein Programm ist ein in einer Programmiersprache formulierter Algorithmus, also eine Arbeitsanleitung zum Lösen eines bestimmten Problems durch einen Computer. Ausgeführt wird ein Programm mit Hilfe des Betriebssystems Ihres Computers. Dieses erzeugt dazu einen so genannten *Prozess*. Moderne Betriebssysteme unterstützen dabei den Mehrprogrammbetrieb, d.h. auch wenn es nur einen Prozessor gibt, können sich mehrere Prozesse quasi gleichzeitig in Ausführung befinden. Das Betriebssystem steuert die Zuordnung der Prozesse zum Prozessor. Aufgrund der Schnelligkeit heutiger Prozessoren und der Häufigkeit der Umschaltung der Prozess-Prozessor-Zuordnung haben Sie als Benutzer den Eindruck, dass alle Prozesse tatsächlich gleichzeitig ausgeführt werden.

Derartige Prozesse auf Betriebssystemebene haben im Allgemeinen einen eigenen Adressraum. Das ist der Speicher, der einem Prozess sowohl für Daten als auch für das Programm selbst vom Betriebssystem zur Verfügung gestellt wird. Das Betriebssystem sorgt aus Sicherheitsgründen dafür, dass ein Prozess nur auf seinen eigenen und nicht direkt auf einen fremden Adressraum zugreifen darf. Zum Austausch von Daten zwischen Prozessen werden andere Kommunikationsmechanismen zur Verfügung gestellt.

Die Erzeugung eines neuen Prozesses und das Umschalten des Prozessors von einem Prozess auf einen anderen ist wegen der Handhabung des Adressraumes relativ aufwändig, d.h. langsam. Daher nennt man Prozesse auf Betriebssystemebene auch *schwergewichtige Prozesse*.

Für die Lösung bestimmter Aufgaben ist der Einsatz schwergewichtiger Prozesse nicht adäquat. Stellen Sie sich bspw. ein Programmsystem vor, bei dem ein Server bestimmte Aufträge von Clients bearbeiten soll. Sind die Aufträge relativ klein und dauert die „Verpackung" eines Auftrags in einen Prozess genauso lang wie die anschließende Ausführung, dann arbeitet ein solches Programmsystem wenig effizient. Für derartige Probleme benötigt man daher so genannte *leichtgewichtige Prozesse*, die sich einen gemeinsamen Adressraum teilen, sodass die Prozesserzeugung und der Prozesswechsel wesentlich schneller vollzogen werden kann, weil der Aufwand für die Handhabung des Adressraumes entfällt. *Threads* sind derartige leichtgewichtige Prozesse.

## 4.1.2 Prozesse und Java

Bei der Ausführung eines Java-Programms wird auf Betriebssystemebene ein schwergewichtiger Prozess erzeugt. Das Betriebssystem kümmert sich, wie eben geschildert, darum, dass neben dem Java-Prozess weitere Prozesse auf Ihrem Computer ablaufen können, sodass Sie bspw. nebenher drucken oder im Internet surfen können. Alle diese Prozesse haben einen eigenen Adressraum.

Zuständig für die Ausführung eines Java-Programms ist die so genannte *Java Virtual Machine* - kurz *JVM*. Bei der Ausführung von sequentiellen Programmen, wie wir sie in Band 1 und 2 der Java-Hamster-Bücher kennengelernt haben, startet sie einen Thread – den so genannten *Main-Thread* –, der die main-Prozedur ausführt. Allerdings erlaubt sie die Erzeugung und den Start weiterer Threads, die bestimmte andere Prozeduren bzw. Methoden ausführen und quasi-parallel zueinander laufen. Der Java-Scheduler – ein Bestandteil der JVM – kümmert sich darum, welcher Thread tatsächlich gerade aktiv sein darf und welche Threads auf die Zuteilung des Prozessors warten müssen. Es sind also nie mehrere Threads tatsächlich gleichzeitig aktiv. Vielmehr werden sie verzahnt ausgeführt. Der Scheduler sorgt für eine Sequenzialisierung (siehe auch Abbildung 4.1). Man spricht auch von *Interleaving*.

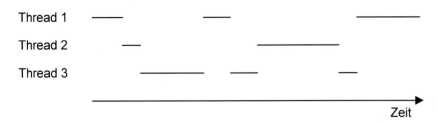

Abbildung 4.1: Interleaving

Java-Threads eines Java-Prozesses sind leichtgewichtige Prozesse, d.h. sie teilen sich einen gemeinsamen Adressraum, können also prinzipiell auf dieselben Variablen zugreifen. Das hat gewisse Vorteile – über gemeinsame Variablen können Java-Threads miteinander kommunizieren (siehe Kapitel 6) – birgt aber auch gewisse Probleme und Gefahren in sich (siehe Kapitel 7).

Eine sehr nützliche Eigenschaft von Java ist, dass die Konzepte der objektorientierten Programmierung und die Thread-Konzepte, d.h. Konzepte der parallelen Programmierung, miteinander verzahnt sind. Genauer gesagt bauen die Thread-Konzepte auf den objektorientierten Konzepten auf. Damit einher geht, dass die Thread-Konzepte sich harmonisch in die Sprache einfügen und für Kenner der objektorientierten Java-Konzepte nicht allzu schwer zu erlernen sind. Zum anderen werden die Vorteile der objektorientierten Programmierung (z.B. Wiederverwendung durch Vererbung und einfache Erweiterbarkeit durch Polymorphie und dynamisches Binden) auch auf die parallele Programmierung übertragen.

## 4.2 Definition von Thread-Klassen

Java bedient sich des objektorientierten Konzeptes der Klassen und Objekte, um neben dem Main-Thread weitere Threads erzeugen, starten und ausführen zu können. Genauer gesagt werden neue Threads immer ausgehend von so genannten *Thread-Objekten* gestartet. Das sind Objekte von Klassen, die von der vordefinierten Klasse `Thread` aus dem Paket `java.lang` direkt oder indirekt abgeleitet sind. Diese Klassen werde auch *Thread-Klassen* genannt.

Die in der Klasse `Thread` definierten und an Thread-Klassen vererbten Methoden werden im Detail in Kapitel 5 vorgestellt und können in Anhang A.2 nochmal nachgeschlagen werden. An dieser Stelle von Interesse ist zunächst nur, dass Thread-Klassen von der Klasse `Thread` abgeleitet werden müssen und eine ganz bestimmte Methode überschrieben werden muss, nämlich die parameterlose und als `public void` deklarierte Methode `run`:

```
class ThreadKlasse extends Thread {
    ...
    public void run () { ... }
    ...
}
```

Die run-Methode, die auch als *Body* bezeichnet wird, kann mit der main-Prozedur verglichen werden. Wird ausgehend von einem Objekt einer Thread-Klasse ein neuer Thread gestartet, führt dieser Thread genau diese run-Methode des Objektes aus. Der Unterschied der run-Methode einer Thread-Klasse gegenüber der main-Prozedur liegt darin, dass die run-Methode einem Thread-Objekt zugeordnet ist, sodass ein direkter Zugriff auf die Attribute und Methoden dieses Objektes möglich ist.

Die folgende Klasse `Summe` ist eine gültige Thread-Klasse:

```
class Summe extends Thread {

    int summeBis;

    int summe;

    boolean fertig;
```

```
Summe(int bis) {
    this.summeBis = bis;
    this.summe = 0;
    this.fertig = false;
}

// berechnet die Summe der Zahlen 1 bis summeBis
public void run() {
    for (int zahl = 1; zahl <= this.summeBis; zahl++) {
        this.summe = this.summe + zahl;
    }
    this.fertig = true;
}

// liefert die berechnete Summe
int getSumme() throws NochNichtFertigException {
    if (!this.fertig) {
        throw new NochNichtFertigException();
    }
    return this.summe;
}
}

class NochNichtFertigException extends Exception {
}
```

In der run-Methode wird die Summe der Zahlen von 1 bis zu einer bestimmten dem Objekt im Konstruktor übergebenen Zahl berechnet. Die Summe kann, insofern die Berechnung beendet ist, über die Methode getSumme abgefragt werden.

Auch erweiterte Hamster-Klassen sind Thread-Klassen. Die Klasse Hamster ist nämlich nicht, wie in Band 2 der Java-Hamster-Bücher beschrieben, direkt sondern nur indirekt von der Klasse Object abgeleitet. Vielmehr ist ihre direkte Oberklasse die Klasse Thread, die wiederum von der Klasse Object abgeleitet ist.

```
public class Hamster extends Thread {
    ...
}
```

Die folgende erweiterte Hamster-Klasse ist daher eine gültige Thread-Klasse:

```
class LaufHamster extends Hamster {

    LaufHamster(int r, int s, int b, int k) {
        super(r, s, b, k);
    }

    public void run() {

        // laeuft bis zur Mauer
        while (this.vornFrei()) {
            this.vor();
```

```
        }
    }
}
```

Mit Hilfe der run-Methode läuft ein Hamster der Klasse LaufHamster bis zur nächsten Wand.

# 4.3 Erzeugung und Start von Threads

Ein neuer Thread wird immer ausgehend von einem Thread-Objekt, d.h. einem Objekt einer Thread-Klasse gestartet. Wie Sie es in Band 2 der Java-Hamster-Bücher gelernt haben, muss daher zunächst ein solches Objekt mit Hilfe des new-Operators erzeugt, über einen Konstruktor initialisiert und einer Objektvariablen zugeordnet werden. Anschließend muss dann für das Thread-Objekt die von der Klasse Thread geerbte Methode start aufgerufen werden. Diese Methode arbeitet intern anders, als Sie es bisher von Prozeduren bzw. Methoden gewohnt sind. Sie ruft zwar die Methode run des Thread-Objektes auf, wartet allerdings nicht auf deren Ende. Vielmehr startet sie einen neuen Thread, der quasi-parallel zu anderen Threads die run-Methode ausführt. Man sagt auch, dass ein Thread dem Thread-Objekt, über das er gestartet wurde, „zugeordnet" ist, und umgekehrt.

## 4.3.1 Beispiel 1

Schauen wir uns die Erzeugung und den Start eines Threads am Beispiel der im vorhergehenden Abschnitt definierten Thread-Klasse LaufHamster an:

```
class LaufHamster extends Hamster {

    LaufHamster(int r, int s, int b, int k) {
        super(r, s, b, k);
    }

    public void run() {
        while (this.vornFrei()) {
            this.vor();
        }
    }
}

void main() {
    Hamster paul = Hamster.getStandardHamster();
    LaufHamster willi = new LaufHamster(1, 0, Hamster.OST, 0);

    // Erzeugung und Start eines neuen Threads, der dem
    // Thread-Objekt willi zugeordnet ist
    willi.start();

    // Paul wird zur Wand gesteuert
    while (paul.vornFrei()) {
        paul.vor();
    }
}
```

Nach dem Aufruf dieses Programms wird durch die JVM implizit der Main-Thread erzeugt und gestartet, der die main-Prozedur ausführt. In der main-Prozedur wird in der zweiten Anweisung ein Lauf-Hamster erzeugt, über den Konstruktor der Klasse LaufHamster initialisiert und ihm der Name willi zugeordnet. Anschließend wird für Willi die Methode start aufgerufen. Das führt dazu, dass ein zweiter Thread gestartet wird, der die run-Methode von Willi ausführt. Dieser Thread läuft nebenläufig zu dem Main-Thread. Das bedeutet, ab diesem Zeitpunkt versuchen sowohl Willi als auch Standard-Hamster Paul, die jeweils nächste Wand zu erreichen. Wer dies als erster schafft und in welcher Reihenfolge sie laufen, ist nicht vorhersehbar. Hierfür ist der Java-Scheduler zuständig. Bei mehrmaliger Ausführung des Programms in demselben Territorium auf demselben Computer liefern sich die beiden Hamster ein in der Regel unterschiedlich ablaufendes „Wettrennen".

## 4.3.2 Beispiel 2

Schauen wir uns ein zweites Beispiel an, dieses Mal mit der im vorherigen Abschnitt definierten Thread-Klasse Summe:

```
class NochNichtFertigException extends Exception {
}

class Summe extends Thread {

    int summeBis;

    int summe;

    boolean fertig;

    Summe(int bis) {
        this.summeBis = bis;
        this.summe = 0;
        this.fertig = false;
    }

    // berechnet die Summe der Zahlen 1 bis summeBis
    public void run() {
        for (int zahl = 1; zahl <= this.summeBis; zahl++) {
            this.summe = this.summe + zahl;
        }
        this.fertig = true;
    }

    // liefert die berechnete Summe
    int getSumme() throws NochNichtFertigException {
        if (!this.fertig) {
            throw new NochNichtFertigException();
        }
        return this.summe;
    }

    void main() {
```

```
Hamster paul = Hamster.getStandardHamster();
int zahl = paul.liesZahl("Positive Zahl: ");
Summe summe = new Summe(zahl);
summe.start(); // nebenläufige Berechnung der Summe

// Berechung des Produktes
int produkt = 1;
for (int z = 1; z <= zahl; z++) {
    produkt = produkt * z;
}

// Ausgabe der berechneten Ergebnisse
while (true) {
    try {
        paul.schreib("Summe von 1 bis " + zahl + " = "
            + summe.getSumme());
        paul.schreib("Produkt von 1 bis " + zahl + " = "
            + produkt);
        return;
    } catch (NochNichtFertigException exc) {
    }
}
}
}
```

In der main-Prozedur fordert der Standard-Hamster zunächst den Benutzer auf, eine Zahl einzugeben. Anschließend wird ein Thread-Objekt der Thread-Klasse Summe erzeugt, über den Konstruktor der Klasse initialisiert und der Objektvariablen summe zugeordnet. Der Aufruf der Methode start für das Thread-Objekt führt zur Ausführung dessen run-Methode in einem neuen Thread. Hierin wird die Summe der Zahlen von 1 bis zu der vom Nutzer eingegebenen Zahl berechnet. Gleichzeitig berechnet die main-Prozedur im Main-Thread das Produkt der entsprechenden Zahlen.

Bevor der Standard-Hamster die berechneten Ergebnisse ausgibt, muss er eventuell noch auf das Ende der Summenberechnung warten. Dies geschieht in der while-Schleife. Die Abfrage des vom Summe-Thread berechneten Wertes erfolgt dabei durch Aufruf der Methode getSumme für das der Objektvariablen summe zugeordneten Thread-Objekt.

### 4.3.3 Mehrmaliger Aufruf der start-Methode

Es gilt: Einem Thread-Objekt kann maximal ein Thread zugeordnet werden. Konkret bedeutet das, dass für ein Thread-Objekt maximal einmal die start-Methode aufgerufen werden darf.

Hält man sich nicht an dieses Gebot, passiert folgendes: Wird für ein Thread-Objekt, dessen zugeordneter Thread bereits gestartet wurde, erneut die start-Methode aufgerufen, so wird eine Exception geworfen, falls der Thread noch nicht beendet ist. Ist der Thread bereits beendet, so passiert nichts, d.h. der Aufruf der start-Methode entspricht einer leeren Anweisung. Die Exception ist eine Unchecked-Exception von der durch Java vordefinierten Klasse IllegalStateException (siehe auch Anhang A.5).

### 4.3.4 Direkter Aufruf der run-Methode

Es ist auch möglich, die run-Methode eines Thread-Objektes direkt aufzurufen. Allerdings wird dadurch kein neuer Thread erzeugt. Vielmehr erfolgt die Ausführung der run-Methode im aufrufenden Thread wie der Aufruf einer normalen Methode, d.h. es wird auf das Ende der run-Methode gewartet.

Das folgende Beispiel entspricht dem Beispiel aus Abschnitt 4.3.1. Es unterscheidet sich lediglich darin, dass in Zeile 3 der main-Prozedur für Lauf-Hamster Paul nicht die start-Methode, sondern direkt die run-Methode aufgerufen wird. Das führt dazu, dass kein zweiter Thread erzeugt wird. Stattdessen wird die run-Methode durch den Main-Thread ausgeführt. Resultat ist, dass zunächst Hamster Willi bis zur nächsten Wand läuft. Erst danach kommt Hamster Paul an die Reihe.

```
class LaufHamster extends Hamster {

    LaufHamster(int r, int s, int b, int k) {
        super(r, s, b, k);
    }

    public void run() {
        while (this.vornFrei()) {
            this.vor();
        }
    }
}

void main() {
    Hamster paul = Hamster.getStandardHamster();
    LaufHamster willi = new LaufHamster(1, 0, Hamster.OST, 0);

    // direkter Aufruf der run-Methode:
    // Willi laeuft bis zur Mauer
    willi.run();

    // erst jetzt ist Paul an der Reihe
    while (paul.vornFrei()) {
        paul.vor();
    }
}
```

### 4.3.5 Starten eines Threads im Konstruktor des zugeordneten Thread-Objektes

Der Aufruf der Methode start für ein Thread-Objekt führt zum Start eines neuen Threads, der die run-Methode des Thread-Objektes ausführt. In den bisherigen Beispielen wurde die Methode nach der Erzeugung und Initialisierung der jeweiligen Thread-Objekte explizit aufgerufen. Was auch möglich ist und häufig gemacht wird, ist ein Aufruf der start-Methode bereits im Konstruktor des Thread-Objektes.

Das folgende Programm, in dem ein selbstständiger Hamster eine bestimmte Anzahl an Schritten aber maximal bis zur nächsten Mauer läuft, demonstriert diesen Sachverhalt.

```
class HinlaufHamster extends Hamster {

    private int anzahlSchritte;

    HinlaufHamster(Hamster ham, int anzahlSchritte) {
        super(ham);
        this.anzahlSchritte = anzahlSchritte;
        this.start();
    }

    public void run() {
        int schritte = 0;
        while (this.vornFrei() && schritte < this.anzahlSchritte) {
            this.vor();
            schritte++;
        }
    }
}

void main() {
    new HinlaufHamster(Hamster.getStandardHamster(), Hamster
        .getStandardHamster().getAnzahlKoerner());
}
```

Nach der Anweisung in der main-Prozedur ist nun nicht nur ein Thread-Objekt erzeugt und initialisiert, sondern auch der ihm zugeordnete Thread bereits gestartet.

Das Starten eines Threads im Konstruktor des zugeordneten Thread-Objektes birgt allerdings eine große Gefahr in sich und sollte deshalb nur dann durchgeführt werden, wenn diese Gefahr wirklich ausgeschlossen werden kann.

Stellen Sie sich dazu vor, ein anderer Programmierer möchte die entsprechende Klasse nutzen und eine Klasse davon ableiten. Im obigen Beispiel möchte der Programmierer bspw. einen selbstständigen Hamster realisieren, der sich vor dem Laufen zunächst gegebenenfalls einmal linksum dreht. Er leitet dazu eine Klasse LinksLaufHamster von der Klasse HinlaufHamster ab und überschreibt die run-Methode.

```
class LinksLaufHamster extends HinlaufHamster {

    boolean nachLinks;

    LinksLaufHamster(Hamster ham, int anzahlSchritteHin,
            boolean nachLinks) {
        super(ham, anzahlSchritteHin);
        this.nachLinks = nachLinks;
    }

    public void run() {
        if (this.nachLinks) {
            this.linksUm();
        }
        super.run();
    }
```

```
}

void main() {
    new LinksLaufHamster(Hamster.getStandardHamster(),
        Hamster.getStandardHamster().getAnzahlKoerner(),
        true);
}
```

Unter Umständen dreht sich ein Hamster der Klasse `LinksLaufHamster` nach seinem Start zunächst um. Anschließend ruft die neue run-Methode über das super-Konstrukt die geerbte run-Methode auf, und zwar in Form einer Prozedur, wie wir gerade in Abschnitt 4.3.4 gelernt haben.

Die run-Methode ist soweit korrekt implementiert. Die Gefahr lauert allerdings im Konstruktor der Klasse `LinksLaufHamster`. Zunächst wird ja durch das super-Konstrukt der Konstruktor der Oberklasse, d.h. der Klasse `HinlaufHamster` ausgeführt. Bereits in diesem wird aber der neue Thread gestartet. Aufgrund der Polymorphie und des dynamischen Bindens führt der neue Thread die run-Methode der Klasse `LinksLaufHamster` aus. Wenn nun der Java-Scheduler direkt auf diesen neuen Thread umschaltet, kann es passieren, dass im neuen Thread die if-Bedingung der run-Methode ausgeführt wird, bevor im alten Thread die zweite Anweisung des Konstruktors der Klasse `LinksLaufHamster` ausgeführt wurde, d.h. der LinksLauf-Hamster ist noch gar nicht vollständig initialisiert und läuft unter Umständen gar nicht nach links, obwohl dies dem Konstruktor mitgeteilt wurde.

Fazit: Vermeiden Sie das Starten eines Threads aus dem Konstruktor des zugeordneten Thread-Objektes heraus, wenn von der entsprechenden Klasse unter Umständen noch eine andere Klasse abgeleitet werden kann oder soll.

## 4.4 Ende von Threads

Ein Thread ist automatisch beendet, wenn die run-Methode (bzw. im Falle des Main-Threads die main-Prozedur), die er ausführt, beendet ist. Dies kann auf dreierlei Art und Weise geschehen:

- Die Anweisungen der run-Methode bzw. der main-Prozedur wurden alle ausgeführt.

- Innerhalb der run-Methode bzw. der main-Prozedur wurde eine return-Anweisung ausgeführt.

- Bei der Ausführung der run-Methode bzw. der main-Prozedur wurde eine Unchecked-Exception geworfen und nicht gefangen.

Ein Programm ist beendet, wenn der Main-Thread und alle gestarteten Threads[1] beendet sind.

Im folgenden Programm ist der Main-Thread zwar nach dem Start des dem Lauf-Hamster Willi zugeordneten Threads unmittelbar beendet. Das komplette Programm endet aber erst, wenn Willi die nächste Wand erreicht hat, da damit auch der ihm zugeordnete Thread beendet ist.

```
class LaufHamster extends Hamster {

    LaufHamster(int r, int s, int b, int k) {
        super(r, s, b, k);
    }
```

---

[1]genauer: alle Nicht-Dämonen-Threads; siehe Kapitel 5.8

```
public void run() {
    while (this.vornFrei()) {
        this.vor();
    }
    // zugeordneter Thread ist beendet
}
}

void main() {
    LaufHamster willi = new LaufHamster(1, 0, Hamster.OST, 0);
    willi.start();
    // Main-Thread ist beendet
}
```

Sehr viel komplexer ist der Fall, dass ein gestarteter Thread von einem anderen Thread vorzeitig gestoppt bzw. abgebrochen werden soll. Prinzipiell stellt hierfür die Klasse Thread eine Methode stop zur Verfügung, die für das dem Thread zugeordnete Thread-Objekt aufgerufen werden muss. Von der Verwendung der stop-Methode wird jedoch dringend abgeraten, weil dies zu schwerwiegenden Fehlern führen kann. Aufgrund der Komplexität dieses Themas und der damit involvierten Gefahren ist der Beendigung von Threads mit Kapitel 10 ein extra Kapitel gewidmet.

# 4.5 Runnables

Wenn Sie mit Threads arbeiten wollen, müssen Sie ein Objekt einer Klasse erzeugen und aktivieren, die von der Klasse Thread abgeleitet ist. Was machen Sie jedoch in dem Fall, dass Sie die neue Klasse auch noch von einer anderen Klasse ableiten wollen oder müssen? Java unterstützt ja keine Mehrfachvererbung und Sie müssen sich für **eine** Klasse entscheiden, von der die neue Klasse abgeleitet wird.

In Java kann dieses Problem bspw. bei der Entwicklung von Java-Applets entstehen. Java-Applets sind Java-Programme, die in Web-Browsern lauffähig sind. Java-Applets müssen immer von einer Klasse namens Applet abgeleitet werden. Wenn das Applet jedoch gleichzeitig als Thread-Objekt benutzt werden soll, steht der Programmierer vor dem oben skizzierten Problem. Oder stellen Sie sich vor, die Klasse Hamster wäre nicht von der Klasse Thread abgeleitet worden. Dann wäre es für Sie unmöglich, selbstständige Hamster zu implementieren, da entsprechende Klassen ja sowohl von der Klasse Hamster als auch von der Klasse Thread abgeleitet werden müssten.

Natürlich gibt es für derartige Fälle eine Lösung und die sieht folgendermaßen aus:

- Sie müssen eine Thread-Klasse nicht unbedingt von der Klasse Thread ableiten. Lassen Sie die Klasse stattdessen das vordefinierte Interface Runnable aus dem Paket java.lang implementieren, das folgende Gestalt hat:

```
public interface Runnable {
    public void run();
}
```

- Erzeugen Sie ein Objekt der neuen Klasse.

- Erzeugen Sie ein Objekt der Klasse Thread und übergeben Sie diesem im Konstruktor das Objekt der neuen Klasse. Die Klasse Thread besitzt zu diesem Zweck einen entsprechenden Konstruktor:

```
public class Thread {
    public Thread(Runnable r) { ... }
    public void start() { ... }
    ...
}
```

- Rufen Sie die Methode start für das Objekt der Klasse Thread auf. Das führt dazu, dass ein neuer Thread gestartet und von diesem die run-Methode des dem Konstruktor übergebenen Runnable-Objektes ausgeführt wird.

Demonstriert wird das Prinzip im Folgenden am Beispiel aus Abschnitt 4.3.2. Hierbei sollten gleichzeitig in zwei Threads die Summe und das Produkt der Zahlen von 1 bis zu einer vom Nutzer eingegebenen Zahl berechnet werden.

```
 1  class NochNichtFertigException extends Exception {
 2  }
 3
 4  class Summe implements Runnable {
 5      // nicht von Thread abgeleitet!!!
 6
 7      int summeBis;
 8
 9      int summe;
10
11      boolean fertig;
12
13      Summe(int bis) {
14          this.summeBis = bis;
15          this.summe = 0;
16          this.fertig = false;
17      }
18
19      // berechnet die Summe der Zahlen 1 bis summeBis
20      public void run() {
21          for (int zahl = 1; zahl <= this.summeBis; zahl++) {
22              this.summe = this.summe + zahl;
23          }
24          this.fertig = true;
25      }
26
27      // liefert die berechnete Summe
28      int getSumme() throws NochNichtFertigException {
29          if (!this.fertig) {
30              throw new NochNichtFertigException();
31          }
32          return this.summe;
33      }
```

```
34  }
35
36  void main() {
37      Hamster paul = Hamster.getStandardHamster();
38      int zahl = paul.liesZahl("Positive Zahl: ");
39
40      Summe summe = new Summe(zahl);
41
42      // Erzeugung und Start eines neuen Threads, der die
43      // run-Methode des Objektes summe ausführt
44      Thread summenThread = new Thread(summe);
45      summenThread.start();
46      // nebenläufige Berechnung der Summe
47
48      // Berechung des Produktes
49      int produkt = 1;
50      for (int z = 1; z <= zahl; z++) {
51          produkt = produkt * z;
52      }
53
54      // Ausgabe der berechneten Ergebnisse
55      while (true) {
56          try {
57              paul.schreib("Summe von 1 bis " + zahl + " = "
58                  + summe.getSumme());
59              paul.schreib("Produkt von 1 bis " + zahl + " = "
60                  + produkt);
61              return;
62          } catch (NochNichtFertigException exc) {
63          }
64      }
65  }
```

Die Klasse Summe ist diesmal nicht von der Klasse Thread abgeleitet (siehe Zeile 4). Stattdessen implementiert sie das Interface Runnable, also eine Methode namens run, die genauso deklariert ist, wie die run-Methode einer Thread-Klasse (public void run()).

In der main-Prozedur wird ein Objekt der Klasse Summe erzeugt (Zeile 40). Anschließend wird ein Objekt der Klasse Thread erzeugt, diesem im Konstruktor das Objekt der Klasse Summe übergeben und anschließend für das Objekt der Klasse Thread die Methode start aufgerufen (Zeilen 44 - 45). Ansonsten unterscheidet sich die Implementierung nicht von der Implementierung des Beispiels in Abschnitt 4.3.2.

Auf dieselbe Art und Weise könnte man mit selbstständigen Hamstern arbeiten, wenn die Klasse Hamster nicht von der Klasse Thread abgeleitet wäre. Und man kann es sogar trotzdem tun. Ein entsprechendes Programm, bei dem ein selbstständiger Hamster bis zur nächsten Wand läuft, hat folgende Gestalt:

```
class LaufHamster extends Hamster implements Runnable {

    LaufHamster(Hamster hamster) {
        super(hamster);
    }
```

```
    public void run() {
        while (this.vornFrei()) {
            this.vor();
        }
    }
}

void main() {
    LaufHamster paul = new LaufHamster(Hamster
            .getStandardHamster());

    // Erzeugung und Start eines neuen Threads, der die
    // run-Methode von Hamster Paul ausfuehrt
    Thread hamsterThread = new Thread(paul);
    hamsterThread.start();
}
```

## 4.6 Thread-Namen

Die Klasse `Thread` definiert eine Reihe von Konstruktoren. Zwei davon haben Sie bereits genutzt:

```
public class Thread {
    public Thread()
    public Thread(Runnable threadObject)
    ....
}
```

Der erste der beiden Konstruktoren wird über das `super`-Konstrukt in den Konstruktoren der Klasse `Hamster` aufgerufen. Der zweite Konstruktor kann eingesetzt werden, um mit Runnable-Objekten zu arbeiten. Wird für ein mit dem zweiten Konstruktor initialisiertes Objekt der Klasse `Thread` die Methode `start` aufgerufen, wird im neu gestarteten Thread die run-Methode des als Parameter übergebenen Runnable-Objektes ausgeführt.

Zwei weitere Konstruktoren erweitern diese beiden Konstruktoren um jeweils einen String-Parameter. Über diesen Parameter kann einem Thread ein Name zugeordnet werden:

```
public class Thread {
    public Thread(String name)
    public Thread(Runnable threadObject, String name)
    ...
}
```

Der Name eines Threads, der mit einem der Konstruktoren ohne String-Parameter initialisiert wurde, setzt sich zusammen aus der Zeichenkette „Thread-" und einem nicht weiter spezifizierten Integer-Wert, bspw. „Thread-0" oder „Thread-8". Der Main-Thread trägt standardmäßig den Namen „main".

Über die folgenden beiden Methoden der Klasse `Thread` kann der Name eines Threads abgefragt bzw. geändert werden:

```
public class Thread {
    public final String getName()
    public final void setName(String name)
    ...
}
```

Im folgenden Beispielprogramm darf der Benutzer einem selbstständigen Hamster einen Namen geben. Dieser sammelt alle Körner auf der Kachel, auf der er steht, ein und gibt anschließend eine Meldung in seinem Namen aus.

```
class SammelHamster extends Hamster {

    SammelHamster(int r, int s, int b, int k, String name) {
        super(r, s, b, k);
        this.setName(name);
    }

    public void run() {
        while (this.kornDa()) {
            this.nimm();
        }
        this.schreib("Ich, " + this.getName() + ", bin fertig!");
    }
}

void main() {
    Hamster paul = Hamster.getStandardHamster();
    String eingabe = paul
            .liesZeichenkette("Wie soll der neue Hamster heissen?");

    SammelHamster hamster = new SammelHamster(paul
            .getReihe(), paul.getSpalte(), Hamster.OST, 0,
            eingabe);
    hamster.start();
}
```

# 4.7  Vergleich von Threads und Thread-Objekten

Es ist ganz wichtig, dass Sie den Unterschied zwischen einem Thread-Objekt und dem ihm zuge-ordneten Thread verstehen. Im Prinzip sind Thread-Objekte nämlich nur ein – allerdings elegantes und mächtiges – Hilfsmittel, um Threads beschreiben und handhaben zu können. Schauen Sie sich dazu zunächst das folgende Programm an, in dem der Standard-Hamster bis zur nächsten Wand und dann zum Ausgangspunkt zurückläuft.

```
void main() {
    Hamster paul = Hamster.getStandardHamster();

    // hin ...
    int schritte = 0;
    while (paul.vornFrei()) {
```

```
        paul.vor();
        schritte++;
    }

    // kehrt ...
    paul.linksUm();
    paul.linksUm();

    // ... und zurueck
    while (schritte > 0) {
        paul.vor();
        schritte--;
    }
}
```

Nun ändern wir dieses Programm dahingehend, dass wir den Standard-Hamster die gegebene Aufgabe nicht im Main-Thread, sondern in einem neu erzeugten Thread lösen lassen.

```
class LaufHamster extends Hamster {

    public void run() {
        Hamster paul = Hamster.getStandardHamster();

        // hin ...
        int schritte = 0;
        while (paul.vornFrei()) {
            paul.vor();
            schritte++;
        }

        // kehrt ...
        paul.linksUm();
        paul.linksUm();

        // ... und zurueck
        while (schritte > 0) {
            paul.vor();
            schritte--;
        }
    }
}

void main() {
    LaufHamster dummy = new LaufHamster();
    dummy.start();
}
```

Alle Anweisungen werden in die run-Methode der Klasse LaufHamster verlagert. In der main-Prozedur wird dann ein Lauf-Hamster dummy erzeugt und sein ihm zugeordneter Thread gestartet, der den Standard-Hamster auf die Reise schickt. Das eigentliche Thread-Objekt wird hierbei allerdings gar nicht benötigt und auch nicht initialisiert. Es dient lediglich als Hilfsmittel zum Starten eines neuen Threads.

Prinzipiell hätten die Entwickler der Sprache Java auch ein anderes Konzept für den Umgang mit Threads wählen können. Eine Alternative hätte bspw. folgendermaßen aussehen können:

```
void main() {
    execThread(main2);
}

void main2() {
    Hamster paul = Hamster.getStandardHamster();

    // hin ...
    int schritte = 0;
    while (paul.vornFrei()) {
        paul.vor();
        schritte++;
    }

    // kehrt ...
    paul.linksUm();
    paul.linksUm();

    // ... und zurueck
    while (schritte > 0) {
        paul.vor();
        schritte--;
    }
}
```

Hierbei wird einer vordefinierten Prozedur `execThread` der Name einer Prozedur mitgeteilt, die in einem zu startenden neuen Thread ausgeführt wird. Die Java-Entwickler haben sich allerdings bewusst gegen derartige eher prozedurale Thread-Konzepte und für das in den vorangehenden Abschnitten beschriebene objektorientierte Thread-Konzept entschieden, weil es sich harmonisch in die anderen objektorientierten Konzepte einbettet. Insbesondere wird einem Thread hiermit ermöglicht, direkt auf die Attribute und Methoden des ihm zugeordneten Thread-Objektes zuzugreifen und genau dadurch ist es auf elegante Art und Weise möglich, Objekte mit einem „Eigenleben" auszustatten, d.h. sie selbstständig zu machen.

Auch das folgende Beispiel verdeutlicht nochmal den Unterschied zwischen einem Thread und einem Thread-Objekt.

```
class LaufHamster extends Hamster {

    LaufHamster(int r, int s, int b, int k) {
        super(r, s, b, k);
    }

    public void run() {
        while (this.vornFrei()) {
            this.vor(); // Zugriff von innen
        }
    }
}
```

```
void main() {
    LaufHamster paul = new LaufHamster(3, 3, Hamster.OST, 0);
    paul.start();
    while (true) {
        paul.linksUm(); // Zugriff von aussen
    }
}
```

Im Prinzip sind Thread-Objekte ganz normale Objekte, deren öffentliche Methoden auch von anderen Threads heraus von außen[2] aufgerufen werden können. Gleichzeitig ist jedoch der dem Thread-
Objekt zugeordnete Thread aktiv und ruft von innen[3] aus Methoden des Objektes auf. Im Beispiel
versucht Lauf-Hamster Paul, nachdem er aktiviert wurde, die nächste vor ihm liegende Mauer zu
erreichen. Präziser ausgedrückt: Der dem Lauf-Hamster Paul zugeordnete Thread versucht, Paul bis
zur nächsten Mauer laufen zu lassen. Aber auch der Main-Thread greift auf Paul zu und ruft seine
linksUm-Methode auf. In Abhängigkeit vom Ausgangsterritorium und dem Scheduler kann das dazu
führen, dass Paul abwechselnd ein oder mehrere Schritte vorwärts läuft und sich dann ein oder mehrere Male linksum dreht. Beide Threads in diesem Programm greifen also auf das Thread-Objekt zu,
der eine von innen, der andere von außen.

Vermeiden Sie möglichst einen derartigen Programmierstil, bei dem ein Thread bzw. ein Thread-
Objekt von außen auf ein anderes Thread-Objekt zugreift und dessen Zustand ändert. Das kann zu
schwer zu findenden Fehlern führen. Nutzen Sie das Thread-Konzept von Java besser so, wie es
die Java-Entwickler vorgesehen haben: Thread-Objekte dienen dazu, den Zustand des ihnen jeweils
zugeordneten Threads zu kapseln, und nur dieser darf den Zustand auch (von innen) verändern.

## 4.8 Selbstständige und unselbstständige Hamster

Nun, da wir alle Grundlagen des Thread-Konzeptes von Java kennen, können wir dieses zusammen-
fassend auf die Hamster-Welt übertragen.

Erweiterte Hamster-Klassen sind immer Thread-Klassen, da die Klasse `Hamster` von der Klasse
`Thread` abgeleitet ist. Das bedeutet, dass Hamster als Thread-Objekte genutzt werden können, d.h.
ihnen ein Thread zugeordnet werden kann, der in einer run-Methode beschrieben und durch Aufruf
der start-Methode gestartet werden kann.

Daher existieren nun zwei verschiedene Typen von Hamstern:

- Hamster, für die nicht der Aktivierungsbefehl aufgerufen wird, werden als *unselbstständige*
  oder *passive* Hamster bezeichnet. Sie haben kein Eigenleben. Vielmehr „warten" sie untätig
  darauf, dass aus einem Thread heraus eine ihrer Methoden aufgerufen und in diesem Thread
  ausgeführt wird.

- Hamster, die nach der Erzeugung durch den Aktivierungsbefehl aktiviert werden, werden als
  *selbstständige* oder *aktive* Hamster bezeichnet. Sie führen „eigenständig" die Anweisungen
  ihrer run-Methode aus bzw. präziser formuliert, der dem Hamster zugeordnete und gestartete
  Thread führt die run-Methode des Hamsters aus.

---

[2]von außerhalb der Klassendefinition
[3]von innerhalb der Klassendefinition

Das folgende Beispiel verdeutlicht den Unterschied zwischen selbstständigen und unselbstständigen Hamstern. Zwei selbstständige Hamster sitzen, wie in Abbildung 4.2 (links) skizziert, nebeneinander unten in der Mitte eine mauerlosen Territoriums. In der linken und rechten unteren Ecke liegen jeweils einige Körner. Mit diesen Körnern sollen die beiden gleichzeitig in ihrer aktuellen Spalte einen Körnerturm bauen. Der Turmbau soll so ablaufen, dass jeder Hamster jeweils in eine der beiden Ecken läuft (der linke Hamster in die linke Ecke, der rechte Hamster in die rechte Ecke), dort ein Korn aufnimmt, zur Baustelle zurückläuft und dann den Turm um ein Kornstockwerk erhöht. Die Arbeit ist beendet, wenn kein Korn mehr da oder die Decke erreicht ist (siehe Abbildung 4.2 (rechts). Es gibt jedoch ein Problem: Die beiden Hamster sind nicht schwindelfrei, haben also Angst, den Körnerturm zu erklimmen. Daher „halten" sich beide jeweils einen passiven Hamster als Helfer, der das eigentliche Bauen übernimmt.

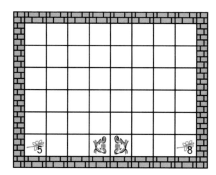 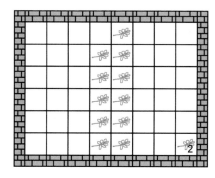

Abbildung 4.2: Körnertürme bauen

```
class SchwindeligerHamster extends AllroundHamster {

    int baustellenSpalte;

    AllroundHamster helfer;

    boolean deckeErreicht;

    SchwindeligerHamster(int r, int s, int b) {
        super(r, s, b, 0);
        this.baustellenSpalte = 0;
        this.helfer = null;
        this.deckeErreicht = false;
    }

    public void run() {
        this.baustellenSpalte = this.getSpalte();
        this.helfer = new AllroundHamster(this.getReihe(), this
                .getSpalte(), Hamster.NORD, 0);
        this.laufeZumKoernerHaufen();

        while (this.kornDa() && !this.deckeErreicht) {
            this.nimm();
            this.laufeZurBaustelle();
            this.bauen();
```

```
            if (!this.deckeErreicht) {
                this.kehrt();
                this.laufeZumKoernerHaufen();
            }
        }
    }

    private void laufeZumKoernerHaufen() {

        // Hamster schaut bereits zur Ecke
        this.laufeZurWand();
    }

    private void laufeZurBaustelle() {
        this.laufeZuSpalte(this.baustellenSpalte);
    }

    private void bauen() {

        // Uebergabe des Korns an den Helfer
        this.gib();

        // Helfer baut Turm ein Stockwerk hoeher
        this.helfer.nimm();
        while (this.helfer.kornDa() && this.helfer.vornFrei()) {
            this.helfer.vor();
        }
        if (!this.helfer.kornDa()) {
            this.helfer.gib();
        }
        if (!this.helfer.vornFrei()) {
            this.deckeErreicht = true; // fertig
        }
        this.helfer.kehrt();
        this.helfer.laufeZurWand();
        this.helfer.kehrt();
    }
}

void main() {
    SchwindeligerHamster bauHamster1 = new SchwindeligerHamster(
            Territorium.getAnzahlReihen() - 1, Territorium
                    .getAnzahlSpalten() / 2 - 1,
            Hamster.WEST);
    SchwindeligerHamster bauHamster2 = new SchwindeligerHamster(
            Territorium.getAnzahlReihen() - 1, Territorium
                    .getAnzahlSpalten() / 2, Hamster.OST);

    bauHamster1.start();
    bauHamster2.start();
}
```

Beachten Sie den Unterschied zwischen den „Bauherren" als selbstständige Hamster der Klasse SchwindeligerHamster und den passiven Helfer-Hamstern, die den Turmbau übernehmen. Letztere werden jeweils im Thread ihres Bauherrn ausgeführt, d.h. sie werden quasi von diesem gesteuert.

# 4.9 Nutzen und Einsatzbereiche von Threads

Jetzt, wo Sie die Grundlagen des Thread-Konzeptes von Java kennen, mögen Sie sich vielleicht fragen: Worin liegt eigentlich der Nutzen dieses Konzeptes, was sind seine Einsatzbereiche? Kann ich nicht alle Probleme auch ohne die Verwendung von Threads lösen? Dieser Abschnitt geht genau diesen Fragen nach.

## 4.9.1 Garbage-Collector

Einen Einsatzbereich von Threads kennen Sie bereits: den Java-Garbage-Collector. Dieser ist in Java als eigenständiger Thread realisiert, der neben dem Main-Thread implizit von der JVM gestartet wird. Der Garbage-Collector ist dafür zuständig, dass Speicherplatz von nicht mehr zugreifbaren Variablen wieder frei gegeben wird. Sie als Programmierer brauchen sich darum nicht kümmern und der Benutzer eines Programms bekommt davon nichts mit.

## 4.9.2 Graphisch-interaktive Benutzungsoberflächen

Viele Programme besitzen heutzutage eine graphisch-interaktive Benutzungsoberfläche. Kennzeichen dieser sind ein oder mehrere Fenster (Windows), über die ein Programm mit dem Benutzer kommuniziert. Die Ausgabe von Informationen erfolgt mit graphischen Elementen. Eingaben tätigen kann der Benutzer bspw. über Buttons, Eingabefelder, Scrollbars und Menüs.

Ein Programm mit einer graphisch-interaktiven Benutzungsoberfläche, das Sie kennen, ist der Hamster-Simulator. In einem Fenster können Sie hier Hamster-Programme eingeben und kompilieren. In einem anderen Fenster lassen sich Hamster-Programme in einem zuvor interaktiv gestalteten Territorium ausführen.

Die Programmierung graphisch-interaktiver Benutzungsoberflächen ist nicht trivial, obwohl die Java-Klassenbibliothek bereits eine Menge vordefinierter Klassen zur Verfügung stellt. Das Thread-Konzept von Java wird dabei inhärent genutzt.

Im Hamster-Simulator haben Sie bspw. die Möglichkeit, ein gerade laufendes Hamster-Programm zu pausieren oder abzubrechen. Sie können, auch wenn die Hamster gerade aktiv sind, noch Körner oder Mauern im Territorium platzieren oder mit dem Geschwindigkeitsregler die Ausführungsgeschwindigkeit des Programms anpassen. Für derartige Dinge ist der Einsatz von Threads unabdingbar. In einem Thread erfolgt die Ausführung des Hamster-Programms. Ein anderer Thread wartet auf Interaktionen des Nutzers und führt die entsprechenden Aktionen aus.

## 4.9.3 Multimedia

Interaktive multimediale Anwendungen sind Programme mit Texten, Graphiken, Animationen, Audios und Videos als Ausgabemedien und der Möglichkeit für den Benutzer, die Ausgabe durch bestimmte Interaktionen zu beeinflussen (Anpassung der Lautstärke oder Geschwindigkeit, Auswahl der Wiedergabereihenfolge, ...). Damit Töne und Bilder (quasi-)gleichzeitig ausgegeben werden können, werden bei der Programmierung solcher Anwendungen Threads eingesetzt. Weitere Threads sind für die Verarbeitung der Benutzerinteraktionen zuständig.

### 4.9.4 Web-Anwendungen

Internet-Programme, auch Web-Anwendungen genannt, sind Programme, die auf einem Web-Server ausgeführt und dann in einem Web-Browser dargestellt werden. Unterscheiden lassen sich statische und interaktive Web-Anwendungen. Bei statischen Web-Anwendungen werden vorgefertigte HTML-Seiten vom Server abgerufen und vom Browser angezeigt. Bei interaktiven Web-Anwendungen kann der Benutzer Eingaben im Browser tätigen. Diese Eingaben werden vom Server entgegengenommen und verarbeitet. Die Ausgabeseiten werden anschließend erst zur Laufzeit generiert. Klassische Beispiele für interaktive Web-Anwendungen sind Systeme für die Abfrage von aktuellen Börsenkursen oder der Online-Kauf von Büchern oder das internet-basierte Buchen von Urlaubsreisen.

Web-Server-Programme, also Programme, die auf einem Web-Server laufen und mit Web-Browsern kommunizieren, können auch in Java implementiert werden. Dabei ist eine Implementierung ohne den Einsatz von Threads undenkbar. Stellen Sie sich vor, es könnte nur ein Nutzer gleichzeitig in einem Web-Shop einkaufen oder nur ein Nutzer gleichzeitig in einem Online-Reisebüro eine Reise buchen. Stattdessen werden die Aufrufe in Threads verpackt, sodass viele Nutzer (quasi-)gleichzeitig die jeweiligen Dienste in Anspruch nehmen können.

Web-Anwendungen sind Spezialfälle so genannter *Client-Server-Anwendungen*. Diese zeichnen sich dadurch aus, dass ein Programm – der Server – Aufträge anderer Programme – die Clients – annehmen und bearbeiten kann. Damit die Aufträge nicht nacheinander bearbeitet werden und bei einem hohen Auftragsaufkommen bestimmte Clients unter Umständen lange warten müssen, setzt der Server im Allgemeinen Threads ein, d.h. jeder Auftrag wird in einem eigenen Thread ausgeführt, sodass die gleichzeitige Bearbeitung mehrerer Aufträge möglich ist.

### 4.9.5 Zeitgesteuerte Anwendungen

Threads werden auch eingesetzt, um zeitgesteuerte Anwendungen schreiben zu können. Das sind Anwendungen, die zu einem bestimmten Zeitpunkt bzw. in bestimmten Zeitabständen eine bestimmte Aktionen ausführen. Denken Sie bspw. an einen Terminplaner, der Ihnen jeden morgen um 8.00 Uhr mitteilt, welchen Geburtstag Sie nicht vergessen dürfen, oder einen Börsenticker, der Ihnen alle zwei Stunden den aktuellen Kurs Ihrer Aktien mitteilt. Auch der Java-Garbage-Collector ist in der Regel nicht ständig aktiv, sondern wird nur in gewissen Zeitabständen aktiviert.

### 4.9.6 Simulationen

Als Simulation bezeichnet man die Abbildung der Realität in ein Modell. Zumeist soll eine Simulation helfen, mit Hilfe des Modells Kenntnisse zu erlangen, die dann auf die Realität übertragbar sind. Bekannt sind insbesondere Wirtschaftssimulationen und Simulationen komplexer Ökosysteme (Ökolopoly, SimCity, ...). Durch den Einsatz von Threads lassen sich Simulationsmodelle häufig sehr viel einfacher in eine Implementierung übertragen, insbesondere wenn die Modelle viele inhärent eigenständige Bestandteile, wie z.B. Lebewesen, aufweisen.

### 4.9.7 Computerspiele

Ähnlich wie Simulationen lassen sich auch bestimmte Computerspiele durch Einsatz von Threads einfacher implementieren. Insbesondere trifft dies auf Spiele für mehrere Nutzer zu. Die Aktivitäten jedes Nutzers können jeweils in einem eigenen Thread abgebildet werden. Möchte ein Nutzer nicht gegen reale andere Nutzer sondern gegen computergesteuerte Akteure spielen, so werden auch diese Akteure durch jeweils einen eigenständigen Thread realisiert.

Auch das Kalah-Spiel aus Kapitel 15 von Band 2 der Java-Hamster-Bücher lässt sich durch den Einsatz von Threads weiter verbessern. Spielt ein Mensch gegen einen Hamster, dann wartet der Hamster, wenn der Mensch an der Reihe ist, untätig auf dessen nächsten Spielzug. Diese Zeit könnte der Hamster jedoch in einem anderen Thread dazu nutzen, bereits seinen nächsten Zug vorzuberechnen.

### 4.9.8 Laufzeitverbesserung

Im Allgemeinen erhöht sich die Laufzeit von quasi-parallelen Programmen gegenüber äquivalenten sequentiellen Programmen. Grund hierfür ist der zusätzliche Verwaltungsaufwand für das Laufzeitsystem (Thread-Erzeugung, Scheduling). Allerdings gibt es auch Fälle, in denen der Einsatz von Threads die Laufzeit eines Programms reduziert. Stellen Sie sich bspw. eine Client-Server-Anwendung vor, bei der ein Java-Programm auf Serverseite eine komplexe Anfrage an eine große Datenbank stellt, die unter Umständen mehrere Sekunden dauert. Würden die Aufträge der Clients sequentiell, d.h. nacheinander bearbeitet, dann müsste das Java-Programm diese Zeitspanne untätig warten. Bei einer quasi-parallelen Bearbeitung kann dahingegen während der Wartezeit ein anderer Auftrag bearbeitet werden, was zu einer insgesamt schnelleren Abarbeitung aller Aufträge führt.

## 4.10 Beispielprogramme

Nachdem Sie in diesem Kapitel im Detail erfahren haben, was Threads genau sind, werden in diesem Abschnitt drei etwas komplexere Beispielprogramme ihren Einsatz demonstrieren.

### 4.10.1 Beispielprogramm 1

Der Standard-Hamster ist ein auskunftsfreudiger Hamster. Er möchte in diesem Beispielprogramm ermitteln, auf welcher Kachel in der Reihe, in der er steht, die meisten Körner liegen. Die entsprechende Anzahl an Körnern möchte er Ihnen dann mitteilen. In Abbildung 4.3 wird er bspw. die Zahl 7 ausgeben (Kachel in Spalte 9).

Allerdings ist der Standard-Hamster faul. Er schickt deshalb einen Vertretungshamster auf die Suche. Dieser wiederum ist ebenfalls faul, allerdings auch schlau. Er denkt sich, die Ermittlung der gesuchten Zahl könnte schneller erfolgen, wenn ich gleichzeitig einen Helfer nach links und einen zweiten Helfer nach rechts schicke. Wenn die beiden unterwegs sind, ermittle ich selbst die Anzahl an Körnern auf der Kachel, auf der ich stehe. Sind die beiden fertig, ist das Maximum der drei Zahlen die gesuchte Zahl.

Das folgende Programm implementiert genau diesen Lösungsalgorithmus. Der Vertretungshamster des Standard-Hamsters ist eine Instanz der Klasse InfoHamster, seine Helfer sind Instanzen

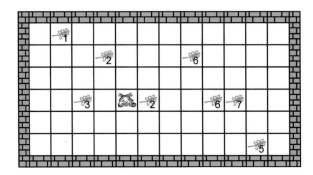

Abbildung 4.3: Typisches Hamster-Territorium zu Beispielprogramm 1

der Klasse `ErmittlungsHamster`. Die beiden Ermittlungs-Hamster laufen jeweils bis zur nächsten Mauer und ermitteln dabei den größten Körnerhaufen. Ob ein Ermittlungs-Hamster fertig ist, kann mittels der Methode `auftragErledigt` abgefragt werden. Der Wert der entsprechenden booleschen Variable wird beim Erreichen der Mauer, also unmittelbar vor dem Ende der `run`-Methode auf `true` gesetzt. Anschließend liefert die Methode `hoeheDesGroesstenHaufens` das ermittelte Ergebnis.

Nachdem der Info-Hamster die beiden Ermittlungs-Hamster auf die Suche geschickt hat, zählt er die Körner auf der Kachel, auf der er steht. Dann bleibt ihm nichts anderes zu tun, als darauf zu warten, dass seine beiden Helfer fertig sind. Dazu ruft er immer wieder deren Methode `auftragErledigt` auf.[4]

**Achtung**: Das Warten des Info-Hamsters bezeichnet man auch als „aktives Warten" – im Englischen „busy waiting". Hierbei verbraucht der Hamster unnötig Rechenzeit. Wir werden in Kapitel 8 ein Konzept kennenlernen, mit dem aktives Warten vermieden werden kann. Der Hamster legt sich dabei „schlafen" – d.h. er wird nicht mehr vom Scheduler berücksichtigt –, bis seine Helfer fertig sind und ihn wieder „aufwecken".

```
class InfoHamster extends AllroundHamster {

    InfoHamster(Hamster existierenderHamster) {
        super(existierenderHamster.getReihe(),
                existierenderHamster.getSpalte(), Hamster.NORD,
                0);
    }

    public void run() {
        // zwei helfende Hamster werden auf die Suche geschickt;
        // einer nach links, einer nach rechts
        ErmittlungsHamster helferLinks = new ErmittlungsHamster(
                this.getReihe(), this.getSpalte(), Hamster.WEST,
                0);
        helferLinks.start();
        ErmittlungsHamster helferRechts = new ErmittlungsHamster(
                this.getReihe(), this.getSpalte(), Hamster.OST,
                0);
```

---

[4]Der Aufruf von Methoden anderer Thread-Objekte ist bereits eine Art von Kommunikation zwischen mehreren Threads. Wir werden dies in Kapitel 6 im Detail besprechen.

```
        helferRechts.start();

        // die Kachel, auf der der Hamster steht uebernimmt der
        // Hamster selber
        int maxHoehe = this.nimmAlle();
        this.gib(maxHoehe);

        // nun wartet der Hamster darauf,
        // dass die beiden Helfer fertig werden
        while (!(helferLinks.auftragErledigt() && helferRechts
                .auftragErledigt())) {
            // nichts tun ("aktives Warten")
        }

        // nun sind beide fertig und das Endergebnis kann
        // ermittelt und verkuendet werden
        if (helferLinks.hoeheDesGroesstenHaufens() > maxHoehe) {
            maxHoehe = helferLinks.hoeheDesGroesstenHaufens();
        }
        if (helferRechts.hoeheDesGroesstenHaufens() > maxHoehe) {
            maxHoehe = helferRechts.hoeheDesGroesstenHaufens();
        }
        this.schreib("Die maximale Anzahl an Koernern "
                + "auf Kacheln in\n"
                + "der Reihe, in der ich stehe, betraegt "
                + maxHoehe + "!");
    }
}

class ErmittlungsHamster extends AllroundHamster {

    private int maxHoehe;

    private boolean auftragErledigt;

    ErmittlungsHamster(int r, int s, int b, int k) {
        super(r, s, b, k);
        this.maxHoehe = -1;
        this.auftragErledigt = false;
    }

    int hoeheDesGroesstenHaufens() {
        return this.maxHoehe;
    }

    boolean auftragErledigt() {
        return this.auftragErledigt;
    }

    public void run() {
        while (this.vornFrei()) {
            this.vor();
```

```
            this.bearbeiteKachel();
        }
        ;
        this.auftragErledigt = true;
        // Auftrag erledigt! Das Ergebnis kann ueber die Methode
        // hoeheDesGroesstenHaufens abgefragt werden
    }

    private void bearbeiteKachel() {
        int koerner = this.nimmAlle();
        if (koerner > this.maxHoehe) {
            this.maxHoehe = koerner;
        }
        this.gib(koerner); // Vermeidung von Seiteneffekten
    }
}

void main() {
    Hamster paul = Hamster.getStandardHamster();
    paul.schreib("Meine Helfer und ich ermitteln "
            + "die maximale Anzahl an Koernern\n"
            + "auf Kacheln in der Reihe, in der ich stehe.");
    InfoHamster willi = new InfoHamster(paul);

    // der Vertretungs-Hamster wird auf die Suche geschickt
    willi.start();
}
```

## 4.10.2  Beispielprogramm 2

In Band 2 der Java-Hamster-Bücher wurde in Aufgabe 10 von Kapitel 12 das so genannte *Beobachteten-Beobachter-Muster*[5] vorgestellt. Das Prinzip dieses Musters basiert auf den folgenden Interfaces:

```
interface Beobachter {
    public abstract void benachrichtigen(Beobachteter obj);
}

interface Beobachteter {
    public abstract void hinzufuegen(Beobachter obj);
}
```

Ein Beobachter-Objekt kann ein Beobachteter-Objekt beobachten. „Beobachten" bedeutet dabei, dass das Beobachter-Objekt über eine bestimmte Aktion des Beobachteten-Objektes informiert wird. Um ein Beobachteter-Objekt zu beobachten, muss sich das Beobachter-Objekt bei diesem registrieren. Dies erfolgt durch Aufruf der Methode hinzufuegen. Immer wenn das Beobachteter-Objekt die entsprechende Aktion durchführt, werden alle registrierten Beobachter-Objekte darüber informiert, und zwar durch den Aufruf deren Methode benachrichtigen, der als Parameter das entsprechende Beobachteter-Objekt übergeben wird. Letzteres erfolgt dabei im Allgemeinen in einer

---

[5]im Englischen *Observable-Observer-Pattern* genannt

Methode der Klasse, die das Beobachteter-Interface implementiert, in einer for-Schleife der folgenden Gestalt:

```
for (alle registrierten beobachter) {
    beobachter.benachrichtigen(this);
}
```

Aufgrund des Prinzips von Prozeduren bzw. Methoden der imperativen bzw. objektorientierten Programmierung werden die benachrichtigen-Methoden aller registrierten Beobachter hintereinander aufgerufen werden.

Manchmal ist jedoch eine verzahnte bzw. gleichzeitige Ausführung der Methoden für alle registrierten Beobachter erforderlich. Dies kann in der parallelen Programmierung mit Hilfe von so genannten *Thread-Methoden* erreicht werden. Hierbei werden die betroffenen Methoden quasi in Threads „verpackt" und können damit gleichzeitig mit anderen Methoden ausgeführt werden. Der im Folgenden skizzierte Sourcecode verdeutlicht dieses Prinzip:

```
for (alle registrierten beobachter) {
    (new ThreadMethode(beobachter, this)).start();
}

class ThreadMethode extends Thread {

    Beobachter beobachter;
    Beobachteter beobachteter;

    ThreadMethode(Beobachter obj1, Beobachteter obj2) {
        this.beobachter = obj1;
        this.beobachteter = obj2;
    }

    public void run() {
        this.beobachter.benachrichtigen(this.beobachteter);
    }
}
```

Anstatt die benachrichtigen-Methoden der Reihe nach aufzurufen, werden in der for-Schleife für alle registrierten Beobachter spezielle Threads der Klasse `ThreadMethode` erzeugt und gestartet. Diese verlagern den Aufruf der benachrichtigen-Methode in ihre run-Methode, d.h. die Ausführung der benachrichtigen-Methode erfolgt für alle registrierten Beobachter gleichzeitig.

Das folgende Hamster-Problem soll dieses Prinzip an einem Beispiel verdeutlichen. Hamster Paul ist noch Junggeselle. Er ist auf der Suche nach einer Braut. Bräute sind Hamster, die irgendwo im Territorium stehen. Sie bewerben sich bei Hamster Paul, dessen Gattin werden zu dürfen. Paul kann sich jedoch zum einen nicht zwischen den Bewerberinnen entscheiden, zum anderen möchte er seiner Zukünftigen beim ersten Aufeinandertreffen auch einen ordentlichen Brautstrauss aus möglichst 10 leckeren Körnern überreichen. Er macht sich also auf die Suche nach Körnern. Sobald er genügend Körner im Maul hat, benachrichtigt er alle Bewerberinnen. Die erste, die ihn erreicht, ist die Auserwählte.

Zunächst wird das Hochzeitsproblem mit dem Beobachteten-Beobachter-Muster und den Möglichkeiten der objektorientierten Programmierung gelöst. Es gibt eine Klasse `BraeutigamHamster`, die das Interface Beobachteter und eine Klasse BrautHamster, die das Interface Beobachter implementiert. Die oben angesprochene for-Schleife befindet sich in der Methode benachrichtigung der Klasse BraeutigamHamster. Resultat dieser Lösung ist, dass immer die Braut, die sich als erste beim Bräutigam „bewirbt" (Aufruf dessen Methode hinzufuegen), ihn auch als erstes erreicht.

```java
interface Beobachter {
    public abstract void benachrichtigen(Beobachteter obj);
}


interface Beobachteter {
    public abstract void hinzufuegen(Beobachter obj);
}


class BraeutigamHamster extends AllroundHamster implements
        Beobachteter {

    // Anzahl an Koernern eines Koerner-Hochzeit-Strausses
    final static int KOERNER_STRAUSS = 10;

    // maximale Anzahl an moeglichen Beobachtern
    final static int MAX_BEOBACHTER = 15;

    protected Beobachter[] beobachter;

    BraeutigamHamster(Hamster h) {
        super(h);
        this.beobachter = new Beobachter[MAX_BEOBACHTER];
        for (int b = 0; b < this.beobachter.length; b++) {
            this.beobachter[b] = null;
        }
    }

    public void hinzufuegen(Beobachter obj) {
        for (int b = 0; b < this.beobachter.length; b++) {
            if (this.beobachter[b] == null) {
                this.beobachter[b] = obj;
                return;
            }
        }
    }

    public void run() {
        // sucht 10 Koerner
        this.koernerStraussSammeln();

        // hat nun entweder die naechste Wand erreicht oder
        // genuegend Koerner fuer einen "Brautstrauss" im Maul
        // und benachrichtigt die sich bewerbenden Beobachter
        this.benachrichtigung();

        // nun wartet der Hamster auf die glueckliche Braut!
    }
```

```
        void koernerStraussSammeln() {
            // zur Vereinfachung des Sourcecodes reicht auch
            // die aktuell gesammelte Koernerzahl fuer den
            // Brautstrauss,
            // wenn der Hamster die naechste Mauer erreicht
            while (!this.ausreichendGesammelt() && this.vornFrei()) {
                // gesammelt wird in ausreichendGesammelt
                this.vor();
            }
        }

        boolean ausreichendGesammelt() {
            while (this.kornDa()
                    && this.getAnzahlKoerner() < KOERNER_STRAUSS) {
                this.nimm();
            }
            return this.getAnzahlKoerner() == KOERNER_STRAUSS;
        }

        void benachrichtigung() {
            // sequentielles Benachrichtigen
            for (int b = 0; b < this.beobachter.length; b++) {
                if (this.beobachter[b] != null) {
                    this.beobachter[b].benachrichtigen(this);
                }
            }
        }
    }

class BrautHamster extends AllroundHamster implements Beobachter {

    BrautHamster(int r, int s, int b, int k) {
        super(r, s, b, k);
    }

    public void benachrichtigen(Beobachteter obj) {
        BraeutigamHamster braeutigam = (BraeutigamHamster) obj;
        this.laufeZuKachel(braeutigam.getReihe(), braeutigam
                .getSpalte());
    }
}

class Zufall {
    static int erzeugeZufallsZahl(int max) {
        return (int) (Math.random() * (max + 1));
    }
}

void main() {
    // Junggesellen-Hamster Paul wird erzeugt
    BraeutigamHamster paul = new BraeutigamHamster(Hamster
```

```
            .getStandardHamster());

    // Braut-Hamster werden erzeugt; sie "bewerben" sich bei
    // Paul als moegliche Hochzeitskandidatinnen
    for (int g = 0; g < 5; g++) {
        BrautHamster girl = new BrautHamster(Zufall
                .erzeugeZufallsZahl(Territorium
                        .getAnzahlReihen() - 1), Zufall
                .erzeugeZufallsZahl(Territorium
                        .getAnzahlSpalten() - 1), Zufall
                .erzeugeZufallsZahl(3), 0);
        paul.hinzufuegen(girl); // "Bewerbung"
    }

    // Paul beginnt mit der Koernerstrauss und Brautsuche
    paul.start();
}
```

Nun lösen wir das Problem mit Hilfe von Thread-Methoden. Dazu leiten wir von der Klasse BraeutigamHamster eine Klasse BraeutigamPHamster ab, die die Methode benachrichtigung wie oben beschrieben überschreibt. Alle anderen Methoden werden geerbt.

```
// spezielle Thread-Methode für die gleichzeitige
// Benachrichtigung aller registrierten Braeute
class BenachrichtigenThreadMethode extends Thread {

    Beobachter beobachter;

    Beobachteter beobachteter;

    BenachrichtigenThreadMethode(Beobachter obj1,
            Beobachteter obj2) {
        this.beobachter = obj1;
        this.beobachteter = obj2;
    }

    public void run() {
        this.beobachter.benachrichtigen(this.beobachteter);
    }
}

class BraeutigamPHamster extends BraeutigamHamster implements
        Beobachteter {

    BraeutigamPHamster(Hamster h) {
        super(h);
    }

    void benachrichtigung() {
        // paralleles Benachrichtigen
        for (int b = 0; b < this.beobachter.length; b++) {
            if (this.beobachter[b] != null) {
```

```
              (new BenachrichtigenThreadMethode(
                   this.beobachter[b], this)).start();
           }
       }
   }
}
```

Das Hauptprogramm muss dann nur noch dahingehend geändert werden, dass anstelle eines Braeu-
tigam-Hamsters ein BraeutigamP-Hamster erzeugt wird.

```
BraeutigamHamster paul = new BraeutigamPHamster(Hamster
    .getStandardHamster());
```

In dieser parallelen Lösung des Hochzeitproblems werden alle Bewerberinnen fast gleichzeitig benachrichtigt und es ist der Schnelligkeit der Bräute (also dem Java-Scheduler) überlassen, wer die
Glückliche ist.

## 4.10.3 Beispielprogramm 3

Zu den häufigsten Teilaufgaben beim Lösen von Problemen zählt das Sortieren. Hierbei gilt es, eine
Menge von Daten in eine bestimmte Reihenfolge zu bringen. Zum Sortieren existierende zahlreiche
Algorithmen. In Kapitel 8.2 von Band 2 der Java-Hamster-Bücher nutzte bspw. ein Hamster den so
genannten Bubblesort-Algorithmus zum Sortieren von Körnerhaufen.

Bubblesort ist im Normalfall ein recht langsamer Sortieralgorithmus, d.h. bei einer großen Menge
an zu sortierenden Daten kann das Sortieren sehr lange dauern. Der im Mittel schnellste Sortieralgorithmus nennt sich *Quicksort*. Auch dieser Algorithmus wurde in Kapitel 8.2 von Band 2 der
Java-Hamster-Bücher bereits kurz vorgestellt.

### 4.10.3.1 Quicksort-Algorithmus

Angenommen ein Array mit int-Werten soll aufsteigend sortiert werden. Quicksort zerlegt (man
spricht auch von *Partitionierung*) das zu sortierende Array in zwei Teil-Arrays, die durch ein Refe-
renz-Element – auch *Pivot-Element* genannt – getrennt werden. Alle Elemente des einen Teil-Arrays
sind dabei kleiner oder gleich, alle Elemente des anderen Teil-Arrays größer oder gleich dem Wert
des Pivot-Elementes. Das bedeutet gleichzeitig, dass das Pivot-Element an seinem korrekten Platz
im Array steht. Anschließend wird Quicksort rekursiv für die beiden Teil-Arrays aufgerufen. Die
Rekursion endet, wenn das Teil-Array nur noch aus einem Element besteht.

Etwas ausführlicher lässt sich das zugrunde liegende Prinzip des Algorithmus folgendermaßen skiz-
zieren:

1. Das zu sortierende (Teil-)Array habe mehr als ein Element.

2. Dann wähle ein beliebiges Element des Arrays – das so genannte *Pivot-Element*.

3. Positioniere das Pivot-Element an seine endgültige Position $p$ im Array.

4. Sorge dabei dafür, dass alle Elemente des Arrays links vom Pivot-Element wertmäßig kleiner
   oder gleich diesem sind und

5. dass alle Elemente des Arrays rechts vom Pivot-Element wertmäßig größer oder gleich diesem sind.

6. Rufe Quicksort rekursiv für das Teil-Array vor dem Pivot-Element auf.

7. Rufe Quicksort rekursiv für das Teil-Array nach dem Pivot-Element auf.

Eine einfache Strategie zur Implementierung der Partitionierung (Punkte 1 bis 5) ist folgende: Als Pivot-Element wird willkürlich das rechte Element des (Teil-)Arrays gewählt. Von links wird das Array mit einem Suchzeiger L nach einem Element durchsucht, das größer als das Pivot-Element ist. Von rechts wird mit einem Suchzeiger R nach einem Element gesucht, das kleiner als das Pivot-Element ist. Diese beiden Elemente sind offensichtlich jeweils im falschen Teil-Array und werden daher getauscht. Mit dieser Suche und dem Austausch wird fortgefahren, bis sich die Suchzeiger treffen bzw. kreuzen. Dann ist sicher gestellt, dass alle Elemente links vom Suchzeiger L kleiner oder gleich und alle Elemente rechts vom vom Suchzeiger R größer oder gleich dem Pivot-Element sind. Als Index des Pivot-Elementes wählt man abschließend den Index, auf den der Suchzeiger L zeigt, und tauscht dieses Element (das ja größer oder gleich dem Pivot-Element ist) mit dem Pivot-Element ganz rechts im Array.

### 4.10.3.2 Sequentieller Quicksort-Hamster

Soweit zum generellen Quicksort-Algorithmus. Übertragen wir ihn nun in die „Hamster-Welt". Zunächst wird ein nicht-paralleles Programm vorgestellt, bei dem ein einzelner Hamster als Vertretungshamster des Standard-Hamsters die Aufgabe bekommt, eine Menge von Körnerhaufen, die vor ihm liegen, der Größe nach zu sortieren (siehe Beispiel in Abbildung 4.4, links unsortiert, rechts sortiert). Er soll dazu den Quicksort-Algorithmus nutzen.

Abbildung 4.4: Typisches Hamster-Territorium zu Beispielprogramm 3

Es wird eine Klasse `QuicksortHamster` definiert. Interessant ist vor allem die Methode `quick-Sort`. Hierin wird zunächst eine Methode `zerlege` aufgerufen, die den oben beschriebenen Partitionierungsalgorithmus umsetzt. Anschließend erfolgen rekursive Aufrufe der Methode `quickSort` für die beiden durch das Pivot-Element getrennten Körnerhaufenteile.

```
class QuicksortHamster extends AllroundHamster {

    // sortiert werden die Koernerhaufen zwischen den beiden
    // Spalten
    int linkeSpalte, rechteSpalte;

    QuicksortHamster(int reihe, int linkeSpalte, int rechteSpalte) {
        super(reihe, linkeSpalte, Hamster.OST, 0);
        this.linkeSpalte = linkeSpalte;
```

```
            this.rechteSpalte = rechteSpalte;
}

public void sortiereKoernerHaufen() {
    this.quickSort(this.linkeSpalte, this.rechteSpalte);
    this.beendeSortierung();
}

// verlaesst die Reihe mit den Koernerhaufen
void beendeSortierung() {
    this.setzeBlickrichtung(Hamster.SUED);
    if (this.vornFrei()) {
        this.vor();
    }
}

// der Quicksort-Algorithmus wird zwischen den
// angegebenen Spalten ausgefuehrt
void quickSort(int linkeSpalte, int rechteSpalte) {
    if (linkeSpalte < rechteSpalte) {
        int pivotSpalte = this.zerlege(linkeSpalte,
                rechteSpalte);
        this.quickSort(linkeSpalte, pivotSpalte - 1);
        this.quickSort(pivotSpalte + 1, rechteSpalte);
    }
}

// liefert die Spalte mit dem Pivot-Element und ordnet die
// Koernerhaufen innerhalb der angegebenen Spalten so um,
// dass alle Zahlen links von der Pivot-Spalte kleiner oder
// gleich und alle Zahlen rechts von der Pivot-Spalte
// groesser oder gleich dem Wert der Pivot-Spalte sind
int zerlege(int linkeSpalte, int rechteSpalte) {
    int pivotWert = Territorium.getAnzahlKoerner(this
            .getReihe(), rechteSpalte);
    int l = linkeSpalte - 1;
    int r = rechteSpalte;

    // ordne die Koernerhaufen so um, dass jeweils alle
    // Elemente links vom Zeiger l kleiner gleich und alle
    // Elemente rechts vom Zeiger r groesser gleich dem
    // Pivot-Element sind
    do {
        l++;
        while (l <= rechteSpalte
                && Territorium.getAnzahlKoerner(this
                        .getReihe(), l) <= pivotWert) {
            l++;
        }
        r--;
        while (r >= linkeSpalte
                && Territorium.getAnzahlKoerner(this
```

```
                               .getReihe(), r) >= pivotWert) {
                 r--;
             }
             if (l < r) {
                 this.tauschen(l, r);
             }
         } while (l < r);

         // platziere das Pivot-Element an seine korrekte Position
         if (l < rechteSpalte) {
             this.tauschen(l, rechteSpalte);
             return l;
         } else {
             return rechteSpalte;
         }
     }

     // tauscht die Elemente des Arrays an den angegebenen Indizes
     void tauschen(int spalte1, int spalte2) {
         if (spalte1 != spalte2) {
             this.laufeZuSpalte(spalte1);
             int koerner1 = this.nimmAlle();
             this.laufeZuSpalte(spalte2);
             int koerner2 = this.nimmAlle();
             this.gib(koerner1);
             this.laufeZuSpalte(spalte1);
             this.gib(koerner2);
         }
     }
}

void main() {
    Hamster paul = Hamster.getStandardHamster();

    // ermittelt die Anzahl der zu sortierenden Koernerhaufen
    // bis zur Mauer
    int anzahlKoernerHaufen = 0;
    while (paul.vornFrei()) {
        paul.vor();
        anzahlKoernerHaufen++;
    }

    // und zurueck (Seiteneffekte beseitigen)
    paul.linksUm();
    paul.linksUm();
    int speicher = anzahlKoernerHaufen;
    while (speicher > 0) {
        paul.vor();
        speicher = speicher - 1;
    }
    paul.linksUm();
    paul.linksUm();
```

```
// erzeugt Sortierhamster und schickt ihn auf die Reise
QuicksortHamster vertreter = new QuicksortHamster(paul
        .getReihe(), paul.getSpalte() + 1, paul
        .getSpalte()
        + anzahlKoernerHaufen);
vertreter.sortiereKoernerHaufen();
}
```

### 4.10.3.3 Parallele Quicksort-Hamster

Quicksort-Hamster sind jedoch ziemlich schlau (und auch faul!). Daher entdecken sie recht schnell, dass, wenn ein Hamster (rekursiv) das linke Teil-Array sortiert (Punkt 6 in der obigen Algorithmusbeschreibung), ein anderer Hamster bereits gleichzeitig das rechte Teil-Array sortieren kann (Punkt 7). Diese Arbeitsteilung kann rekursiv fortgesetzt werden.

Zur Parallelisierung des Quicksort-Algorithmus wird die Klasse `QuicksortHamster` geringfügig verändert. Zunächst wird die Methode `run` dadurch implementiert, dass die Methode `sortiere-KoernerHaufen` aufgerufen wird. Im Hauptprogramm wird für den erzeugten Hamster anstelle von `sortiereKoernerHaufen` die Methode `start` aufgerufen, was damit zum indirekten Aufruf der Methode `sortiereKoernerHaufen` führt. Weiterhin wird in der Methode `quickSort`, bevor der aktive Hamster damit beginnt, das linke Teil-Array zu sortieren, ein neuer Quicksort-Hamster erzeugt und dieser durch Aufruf der Methode `start` mit dem gleichzeitigen Sortieren des rechten Teil-Arrays beauftragt.

```
class QuicksortHamster extends AllroundHamster {

    // sortiert werden die Koernerhaufen zwischen den beiden
    // Spalten
    int linkeSpalte, rechteSpalte;

    QuicksortHamster(int reihe, int linkeSpalte, int rechteSpalte) {
        super(reihe, linkeSpalte, Hamster.OST, 0);
        this.linkeSpalte = linkeSpalte;
        this.rechteSpalte = rechteSpalte;
    }

    public void run() {
        this.sortiereKoernerHaufen();
    }

    void sortiereKoernerHaufen() {
        this.quickSort(this.linkeSpalte, this.rechteSpalte);
        this.beendeSortierung();
    }

    // verlaesst die Reihe mit den Koernerhaufen
    void beendeSortierung() {
        this.setzeBlickrichtung(Hamster.SUED);
        if (this.vornFrei()) {
            this.vor();
```

```
        }
    }

    // der Quicksort-Algorithmus wird zwischen den
    // angegebenen Spalten ausgefuehrt
    void quickSort(int linkeSpalte, int rechteSpalte) {
        if (linkeSpalte < rechteSpalte) {
            int pivotSpalte = this.zerlege(linkeSpalte,
                    rechteSpalte);

            // der rechte Bereich wird (gleichzeitig) von einem
            // anderen Hamster sortiert
            if (pivotSpalte + 1 < rechteSpalte) {
                QuicksortHamster helfer = new QuicksortHamster(
                        this.getReihe(), pivotSpalte + 1,
                        rechteSpalte);
                helfer.start();
            }

            this.quickSort(linkeSpalte, pivotSpalte - 1);
        }
    }

    // liefert die Spalte mit dem Pivot-Element und ordnet die
    // Koernerhaufen innerhalb der angegebenen Spalten so um,
    // dass alle Zahlen links von der Pivot-Spalte kleiner oder
    // gleich und alle Zahlen rechts von der Pivot-Spalte
    // groesser oder gleich dem Wert der Pivot-Spalte sind
    int zerlege(int linkeSpalte, int rechteSpalte) {
        int pivotWert = Territorium.getAnzahlKoerner(this
                .getReihe(), rechteSpalte);
        int l = linkeSpalte - 1;
        int r = rechteSpalte;

        // ordne die Koernerhaufen so um, dass jeweils alle
        // Elemente links vom Zeiger l kleiner gleich und alle
        // Elemente rechts vom Zeiger r groesser gleich dem
        // Pivot-Element sind
        do {
            l++;
            while (l <= rechteSpalte
                    && Territorium.getAnzahlKoerner(this
                        .getReihe(), l) <= pivotWert) {
                l++;
            }
            r--;
            while (r >= linkeSpalte
                    && Territorium.getAnzahlKoerner(this
                        .getReihe(), r) >= pivotWert) {
                r--;
            }
            if (l < r) {
```

```
                    this.tauschen(l, r);
            }
    } while (l < r);

    // platziere das Pivot-Element an seine korrekte Position
    if (l < rechteSpalte) {
        this.tauschen(l, rechteSpalte);
        return l;
    } else {
        return rechteSpalte;
    }
}

// tauscht die Elemente des Arrays an den angegebenen Indizes
void tauschen(int spalte1, int spalte2) {
    if (spalte1 != spalte2) {
        this.laufeZuSpalte(spalte1);
        int koerner1 = this.nimmAlle();
        this.laufeZuSpalte(spalte2);
        int koerner2 = nimmAlle();
        this.gib(koerner1);
        this.laufeZuSpalte(spalte1);
        this.gib(koerner2);
    }
}
}

void main() {
    Hamster paul = Hamster.getStandardHamster();

    // ermittelt die Anzahl der zu sortierenden
    // Koernerhaufen bis zur Mauer
    int anzahlKoernerHaufen = 0;
    while (paul.vornFrei()) {
        paul.vor();
        anzahlKoernerHaufen++;
    }

    // und zurueck (Seiteneffekte beseitigen)
    paul.linksUm();
    paul.linksUm();
    int speicher = anzahlKoernerHaufen;
    while (speicher > 0) {
        paul.vor();
        speicher = speicher - 1;
    }
    paul.linksUm();
    paul.linksUm();

    // erzeugt Sortierhamster und schickt ihn auf die Reise
    QuicksortHamster vertreter = new QuicksortHamster(paul
            .getReihe(), paul.getSpalte() + 1, paul
```

```
          .getSpalte()
            + anzahlKoernerHaufen);
      vertreter.start();
}
```

# 4.11 Aufgaben

Nun sind Sie wieder an der Reihe. Zeigen Sie durch das Bearbeiten der folgenden Aufgaben, dass sie das Thread-Konzept nicht nur verstanden haben, sondern auch selbst zum Lösen bestimmter Probleme einsetzen können.

## 4.11.1 Aufgabe 1

Ändern Sie Beispielprogramm 1 aus Abschnitt 4.10.1 so ab, dass nicht nur die Reihe sondern auch die Spalte, in der der Standard-Hamster steht, bei der Suche nach der Kachel mit den meisten Körnern berücksichtigt werden soll. In der Vertikalen sollen dabei analog zur Horizontalen auch zwei selbstständige Hamster suchen.

## 4.11.2 Aufgabe 2

Die Hamster wollen Verstecken spielen. Sie befinden sich mit Blickrichtung Osten auf Kachel (0/0) in einem Labyrinth, wie in Abbildung 4.5 angedeutet. Das Labyrinth ist zyklenfrei und die Gänge sind maximal eine Kachel breit. Hamster Paul darf sich als erster verstecken. Als Versteck wählt er das Ende eines Ganges. Sobald er dies erreicht hat, „benachrichtigt" er seine Mitspieler, dass sie ihn nun suchen dürfen.

Entwickeln Sie ein Hamster-Programm für dieses Szenario, das das parallelisierte Beobachteten-Beobachter-Muster aus Abschnitt 4.10.2 nutzt, damit die Mitspieler sich nicht nacheinander sondern gleichzeitig auf die Suche nach Paul machen.

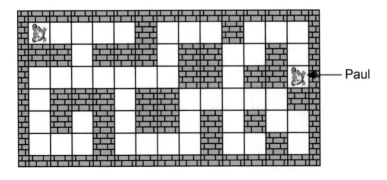

Abbildung 4.5: Typisches Hamster-Territorium zu Aufgabe 2

## 4.11.3  Aufgabe 3

Ändern Sie den parallelen Quicksort-Algorithmus von Beispielprogramm 3 in Abschnitt 4.10.3 so ab, dass der aktive Hamster das rechte Teil-Array und ein neu erzeugter Hamster das linke Teil-Array sortieren.

## 4.11.4  Aufgabe 4

Zwei selbstständige Hamster stehen mit Blickrichtung Nord in der untersten Reihe eines im Innern mauerlosen Territoriums. Ihre Aufgabe besteht jeweils darin, in ihrer aktuellen Spalte einen Körnerturm zu bauen. Wer als erster die Decke erreicht, hat gewonnen. Die Hamster dürfen allerdings nur immer ein Korn transportieren. Körner zum Bauen gibt es auf ihrer jeweiligen Ausgangskachel genug.

## 4.11.5  Aufgabe 5

Schreiben Sie ein Programm, bei dem der Benutzer eine Zahl eingibt und die Hamster überprüfen, ob es in der Reihe, in der der Standard-Hamster steht, eine Kachel mit entsprechend vielen Körnern gibt. Das Territorium ist mauerlos. Der Standard-Hamster soll einen selbstständigen Hamster nach links von ihm und einen selbstständigen Hamster nach rechts von ihm auf die Suche schicken.

## 4.11.6  Aufgabe 6

Ein weiterer Sortier-Algorithmus ist der Mergesort-Algorithmus. Die grundlegende Idee dieses Algorithmus ist die, dass das zu sortierende Array in zwei Teil-Arrays zerlegt wird und diese durch rekursive Anwendung des Algorithmus sortiert und anschließend gemischt werden. Die Rekursion endet, wenn ein Teil-Array nur noch aus einem Element besteht. In diesem Fall ist es ja sortiert.

Mischen zweier sortierter Teil-Arrays bedeutet, dass diese zu einem sortierten Array verschmolzen werden. Dazu werden die Teil-Arrays zunächst in ein Hilfs-Array kopiert. Anschließend werden die beiden Teil-Arrays elementweise durchlaufen. Das jeweils kleinere Element wird zurückkopiert. Zum Schluss muss dann noch der Rest eines der beiden Teil-Arrays zurückkopiert werden.

Die folgende Klasse implementiert den Mergesort-Algorithmus:

```
public class Mergesort {

    private static int[] hilfsArray;

    // sortiert das uebergebene Array in aufsteigender
    // Reihenfolge
    // gemaess dem Mergesort-Algorithmus
    public static void sortiere(int[] zahlen) {
        Mergesort.hilfsArray = new int[zahlen.length];
        Mergesort.mergeSort(zahlen, 0, zahlen.length - 1);
    }

    // der Mergesort-Algorithmus wird auf dem Array zwischen den
```

```java
// angegebenen Indizes ausgefuehrt
private static void mergeSort(int[] zahlen, int linkerIndex,
        int rechterIndex) {
    if (linkerIndex < rechterIndex) {
        int mittlererIndex = (linkerIndex + rechterIndex) / 2;
        Mergesort.mergeSort(zahlen, linkerIndex,
                mittlererIndex);
        Mergesort.mergeSort(zahlen, mittlererIndex + 1,
                rechterIndex);
        Mergesort.mischen(zahlen, linkerIndex,
                mittlererIndex, rechterIndex);
    }
}


// mischt die zwei (sortierten) Teil-Arrays von linkerIndex
// bis
// mittlererIndex und mittlererIndex+1 bis rechterIndex
private static void mischen(int[] zahlen, int linkerIndex,
        int mittlererIndex, int rechterIndex) {

    // beide Teil-Arrays in das Hilfsarray kopieren
    for (int i = linkerIndex; i <= rechterIndex; i++) {
        Mergesort.hilfsArray[i] = zahlen[i];
    }

    // jeweils das kleinere Element der beiden Teil-Arrays
    // zurückkopieren
    int linkerZeiger = linkerIndex;
    int rechterZeiger = mittlererIndex + 1;
    int aktuellerZeiger = linkerIndex;
    while (linkerZeiger <= mittlererIndex
            && rechterZeiger <= rechterIndex) {
        if (Mergesort.hilfsArray[linkerZeiger] <=
                Mergesort.hilfsArray[rechterZeiger]) {
            zahlen[aktuellerZeiger++] =
                Mergesort.hilfsArray[linkerZeiger++];
        } else {
            zahlen[aktuellerZeiger++] =
                Mergesort.hilfsArray[rechterZeiger++];
        }
    }

    // falls vorhanden, Reste des ersten Teil-Arrays
    // zurückkopieren
    while (linkerZeiger <= mittlererIndex) {
        zahlen[aktuellerZeiger++] =
            Mergesort.hilfsArray[linkerZeiger++];
    }

    // falls vorhanden, Reste des zweiten Teil-Arrays
    // zurückkopieren
    while (rechterZeiger <= rechterIndex) {
```

```
            zahlen[aktuellerZeiger++] =
                Mergesort.hilfsArray[rechterZeiger++];
        }
    }
}
```

Schreiben Sie zunächst ein sequentielles objektorientiertes Hamster-Programm, das den Mergesort-Algorithmus analog zum Quicksort-Algorithmus in Abschnitt 4.10.3 umsetzt.

Parallelisieren Sie anschließend analog zum Quicksort-Algorithmus den Mergesort-Algorithmus und lassen Sie mehrere selbstständige Hamster gemeinsam den Mergesort-Algorithmus bewältigen.

## 4.11.7 Aufgabe 7

Im Hamster-Simulator ist es möglich, das Territorium auch noch nach dem Start eines Hamster-Programms zu verändern. Nutzen Sie diese Möglichkeit aus, um folgendes Programm zu schreiben: Ein selbstständiger Hamster möchte sein (mauerloses) Territorium körnerfrei halten. Nach seinem Start frisst er daher zunächst alle existierenden Körner auf. Anschließend wartet er (aktiv), dass der Benutzer weitere Körner im Territorium platziert. Immer wenn dies der Fall ist, begibt er sich zu den entsprechenden Kacheln und „säubert" diese.

# Kapitel 5
# Scheduling

Bisher wissen Sie noch nicht allzu viel über Threads, außer dass sie gestartet werden können und dann quasi-parallel zu anderen Threads innerhalb einer JVM ablaufen. Wie aber werden Threads durch die JVM verwaltet? Wie wird gesteuert, welcher Thread gerade den Prozessor zugeteilt bekommt? Was für Möglichkeiten gibt es, Threads zu manipulieren? Welche Methoden definiert die Klasse `Thread`? Genau diesen Fragen werden wir in diesem Kapitel nachgehen.

In Abschnitt 1 dieses Kapitels wird darauf eingegangen, wie Threads durch die JVM verwaltet werden. Man spricht hierbei auch von Scheduling. Einem Thread kann aktuell der Prozessor zugeteilt sein oder er kann auf die Zuteilung warten. Neben diesen beiden Zuständen, in denen sich Threads befinden können, gibt es weitere Thread-Zustände, auf die in Abschnitt 2 eingegangen wird. Durch das Zuordnen von Prioritäten zu Threads lässt sich das Scheduling beeinflussen, wie Abschnitt 3 aufzeigt. Threads können über die yield-Methode selbstständig den Prozessor freigeben und sie können sich über die sleep-Methode für eine gewisse Zeit schlafen legen. Diese beiden Methoden werden in den Abschnitten 4 und 5 vorgestellt. Abschnitt 6 demonstriert die join-Methode, über die Threads auf das Ende anderer Threads warten können. Schlafende oder wartende Threads können über die interrupt-Methode, deren genaue Auswirkungen in Abschnitt 7 behandelt werden, durch andere Threads wieder „aufgeweckt" bzw. unterbrochen werden. Abschnitt 8 geht auf Dämonen-Threads ein, auf deren Ende nicht gewartet werden muss, wenn ein Programm beendet werden soll. Kapitel 9 stellt vor, wie sich mit Hilfe von Threads Zeitschaltuhren realisieren lassen. In den Abschnitten 10 und 11 finden sich schließlich wie in allen Kapiteln etwas komplexere Beispielprogramme und eine Reihe von Übungsaufgaben.

## 5.1 Scheduling-Strategien in Java

Die Thread-Programmierung in Java ist dadurch gekennzeichnet, dass mehrere Threads um einen einzelnen Prozessor konkurrieren. Die Threads müssen also koordiniert bzw. verwaltet werden. Die Verwaltung von Threads wird als *Scheduling* bezeichnet. In Java ist hierfür ein interner Scheduler – der *Java-Scheduler* – zuständig. Bezüglich der Scheduling-Strategien sind insbesondere folgende Fragestellungen von Interesse:

1. Kann nur der rechnende Thread selbst den Prozessor wieder freigeben oder ist ein Entzug des Prozessors auch von außen möglich?

2. Wie lange bleibt einem Thread der Prozessor zugeteilt?

3. Wenn dem rechnenden Thread der Prozessor entzogen wird oder er beendet wird, welcher rechenwillige Thread bekommt als nächster den Prozessor zugeteilt?

4. Kann garantiert werden, dass rechenwilligen Threads nicht permanent andere Threads bei der Prozessorzuteilung vorgezogen werden?

Auf diese Fragen werden in der Java-Sprachspezifikation leider nur sehr unpräzise Antworten gegeben:

1. Threads können über bestimmte Konstrukte den Prozessor selbst freigeben. Sie können auch vom Scheduler nach einer bestimmten – nicht definierten – Zeitspanne unterbrochen werden. Man nennt dies *preemptives* (unterbrechendes) Scheduling.

2. Es ist nicht vorhersehbar, wie lange einem Thread der Prozessor zugeteilt bleibt.

3. Es ist nicht vorhersehbar, welcher Thread bei einem Thread-Wechsel den Prozessor zugeteilt bekommt.

4. Es ist prinzipiell möglich (aber sehr unwahrscheinlich), dass einem Thread permanent andere Threads bei der Prozessorzuteilung vorgezogen werden. Man sagt auch, der Java-Scheduler ist nicht *fair*.

Das heißt, Java-Scheduler unterschiedlicher JVMs können sich prinzipiell völlig unterschiedlich verhalten. Beachten Sie das bitte in Ihren Programmen! Verlassen Sie sich nie auf bestimmte Reihenfolgen bei der Abarbeitung von Threads, die Ihre JVM immer einzuhalten scheint. Auf anderen Computern kann sich Ihr Programm völlig anders verhalten. Welche Möglichkeiten es gibt, das Scheduling zu beeinflussen, erfahren Sie in den folgenden Abschnitten dieses Kapitels, und welche Möglichkeiten es gibt, eine gewünschte Abarbeitungsreihenfolge mehrerer Threads zu erzwingen, erfahren Sie in den folgenden Kapiteln, insbesondere Kapitel 8.

## 5.2 Thread-Zustände

Threads eines Programms können sich in verschiedenen Zuständen befinden. Bestimmte Ereignisse bewirken den Wechsel eines Threads von einem in einen anderen Zustand. Abbildung 5.1 skizziert die Zustände und die möglichen Zustandsübergänge von Java-Threads.

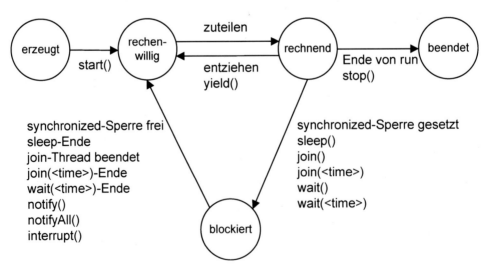

Abbildung 5.1: Zustandsübergangsdiagramm für Java-Threads

Nach der Erzeugung und Initialisierung eines Thread-Objektes gelangt dieses in den Zustand „erzeugt". Über die start-Methode wird der zugeordnete Thread gestartet und kommt in den Zustand „rechenwillig". Threads, die sich im Zustand „rechenwillig" befinden, kann vom Java-Scheduler der Prozessor zugeteilt werden. In diesem Fall gelangt der entsprechende Thread in den Zustand „rechnend". Zu jedem Zeitpunkt kann sich dabei maximal ein Thread in diesem Zustand befinden. Einem rechnenden Thread kann vom Scheduler der Prozessor wieder entzogen und er kann damit in den Zustand „rechenwillig" zurückversetzt werden. Ist seine run-Methode beendet, gelangt ein Thread in den Zustand „beendet", den er nie wieder verlassen kann. Bestimmte Ereignisse können zum Blockieren eines Threads führen und er wird in den Zustand „blockiert" versetzt. Hier verweilt er so lange, bis andere Ereignisse die Blockade aufheben und er wieder in den Zustand „rechenwillig" gelangt.

## 5.2.1 Ermittlung des aktuell rechnenden Thread

Die Klasse Thread enthält eine Klassenmethode, mit der das Thread-Objekt, das dem aktuell rechnenden Thread zugeordnet ist, abgefragt werden kann:

```
public class Thread {
    public static Thread currentThread()
    ...
}
```

Hierüber ist es bspw. möglich, das Thread-Objekt des Main-Threads zu ermitteln:

```
void main() {
    Hamster paul = Hamster.getStandardHamster();
    Thread mainThread = Thread.currentThread();
    paul.schreib("Name des Main-Threads: " + mainThread.getName());
}
```

Hamster Paul gibt in diesem Programm den Namen des Main-Threads – „main" – auf den Bildschirm aus.

Ein weiteres Einsatzbeispiel der Methode ist die Kontrolle von Zugriffen auf Thread-Objekte. In Kapitel 4.7 haben wir gesehen, dass Threads prinzipiell von außen auf die Methoden des Thread-Objektes eines anderen Threads zugreifen können, was zu schwer zu findenden Fehlern führen kann. Mit Hilfe der Methode currentThread ist es möglich, dies zu verhindern. Alle Methoden, die nur von dem dem Thread-Objekt zugeordneten Thread zugegriffen werden dürfen, werden mit einer entsprechenden Abfrage versehen. Ruft ein fremder Thread eine solche Methode auf, wird eine RuntimeException geworfen.

```
class RHamster extends Hamster {

    public RHamster(int r, int s, int b, int k) {
        super(r, s, b, k);
    }

    public void vor() {
        if (Thread.currentThread() == this) {
            super.vor();
        } else {
```

```
                throw new RuntimeException ();
        }
    }

    public void linksUm () {
        if (Thread.currentThread () == this) {
            super.linksUm ();
        } else {
            throw new RuntimeException ();
        }
    }

    // ... weitere Methoden analog

    public void run () {
        while (this.vornFrei ()) {
            this.vor ();
        }
    }
}

void main () {
    RHamster h = new RHamster (0, 0, Hamster.OST, 0);
    h.start ();
    h.vor (); // es wird eine RuntimeException geworfen
    h.linksUm (); // wird nicht mehr ausgefuehrt
}
```

## 5.2.2 Ermittlung aller aktiven Threads

Threads, die gestartet und noch nicht beendet sind, werden als *aktive* oder *lebendige* Threads bezeichnet. Die Klasse Thread stellt drei Methoden zur Ermittlung bzw. Abfrage diesbezüglicher Informationen zur Verfügung.

```
public class Thread {

    public final boolean isAlive ()
    public static int activeCount ()
    public static int enumerate (Thread[] tarray)
    ...

}
```

Wird die Methode isAlive für ein Thread-Objekt aufgerufen, liefert die Methode genau dann true, wenn der dem Thread-Objekt zugeordnete Thread aktiv ist. Die Klassenmethode activeCount liefert die aktuelle Anzahl aktiver Threads. Der Klassenmethode enumerate muss ein erzeugtes Array mit Objektvariablen vom Typ Thread übergeben werden. Sie kopiert dann die den aktuell aktiven Threads zugeordneten Thread-Objekte in das Array. Aber Achtung: Ist das Array zu klein, d.h. seine Größe ist kleiner als die Anzahl gerade aktiver Threads, werden nur entsprechend viele Thread-Objekte hinein kopiert. Welche das sind, ist nicht festgelegt. Als Wert liefert die Methode die Anzahl an Thread-Objekten, die in das Array kopiert worden sind.

Die folgende erweiterte Hamster-Klasse `SchreibHamster` implementiert eine Methode `schreib-AktiveThreads`, die die Namen aller gerade aktiven Threads auf den Bildschirm ausgibt. Sie nutzt dafür die Methoden `activeCount` und `enumerate`.

```
class SchreibHamster extends Hamster {

    SchreibHamster(int r, int s, int b, int k) {
        super(r, s, b, k);
    }

    void schreibAktiveThreads() {
        int no = Thread.activeCount();
        Thread[] ts = new Thread[no];
        int z = Thread.enumerate(ts);
        for (int i = 0; i < z; i++) {
            this.schreib("Thread " + i + ": " + ts[i].getName());
        }
    }

}
```

Auf den ersten Blick scheint diese Methode auch korrekt zu sein. Ist sie aber nicht, und ich hoffe, Sie haben das bereits selbst gemerkt. Wenn nämlich nach dem Aufruf der Methode `activeCount` und vor dem Aufruf der Methode `enumerate` ein Thread-Wechsel stattfindet und ein anderer Thread zwischendurch einen oder weitere neue Threads erzeugt, werden nicht alle gerade aktiven Threads in das Array kopiert, sondern nur so viele, wie vorher ermittelt wurden. An diesem Beispiel zeigt sich wieder einmal, welche Sorgfalt notwendig ist, um parallele Programme zu schreiben, die in allen Fällen korrekt arbeiten.

### 5.2.3 Ermittlung des aktuellen Zustands eines Threads

In welchem Zustand sich ein Thread befindet, kann über die Methode `getState` des zugeordneten Thread-Objektes abgefragt werden. Die Methode `getState` liefert ein Objekt des Aufzählungstyps `Thread.State`.

```
public class Thread {

    public enum State {
        NEW,
        TERMINATED,
        BLOCKED,
        WAITING,
        TIMED_WAITING,
        RUNNABLE
    }

    public State getState()
    ...

}
```

Ein Thread befindet sich im Zustand

- NEW, wenn er noch nicht gestartet wurde,

- TERMINATED, wenn er bereits beendet wurde,

- BLOCKED, wenn er auf die Zuteilung eines Locks wartet und dadurch blockiert ist,[1]

- WAITING, wenn er die Methoden Thread.join[2] oder Object.wait[3] ohne Zeitangabe aufgerufen hat und daher blockiert ist,

- TIMED_WAITING, wenn er eine der Methoden Thread.join[4], Thread.sleep[5] oder Object.wait[6] mit Zeitangabe aufgerufen hat und daher blockiert ist,

- RUNNABLE, wenn er gerade rechnend oder rechenwillig ist oder auf eine Betriebssystemressource wartet.

Die folgende erweiterte Hamster-Klasse demonstriert den Einsatz der Methode getState. In der Methode schreibThreadZustaende wird für ein übergebenes Array von Thread-Objekten ausgegeben, in welchem Zustand sich die zugeordneten Threads befinden und was das bedeutet.

```
class SchreibZustandHamster extends Hamster {

    SchreibZustandHamster(int r, int s, int b, int k) {
        super(r, s, b, k);
    }

    void schreibThreadZustaende(Thread[] ts) {
        for (int i = 0; i < ts.length; i++) {
            Thread.State zustand = ts[i].getState();
            String meldung = "Thread " + ts[i].getName()
                    + " befindet sich im Zustand " + zustand
                    + ", d.h. ";
            switch (zustand) {
            case NEW:
                meldung = meldung
                        + "er wurde noch nicht gestartet.";
                break;
            case TERMINATED:
                meldung = meldung + "er ist bereits beendet.";
                break;
            case BLOCKED:
            case WAITING:
            case TIMED_WAITING:
                meldung = meldung + "er ist gerade blockiert.";
                break;
            case RUNNABLE:
                meldung = meldung + "er ist gerade rechnend, "
                        + "rechenwillig oder "
```

---

[1]siehe Kapitel 7.3
[2]siehe Abschnitt 5.6
[3]siehe Kapitel 8.4
[4]siehe Abschnitt 5.6
[5]siehe Abschnitt 5.5
[6]siehe Kapitel 8.4

```
                        + "wartet auf eine "
                        + "Betriebssystemressource.";
                break;
            }
            this.schreib(meldung);
        }
    }
}
```

# 5.3 Prioritäten

Threads lassen sich Prioritäten zuordnen. Dabei gilt: Befinden sich mehrere Threads im Zustand „rechenwillig" und wird dem rechenden Thread der Prozessor entzogen, so hängt die Wahrscheinlichkeit, welcher Prozess als nächstes in den Zustand „rechnend" kommt, von den Prioritäten der rechenwilligen Prozesse ab: Je höher die Priorität eines rechenwilligen Threads ist, umso höher ist die Wahrscheinlichkeit, dass ihm der Prozessor als nächstes zugeordnet wird. Mehr sagt die Java-Sprachspezifikation zu diesem Thema jedoch nicht aus. Insbesondere gilt nicht, dass Threads mit höheren Prioritäten immer gegenüber Threads mit niedrigeren Prioritäten bevorzugt werden[7].

Für die Handhabung von Prioritäten stellt die Klasse Thread folgende Konstanten und Methoden zur Verfügung:

```
public class Thread {
    // kleinste gueltige Prioritaet
    public static final int MIN_PRIORITY

    // groesste gueltige Prioritaet
    public static final int MAX_PRIORITY

    // Standard-Priorität eines Threads
    public static final int NORM_PRIORITY

    // Veraendern der Prioritaet eines Threads
    public final void setPriority(int priority)
        throws IllegalArgumentException

    // Abfragen der Priorität eines Threads
    public final int getPriority()

    ...
}
```

Die Methode setPriority dient zum Verändern der Priorität eines Threads. Die als Parameter übergebene neue Priorität muss dabei zwischen den Werten liegen, die über die Konstanten MIN_PRIORITY und MAX_PRIORITY vorgegeben werden.[8] Wird der Methode setPriority ein Wert

---

[7]wie man in manchen Lehrbüchern fälschlicherweise lesen kann
[8]Im JDK 6.0 beträgt der Wert von MIN_PRIORITY 1 und der Wert von MAX_PRIORITY 10. Man darf jedoch nicht davon ausgehen, dass das in späteren JDK-Versionen so bleibt.

übergeben, der kleiner als MIN_PRIORITY oder größer als MAX_PRIORITY ist, so wird eine IllegalArgumentException[9] geworfen. IllegalArgumentException ist eine Unchecked-Exception, muss also nicht explizit gefangen werden. Über die Methode getPriority kann die aktuelle
Priorität eines Threads abgefragt werden.

Standardmäßig besitzt der Main-Thread eine Priorität, deren Wert über die Konstante NORM_PRI-
ORITY festgelegt ist.[10] Wird ein neuer Threads erzeugt, bekommt er automatisch die Priorität des
Threads, aus dem heraus er erzeugt wurde.

Im folgenden Beispielprogramm liefern sich Hamster Paul und Hamster Heidi mal wieder ein Wettrennen bis zur nächsten Mauer. Dabei ist es jedoch sehr viel wahrscheinlicher, dass Paul gewinnt,
weil er eine höhere Priorität besitzt als Heidi.

```
class LaufHamster extends Hamster {

    LaufHamster(int r, int s, int b, int k) {
        super(r, s, b, k);
    }

    public void run() {
        while (this.vornFrei()) {
            this.vor();
        }
    }
}

void main() {
    LaufHamster paul = new LaufHamster(0, 0, Hamster.OST, 0);
    LaufHamster heidi = new LaufHamster(1, 0, Hamster.OST, 0);
    paul.setPriority((Thread.MAX_PRIORITY +
            Thread.MIN_PRIORITY) / 2);
    heidi.setPriority(paul.getPriority() - 1);
    paul.start();
    heidi.start();
}
```

Nun mögen Sie sich fragen, macht das Prioritätenkonzept in Java denn überhaupt Sinn, wenn seine
Auswirkungen auf den Programmablauf so unpräzise definiert sind? Wann kann man Prioritäten
sinnvoll einsetzen?

Ein sinnvolles Einsatzgebiet ist das folgende: Sie möchten eine Simulation durchführen, die der
Benutzer interaktiv beeinflussen kann. Die während der Simulation stattfindenden Berechnungen
verlagern sie in einen Thread, die Kommunikation mit dem Benutzer in einen anderen. Damit auf
Benutzereingaben möglichst schnell reagiert werden kann, sollten Sie dem Kommunikationsthread
eine höhere Priorität zuordnen als dem Berechnungsthread. Threads, die hauptsächlich Rechenope-
rationen ausführen, werden übrigens auch *rechenintensive* Threads und Threads, die viele Ein- und
Ausgabeoperationen ausführen, *EA-intensive* Threads genannt.

Hüten Sie sich jedoch davor, Prioritäten zu verwenden, um hiermit die Abarbeitungsreihenfolge von
Threads zu steuern.

---

[9]siehe Anhang A.6
[10]Im JDK 6.0 beträgt der Wert von NORM_PRIORITY 5.

# 5.4 yield

Normalerweise wird ein rechnender Thread implizit durch den Java-Scheduler vom Zustand „rechnend" in den Zustand „rechenwillig" zurückversetzt. Es gibt jedoch noch eine andere Möglichkeit, dies explizit im Programm über eine Anweisung anzustoßen, und zwar über die Methode yield, die die Klasse Thread definiert:

```
public class Thread {
    public static void yield()
    ...
}
```

Bei Aufruf dieser Methode[11] wird der aktuell rechnende Thread in den Zustand „rechenwillig" zurückversetzt. Dabei wird jedoch in der Java-Sprachspezifikation nichts darüber ausgesagt, welchem rechenwilligem Thread als nächstem der Prozessor zugeteilt wird. Es wird höchstwahrscheinlich einer derjenigen mit der höchsten Priorität sein. Es ist jedoch auch nicht ausgeschlossen, dass der gerade dem Prozessor entzogene Thread selbst wieder rechnend wird.

Da die Auswirkungen der yield-Methode derartig unpräzise definiert sind, macht ihr konkreter Einsatz wenig Sinn. Vorstellbar ist, dass rechenintensive Threads mit einer hohen Priorität hin und wieder die yield-Methode aufrufen, um auch anderen Threads eine Chance zu geben.

# 5.5 sleep

Selbstständige Hamster sind zwar ständig bemüht, die ihnen übertragenen Aufgaben perfekt und möglichst schnell zu bearbeiten, trotzdem wollen bzw. müssen sie sich ab und zu auch mal ausruhen. Hierzu stellt die Klasse Thread den Hamstern – und natürlich auch anderen Threads – zwei Methoden zur Verfügung:

```
public class Thread {
    public static void sleep(long milliSekunden)
        throws InterruptedException
    public static void sleep(long milliSekunden, int nanoSekunden)
        throws InterruptedException

    ...
}
```

Beachten Sie, dass es sich bei beiden Methoden um Klassenmethoden handelt.

Schauen wir uns zunächst die erste der beiden sleep-Methoden an. Ruft der aktuell rechnende Thread diese Methode auf, wird er in den Zustand „blockiert" versetzt, d.h. er gibt den Prozessor für einen anderen rechenwilligen Thread frei. Der Thread verbleibt so lange im Zustand „blockiert", bis die als Parameter angegebene Zeit verstrichen ist oder bis ihn ein anderer Thread *unterbricht* (siehe Abschnitt 5.7). Anschließend wird er wieder in den Zustand „rechenwillig" versetzt. Die Zeitangabe erfolgt dabei in Millisekunden: 1 Sekunde entspricht 1000 Millisekunden. Dass ein Thread also mindestens eine Sekunde „schlafen" soll, kann durch folgende Anweisung bewirkt werden:

---

[11] Achtung, es handelt sich um eine Klassenmethode, die mit Thread.yield(); aufgerufen werden muss.

```
try {
    Thread.sleep(1000);
} catch (InterruptedException exc) {
}
```

Die InterruptedException[12] ist eine Checked-Exception, muss also abgefangen werden. Wann und wie sie genau geworfen werden kann, wird in Abschnitt 5.7 behandelt.

Die zweite sleep-Methode besitzt einen zweiten Parameter. Über ihn kann die Anzahl an Nanosekunden angegeben werden, die der Thread zusätzlich zu den im ersten Parameter angegebenen Millisekunden schlafen soll. Eine Nanosekunde entspricht dabei einer milliardstel Sekunde, d.h. 1 Sekunde entspricht 1.000.000.000 Nanosekunden bzw. 1 Millisekunde entspricht 1.000.000 Nanosekunden.

Der Wert für die Millisekunden darf nicht negativ sein und der Wert für die Nanosekunden muss zwischen 0 und 999.999 liegen. Andernfalls wird eine IllegalArgumentException[13] – eine Unchecked-Exception – geworfen.

Im folgenden Beispiel wird der Einsatz der ersten sleep-Methode demonstriert. Wieder einmal liefern sich zwei selbstständige Hamster ein Wettrennen bis zur nächsten Mauer. Sie müssen dabei alle Körner, auf die sie treffen, einsammeln. Die Körner wirken jedoch wie Ballast. Für jedes Korn, das ein Hamster in seinem Maul trägt, muss er nach einem vor-Befehl eine halbe Sekunde pausieren. D.h. je weniger Körner auf der Bahn eines Hamsters liegen bzw. je weiter hinten sie liegen, desto größer ist die Chance für den Hamster, das Rennen für sich zu entscheiden.

```
class LaufHamster extends Hamster {

    static final int TRAEGHEITSFAKTOR = 500; // halbe Sekunde

    LaufHamster(int r, int s) {
        super(r, s, Hamster.OST, 0);
    }

    public void run() {
        this.sammle();
        while (this.vornFrei()) {
            this.vor();
            this.ausruhen();
            this.sammle();
        }
    }

    void sammle() {
        while (this.kornDa()) {
            this.nimm();
        }
    }

    void ausruhen() {
```

---

[12]siehe Anhang A.4
[13]siehe Anhang A.6

```
        // pro Korn eine halbe Sekunde ausruhen
        try {
            Thread.sleep(this.getAnzahlKoerner()
                    * LaufHamster.TRAEGHEITSFAKTOR);
        } catch (InterruptedException exc) {
        }
    }
}

void main() {
    LaufHamster paul = new LaufHamster(0, 0);
    LaufHamster heidi = new LaufHamster(1, 0);
    paul.start();
    heidi.start();
}
```

## 5.6 join

Wir haben in Abschnitt 5.2.2 die Methode isAlive der Klasse Thread kennengelernt. Wird sie
für ein Thread-Objekt aufgerufen, kann ermittelt werden, ob der dem Thread-Objekt zugeordnete
Thread noch lebendig ist. Mit Hilfe dieser Methode ist es damit möglich, auf das Ende eines bestimmten Threads zu warten:

```
void aufEndeWarten(Thread vonThread) {
    while (vonThread.isAlive()) {
        // nichts tun (aktives Warten)
    }
}
```

Allerdings wird hierbei *aktiv* gewartet, d.h. unnötig Rechenzeit vergeudet. Dieses Problem wurde
bereits in Kapitel 4.10.1 angesprochen. Zur Vermeidung des Problems des aktiven Wartens auf das
Ende eines bestimmten Threads stellt die Klasse Thread drei Methoden zur Verfügung:

```
public class Thread {
    public final void join()
        throws InterruptedException
    public final void join(long milliSekunden)
        throws InterruptedException
    public final void join(long milliSekunden, int nanoSekunden)
        throws InterruptedException
    ...
```

Schauen wir uns zunächst die parameterlose join-Methode an. Ruft der rechnende Thread diese
Methode für ein Thread-Objekt obj auf, wird er in den Zustand „blockiert" versetzt. Er gelangt in
den folgenden Fällen wieder in den Zustand „rechenwillig":

- wenn der dem Thread-Objekt obj zugeordnete Thread noch nicht gestartet wurde,

- wenn der dem Thread-Objekt obj zugeordnete Thread bereits beendet ist,

- wenn der dem Thread-Objekt obj zugeordnete Thread beendet wird oder

- wenn er selbst über eine InterruptedException *unterbrochen* wird.

Die InterruptedException[14] ist eine Checked-Exception, muss also abgefangen werden. Wann und wie sie genau geworfen werden kann, wird in Abschnitt 5.7 behandelt.

Die beiden anderen join-Methoden funktionieren analog zur parameterlosen join-Methode. Allerdings wird in den Methoden nur zeitlich begrenzt auf das Ende des entsprechenden Threads gewartet, d.h. Threads, die eine parametrisierte join-Methode aufrufen, werden auch dann wieder vom Zustand „blockiert" in den Zustand „rechenwillig" versetzt, wenn die angegebene Zeit in Millisekunden bzw. Millisekunden plus Nanosekunden verstrichen ist, ohne dass der Thread beendet wurde. Wie bei den sleep-Methoden (siehe Abschnitt 5.5) darf der aktuelle Parameterwert für die Millisekunden nicht negativ sein und der Wert für die Nanosekunden muss zwischen 0 und 999.999 liegen. Andernfalls wird eine IllegalArgumentException[15] – eine Unchecked-Exception – geworfen. Ein Aufruf der beiden Methoden mit einer Zeit gleich Null entspricht einem Aufruf der parameterlosen join-Methode.

Mit Hilfe der parameterlosen join-Methode kann die oben definierte Methode aufEndeWarten nun so abgeändert werden, dass ein aktives Warten vermieden wird:

```
void aufEndeWarten(Thread vonThread) {
    try {
        vonThread.join();
    } catch (InterruptedException exc) {
        // rekursiver Aufruf
        aufEndeWarten(vonThread);
    }
}
```

Schauen Sie sich nun nochmal Beispielprogramm 1 in Kapitel 4.10.1 an. In diesem Programm ermittelten mehrere Hamster gemeinsam, auf welcher Kachel in einer bestimmten Reihe die meisten Körner liegen. Das Problem der dort angegebenen Lösung war, dass ein Hamster aktiv auf das Ende anderer Hamster warten musste. Dieses Problem lässt sich nun durch Verwendung der join-Methode beseitigen.

```
class InfoHamster extends AllroundHamster {

    InfoHamster(Hamster existierenderHamster) {
        super(existierenderHamster.getReihe(),
            existierenderHamster.getSpalte(), Hamster.NORD,
            0);
    }

    public void run() {

        // zwei helfende Hamster werden auf die Suche geschickt;
        // einer nach links, einer nach rechts
        ErmittlungsHamster helferLinks = new ErmittlungsHamster(
            this.getReihe(), this.getSpalte(), Hamster.WEST,
            0);
        helferLinks.start();
```

---

[14]siehe Anhang A.4
[15]siehe Anhang A.6

```
        ErmittlungsHamster helferRechts = new ErmittlungsHamster(
                this.getReihe(), this.getSpalte(), Hamster.OST,
                0);
        helferRechts.start();

        // die Kachel, auf der der Hamster steht uebernimmt der
        // Hamster selber
        int maxHoehe = this.nimmAlle();
        this.gib(maxHoehe);

        // nun wartet der Hamster darauf,
        // dass die beiden Helfer fertig werden;
        // die Schleife ist wegen der InterruptedException
        // notwendig!
        while (helferLinks.isAlive() || helferRechts.isAlive()) {
            try {
                helferLinks.join();
                helferRechts.join();
            } catch (InterruptedException exc) {
            }
        }

        // nun sind beide fertig und das Endergebnis kann
        // ermittelt und verkuendet werden
        if (helferLinks.hoeheDesGroesstenHaufens() > maxHoehe) {
            maxHoehe = helferLinks.hoeheDesGroesstenHaufens();
        }
        if (helferRechts.hoeheDesGroesstenHaufens() > maxHoehe) {
            maxHoehe = helferRechts.hoeheDesGroesstenHaufens();
        }
        this.schreib("Die maximale Anzahl an "
                + "Koernern auf Kacheln in\n"
                + "der Reihe, in der ich stehe, betraegt "
                + maxHoehe + "!");
    }
}

class ErmittlungsHamster extends AllroundHamster {

    private int maxHoehe;

    ErmittlungsHamster(int r, int s, int b, int k) {
        super(r, s, b, k);
        this.maxHoehe = -1;
    }

    public int hoeheDesGroesstenHaufens() {
        return this.maxHoehe;
    }

    public void run() {
        while (this.vornFrei()) {
```

```
            this.vor();
            this.bearbeiteKachel();
        }


        // Auftrag erledigt! Das Ergebnis kann ueber die Methode
        // hoeheDesGroesstenHaufens abgefragt werden
    }

    private void bearbeiteKachel() {
        int koerner = this.nimmAlle();
        if (koerner > this.maxHoehe) {
            this.maxHoehe = koerner;
        }
        this.gib(koerner); // Vermeidung von Seiteneffekten
    }
}

void main() {
    Hamster paul = Hamster.getStandardHamster();
    paul.schreib("Meine Helfer und ich ermitteln die "
            + "maximale Anzahl an Koernern\n"
            + "auf Kacheln in der Reihe, in der ich stehe.");
    InfoHamster willi = new InfoHamster(paul);

    // der Vertretungs-Hamster wird auf die Suche geschickt
    willi.start();
}
```

## 5.7 Unterbrechungen

Hamster – und natürlich auch andere Threads –, die sich durch Aufruf einer sleep-Methode schlafen gelegt haben, können von anderen Hamster (früher als ihnen lieb ist) wieder geweckt werden. Analoges gilt für Hamster, die durch Aufruf einer join-Methode auf das Ende eines anderen Hamsters warten[16]. Möglich ist dies durch Aufruf der Methode interrupt der Klasse Thread für das zugeordnete Thread-Objekt:

```
public class Thread {
    public void interrupt()
    ...
}
```

Der Aufruf dieser Methode bewirkt das Werfen einer InterruptedException[17], insofern der betroffene Thread gerade in einem sleep- oder join-Aufruf[18] wartet. Wartet der betroffene Thread gerade nicht, hat der Aufruf von interrupt keine Auswirkungen.

Im folgenden Programm läuft ein selbstständiger Hamster bis zur nächsten Wand und sammelt dabei alle Körner ein. Jedes Korn, das er frisst, muss er zunächst verdauen. Das dauert eine gewisse

---

[16]und auch für Hamster, die wegen des Aufrufs einer wait-Methode warten müssen (siehe Kapitel 8.4)
[17]siehe Anhang A.4
[18]oder wait-Aufruf

Zeit (1 Sekunde). Wird er beim Verdauen (`sleep`) gestört (`InterruptedException`), muss er das Korn zunächst wieder ausspucken. Der Main-Thread ärgert den Hamster, in dem er ihn in gewissen zufällig berechneten Abständen stört (`interrupt`).

```
class MuederHamster extends Hamster {

    final static int VERDAUUNGSZEIT = 1000;

    MuederHamster(Hamster hamster) {
        super(hamster);
    }

    public void run() {
        this.sammle();
        while (this.vornFrei()) {
            this.vor();
            this.sammle();
        }
    }

    private void sammle() {
        while (this.kornDa()) {
            this.nimm();
            this.verdauen();
        }
    }

    private void verdauen() {
        try {
            Thread.sleep(VERDAUUNGSZEIT);
        } catch (InterruptedException exc) {

            // nicht genuegend Zeit zum Verdauen;
            // das Korn wird wieder ausgespuckt
            this.gib();
        }
    }

    public void stoeren() {
        this.interrupt();
    }
}

void main() {
    MuederHamster faulpelz = new MuederHamster(Hamster
            .getStandardHamster());
    faulpelz.start();

    // Main-Thread aergert den Faulpelz
    while (faulpelz.isAlive()) {
        try {
            Thread.sleep((int) (Math.random() * 2000));
```

```
        } catch (InterruptedException exc) {
        }
        faulpelz.stoeren();
    }
}
```

Das Konzept der Unterbrechungen wird in Kapitel 10.3 nochmal aufgegriffen und erweitert. Es kann nämlich auch genutzt werden, um Threads von außen ordentlich zu beenden.

## 5.8 Dämone

Wir haben in Kapitel 4.4 gelernt, dass ein Programm beendet ist, wenn der Main-Thread und alle gestarteten Threads beendet sind. Das ist nicht ganz korrekt. Genauer muss es heißen: Ein Programm ist beendet, wenn der Main-Thread und alle gestarteten Nicht-Dämonen-Threads beendet sind.

Threads können nämlich als so genannte *Dämonen-Threads*[19] gestartet werden. Für die Realisierung von Dämonen-Threads stellt die Klasse Thread zwei Methoden zur Verfügung:

```
public class Thread {
    public final void setDaemon(boolean on)
    public final boolean isDaemon()
    ...
}
```

Über den Aufruf der Methode setDaemon für sein zugeordnetes Thread-Objekt kann ein Thread als Dämon-Thread (true als Parameterwert) oder Nicht-Dämon-Thread (false als Parameterwert) markiert werden. Der Aufruf muss dabei vor Aufruf der start-Methode erfolgen, ansonsten bewirkt er nichts. Die Methode isDaemon gibt Auskunft über die Art eines entsprechenden Threads.

Im folgenden Programm veranstalten zwei selbstständige Lauf-Hamster (wie schon so oft) ein Wettrennen bis zur nächsten Mauer. Wer diese als erstes erreicht, hat gewonnen. Hamster Heidi ist dabei zwar ein fauler, aber auch ein schlauer Lauf-Hamster. Sie realisiert sich als Dämonen-Thread (siehe Konstruktor der Klasse FaulerLaufHamster), sodass sie, wenn sie eh schon verloren hat, sich nicht mehr unnötig bis zur Mauer quälen muss. D.h. das Programm ist beendet, sobald Paul eine Mauer erreicht. Wenn Heidi als erste eine Mauer erreicht, läuft Paul, der ja kein Dämon ist, trotzdem noch weiter.

```
class LaufHamster extends Hamster {

    LaufHamster(int r, int s) {
        super(r, s, Hamster.OST, 0);
    }

    public void run() {
        while (this.vornFrei()) {
            this.vor();
        }
    }
}
```

---

[19]und entsprechend selbstständige Hamster als *Dämonen-Hamster*

```
class FaulerLaufHamster extends LaufHamster {

    FaulerLaufHamster(int r, int s) {
        super(r, s);
        this.setDaemon(true);
    }
}

void main() {
    LaufHamster paul = new LaufHamster(0, 0);
    LaufHamster heidi = new FaulerLaufHamster(1, 0);
    paul.start();
    heidi.start();
}
```

Es ist darauf zu achten, dass beim Ende eines Programms noch laufende Dämonen-Threads unabhängig davon, was sie gerade tun, einfach abgebrochen werden.

Der Java-Garbage-Collector, der dafür zuständig ist, dass Speicherplatz für nicht mehr zugreifbare Variablen wieder frei gegeben wird (siehe Kapitel 4.9.1), ist übrigens auch als Dämon-Thread realisiert. Andernfalls würden Programme ja niemals enden, da nicht explizit auf diesen Thread zugegriffen, er also auch nicht explizit beendet werden kann.

## 5.9 Zeitschaltuhren

Paul, ein Vertretungshamster des Standard-Hamsters, ist ganz niedergeschlagen. Sein Magen knurrt fürchterlich, denn seit Tagen hat er kein Mittagessen mehr bekommen. Dies gibt es bei den Hamstern immer pünktlich um 12.00 Uhr. Aber Paul hat jedes Mal den Termin verschlafen und als er endlich am Mittagstisch ankam, hatten andere Hamster bereits sein Korn verspeist. Jetzt ist Paul auf der Suche nach einem Java-Konzept, das sein Problem löst. Er braucht eine Zeitschaltuhr, die ihn jeden Mittag um Punkt 12.00 Uhr zum Mittagstisch schickt.

Ein solches Konzept gibt es natürlich. Aber bevor es vorgestellt wird, müssen wir uns zunächst noch darum kümmern, welche Möglichkeiten Java für den Umgang mit Uhrzeiten bietet.

### 5.9.1 Datum und Uhrzeit

Java stellt im JDK-Paket `java.util` für den Umgang mit Uhrzeiten die Klasse `java.util.Calendar` zur Verfügung. Die in unserem Zusammenhang wichtigen Elemente der Klasse werden im Folgenden aufgeführt:

```
public class Calendar {

    // Konstanten fuer Monate
    public static final int JANUARY
    public static final int FEBRUARY
    public static final int MARCH
    public static final int APRIL
```

```
public static final int MAY
public static final int JUNE
public static final int JULY
public static final int AUGUST
public static final int SEPTEMBER
public static final int OCTOBER
public static final int NOVEMBER
public static final int DECEMBER

// Wochentage
public static final int SUNDAY
public static final int MONDAY
public static final int TUESDAY
public static final int WEDNESDAY
public static final int THURSDAY
public static final int FRIDAY
public static final int SATURDAY

// Felder
public static final int YEAR          [.. 2005 ..]
public static final int MONTH         [JANUARY .. DECEMBER]
public static final int DAY_OF_MONTH  [1 .. 31]
public static final int HOUR_OF_DAY   [0 .. 23]
public static final int MINUTE        [0 .. 59]
public static final int SECOND        [0 .. 59]
public static final int MILLISECOND   [0 .. 999]
public static final int WEEK_OF_YEAR  [1 ..]
public static final int WEEK_OF_MONTH [1.. ]
public static final int DAY_OF_YEAR   [1 ..]
public static final int DAY_OF_WEEK   [SUNDAY .. SATURDAY]

// Methoden
// liefert aktuelles Calendar-Objekt
public static Calendar getInstance()

// zum Veraendern von Werten einzelner Felder
public void set(int feld, int wert)
public void add(int feld, int betrag)

// zum Abfragen des Wertes eines bestimmten Feldes
public int get(int feld)

// zum Vergleich von Calendar-Objekten
public boolean equals(Object kalender)
public boolean after(Object kalender)
public boolean before(Object kalender)

// Abfragen eines aequivalenten Date-Objektes
public final Date getTime()

// Abfragen der Millisekunden seit dem 01.01.1970
// (00:00:00.000 GMT)
```

```
      public long getTimeInMillis()
}
```

Die Klasse `Calendar` besitzt keinen `public` Konstruktor. Um ein mit dem aktuellen Datum und der aktuellen Uhrzeit initialisiertes Objekt der Klasse zu erhalten, muss die Klassenmethode `getInstance` aufgerufen werden. Für die einzelnen Bestandteile (Jahr, Monat, Tag, Stunde, Minute, Sekunde, Millisekunde) von Daten und Uhrzeiten definiert die Klasse so genannte Felder-Konstanten. Die Werte der Felder eines Calendar-Objektes können mit einer set- bzw. add-Methode verändert und mittels einer get-Methode abgefragt werden. Zum Vergleich von Calendar-Objekten gibt es die Methoden `equals`, `after` und `before`.

Ein Programmausschnitt, der überprüft, ob die aktuelle Uhrzeit vor dem Mittag (12.00 Uhr) liegt, hat bspw. folgende Gestalt:

```
Calendar uhr = Calendar.getInstance();
int aktuelleStunde = uhr.get(Calendar.HOUR_OF_DAY);
if (aktuelleStunde < 12) {
    // vor Mittag
} else {
    // nach Mittag
}
```

Eine Alternative ist folgende:

```
// repraesentiert Mittags 12.00 Uhr
Calendar mittag = Calendar.getInstance();
mittag.set(Calendar.HOUR_OF_DAY, 12);
mittag.set(Calendar.MINUTE, 0);
mittag.set(Calendar.SECOND, 0);
mittag.set(Calendar.MILLISECOND, 0);

Calendar uhr = Calendar.getInstance();
if (uhr.before(mittag)) {
    // vor Mittag
} else {
    // nach Mittag
}
```

Zusätzlich zur Klasse `Calendar` gibt es im Paket `java.util` noch eine weitere Klasse `Date` zum Umgang mit Uhrzeiten. Diese Klasse ist allerdings veraltet und wird hier nicht weiter vorgestellt. Sie wird jedoch für die Realisierung von Zeitschaltuhren benötigt. Die Methode `getTime` der Klasse `Calendar` liefert beim Aufruf für ein Calendar-Objekt ein äquivalentes Date-Objekt. Mehr brauchen Sie von der Klasse `Date` nicht zu wissen.

Weiterhin benötigt wird die Methode `getTimeInMillis`. Sie liefert für ein Calendar-Objekt die Anzahl der Millisekunden, die seit dem 01.01.1970 (00:00:00.000 GMT) vergangen sind.

## 5.9.2 Timer und TimerTask

Für die Realisierung von Zeitschaltuhren stellt Java im Paket `java.util` zwei Klassen zur Verfügung: die Klasse `Timer` und die abstrakte Klasse `TimerTask`. Die Klasse `Timer` repräsentiert dabei die eigentlichen Zeitschaltuhren. Die Klasse `TimerTask` wird benutzt, um Aufgaben (auf englisch *Task*) zu beschreiben, die zu bestimmten Zeiten bzw. in bestimmten Intervallen von einer Zeitschaltuhr ausgeführt werden sollen. Die wichtigsten Elemente der beiden Klassen werden im folgenden aufgelistet:

```java
public abstract class TimerTask {

    // Konstruktor
    protected TimerTask()

    // die auszufuehrende Aufgabe
    public abstract void run()

    // Sollzeitpunkt der juengsten Aktivierung
    public long scheduledExecutionTime()
}

public class Timer {

    // Konstruktoren
    public Timer()
    public Timer(boolean istDaemon)

    // Festlegung von Aktivierungsterminen bzw. -intervallen
    public void schedule(TimerTask aufgabe, Date datum)
    public void schedule(TimerTask aufgabe, long verzoegerung)
    public void scheduleAtFixedRate(TimerTask aufgabe,
                                    Date erstesMal,
                                    long intervall)
    public void scheduleAtFixedRate(TimerTask aufgabe,
                                    long verzoegerung,
                                    long intervall)

    // Ausschalten der Zeitschaltuhr
    public void cancel()
}
```

Eine Aufgabe, die von einer Zeitschaltuhr ausgeführt werden soll, muss in der implementierten Methode `run` einer von der Klasse `TimerTask` abgeleiteten Klasse beschrieben werden. Ein Objekt dieser Klasse kann dann einer der schedule- bzw. scheduleAtFixedRate-Methoden eines Objektes der Klasse `Timer` übergeben werden. Hierbei gibt es vier Möglichkeiten (und Methoden), wann die Aufgabe ausgeführt werden soll:

- zu einem bestimmten Datum (schedule-Methode mit Date-Parameter),

- mit einer bestimmten Verzögerung (die auch 0 sein kann) ab der aktuellen Uhrzeit (schedule-Methode mit long-Parameter)

- zu einem bestimmten Datum und dann jeweils in regelmäßigen Intervallen (scheduleAtFixedRate-Methode mit Date- und long-Parameter),

- mit einer bestimmten Verzögerung ab der aktuellen Uhrzeit und dann jeweils in regelmäßigen Intervallen (scheduleAtFixedRate-Methode mit zwei long-Parametern).

Die Verzögerungen und Intervalle werden dabei in Millisekunden angegeben (1 Sekunde = 1000 Millisekunden).

Insgesamt sind also folgende Aktionen zur Realisierung von Zeitschaltuhren notwendig:

- Ableiten einer Klasse von der Klasse `TimerTask` und Implementierung deren run-Methode.
- Erzeugung eines Timer-Objektes.
- Erzeugung eines Objektes der abgeleiteten TimerTask-Klasse
- Aufruf der gewünschten schedule- bzw. scheduleAtFixedRate-Methode mit dem TimerTask-Objekt als erstem Parameter.

Jedes Timer-Objekt besitzt genau einen internen so genannten *Aufgaben-Thread* und eine Warteschlange mit auszuführenden Aufgaben, d.h. TimerTask-Objekten. Wird eine schedule- bzw. scheduleAtFixedRate-Methode aufgerufen, wird das TimerTask-Objekt in die Warteschlange eingetragen und der Thread, der die Methode aufruft, kann mit der nächsten Anweisung fortfahren. Beim Erreichen eines Aktivierungszeitpunkts eines TimerTask-Objektes der Warteschlange wird im Aufgaben-Thread des Timer-Objektes die run-Methode des entsprechenden TimerTask-Objektes ausgeführt.

Durch Aufruf ihrer cancel-Methode kann eine Zeitschaltuhr wieder deaktiviert werden. Wird zum Zeitpunkt des Aufrufs der Methode gerade noch eine Aufgabe ausgeführt, wird diese vor der Deaktivierung auf jeden Fall noch vollständig abgearbeitet. Einmal deaktivierte Timer können nicht wieder aktiviert werden.

## 5.9.3 Lösung des Mittagessenproblems

Jetzt sind wir so weit, dass wir das Problem von Hamster Paul lösen können. Von der Klasse `TimerTask` wird eine Klasse `MittagEssen` abgeleitet. Einem Objekt dieser Klasse wird im Konstruktor ein Allround-Hamster übergeben. In der run-Methode wird dieser Hamster zum Mittagstisch gesteuert, wo er ein Korn frisst und anschließend zu seinem Ausgangspunkt zurückkehrt. Der Mittagstisch, d.h. eine Kachel mit Körnern, befindet sich in Reihe 0 und Spalte 0 des Territoriums.

Im Hauptprogramm sitzt Allround-Hamster Paul als Vertretungshamster des Standard-Hamster irgendwo im Territorium. Es wird ein Wecker auf den nächsten Mittag (12.00 Uhr) eingestellt. Anschließend wird eine Zeitschaltuhr erzeugt und die scheduleAtFixedRate-Methode mit dem Date- und dem long-Parameter aufgerufen. Dieser Aufruf bewirkt, dass ab dem nächsten Mittag und dann jeden Mittag erneut Hamster Paul pünktlich zum Mittagstisch gesteuert wird, wo er sein Mittagskorn fressen darf.

```
import java.util.Calendar;
import java.util.Date;
import java.util.Timer;
import java.util.TimerTask;

class MittagEssen extends TimerTask {

    final static int MITTAGSTISCH_REIHE = 0;

    final static int MITTAGSTISCH_SPALTE = 0;
```

```
    AllroundHamster fresser;

    MittagEssen(AllroundHamster hamster) {
        this.fresser = hamster;
    }

    public void run() {
        int aktReihe = this.fresser.getReihe();
        int aktSpalte = this.fresser.getSpalte();
        this.fresser.laufeZuKachel(
                MittagEssen.MITTAGSTISCH_REIHE,
                MittagEssen.MITTAGSTISCH_SPALTE);
        if (this.fresser.kornDa()) {
            this.fresser.nimm();
        }
        this.fresser.laufeZuKachel(aktReihe, aktSpalte);
    }
}

void main() {
    AllroundHamster paul = new AllroundHamster(Hamster
            .getStandardHamster());

    Calendar wecker = Calendar.getInstance();
    int aktuelleStunde = wecker.get(Calendar.HOUR_OF_DAY);
    if (aktuelleStunde >= 12) {
        // heute ist Mittag schon vorbei
        wecker.add(Calendar.DAY_OF_MONTH, 1);
    }
    wecker.set(Calendar.HOUR_OF_DAY, 12);
    wecker.set(Calendar.MINUTE, 0);
    wecker.set(Calendar.SECOND, 0);
    wecker.set(Calendar.MILLISECOND, 0);

    Timer zeitschaltuhr = new Timer();

    // ein Tag in Millisekunden
    int intervall = 24 * 60 * 60 * 1000;

    zeitschaltuhr.scheduleAtFixedRate(new MittagEssen(paul),
            wecker.getTime(), intervall);
}
```

Da Sie den Hamster-Simulator wahrscheinlich nicht ständig laufen haben, sollten Sie zum Testen dieses Programms die angegebenen Uhrzeiten ändern. Stellen Sie den Wecker bspw. auf die nächste volle Stunde und das Zeitintervall auf eine Minute.

### 5.9.4 Genauigkeit von Zeitschaltuhr

Sie sollten sich nicht darauf verlassen, dass Zeitschaltuhren auf die Millisekunde genau arbeiten. Was bspw. passieren kann, ist, dass zwei Timer-Objekte aufgefordert werden, zum exakt gleichen

Zeitpunkt eine Aufgabe auszuführen. Welche Aufgabe dann als erste abgearbeitet wird, ist nicht vorhersehbar. Die andere wird erst danach ausgeführt. Weiterhin können ja prinzipiell viele weitere Threads mit den Aufgaben-Threads von Timer-Objekten um den Prozessor konkurrieren. Möglich ist auch, dass in einem Timer-Objekt ein Aktivierungszeitpunkt für eine Aufgabe erreicht wird, der Aufgaben-Thread aber die Ausführung einer anderen Aufgabe noch nicht abgeschlossen hat. Auch in diesem Fall wird die Aktivierung der neuen Aufgabe zurückgestellt, bis der Aufgaben-Thread wieder frei ist.

Zum Umgang mit diesem Problem der Ungenauigkeit von Zeitschaltuhren stellt die Klasse Timer-Task die Methode scheduledExecutionTime zur Verfügung. Diese liefert, wenn sie innerhalb der run-Methode eines TimerTask-Objekt aufgerufen wird, den Zeitpunkt, wann die Methode eigentlich hätte aufgerufen werden sollen. Der Zeitpunkt wird dabei als Anzahl an Millisekunden geliefert, die seit dem 01.01.1970 (00:00:00.000 GMT) vergangen sind. Damit ist ein Vergleich mit dem tatsächlichen Datum möglich, und zwar mit Hilfe eines Calendar-Objektes und dessen Methode getTimeInMillis. Falls die Differenz zwischen aktuellem Zeitpunkt und dem Sollzeitpunkt der Ausführung der Aufgabe größer ist als eine gewisse Toleranzschwelle, kann die Ausführung der Aufgabe unterbunden bzw. abgebrochen werden.

Wir fügen entsprechende Anweisungen in das obige Hamster-Programm ein. Paul denkt sich, wenn die Zeitschaltuhr mehr als 5 Sekunden[20] zu spät aktiv wird, brauch ich mich erst gar nicht mehr auf den Weg machen. Dann sind eh bereits andere Hamster beim Mittagstisch gewesen und haben mein Korn verspeist.

```
final static int TOLERANZ_ZEIT = 5000; // 5 Sekunden

public void run() {
    Calendar aktuell = Calendar.getInstance();
    if (aktuell.getTimeInMillis() -
            this.scheduledExecutionTime()
                >= MittagEssen.TOLERANZ_ZEIT) {
        this.fresser.schreib("Mist! Mittagessen verpennt!");
        return;
        // zu spät; diesen Mittag lohnt es sich nicht mehr
        // zum Mittagstisch zu eilen
    }
    ... weiter wie oben
}
```

# 5.10 Beispielprogramme

In den drei Beispielprogrammen, die Sie in diesem Abschnitt finden, werden die Scheduling-Konzepte von Java noch einmal an etwas komplexeren Problemstellungen verdeutlicht.

## 5.10.1 Beispielprogramm 1

In Beispielprogramm 1 in Kapitel 4.10.1 haben Sie erfahren, was „aktives Warten" bedeutet und dass dadurch unnötig Rechenzeit verbraucht wird. Zur Erinnerung: „Aktives Warten" bedeutet, dass

---

[20]zum Testen bitte eine wesentlich kleinere Zahl eingeben, bspw. 100 Millisekunden

ein Thread auf das Erfülltsein einer Bedingung wartet, indem er ständig die Bedingung überprüft. In diesem Abschnitt werden Sie nun eine erste Möglichkeit kennenlernen, wie durch den Einsatz der beiden Thread-Methoden `sleep` und `interrupt` aktives Warten verhindert bzw. zumindest reduziert werden kann.

Schauen wir uns dazu zunächst ein Beispiel an, indem ein Hamster aktiv auf einen anderen Hamster warten muss. Die Hamster Paul und Willi wollen in diesem Beispiel ein Korn austauschen. Paul ist ein Hamster der Klasse `GibHamster` und hat ein Korn im Maul. Willi ist ein Hamster der Klasse `NimmHamster` und möchte von Paul das Korn übernehmen. Als Treffpunkt haben Sie sich die Kachel ausgesucht, auf der der Standard-Hamster steht. Erreicht Willi vor Paul den Standard-Hamster wartet er dort (aktiv) darauf, dass endlich auch Paul den Standard-Hamster erreicht und sein Korn ablegt.

```
class GibHamster extends AllroundHamster {

    int kornReihe;

    int kornSpalte;

    GibHamster(int r, int s, int b, int kr, int ks) {
        super(r, s, b, 1);
        this.kornReihe = kr;
        this.kornSpalte = ks;
    }

    public void run() {
        this.laufeZuKachel(this.kornReihe, this.kornSpalte);
        this.gib();
    }
}

class NimmHamster extends AllroundHamster {

    int kornReihe;

    int kornSpalte;

    NimmHamster(int r, int s, int b, int kr, int ks) {
        super(r, s, b, 0);
        this.kornReihe = kr;
        this.kornSpalte = ks;
    }

    public void run() {
        this.laufeZuKachel(this.kornReihe, this.kornSpalte);
        while (!this.kornDa()) {
            // aktives Warten
        }
        this.nimm();
    }
}

void main() {
```

```
int r = Hamster.getStandardHamster().getReihe();
int s = Hamster.getStandardHamster().getSpalte();
NimmHamster willi = new NimmHamster(Territorium
        .getAnzahlReihen() - 1, Territorium
        .getAnzahlSpalten() - 1, Hamster.WEST, r, s);
GibHamster paul = new GibHamster(0, 0, Hamster.OST, r, s);
willi.start();
paul.start();
}
```

Um das aktive Warten zu verhindern bzw. das Abfragen der Bedingung zumindest zu reduzieren, müssen wir das Programm an ein paar Stellen verändern:

- Wenn der Nimm-Hamster beim Treffpunkt ankommt und kein Korn vorfindet, legt er sich zunächst ein paar Sekunden (hier 5 Sekunden) schlafen, bevor er erneut die Bedingung testet. Er testet also nicht mehr ständig, sondern nur noch alle 5 Sekunden.

- Dem Gib-Hamster wird bei seiner Initialisierung mitgeteilt, wer der Nimm-Hamster ist.

- Nachdem der Gib-Hamster beim Treffpunkt angekommen ist und sein Korn abgelegt hat, informiert er darüber den Nimm-Hamster durch Aufruf der Methode interrupt. Befindet sich der Nimm-Hamster gerade im sleep, wird er aufgeweckt und kann das Korn fressen.

```
class GibHamster extends AllroundHamster {

    int kornReihe;

    int kornSpalte;

    NimmHamster nehmer;

    GibHamster(int r, int s, int b, int kr, int ks,
            NimmHamster nehmer) {
        super(r, s, b, 1);
        this.kornReihe = kr;
        this.kornSpalte = ks;
        this.nehmer = nehmer;
    }

    public void run() {
        this.laufeZuKachel(this.kornReihe, this.kornSpalte);
        this.gib();
        nehmer.interrupt(); // wecken
    }
}

class NimmHamster extends AllroundHamster {

    int kornReihe;

    int kornSpalte;

    final static int SCHLAFENSZEIT = 5000; // 5 Sekunden
```

```
NimmHamster(int r, int s, int b, int kr, int ks) {
    super(r, s, b, 0);
    this.kornReihe = kr;
    this.kornSpalte = ks;
}

public void run() {
    this.laufeZuKachel(this.kornReihe, this.kornSpalte);
    while (!this.kornDa()) {
        try {
            Thread.sleep(SCHLAFENSZEIT);
            // passives Warten
        } catch (InterruptedException exc) {
        }
    }
    this.nimm();
}
}

void main() {
    int r = Hamster.getStandardHamster().getReihe();
    int s = Hamster.getStandardHamster().getSpalte();
    NimmHamster willi = new NimmHamster(Territorium
            .getAnzahlReihen() - 1, Territorium
            .getAnzahlSpalten() - 1, Hamster.WEST, r, s);
    GibHamster paul = new GibHamster(0, 0, Hamster.OST, r,
            s, willi);
    willi.start();
    paul.start();
}
```

Vielleicht werden Sie jetzt sagen: Irgendwie scheint mir die run-Methode der Klasse NimmHamster zu kompliziert zu sein. Geht das nicht auch einfacher? Schauen wir uns dazu mal Alternativen an und diskutieren sie.

In der ersten Alternative wird die Methode sleep mit dem größten long-Wert aufgerufen, den es gibt. Die Schlafenszeit würde also theoretisch viele Jahre dauern. Beim Aufruf von interrupt für diesen Thread wird das sleep durch eine InterruptedException unterbrochen und anschließend der nimm-Befehl aufgerufen.

```
public void run() {
    this.laufeZuKachel(this.kornReihe, this.kornSpalte);
    try {
        Thread.sleep(Long.MAX_VALUE);
    } catch (InterruptedException exc) {
    }
    this.nimm();
}
```

Erstes Problem dieser Alternative ist, dass, wenn der Gib-Hamster als erstes den Treffpunkt erreicht, der Nimm-Hamster fast endlos wartet, weil die interrupt-Methode vor der sleep-Methode aufgerufen wird und damit nichts bewirkt hat. Das zweite Problem ist, dass die Lösung im theoretischen Sinne falsch ist. Denn theoretisch könnte der Gib-Hamster ja viele Jahre bis zum Treffpunkt brauchen und ihn noch gar nicht erreicht haben, wenn der sleep-Befehl endet. Der Nimm-Hamster würde also den nimm-Befehl aufrufen, obwohl gar kein Korn da ist.

In der zweiten Alternative wird versucht, diese Probleme zu lösen. Vor dem Schlafen legen und nach dem Schlafen überprüft dazu der Nimm-Hamster, ob eventuell schon ein Korn da ist.

```
public void run() {
    this.laufeZuKachel(this.kornReihe, this.kornSpalte);
    while (!this.kornDa()) {
        try {
            Thread.sleep(Long.MAX_VALUE);
        } catch (InterruptedException exc) {
        }
    }
    this.nimm();
}
```

Hiermit ist zumindest das zweite Problem gelöst. Allerdings kann das erste Problem immer noch auftreten. Stellen Sie sich dazu vor, der Nimm-Hamster trifft als erster am Treffpunkt ein. Die Überprüfung der Bedingung der while-Schleife liefert also den Wert false. Genau in diesem Augenblick, also vor dem Aufruf der sleep-Methode, findet nun ein Thread-Wechsel statt und bevor der Nimm-Hamster wieder an die Reihe kommt und sich schlafen legt, erreicht auch der Gib-Hamster den Treffpunkt, legt das Korn ab und ruft interrupt auf. In diesem sehr unwahrscheinlichen aber theoretisch möglichen Fall würde der Nimm-Hamster wieder viele Jahre schlafen, bevor er sich das Korn schmecken lassen kann. Bei der oben gewählten Lösung wartet der Nimm-Hamster maximal 5 Sekunden.

## 5.10.2 Beispielprogramm 2

Das Beispielprogramm in diesem Abschnitt könnte mit „Die Invasion der Hamster" überschrieben werden. Die Klasse LaufHamster realisiert selbstständige Hamster, die in der linken oberen Ecke erzeugt werden und nach ihrem Start endlos im Uhrzeigersinn das Territorium durchlaufen. Die Klasse Starter ist eine TimerTask, die jeweils einen Hamster der Klasse LaufHamster erzeugt und startet. In der main-Prozedur wird ein Timer instantiiert, dem über die Methode schedule-AtFixedRate ein Starter-Objekt zugeordnet wird und der dessen run-Methode sofort und dann im Abstand von jeweils 3 Sekunden aufruft. Folge: Das Territorium füllt sich mehr und mehr mit selbstständigen Hamster, die endlos im Uhrzeigersinn an der Wand entlang laufen.

```
import java.util.TimerTask;
import java.util.Timer;

class LaufHamster extends AllroundHamster {

    LaufHamster() {
        super(0, 0, Hamster.OST, 0);
    }

    public void run() {
```

```
        while (true) {
            this.laufeZurWand();
            this.rechtsUm();
        }
    }
}

class Starter extends TimerTask {

    public void run() {
        LaufHamster laeufer = new LaufHamster();
        laeufer.start();
    }
}

void main() {
    Starter starter = new Starter();
    Timer zeitschaltuhr = new Timer();
    zeitschaltuhr.scheduleAtFixedRate(starter, 0, 3000);
}
```

## 5.10.3  Beispielprogramm 3

Ein Thread ist in Java ein Prozess, der nach seinem Start nebenläufig zu anderen Threads die Anweisungen ausführt, die in der entsprechenden run-Methode angegeben sind. Der Rückgabetyp der run-Methode ist void, ein Thread kann also kein Ergebnis liefern. Häufig ist es jedoch so, dass ein Thread A einen anderen Thread B startet, damit B nebenläufig zu den Aktivitäten von A ein bestimmtes Ergebnis berechnet. Dieses kann B dann zu gegebener Zeit abfragen.

Schauen Sie sich bspw. noch einmal das Programm in Kapitel 4.3.2 an. Hier wird in der main-Prozedur ein Thread gestartet, der die Summe bestimmter Zahlen berechnen soll, während der Main-Thread das Produkt der Zahlen berechnet. In Beispielprogramm 1 in Kapitel 4.10.1, in dem die Hamster die Kachel einer bestimmten Reihe mit den meisten Körnern ermitteln sollen, schickt ein Hamster je einen Helfer nach links und rechts auf die Suche, bearbeitet selbst die Kachel, auf der er gerade steht, und vergleicht nach der Terminierung der beiden Helfer die drei ermittelten Ergebnisse.

In diesem Abschnitt werden wir durch geschickten Einsatz der Methode join ein allgemein gültiges Konstrukt entwickeln, das es Threads erlaubt, Ergebnisse zurückzuliefern. Mit diesem Konstrukt lassen sich die angesprochenen Probleme adäquater lösen als bisher.

### 5.10.3.1  Callables und Tasks

Ausgangspunkt für unsere Überlegungen ist ein Interface Callable, das analog zur run-Methode des Interface Runnable eine Methode call definiert, die allerdings einen Wert vom generischen Rückgabetyp V liefert.

```
public interface Callable<V> {
    public V call();
}
```

Weiterhin leiten wir von der Klasse `Thread` eine generische Klasse `Task` mit dem Typ-Parameter V ab. Beim Erzeugen eines Task-Objektes wird vom Konstruktor ein Callable-Objekt mit dem Typ-Parameter V erwartet. Beim Start des Task-Objektes wird in dessen run-Methode die call-Methode des Callable-Objektes aufgerufen und das Ergebnis gespeichert. Das Ergebnis kann über die Methode get abgefragt werden. Diese Methode ist dabei so implementiert, dass durch den Aufruf von `this.join` auf das Ende des zugeordneten Threads, d.h. das Ende der run-Methode gewartet wird, sodass die Methode get letztendlich das Ergebnis der call-Methode des Callable-Objektes liefert.

```java
public class Task<V> extends Thread {

    private Callable<V> callable;

    private V result;

    public Task(Callable<V> callable) {
        this.callable = callable;
        this.result = null;
    }

    public void run() {
        this.result = this.callable.call();
    }

    public V get() {
        try {
            this.join();
        } catch (InterruptedException exc) {
            return this.get();
        }
        return this.result;
    }
}
```

Für das Callable-Task-Konstrukt gibt es seit der Java-Version 5.0 im JDK übrigens bereits ein vordefiniertes Konstrukt, das aber noch deutlich mächtiger ist und in Kapitel 13.7 im Detail vorgestellt wird.

### 5.10.3.2 Beispiel 1

Nun setzen wir das gerade vorgestellte Callable-Task-Konstrukt zur Lösung des Summe-Produkt-Beispiels ein. Wir definieren eine Klasse `Summe`, die das Interface `Callable` implementiert. In der call-Methode wird die Summe bestimmter Zahlen berechnet und das Ergebnis geliefert. In der main-Prozedur erzeugen und starten wir ein Task-Objekt, dem wir ein Summe-Objekt übergeben. Nebenläufig erfolgt nun die Berechnung der Summe und des Produktes bestimmter Zahlen. Vor der Ausgabe rufen wir mit Hilfe der get-Methode die berechnete Summe ab.

```java
class Summe implements Callable<Integer> {

    int summeBis;

    Summe(int bis) {
```

```
            this.summeBis = bis;
    }

    public Integer call() {
        int summe = 0;
        for (int zahl = 1; zahl <= this.summeBis; zahl++) {
            summe = summe + zahl;
        }
        return summe;
    }
}

void main() {
    Hamster paul = Hamster.getStandardHamster();
    int zahl = paul.liesZahl("Positive Zahl: ");

    Summe summe = new Summe(zahl);
    Task<Integer> aufgabe = new Task<Integer>(summe);
    aufgabe.start(); // nebenläufige Berechnung der Summe

    // Berechnung des Produktes
    int produkt = 1;
    for (int z = 1; z <= zahl; z++) {
        produkt = produkt * z;
    }

    // Ausgabe der berechneten Ergebnisse
    paul.schreib("Summe von 1 bis " + zahl + " = "
            + aufgabe.get());
    paul.schreib("Produkt von 1 bis " + zahl + " = "
            + produkt);
}
```

### 5.10.3.3 Beispiel 2

Als zweites Beispiel lösen wir das Hamster-Problem der Suche nach der Kachel mit der größten Anzahl an Körnern mit Hilfe des Callable-Task-Konstruktes. Schauen Sie sich zuvor bitte nochmal die Lösung in Kapitel 4.10.1 an.

Die Klasse ErmittlungsHamster implementiert diesmal das Interface Callable. In der call-Methode wird die Kachel mit der größten Anzahl an Körnern gesucht und die entsprechende Anzahl geliefert. Der Info-Hamster erzeugt zwei Ermittlungs-Hamster zum Bearbeiten der linken und rechten Seite, startet sie aber nicht. Stattdessen startet er zwei Task-Objekte, denen er die Ermittlungs-Hamster übergibt. Die Task-Objekte rufen in ihrer run-Methode jeweils die call-Methode der Ermittlungs-Hamster auf. Das Ergebnis kann über die get-Methode der Task-Objekte abgefragt werden, was der Info-Hamster auch tut, um die von ihm in der Zwischenzeit gezählte Anzahl an Körnern auf der Kachel, auf der er gerade steht, mit den von den Ermittlungs-Hamster ermittelten Werten zu vergleichen.

```
class ErmittlungsHamster extends AllroundHamster implements
        Callable<Integer> {
```

```
    private int maxHoehe;

    ErmittlungsHamster(int r, int s, int b, int k) {
        super(r, s, b, k);
        this.maxHoehe = -1;
    }

    public Integer call() {
        this.maxHoehe = -1;
        while (this.vornFrei()) {
            this.vor();
            this.bearbeiteKachel();
        }
        return this.maxHoehe;
    }

    private void bearbeiteKachel() {
        int koerner = this.nimmAlle();
        if (koerner > this.maxHoehe) {
            this.maxHoehe = koerner;
        }
        this.gib(koerner); // Vermeidung von Seiteneffekten
    }
}

class InfoHamster extends AllroundHamster {

    InfoHamster(Hamster existierenderHamster) {
        super(existierenderHamster.getReihe(),
                existierenderHamster.getSpalte(), Hamster.NORD,
                0);
    }

    public void run() {

        // zwei helfende Hamster werden auf die Suche geschickt;
        // einer nach links, einer nach rechts
        ErmittlungsHamster helferLinks = new ErmittlungsHamster(
                this.getReihe(), this.getSpalte(), Hamster.WEST,
                0);
        ErmittlungsHamster helferRechts = new ErmittlungsHamster(
                this.getReihe(), this.getSpalte(), Hamster.OST,
                0);
        Task<Integer> nachLinks = new Task<Integer>(helferLinks);
        Task<Integer> nachRechts = new Task<Integer>(
                helferRechts);
        nachLinks.start();
        nachRechts.start();

        // die Kachel, auf der der Hamster steht uebernimmt der
        // Hamster selber
```

```
        int maxHoehe = this.nimmAlle();
        this.gib(maxHoehe);

        // nun wird das Endergebnis
        // ermittelt und verkuendet
        if (nachLinks.get() > maxHoehe) {
            maxHoehe = nachLinks.get();
        }
        if (nachRechts.get() > maxHoehe) {
            maxHoehe = nachRechts.get();
        }
        this.schreib("Die maximale Anzahl an "
                + "Koernern auf Kacheln in\n"
                + "der Reihe, in der ich stehe, betraegt "
                + maxHoehe + "!");
    }
}

void main() {
    Hamster paul = Hamster.getStandardHamster();
    paul.schreib("Meine Helfer und ich ermitteln "
            + "die maximale Anzahl an Koernern\n"
            + "auf Kacheln in der Reihe, in der ich stehe.");
    InfoHamster willi = new InfoHamster(paul);

    // der Vertretungs-Hamster wird auf die Suche geschickt
    willi.start();
}
```

# 5.11  Aufgaben

Soweit zur Demonstration von Konzepten, Problemen und Programmen. Nun sind Sie wieder selbst aktiv an der Reihe. Setzen Sie bitte die in diesem Kapitel vorgestellten Scheduling-Konzepte von Java zum Lösen der folgenden Übungsaufgaben ein.

## 5.11.1  Aufgabe 1

Zwei selbstständige Hamster Paul und Willi werden irgendwo in einem mauerlosen Territorium erzeugt. Sie sind zu ihrem Freund, dem Standard-Hamster eingeladen. Sie wollen dort aber nicht alleine aufkreuzen sondern gemeinsam hinlaufen.

Schreiben Sie ein Hamster-Programm, bei dem zunächst Paul und Willi erzeugt und gestartet werden. Paul läuft zu Willi, der auf ihn wartet. Sobald Paul bei Willi eingetroffen ist, laufen Sie gemeinsam zum Standard-Hamster.

Realisieren Sie das Warten von Willi auf Paul durch Einsatz der sleep-Methode, wie in Beispielprogramm 1 in Abschnitt 5.10.1 demonstriert.

## 5.11.2 Aufgabe 2

Ändern Sie die Hamster-Invasion in Beispielprogramm 1 in Abschnitt 5.10.2 so ab, dass dem Starter ein Array mit bereits erzeugten Lauf-Hamstern übergeben wird. Der Starter soll keine neuen Lauf-Hamster erzeugen, sondern die Lauf-Hamster des Arrays im Abstand von 3 Sekunden auf die Strecke schicken.

## 5.11.3 Aufgabe 3

Der Standard-Hamster bekommt die Aufgabe, die Anzahl an Körnern in einem beliebig großen mauerlosen Territorium zu zählen. Zur Erledigung der Aufgabe erzeugt er dazu auf allen Kacheln der linken Spalte einen Hamster, der die entsprechende Reihe bearbeiten soll. Der Standard-Hamster sammelt die Ergebnisse ein, summiert sie und verkündet das Ergebnis. Er setzt dabei das in Beispielprogramm 3 in Abschnitt 5.10.3 vorgestellte Callable-Task-Konstrukt ein.

## 5.11.4 Aufgabe 4

Die Hamster bekommen die Aufgabe, die aktuelle Uhrzeit (Stunden, Minuten) in Körnern auf dem Territorium anzuzeigen. Die Anzeige soll jede Minute aktualisiert werden. Gegeben sei dazu ein körner- und mauerloses Territorium mit mindestens 5 Reihen und 17 Spalten. In Abbildung 5.2 wird bspw. die Uhrzeit 13:45 Uhr angedeutet.

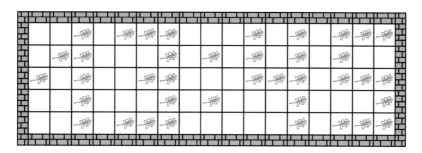

Abbildung 5.2: 13:45 Uhr in Körnerform

## 5.11.5 Aufgabe 5

Zugegeben: Das Zeichnen von Uhrzeiten in Aufgabe 4 ist schon ziemlich mühsam. Die Hamster vereinfachen sich die Aufgabe des Ausgebens der aktuellen Uhrzeit dadurch, dass sie in einem Territorium mit mindestens 2 freien Reihen in der ersten Spalte der ersten Reihe die aktuelle Stunde durch eine entsprechende Anzahl an Körnern repräsentieren und darunter auf analoge Weise die aktuelle Minutenzahl. In Abbildung 5.3 wird bspw. die Uhrzeit 13:45 Uhr angedeutet.

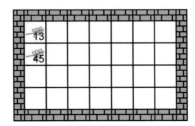

Abbildung 5.3: 13:45 Uhr in vereinfachter Körnerform

## 5.11.6 Aufgabe 6

Der Standard-Hamster steht irgendwo in einem beliebigen Territorium. Schreiben Sie ein Programm, das mit Hilfe einer Zeitschaltuhr den Hamster alle zwei Sekunden eine Kachel nach vorne springen lässt. Wenn der Standard-Hamster eine Mauer erreicht, soll das Programm enden.

## 5.11.7 Aufgabe 7

In Band 2 der Java-Hamster-Bücher wurde im Kapitel „Spielende Hamster" der Minimax-Algorithmus vorgestellt. Der Minimax-Algorithmus berechnet für so genannte Zwei-Spieler-Strategiespiele, wie Schach, Mühle, Dame, 4-Gewinnt, Reversi oder Kalah, den in einer bestimmten Spielsituation besten Spielzug für den Spieler, der an der Reihe ist. Dazu ermittelt er jeweils alle möglichen Folgezüge und simuliert für diese die Fortsetzung des Spiels. Genau an dieser Stelle besteht nun Parallelisierungspotential, denn die Simulation der Folgezüge kann natürlich nebenläufig durchgeführt werden.

In Band 2 der Java-Hamster-Bücher wurde der Minimax-Algorithmus eingesetzt, um „intelligente" Hamster gegen Menschen das Spiel Kalah spielen zu lassen. Schauen Sie sich die dortige Implementierung einmal an und parallelisieren Sie den dort implementierten Minimax-Algorithmus.

## 5.11.8 Aufgabe 8

Ein selbstständiger Hamster torkelt durch ein beliebiges Territorium. "'Torkeln" bedeutet dabei, dass er sich zufallsgesteuert nach vorne, links, rechts oder hinten bewegt. Wenn er auf eine Kachel mit Körnern gelangt, zählt er die Anzahl an Körnern (frisst sie aber nicht) und erzeugt und startet pro Korn einen weiteren Torkel-Hamster. Es wird also langfristig zu einer Torkel-Hamster-Invasion kommen.

## 5.11.9 Aufgabe 9

Die Hamster bekommen die Aufgabe, in einem wie in Abbildung 5.4 skizzierten zyklenfreien Labyrinth, dessen Gänge maximal eine Kachel breit sind, die Anzahl der Kacheln des Labyrinths zu ermitteln. Zur Suche gehen sie folgendermaßen vor: Zunächst macht sich vom Eingang (Kachel (0/0) aus ein selbstständiger Hamster auf den Weg und zählt die Kacheln bis zur nächsten Kreuzung. Sobald er die nächste Kreuzung erreicht hat, bleibt er stehen und erzeugt und startet für jeden von der Kreuzung abgehenden Weg – insofern es keine Sackgasse ist – einen neuen selbstständigen Hamster, der das entsprechende Teillabyrinth durchforstet und dabei jeweils genauso vorgeht, wie sein Erzeuger-Hamster. Wenn es keinen abgehenden Weg gibt, teilt der Hamster die ermittelte Zahl seinem Erzeuger-Hamster mit. Jeder Erzeuger-Hamster wartet jeweils darauf, dass ihm die von ihm erzeugten Hamster ihre Ergebnisse mitteilen, summiert alle Zahlen und schickt seinerseits die Summe an seinen Erzeuger-Hamster. Dieser (rekursive) Algorithmus terminiert, wenn dem Ausgangshamster alle Zahlen zugekommen sind. Er gibt dann die Anzahl auf den Bildschirm aus und das Programm ist beendet.

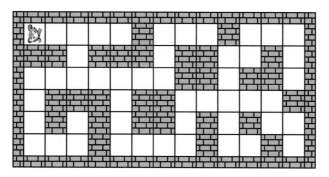

Abbildung 5.4: Typisches Hamster-Territorium zu Aufgabe 9

## 5.11.10 Aufgabe 10

Die Hamster bekommen die Aufgabe die Größe, d.h. Anzahl an Kacheln, eines mauerlosen Territorium zu bestimmen und dem Benutzer mitzuteilen. Sie dürfen dabei die Methoden der Klasse Territorium nicht benutzen. Aber das ist den Hamstern auch egal. Schlau wie sie sind überlegen sie sich folgenden Algorithmus: Vom Standard-Hamster aus werden vier selbstständige Hamster nach Norden, Westen, Süden und Osten auf die Reise geschickt und zählen die entsprechenden Kachel bis zum Rand des Territoriums. Das Ergebnis teilen sie einem selbstständigen Rechen-Hamster mit, der mit den gemeldeten Zahlen die Größe des Territoriums berechnet und auf den Bildschirm ausgibt.

# Kapitel 6
# Kommunikation zwischen Threads

Eigentlich müssten die Hamster nun glücklich sein. Sie sind selbstständig und können eigenständig ihnen übertragene Aufgaben erledigen. Aber so richtig glücklich fühlen sie sich im Moment immer noch nicht. Sie sind einsam. Ihnen fehlt der Kontakt zu anderen Hamstern. Sie möchten gemeinsam mit anderen Hamstern ihnen gegebene Probleme bewältigen. Und in der Tat, schauen Sie sich noch einmal die Beispielprogramme der vorangehenden Kapitel an. Im Allgemeinen agieren die Hamster zwar selbstständig aber vollständig unabhängig voneinander. Es gibt keine unmittelbaren Beziehungen zwischen den Hamstern.

Genau das wird sich ab diesem Kapitel ändern. Die Hamster werden das wirkliche Sozialleben kennenlernen. Sie werden erfahren, wie sie mit anderen Hamstern kommunizieren, kooperieren oder auch konkurrieren können. Ziel ist es, ein gegebenes Problem von mehreren selbstständigen Hamstern miteinander lösen zu lassen. Dazu muss das Problem in einzelne Teilprobleme aufgespalten werden. Jeder Hamster nimmt sich der Bearbeitung eines Teilproblems an. Die Hamster stimmen ihre Aktivitäten untereinander ab und müssen auch mal auf andere Hamster warten, wenn diese nicht schnell genug eine bestimmte Teilaufgabe lösen konnten. Sie teilen erzielte Ergebnisse anderen Hamstern mit und fragen Ergebnisse bei diesen ab.

In diesem Kapitel werden in Abschnitt 1 zunächst verschiedene Typen von Beziehungen zwischen Hamstern bzw. Prozessen analysiert. Der Beziehungstyp, der in diesem Kapitel im Vordergrund steht, ist die Kommunikation, d.h. der gegenseitige Austausch von Informationen. In Java gibt es drei Varianten der Kommunikation zwischen Threads, nämlich über gemeinsame Variablen, über gemeinsame Objekte und über Methoden. Die einzelnen Varianten werden in den Abschnitten 2, 3 und 4 vorgestellt. Abschnitt 5 demonstriert die Kommunikation zwischen Hamstern anhand einiger Beispielprogramme und Abschnitt 6 enthält eine Reihe von Übungsaufgaben.

## 6.1 Zwischenhamsterliche Beziehungen

In den bisherigen Beispielprogrammen haben die Hamster meistens Wettkämpfe gegeneinander ausgetragen: Wer schafft es, als erster ... Wir haben jedoch auch schon Probleme gelöst, bei denen das Gesamtproblem in mehrere Teilprobleme aufgeteilt und diese dann jeweils durch selbstständige Hamster bearbeitet wurden. Schauen Sie sich bspw. nochmal Beispielprogramm 3 in Kapitel 3.4.3 an, wo es um das Sortieren von Körnertürmen ging. Allerdings haben dabei die Hamster unabhängig voneinander agiert. Die meisten Probleme, die durch mehrere selbstständige Hamster (oder allgemeiner: Prozesse) gelöst werden sollen, bedingen allerdings den Aufbau von Beziehungen zwischen den Hamstern bzw. Prozessen, sie werden voneinander abhängig. Dabei kann die Abhängigkeit zwei unterschiedliche Formen annehmen – Kooperation und Konkurrenz – und über zwei unterschiedliche Mechanismen abgewickelt werden – Kommunikation und Koordination.

### 6.1.1 Kooperation

Bei einer Kooperation arbeiten mehrere selbstständige Hamster zusammen, um ein gegebenes Problem zu lösen. Stellen Sie sich einmal folgendes Problem vor. Ein Korn soll von der linken zur rechten Wand des Territoriums transportiert werden. Auf jeder der Kacheln steht ein selbstständiger Hamster. Allerdings müssen die Hamster mit der Einschränkung leben, dass sie in ihrem Leben maximal einmal den vor-Befehl ausführen können. Die Hamster können das Problem nur gemeinsam lösen, indem jeder Hamster das Korn jeweils an seinen rechten Nachbarn weiterreicht, d.h. das Korn aufnimmt, sich auf die Nachbarkachel begibt und dort das Korn wieder ablegt.

Derartige Lösungen werden auch *Produzenten-Konsumenten-Systeme* genannt. Charakteristisch hierfür ist, dass ein Thread ein Ergebnis „produziert" und dieses an einen anderen Thread weiterleitet, der es dann zur Lösung seines Teilproblems verwendet, d.h. „konsumiert". Eine einfache Form solcher Produzenten-Konsumenten-Systeme und deren Lösung durch Einsatz des Callable-Task-Konstruktes haben Sie in Beispielprogramm 3 in Kapitel 5.10.3 bereits kennengelernt. Zur Erinnerung: Das Callable-Task-Konstrukt ermöglicht es, dass Threads Werte berechnen und liefern, die andere Threads abrufen können.

Eine andere Art von Kooperation findet sich in so genannten *Client-Server-Systemen*. Hierbei richten ein oder mehrere Client-Threads Anfragen an einen Server-Thread, der diese jeweils bearbeitet und unter Umständen ein Ergebnis zurückliefert. In Abbildung 6.1 bewacht ein Server-Hamster eine Körnerkammer. Andere Client-Hamster, die Hunger haben, können ihn aufsuchen und bitten, ihnen ein Korn aus der Kammer zu geben.

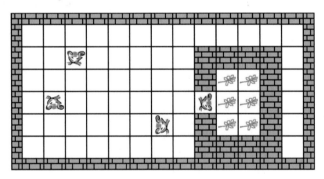

Abbildung 6.1: Kooperation zwischen selbstständigen Hamstern

### 6.1.2 Konkurrenz

Die andere Art von zwischenhamsterlichen Beziehungen ist die Konkurrenz: Mehrere selbstständige Hamster konkurrieren um ein bestimmtes Gut; in der parallelen Programmierung spricht man auch von *Ressource*. In Abbildung 6.2 wird bspw. eine Situation skizziert, in der mehrere Hamster in einer engen dunklen Höhle leben. Aus dieser Höhle ragt ein Körneraussichtsturm hervor. Die Hamster können diesen Körnerturm erklimmen, um mal einen Blick in die herrliche Welt außerhalb ihrer Höhle zu werfen. Allerdings ist der Turm so wackelig und instabil, dass zu einem Zeitpunkt immer nur ein Hamster auf den Turm darf. Die Hamster konkurrieren also um den Turm.

Konkurrenz und Kooperation schließen sich nicht aus. Bei der Lösung bestimmter Probleme können auch eigentlich miteinander kooperierende Hamster zwischendurch mal in eine Konkurrenzsituation

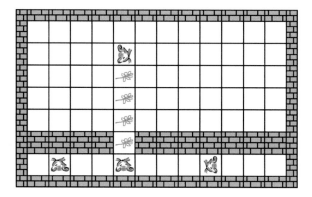

Abbildung 6.2: Konkurrenz zwischen selbstständigen Hamstern

gelangen. Schauen Sie sich bspw. Abbildung 6.3 an. Die Hamster sollen jede Kachel des Territoriums mit einem Korn belegen. Körner gibt es jedoch nur am Ende des Ganges in einer Körnerkammer. Dieser Gang ist dabei so eng, dass sich zu einem Zeitpunkt nur jeweils ein Hamster in dem Gang aufhalten darf. Zur Erfüllung der Aufgabe kooperieren die Hamster. Sie kommen jedoch in eine Konkurrenzsituation, wenn es um das Betreten des Ganges geht.

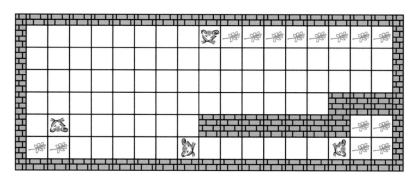

Abbildung 6.3: Gleichzeitige Kooperation und Konkurrenz

## 6.1.3 Koordination

Sowohl bei einer Kooperation als auch in einer Konkurrenzsituation müssen sich die Hamster untereinander abstimmen, d.h. ihre Aktivitäten koordinieren. Sie müssen bspw. warten, bis ein anderer Hamster ein bestimmtes Teilergebnis erzielt hat oder eine exklusiv zu benutzende Ressource wieder frei ist.

Eine derartige Koordination wird in der parallelen Programmierung über so genannte *Synchronisationskonzepte* erreicht. Durch Einsatz dieser Konzepte ist es möglich, Teilaktivitäten mehrerer Prozesse bzw. Threads in einer bestimmten Reihenfolge auszuführen. Die Kapitel 7 und 8 setzen sich mit diesem Thema im Detail auseinander.

### 6.1.4 Kommunikation

Eine andere Art der Kontaktpflege zwischen selbstständigen Hamstern ist die Kommunikation untereinander. Sie möchten bspw. anderen Hamstern erzielte Ergebnisse mitteilen oder von diesen Ergebnisse abfragen.

Als *Kommunikation* wird in der parallelen Programmierung der Austausch von Daten bzw. Informationen zwischen mehreren Prozessen bzw. Threads bezeichnet. Prinzipiell kann die Kommunikation dabei über zweierlei Art und Weise erfolgen. Besitzen die Kommunikationspartner Zugriff auf einen gemeinsamen Speicherbereich, können in diesem Daten hinterlegt und abgefragt werden. Die andere Form der Kommunikation besteht darin, Nachrichten mit den entsprechenden Informationen zu verschicken bzw. zu empfangen.

Java-Threads teilen sich einen gemeinsamen Adressraum. Daher ist zwischen Java-Threads bzw. zwischen selbstständigen Hamstern – da diese ja als Java-Threads realisiert sind – eine Kommunikation über gemeinsame Variablen und Objekte möglich. Wie dies möglich ist, darauf gehen die folgenden beiden Abschnitte 6.2 und 6.3 ein.

Die konkrete Realisierung der Kommunikation durch Nachrichtenaustausch ist auf mehrere unterschiedliche Art und Weise möglich. Die einzelnen Varianten werden im Detail in Kapitel 11.4 vorgestellt. Eine diesbezüglich harmonische Verknüpfung objektorientierter und paralleler Konzepte stellt der Nachrichtenaustausch durch Aufruf von Methoden dar: Ein Thread ruft eine Methode eines anderen Threads auf und übergibt die zu übermittelnden Informationen über die Parameter der Methode. Dieses Konzept stellt Abschnitt 6.4 vor.

## 6.2 Kommunikation über gemeinsame Variablen

Alle Threads eines Java-Prozesses teilen sich einen gemeinsamen Adressraum. Daher ist eine Kommunikation zwischen Threads über gemeinsame Variablen möglich. Als *gemeinsame Variablen* mehrerer Threads werden dabei solche Variablen bezeichnet, auf die die den Threads zugeordneten Thread-Objekte Zugriff haben. Um einem anderen Threads Informationen zukommen zu lassen, bspw. eine errechnete Zahl, kann ein Thread den Wert einer gemeinsamen Variablen verändern. Man nennt das auch *schreibenden Zugriff* auf eine gemeinsame Variable. Der andere Thread kann mit einem *lesenden Zugriff* auf die Variable diesen Wert abfragen und für seine weitere Aktivitäten nutzen. Ohne Einschränkungen ist es möglich, dieses Konzept von einer bilateralen Kommunikation zwischen zwei Threads auf eine multilaterale Kommunikation zwischen mehr als zwei Threads zu übertragen. Es ist ohne weiteres möglich, dass mehrere Threads schreibend und/oder lesend auf eine gemeinsame Variable zugreifen können.

Im folgenden ersten Beispielprogramm existieren zwei selbstständige Hamster in einem mauerlosen Territorium. Einer der beiden – ein Hamster der Klasse `SuchHamster` – sucht das komplette Territorium nach Körnern ab. Immer wenn er ein Korn gefunden hat, teilt er die Reihe und Spalte der entsprechenden Kachel dem anderen Hamster – ein Hamster der Klasse `FressHamster` – mit. Dieser läuft dann auf dem kürzesten Weg zu der Körnerkachel und frisst sie leer.

Zur Kommunikation zwischen den beiden Hamstern dienen vier als `public` deklarierte Instanzattribute des Such-Hamsters: `int kornReihe`, `int kornSpalte`, `boolean kornGefunden`, `boolean fertig`. Sobald dieser ein Korn gefunden hat, speichert er seine aktuellen Koordinaten in `kornReihe` und `kornSpalte` ab und setzt `kornGefunden` auf `true`. Letzteres signalisiert dem Fress-Hamster, dass ein Korn gefunden wurde und er sich auf den Weg zum Fressen machen kann. Dazu liest er die Werte von kornReihe und kornSpalte. Nach der Speise setzt er den Wert des Attributs kornGefunden des Such-Hamsters wieder auf false, was diesen dazu veranlasst, das nächste Korn zu suchen. Hat der Such-Hamster alle Kacheln des Territoriums besucht, teilt er dies dem Fress-Hamster über sein Attribut fertig mit.

```
class SuchHamster extends AllroundHamster {

    // gemeinsame Variablen

    public int kornReihe, kornSpalte;

    public boolean kornGefunden;

    public boolean fertig;

    private boolean vonLinksNachRechts;

    SuchHamster() {
        super(0, 0, Hamster.OST, 0);
        this.vonLinksNachRechts = true;
        this.kornReihe = 0;
        this.kornSpalte = 0;
        this.kornGefunden = false;
        this.fertig = false;
    }

    public void run() {
        this.laufeZurWandUndSuche();
        while (this.weitereReiheExistiert()) {
            this.begibDichInNaechsteReihe();
            this.laufeZurWandUndSuche();
        }
        this.fertig = true;
    }

    void laufeZurWandUndSuche() {
        this.suche();
        while (this.vornFrei()) {
            this.vor();
            this.suche();
        }
    }

    void suche() {
        if (this.kornDa()) {
            this.kornReihe = this.getReihe();
            this.kornSpalte = this.getSpalte();
            this.kornGefunden = true;
        }

        // warten, bis FressHamster das Korn gefressen hat
        while (this.kornGefunden) {
```

```
                // akives Warten
            }
        }

    boolean weitereReiheExistiert() {
        if (this.vonLinksNachRechts) {
            return this.rechtsFrei();
        } else {
            return this.linksFrei();
        }
    }

    void begibDichInNaechsteReihe() {
        if (this.vonLinksNachRechts) {
            this.rechtsUm();
            this.vor();
            this.rechtsUm();
        } else {
            this.linksUm();
            this.vor();
            this.linksUm();
        }
        this.vonLinksNachRechts = !this.vonLinksNachRechts;
    }
}

class FressHamster extends AllroundHamster {

    private SuchHamster helfer;

    FressHamster(SuchHamster hamster) {
        super(0, 0, Hamster.OST, 0);
        this.helfer = hamster;
    }

    public void run() {
        while (!this.helfer.fertig) {

            // warten, bis SuchHamster ein Korn gefunden hat
            while (!(this.helfer.kornGefunden ||
                    this.helfer.fertig)) {
                // aktives Warten
            }

            // gefundenes Korn fressen
            if (this.helfer.kornGefunden) {
                this.laufeZuKachel(this.helfer.kornReihe,
                        this.helfer.kornSpalte);
                this.nimmAlle();
                this.helfer.kornGefunden = false;
            }
        }
```

```
        }
    }

void main() {
    SuchHamster paul = new SuchHamster();
    FressHamster heidi = new FressHamster(paul);
    paul.start();
    heidi.start();
}
```

Die Koordination der Hamster wird in diesem Programm durch aktives Warten realisiert. Wir werden erst in Kapitel 8 ein adäquateres Mittel zur Koordination von Threads kennenlernen.

Im zweiten Beispielprogramm nutzen die Hamster die Möglichkeit der Kommunikation über gemeinsame Variablen, um sich zu koordinieren. In diesem Beispiel geht es darum, dass eine bestimmte Anzahl an selbstständigen Hamstern, die mit Blickrichtung Osten in jeweils der ersten Spalte eines mauerlosen Territoriums stehen, bis zur rechten Wand laufen. Sie sollen dabei immer abwechselnd und der Reihe nach einen vor-Befehl ausführen.

Gelöst wird dieses Problem dadurch, dass alle Hamster von einer Klasse LaufendeHamsterGV erzeugt werden. Diese definiert zwei Klassenattribute aktiveNummer und anzahlLaufendeHamster, die somit gemeinsame Variablen für alle Hamster dieser Klasse darstellen. Bei ihrer Erzeugung bekommen die Hamster über das Klassenattribut anzahlLaufendeHamster eine fortlaufende Nummer zugeordnet. Das Klassenattribut aktiveNummer nutzen die Hamster zur eigentlichen Kommunikation. Dazu lesen sie den Wert dieses Attributs. Solange der Wert ungleich ihrer Nummer ist, warten sie. Wenn der Wert gleich ihrer Nummer ist, laufen sie ein Feld nach vorne und erhöhen anschließend den Wert des Attributs um 1 (modulo der Gesamtanzahl an Hamstern).

```
class LaufendeHamsterGV extends Hamster {

    static int aktiveNummer = 0;

    static int anzahlLaufendeHamster = 0;

    int meineNummer;

    LaufendeHamsterGV(int r, int s, int b, int k) {
        super(r, s, b, k);
        this.meineNummer = LaufendeHamsterGV.anzahlLaufendeHamster;
        LaufendeHamsterGV.anzahlLaufendeHamster++;
    }

    public void run() {
        while (this.vornFrei()) {
            while (LaufendeHamsterGV.aktiveNummer !=
                        this.meineNummer) {
                // aktives Warten
            }

            // jetzt bin ich dran
            this.vor();
```

```
                // der Naechste bitte!
                LaufendeHamsterGV.aktiveNummer =
                    (LaufendeHamsterGV.aktiveNummer + 1)
                        % LaufendeHamsterGV.anzahlLaufendeHamster;
        }
    }
}


void main() {
    LaufendeHamsterGV paul = new LaufendeHamsterGV(0, 0,
            Hamster.OST, 0);
    LaufendeHamsterGV willi = new LaufendeHamsterGV(1, 0,
            Hamster.OST, 0);
    LaufendeHamsterGV heidi = new LaufendeHamsterGV(2, 0,
            Hamster.OST, 0);
    paul.start();
    willi.start();
    heidi.start();
}
```

## 6.3 Kommunikation über gemeinsame Objekte

Eine Alternative zur Kommunikation mehrerer Threads über gemeinsame Variablen stellt die Kommunikation über gemeinsame Objekte dar. Hierbei haben mehrere Threads Zugriff auf ein und dasselbe Objekt und nutzen dessen Methoden, um anderen Threads bestimmte Informationen mitzuteilen oder Informationen abzufragen.

Im Folgenden wird das erste Beispielprogramm aus dem vorherigen Abschnitt 6.2 durch die Kommunikation über ein gemeinsames Objekt gelöst. Zur Erinnerung: In dem Beispiel geht es darum, dass zwei selbstständige Hamster in einem mauerlosen Territorium leben. Einer der beiden sucht das komplette Territorium nach Körnern ab. Immer wenn er eines gefunden hat, teilt er die Reihe und Spalte der entsprechenden Kachel dem anderen Hamster mit. Dieser läuft dann auf dem kürzesten Weg zu der Körnerkachel und frisst sie leer.

Zur Kommunikation zwischen den beiden Hamstern wird eine Klasse Botschaft definiert, die geeignete Methoden zum Informationsaustausch zur Verfügung stellt. Von dieser Klasse wird ein einzelnes Objekt erzeugt und den Hamstern bei ihrer Erzeugung übergeben.

```
class Botschaft {

    private int kornReihe;

    private int kornSpalte;

    private boolean kornGefunden;

    boolean fertig;

    Botschaft() {
        this.kornReihe = 0;
```

```
            this.kornSpalte = 0;
            this.kornGefunden = false;
            this.fertig = false;
        }

        boolean kornGefunden() {
            return this.kornGefunden;
        }

        void habeKornGefunden(int r, int s) {
            this.kornReihe = r;
            this.kornSpalte = s;
            this.kornGefunden = true;
        }

        int getKornReihe() {
            return this.kornReihe;
        }

        int getKornSpalte() {
            return this.kornSpalte;
        }

        void habeKornGefressen() {
            this.kornGefunden = false;
        }

        boolean sucheBeendet() {
            return this.fertig;
        }

        void beendeSuche() {
            this.fertig = true;
        }
    }

class SuchHamster extends AllroundHamster {

    // gemeinsames Objekt
    Botschaft botschaft;

    boolean vonLinksNachRechts;

    SuchHamster(Botschaft botschaft) {
        super(0, 0, Hamster.OST, 0);
        this.botschaft = botschaft;
        this.vonLinksNachRechts = true;
    }

    public void run() {
        this.laufeZurWandUndSuche();
        while (this.weitereReiheExistiert()) {
```

```
            this.begibDichInNaechsteReihe();
            this.laufeZurWandUndSuche();
        }
        this.botschaft.beendeSuche();
    }

    void laufeZurWandUndSuche() {
        this.suche();
        while (this.vornFrei()) {
            this.vor();
            this.suche();
        }
    }

    void suche() {
        if (this.kornDa()) {
            this.botschaft.habeKornGefunden(this.getReihe(),
                    this.getSpalte());
        }

        // warten, bis FressHamster das Korn gefressen hat
        while (this.botschaft.kornGefunden()) {
            // aktives Warten
        }
    }

    boolean weitereReiheExistiert() {
        if (this.vonLinksNachRechts) {
            return this.rechtsFrei();
        } else {
            return this.linksFrei();
        }
    }

    void begibDichInNaechsteReihe() {
        if (this.vonLinksNachRechts) {
            this.rechtsUm();
            this.vor();
            this.rechtsUm();
        } else {
            this.linksUm();
            this.vor();
            this.linksUm();
        }
        this.vonLinksNachRechts = !this.vonLinksNachRechts;
    }
}

class FressHamster extends AllroundHamster {

    Botschaft botschaft;
```

```
    FressHamster(Botschaft botschaft) {
        super(0, 0, Hamster.OST, 0);
        this.botschaft = botschaft;
    }

    public void run() {
        while (!this.botschaft.fertig) {

            // warten, bis SuchHamster ein Korn gefunden hat
            while (!(this.botschaft.kornGefunden() || this.botschaft
                    .sucheBeendet())) {
                // aktives Warten
            }

            // gefundenes Korn fressen
            if (this.botschaft.kornGefunden()) {
                this.laufeZuKachel(
                        this.botschaft.getKornReihe(),
                        this.botschaft.getKornSpalte());
                this.nimmAlle();
                this.botschaft.habeKornGefressen();
            }
        }
    }
}

void main() {
    Botschaft botschaft = new Botschaft();
    SuchHamster paul = new SuchHamster(botschaft);
    FressHamster heidi = new FressHamster(botschaft);
    paul.start();
    heidi.start();
}
```

Eigentlich unterscheidet sich das Programm nur dadurch von der Lösung mittels gemeinsamer Variablen in Abschnitt 6.2, dass die Variablen, die zur Kommunikation dienen (int kornReihe, int kornSpalte, boolean kornGefunden und boolean fertig) in die zusätzliche Klasse verschoben werden und der Zugriff auf sie nicht direkt, sondern über die bereitgestellten Methoden erfolgt. Wir werden in den folgenden Kapiteln sehen, dass diese Art der Kommunikation zwischen Threads die am häufigsten genutzte Alternative darstellt.

Auch das zweite Beispielprogramm aus Abschnitt 6.2 wollen wir durch die Kommunikation über gemeinsame Objekte lösen. Bei diesem Beispiel geht es darum, dass eine bestimmte Anzahl an selbstständigen Hamstern, die mit Blickrichtung Osten in jeweils der ersten Spalte eines mauerlosen Territoriums stehen, bis zur rechten Wand laufen und dabei immer abwechselnd und der Reihe nach einen vor-Befehl ausführen sollen.

Gemeinsames Objekt aller in der main-Prozedur erzeugter Hamster ist ein Objekt der Klasse Koordinator. Dieses steuert über entsprechende Methoden, welcher Hamster als nächster laufen darf.

```
import java.util.Vector;

class Koordinator {
```

```
private int aktuellAktiverHamster;

private Vector<Hamster> hamster;

Koordinator() {
    this.hamster = new Vector<Hamster>();
    this.aktuellAktiverHamster = 0;
}

void neuerHamster(Hamster ham) {
    this.hamster.add(ham);
}

Hamster getAktiverHamster() {
    return this.hamster.get(this.aktuellAktiverHamster);
}

void naechsterHamster() {
    this.aktuellAktiverHamster =
        (this.aktuellAktiverHamster + 1) % this.hamster.size();
}
}

class LaufendeHamsterGO extends Hamster {

Koordinator koordinationsObjekt;

LaufendeHamsterGO(int r, int s, int b, int k,
        Koordinator koord) {
    super(r, s, b, k);
    this.koordinationsObjekt = koord;
    this.koordinationsObjekt.neuerHamster(this);
}

public void run() {
    while (this.vornFrei()) {
        while (this.koordinationsObjekt.getAktiverHamster() !=
            this) {
                // aktives Warten
        }

        // jetzt bin ich dran
        this.vor();

        // der Naechste bitte!
        this.koordinationsObjekt.naechsterHamster();
    }
}
}

void main() {
```

```
     Koordinator koordinationsObjekt = new Koordinator();
     LaufendeHamsterGO paul = new LaufendeHamsterGO(0, 0,
             Hamster.OST, 0, koordinationsObjekt);
     LaufendeHamsterGO willi = new LaufendeHamsterGO(1, 0,
             Hamster.OST, 0, koordinationsObjekt);
     LaufendeHamsterGO heidi = new LaufendeHamsterGO(2, 0,
             Hamster.OST, 0, koordinationsObjekt);
     paul.start();
     willi.start();
     heidi.start();
}
```

## 6.4 Kommunikation über Methoden

In Band 1 der Java-Hamster-Bücher haben wir in Kapitel 2 gelernt: Objektorientierte Programme bestehen aus Objekten, die bestimmte (Teil-)Probleme lösen und zum Lösen eines Gesamtproblems mit anderen Objekten über Nachrichten kommunizieren. In Java wird die Kommunikation über Nachrichten dabei durch den Aufruf von Methoden für die Objekte realisiert. Während im nicht-parallelen Java dieses Prinzip jedoch eher symbolisch zu verstehen ist, kommt ihm bei der Thread-Programmierung mit Java nun doch eine wirkliche Bedeutung zu: Ein Thread kann einen bestimmten Wert ermitteln und diesen einem anderen Thread durch Aufruf einer Methode und Übergabe des Wertes als Parameter mitteilen. Im Grund genommen ist allerdings dieser „Aufruf von Kommunikationsmethoden" nichts anderes als eine Kommunikation über gemeinsame Objekte. Gemeinsame Objekte der Threads sind dabei die den Threads zugeordneten Thread-Objekte.

Um die Kommunikation zweier Threads über Methoden zu demonstrieren, wollen wir auch hier wieder als Beispiele die beiden Beispiele aus den vorherigen Abschnitten nehmen.

Im ersten Beispiel geht es darum, dass ein selbstständiger Hamster Körner sucht und ein anderer diese Körner frisst. Wenn Sie sich das folgende Lösungsprogramm anschauen, werden Sie feststellen, dass es sich um eine Mischung der beiden Lösungen der vorangehenden Abschnitte handelt. Die in Abschnitt 6.2 noch als `public` deklarierten gemeinsamen Variablen der Klasse `SuchHamster` werden nun als `private` deklariert. Stattdessen stellt die Klasse „Kommunikationsmethoden" zum Zugriff auf die Variablen bereit, die analog zu den Methoden der Klasse `Botschaft` in Abschnitt 6.3 definiert sind.

```
class SuchHamster extends AllroundHamster {

    private int kornReihe, kornSpalte;

    private boolean kornGefunden;

    private boolean fertig;

    private boolean vonLinksNachRechts;

    SuchHamster() {
        super(0, 0, Hamster.OST, 0);
        this.vonLinksNachRechts = true;
```

```java
            this.kornReihe = 0;
            this.kornSpalte = 0;
            this.kornGefunden = false;
            this.fertig = false;
    }

    public void run() {
            this.laufeZurWandUndSuche();
            while (this.weitereReiheExistiert()) {
                    this.begibDichInNaechsteReihe();
                    this.laufeZurWandUndSuche();
            }
            this.fertig = true;
    }

    private void laufeZurWandUndSuche() {
            this.suche();
            while (this.vornFrei()) {
                    this.vor();
                    this.suche();
            }
    }

    private void suche() {
            if (this.kornDa()) {
                    this.kornReihe = this.getReihe();
                    this.kornSpalte = this.getSpalte();
                    this.kornGefunden = true;
            }

            // warten, bis FressHamster das Korn gefressen hat
            while (this.kornGefunden) {
                    // aktives Warten
            }
    }

    private boolean weitereReiheExistiert() {
            if (this.vonLinksNachRechts) {
                    return this.rechtsFrei();
            } else {
                    return this.linksFrei();
            }
    }

    private void begibDichInNaechsteReihe() {
            if (this.vonLinksNachRechts) {
                    this.rechtsUm();
                    this.vor();
                    this.rechtsUm();
            } else {
                    this.linksUm();
                    this.vor();
```

```
            this.linksUm();
        }
        this.vonLinksNachRechts = !this.vonLinksNachRechts;
    }

    // Kommunikationsmethoden

    public boolean kornGefunden() {
        return this.kornGefunden;
    }

    public int getKornReihe() {
        return this.kornReihe;
    }

    public int getKornSpalte() {
        return this.kornSpalte;
    }

    public void habeKornGefressen() {
        this.kornGefunden = false;
    }

    public boolean sucheBeendet() {
        return this.fertig;
    }
}

class FressHamster extends AllroundHamster {

    SuchHamster helfer;

    FressHamster(SuchHamster hamster) {
        super(0, 0, Hamster.OST, 0);
        this.helfer = hamster;
    }

    public void run() {
        while (!this.helfer.sucheBeendet()) {

            // warten, bis SuchHamster ein Korn gefunden hat
            while (!(this.helfer.kornGefunden() || this.helfer
                    .sucheBeendet())) {
                // aktives Warten
            }

            // gefundenes Korn fressen
            if (this.helfer.kornGefunden()) {
                this.laufeZuKachel(this.helfer.getKornReihe(),
                        this.helfer.getKornSpalte());
                this.nimmAlle();
                this.helfer.habeKornGefressen();
```

```
                }
            }
        }
}

void main() {
    SuchHamster paul = new SuchHamster();
    FressHamster heidi = new FressHamster(paul);
    paul.start();
    heidi.start();
}
```

Im zweiten Beispiel sollen eine bestimmte Anzahl an selbstständigen Hamstern durch abwechseln-
den Aufruf des vor-Befehls jeweils zur nächsten Wand laufen. Die Hamster lösen das Problem der
gegenseitigen Koordination dadurch, dass sie jeweils den Hamster kennen, der als nächster an der
Reihe ist und dies diesem durch Aufruf der „Kommunikationsmethode" duBistDran mitteilen.

```
class RunningHamsterM extends Hamster {

    private RunningHamsterM naechster;

    private boolean ichBinAnDerReihe;

    RunningHamsterM(int r, int s, int b, int k,
            boolean ichBinDran) {
        super(r, s, b, k);
        this.naechster = null;
        this.ichBinAnDerReihe = ichBinDran;
    }

    RunningHamsterM(int r, int s, int b, int k) {
        super(r, s, b, k);
        this.naechster = null;
        this.ichBinAnDerReihe = false;
    }

    void setNaechster(RunningHamsterM naechster) {
        this.naechster = naechster;
    }

    public void run() {
        while (this.vornFrei()) {
            while (!this.ichBinAnDerReihe) {
                // aktives Warten
            }

            // jetzt bin ich dran
            this.vor();

            // der Naechste bitte!
            this.ichBinAnDerReihe = false;
            this.naechster.duBistDran();
```

```
        }
    }

    // Kommunikationsmethode

    void duBistDran() {
        this.ichBinAnDerReihe = true;
    }
}

void main() {
    RunningHamsterM paul = new RunningHamsterM(0, 0,
            Hamster.OST, 0, true);
    RunningHamsterM willi = new RunningHamsterM(1, 0,
            Hamster.OST, 0);
    RunningHamsterM heidi = new RunningHamsterM(2, 0,
            Hamster.OST, 0);
    paul.setNaechster(willi);
    willi.setNaechster(heidi);
    heidi.setNaechster(paul);
    paul.start();
    willi.start();
    heidi.start();
}
```

## 6.5  Beispielprogramme

Die Beispielprogramme dieses Abschnittes demonstrieren die Möglichkeiten der Kommunikation zwischen Hamstern.

### 6.5.1  Beispielprogramm 1

Der Standard-Hamster hat im Hamster-Territorium eine Höhle entdeckt (siehe Abbildung 6.4).

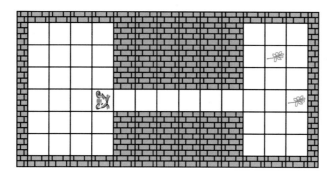

Abbildung 6.4: Typisches Hamster-Territorium zu Beispielprogramm 1

Er ist neugierig, was sich am anderen Ende der Höhle befindet. Allerdings leider er unter Platzangst und kann daher den engen Höhlengang nicht durchqueren. Also ruft er seine Freunde herbei, die ihm natürlich helfen wollen. Da die Luft in der Höhle ziemlich schlecht ist, entscheiden diese, nacheinander die Höhle zu durchqueren, um ja nicht in die Gefahr eines qualvollen Erstickungstodes zu kommen. Immer wenn ein Hamster das Ende der Höhle erreicht hat, teilt er dies den anderen mit, sodass sich der nächste auf den Weg machen kann.

Das folgende Hamster-Programm setzt dieses Szenario um. Zur Kommunikation zwischen den Hamstern wird das Klassenattribut `aktuellInHoehle` der Klasse `HoehlenHamster` verwendet. Jeder der Hamster hat eine eindeutige Nummer, die ihm bei seiner Initialisierung zugeordnet wird. Ein Hamster darf sich nur dann in die Höhle begeben, wenn der Wert von `aktuellInHoehle` gleich seiner Nummer ist. Immer wenn ein Hamster das Ende der Höhle erreicht hat, erhöht er den Wert von `aktuellInHoehle` um 1. Das ist quasi das Startsignal für den nächsten Hamster.

```
class HoehlenHamster extends AllroundHamster {

    private static int aktuellInHoehle = 0;

    private static int aktuelleNummer = 0;

    private int nummer;

    private int hoehlenEingangReihe;

    private int hoehlenEingangSpalte;

    HoehlenHamster(int hoehlenEingangReihe,
            int hoehlenEingangSpalte) {
        super(0, 0, Hamster.OST, 0);
        this.nummer = HoehlenHamster.aktuelleNummer++;
        this.hoehlenEingangReihe = hoehlenEingangReihe;
        this.hoehlenEingangSpalte = hoehlenEingangSpalte;
    }

    public void run() {
        this.laufeZuKachel(this.hoehlenEingangReihe,
                this.hoehlenEingangSpalte);
        while (this.nummer != HoehlenHamster.aktuellInHoehle) {
            // aktives Warten
        }
        do {
            this.vor();
        } while (!this.hoehlenEndeErreicht());

        // teile den anderen das Erreichen des Hoehlenendes mit
        HoehlenHamster.aktuellInHoehle++;

        this.kehrt();
    }

    private boolean hoehlenEndeErreicht() {
        return this.linksFrei() && this.rechtsFrei();
```

```
        }
    }

void main() {
    int ANZAHL = 5;
    for (int i = 0; i < ANZAHL; i++) {
        (new HoehlenHamster(Hamster.getStandardHamster()
                .getReihe(), Hamster.getStandardHamster()
                .getSpalte())).start();
    }
}
```

## 6.5.2 Beispielprogramm 2

Ähnlich wie in Beispielprogramm 1 in Kapitel 4 haben wir es bei dieser Hamsteraufgabe wieder mit auskunftsfreudigen Hamstern zu tun. Sie als Benutzer können dem Standard-Hamster eine Zahl mitteilen. Der Standard-Hamster ermittelt dann mit Hilfe einiger Helfer, ob es in seiner Reihe eine Kachel mit der entsprechenden Anzahl an Körnern gibt. In Abbildung 6.5 wird er Ihnen bspw. eine positive Antwort geben, wenn Sie ihm die Zahl 7 mitgeteilt haben (Kachel in Spalte 1).

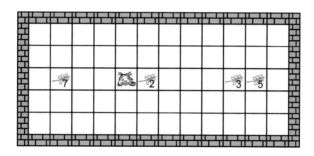

Abbildung 6.5: Typisches Hamster-Territorium zu Beispielprogramm 2

Wie so oft schickt der Standard-Hamster einen Vertretungshamster auf die Suche, der wiederum die Hilfe zweier weiterer Hamster in Anspruch nimmt. Der Vertretungshamster ist eine Instanz der Klasse InfoHamster, seine Helfer sind Instanzen der Klasse ErmittlungsHamster.

Der Info-Hamster erzeugt zunächst zwei Ermittlungs-Hamster und schickt diese nach links und rechts auf die Suche. Anschließend überprüft er selbst die Kachel, auf der er steht. Ist seine Überprüfung nicht von Erfolg gekrönt, wartet er auf das Ende der beiden Ermittlungs-Hamster, und zwar auf folgende Art und Weise:

```
try {
    helferLinks.join();
    helferRechts.join();
} catch (InterruptedException exc) {
}
```

Dieser Block ist beendet, wenn beide Helfer-Threads zu Ende sind oder wenn eine InterruptedException geworfen wurde.

Die beiden Ermittlungs-Hamster laufen jeweils bis zur nächsten Mauer und überprüfen dabei die einzelnen Kacheln. Sobald einer eine Kachel mit der gesuchten Körnerzahl findet, vermerkt er dies intern in seinem Attribut gefunden, schickt dem Info-Hamster eine `InterruptedException` (Aufruf dessen interrupt-Methode) und beendet dann seine Arbeit.

Nach Beendigung des Warteblocks fragt der Info-Hamster seine beiden Helfer ab, ob sie eine entsprechende Kachel gefunden haben (Kommunikation über die Methode `hatKachelGefunden`) und gibt das Ergebnis aus. Von Interesse ist weiterhin, dass er in seinem Attribut `aufgabeErledigt` jeden Erfolgsfall der Suche vermerkt. Durch Kommunikation über die gleichnamige Methode können die drei Hamster nämlich abfragen, ob ein anderer bereits fündig geworden ist und sie daher nicht unnötig weitersuchen müssen.

```java
class InfoHamster extends AllroundHamster {

    int koernerAnzahl;

    boolean aufgabeErledigt;

    InfoHamster(Hamster existierenderHamster, int anzahl) {
        super(existierenderHamster.getReihe(),
                existierenderHamster.getSpalte(), Hamster.NORD,
                0);
        this.koernerAnzahl = anzahl;
        this.aufgabeErledigt = false;
    }

    public boolean aufgabeErledigt() {
        return this.aufgabeErledigt;
    }

    public void run() {
        // zwei helfende Hamster werden auf die Suche geschickt;
        // einer nach links, einer nach rechts
        ErmittlungsHamster helferLinks = new ErmittlungsHamster(
                this.getReihe(), this.getSpalte(), Hamster.WEST,
                0, this.koernerAnzahl, this);
        helferLinks.start();
        ErmittlungsHamster helferRechts = new ErmittlungsHamster(
                this.getReihe(), this.getSpalte(), Hamster.OST,
                0, this.koernerAnzahl, this);
        helferRechts.start();

        // die Kachel, auf der der Hamster steht uebernimmt der
        // Hamster nun selber
        int anzahl = this.nimmAlle();
        this.gib(anzahl); // Vermeidung von Seiteneffekten
        if (anzahl == this.koernerAnzahl) {

            // die anderenHamster können ihre Arbeit beenden
            this.aufgabeErledigt = true;
            this.schreib("Auftrag erledigt! "
                    + "Es gibt eine Kachel mit "
```

```
                    + this.koernerAnzahl
                    + " Koernern in meiner Reihe.");

            return;
        }

        // nun wartet der Hamster darauf,
        // dass die beiden Helfer fertig werden
        try {
            helferLinks.join();
            helferRechts.join();
        } catch (InterruptedException exc) {
        }

        if (helferLinks.hatKachelGefunden()
                || helferRechts.hatKachelGefunden()) {

            // einer der beiden Hamster hat eine entsprechende
            // Kachel gefunden
            this.aufgabeErledigt = true;
            this.schreib("Auftrag erledigt! "
                    + "Es gibt eine Kachel mit "
                    + this.koernerAnzahl
                    + " Koernern in meiner Reihe.");

        } else {

            // beide Hamster haben ihre Arbeit ohne Erfolg
            // beendet
            this.schreib("Auftrag erledigt! "
                    + "Es gibt leider keine Kachel mit "
                    + this.koernerAnzahl
                    + " Koernern in meiner Reihe.");
        }
    }
}

class ErmittlungsHamster extends AllroundHamster {

    int anzahlKoerner;

    InfoHamster chef;

    boolean gefunden;

    ErmittlungsHamster(int r, int s, int b, int k, int anzahl,
            InfoHamster chef) {
        super(r, s, b, k);
        this.anzahlKoerner = anzahl;
        this.chef = chef;
        this.gefunden = false;
    }
```

```
public boolean hatKachelGefunden() {
    return this.gefunden;
}

public void run() {
    while (this.vornFrei() && !this.chef.aufgabeErledigt()) {
        this.vor();
        int koerner = this.nimmAlle();
        this.gib(koerner); // Vermeidung von Seiteneffekten
        if (koerner == this.anzahlKoerner) {

            // gefunden! Chef benachrichtigen und Arbeit
            // beenden
            this.gefunden = true;
            this.chef.interrupt();
            return;
        }
    }
    // nichts gefunden; Arbeit beenden
    }
}

void main() {
    Hamster paul = Hamster.getStandardHamster();
    int anzahl = paul.liesZahl("Geben Sie eine Zahl ein. "
            + "Meine Helfer und ich teilen "
            + "Ihnen mit,\n" + "ob es in der Reihe, in der "
            + "ich mich befinde, eine Kachel mit\n"
            + "entsprechend vielen Körnern gibt!");
    InfoHamster willi = new InfoHamster(paul, anzahl);

    // der Vertretungs-Hamster wird auf die Suche geschickt
    willi.start();
}
```

### 6.5.3 Beispielprogramm 3

Hamster Paul will tanzen lernen. Also besucht er die Tanzschule von Hamster Willi. Willi holt Paul auf die Tanzfläche – das Hamster-Territorium – und macht ihm die Tanzaktionen vor, die natürlich aus den beiden Aktionen vor und linksUm bestehen. Paul macht alle Aktionen von Willi nach und ist (hoffentlich) bald ein begnadeter Tänzer.

Für die Umsetzung dieser Hamster-Aufgabe werden zunächst Klassen für die Repräsentation von Aktionen definiert:

```
interface Aktion {
    public void ausfuehren(Hamster hamster);
}

class VorAktion implements Aktion {
```

```
    public void ausfuehren(Hamster hamster) {
        if (hamster.vornFrei()) {
            hamster.vor();
        }
    }
}

class LinksUmAktion implements Aktion {
    public void ausfuehren(Hamster hamster) {
        hamster.linksUm();
    }
}

class AktionsGenerator {
    static Aktion naechsteAktion() {
        int zufall = (int) (Math.random() * 2);
        if (zufall == 0)
            return new VorAktion();
        return new LinksUmAktion();
    }
}
```

Zur Kommunikation zwischen Tanzlehrer Willi und Tanzschüler Paul wird ein Objekt einer Klasse AktionsSpeicher genutzt. Hierüber kann Willi über die Methode speichern die von ihm vorgemachten Aktionen der Reihe nach abspeichern und über die Methode getNaechsteAktion die älteste noch nicht von Paul nachgemachte Aktion ermitteln.

```
class AktionsSpeicher extends java.util.Vector<Aktion> {

    void speichern(Aktion aktion) {

        // fuegt Aktion hinzu
        this.add(aktion);
    }

    Aktion getNaechsteAktion() {
        try {

            // liefert und entfernt aelteste Aktion
            return this.remove(0);
        } catch (ArrayIndexOutOfBoundsException exc) {

            // falls keine Aktion gespeichert ist
            return null;
        }
    }
}
```

Tanzlehrer Willi ist ein selbstständiger Hamster der erweiterten Hamster-Klasse TanzLehrerHamster. In seiner run-Methode führt er ingesamt 30 Tanzaktionen vor und speichert sie in einem AktionsSpeicher-Objekt ab. Paul ist ein selbstständiger Hamster der erweiterten Hamster-Klasse TanzSchuelerHamster. In seiner run-Methode fragt er über Willis Methode getNaechsteAktion die als nächstes von ihm durchzuführende Aktion ab und führt sie aus.

```
class TanzLehrerHamster extends Hamster {

    final static int ANZAHL_AKTIONEN = 30;

    AktionsSpeicher aktionen;

    TanzLehrerHamster(int r, int s, int b, int k) {
        super(r, s, b, k);
        this.aktionen = new AktionsSpeicher();
    }

    public void run() {
        for (int a = 0; a < TanzLehrerHamster.ANZAHL_AKTIONEN; a++) {
            this.fuehreNaechstenTanzschrittAus();
        }
    }

    Aktion getNaechsteAktion() {
        Aktion aktion = this.aktionen.getNaechsteAktion();

        // evtl. auf naechste Aktion warten
        while (aktion == null) {
            if (!this.isAlive()) {
                return this.aktionen.getNaechsteAktion();
            }
            aktion = this.aktionen.getNaechsteAktion();
        }
        return aktion;
    }

    private void fuehreNaechstenTanzschrittAus() {
        Aktion aktion = AktionsGenerator.naechsteAktion();
        aktion.ausfuehren(this);
        this.aktionen.speichern(aktion);
    }
}

class TanzSchuelerHamster extends Hamster {

    TanzLehrerHamster lehrer;

    TanzSchuelerHamster(int r, int s, int b, int k,
            TanzLehrerHamster lehrer) {
        super(r, s, b, k);
        this.lehrer = lehrer;
    }

    public void run() {
        Aktion aktion = this.lehrer.getNaechsteAktion();
        while (aktion != null) {
            aktion.ausfuehren(this);
```

```
                aktion = this.lehrer.getNaechsteAktion();
        }
    }
}

void main() {
    TanzLehrerHamster willi = new TanzLehrerHamster(3, 3,
            Hamster.OST, 0);
    TanzSchuelerHamster paul = new TanzSchuelerHamster(3, 3,
            Hamster.OST, 0, willi);
    willi.start();
    paul.start();
}
```

Sie werden sicher schon festgestellt haben, dass sich die beiden Hamster nicht koordinieren. Wenn Willi schneller ist, d.h. er mehr Rechenzeit bekommt, kann Paul schon mal ein paar Aktionen hinter ihm her hinken. Wenn Paul schneller ist, muss er auf Willis nächste Aktion warten. Auf jeden Fall führt Paul aber alle Aktionen aus, die Willi ihm vormacht.

Von besonderem Interesse ist in diesem Zusammenhang die Methode `getNaechsteAktion` der Klasse `TanzLehrerHamster`. Sie scheint auf den ersten Blick etwas umständlich implementiert zu sein. Schauen wir sie uns deshalb mal etwas genauer an. Was soll die Methode genau leisten? Sie soll die ältestes Aktion liefern, die Willi bereits vorgemacht, Paul aber noch nicht nachgemacht hat. Falls Willi fertig ist und es keine Aktionen mehr gibt, soll sie den Wert `null` liefern. Intuitiv könnte man dies folgendermaßen implementieren:

```
Aktion getNaechsteAktion() {
    Aktion aktion = this.aktionen.getNaechsteAktion();
    if (!this.isAlive()) {
        return aktion;
    }

    // evtl. auf naechste Aktion warten
    while (aktion == null) {
        aktion = this.aktionen.getNaechsteAktion();
    }
    return aktion;
}
```

Im Allgemeinen wird diese Methode ihren Zweck erfüllen. Nehmen wir jedoch an, Willi hat seine 30 Aktionen durchgeführt und abgespeichert und befindet sich am Ende der for-Schleife, als der Scheduler Paul aktiviert. Dieser ruft die Methode `getNaechsteAktion` von Willi auf. Willi lebt noch, also wird die while-Schleife ausgeführt und die letzte Aktion von Willi geliefert und von Paul nachgemacht. Nehmen wir nun an, der Scheduler schaltet nicht wieder auf Willi um, sondern lässt Paul noch weiterarbeiten. Dann ruft dieser irgendwann wieder die Methode `getNaechsteAktion` auf. Es ist keine Aktion mehr gespeichert, Willi lebt aber immer noch. Also gelangt Pauls Thread wieder in die while-Schleife. Und jetzt kommt das Problem. Die while-Schleife ist nun eine Endlosschleife, weil Willi gar keine Aktionen mehr ausführen und abspeichern wird.

Aus diesen Ausführungen lässt sich schließen, dass die Abfrage, ob Willi noch lebt, auf jeden Fall innerhalb der while-Schleife erfolgen muss und wir analysieren zunächst folgende Variante:

```
Aktion getNaechsteAktion () {
    Aktion aktion = this.aktionen.getNaechsteAktion ();

    // evtl. auf naechste Aktion warten
    while (aktion == null) {
        if (!this.isAlive ()) {
            return null;
        }
        aktion = this.aktionen.getNaechsteAktion ();
    }
    return aktion;
}
```

Auch diese Lösung ist im Allgemeinen in Ordnung. Solange Willi lebt, wird entweder gewartet oder direkt die älteste Aktion von Willi geliefert. Liefert die Abfrage des Aktionsspeichers den Wert `null` und ist Willi tot, dann wird `null` geliefert. Die Methode ist jedoch bei folgendem Ablaufverhalten fehlerhaft:

- Willi hat noch nicht alle 30 Aktionen ausgeführt und gespeichert.

- Paul ist längere Zeit aktiv und ruft dabei mehrmals die Methode `getNaechsteAktion` von Willi auf. Irgendwann liefert dabei die Methode `getNaechsteAktion` des Aktionsspeichers den Wert `null` und die Schleifenbedingung liefert den Wert `true`.

- Genau in diesem Moment schaltet der Scheduler auf Willi um. Dieser führt nun die letzte(n) Aktion(en) aus, speichert sie jeweils ab und beendet dann seine Arbeit.

- Nun kommt wieder Paul an die Reihe. Er befindet sich ja nun in der Schleife von Willis Methode `getNaechsteAktion` und überprüft, ob Willi noch lebt. Die Methode `isAlive` liefert aber den Wert `false`, sodass die Methode den Wert `null` liefert, d.h. Paul führt keine weitere Aktion mehr aus.

Resultat: Paul macht die letzten Aktionen von Willi nicht mehr – wie eigentlich gefordert – nach!

Durch eine kleine Änderung können wir den Fehler jedoch beheben, und zwar indem wir die Anweisung `return null;` durch die Anweisung `return this.aktionen.getNaechsteAktion ();` ersetzen.

```
Aktion getNaechsteAktion () {
    Aktion aktion = this.aktionen.getNaechsteAktion ();

    // evtl. auf naechste Aktion warten
    while (aktion == null) {
        if (!this.isAlive ()) {
            return this.aktionen.getNaechsteAktion ();
        }
        aktion = this.aktionen.getNaechsteAktion ();
    }
    return aktion;
}
```

In dieser Implementierung wird, falls Willi tot ist, erneut die Methode `getNaechsteAktion` des Aktionsspeichers aufgerufen. Liefert diese den Wert `null`, kann auch Paul seine Arbeit beenden.

Liefert sie jedoch einen Wert ungleich `null`, war Willi in der Zwischenzeit noch einmal aktiv und Paul muss die entsprechende(n) Aktion(en) noch nachmachen.

An diesem Beispiel sehen Sie, wie wichtig – und schwierig! – es in der parallelen Programmierung ist, alle möglichen Ablaufverhalten eines Programms zu analysieren und Programme zu entwickeln, die in allen möglichen Fällen – auch Sonderfällen – korrekt funktionieren.

## 6.6 Aufgaben

Bearbeiten Sie bitte die folgenden Übungsaufgaben, um für sich zu überprüfen, ob Sie die Möglichkeiten der Kommunikation zwischen Hamster bzw. Threads auch wirklich verstanden haben.

### 6.6.1 Aufgabe 1

Erweitern Sie Beispielprogramm 1 aus Abschnitt 6.5.1 dadurch, dass die Hamster, wenn alle das Höhlenende erreicht haben, in derselben Reihenfolge auch wieder nacheinander durch die Höhle zurücklaufen.

### 6.6.2 Aufgabe 2

Ändern Sie Beispielprogramm 2 aus Abschnitt 6.5.2 derart ab, dass ein Benutzer mehrmals Zahlen eingeben kann, d.h. er soll wiederholt abfragen können, ob es in der Reihe des Standard-Hamsters eine Kachel mit einer entsprechenden Anzahl an Körnern gibt.

### 6.6.3 Aufgabe 3

Ändern Sie Beispielprogramm 3 aus Abschnitt 6.5.3 so ab, dass nicht nur ein sondern zwei Tanzschüler die Aktionen ihres Tanzlehrers nachmachen.

### 6.6.4 Aufgabe 4

Schreiben Sie ein Programm, bei dem der Benutzer eine Zahl eingeben kann und die Hamster überprüfen, ob in einem mauerlosen Territorium eine Kachel mit entsprechend vielen Körnern existiert. Gehen Sie so vor, dass für jede Reihe des Territoriums ein selbstständiger Hamster erzeugt und gestartet wird. Sobald ein Hamster eine solche Kachel gefunden hat, soll er dies dem Benutzer kundtun und auch die anderen Hamster darüber informieren, sodass sie nicht weitersuchen müssen. Findet kein Hamster eine entsprechende Kachel, soll dem Benutzer dies mitgeteilt werden.

### 6.6.5 Aufgabe 5

Hamster Paul und Hamster Willis sind zum Klettern in die Berge gefahren. Sie stehen vor einem regelmäßigen Berg unbekannter Höhe und wollen den Gipfel erklimmen (siehe Abbildung 6.6). Weil Paul noch ein unerfahrener Kletterer ist, haben die beiden Hamster ein Sicherungsseil mitgenommen, das allerdings nur die Länge einer Stufe hat, das bedeutet, Willi klettert jeweils eine Stufe hoch, während Paul wartet. Hat Willi die Stufe erklommen wartet er und Paul klettert hinterher.

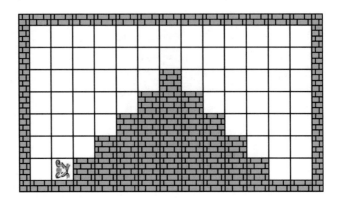

Abbildung 6.6: Typisches Hamster-Territorium zu Aufgabe 5

### 6.6.6 Aufgabe 6

*n* Hamster machen einen Ausflug ins Gebirge. Irgendwann kommen sie an eine tiefe Schlucht, über die eine (unbekannt lange) Körner-Hängebrücke führt (siehe Abbildung 6.7). Da die Hängebrücke nicht besonders vertrauenerweckend aussieht, überqueren sie die Brücke nacheinander. Immer wenn ein Hamster am anderen Ende der Brücke angekommen ist, teilt er dies seinen Freunden mit und der nächste macht sich auf den wackeligen Weg.

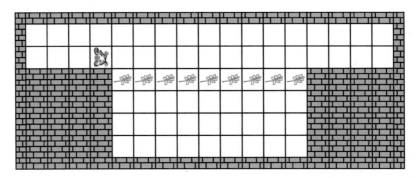

Abbildung 6.7: Typisches Hamster-Territorium zu Aufgabe 6

# Kapitel 7
# Mehrseitige Synchronisation

In Kapitel 6 haben wir gelernt, wie gemeinsame Variablen bzw. Objekte zur Kommunikation zwischen mehreren Threads genutzt werden können. Der wechselseitige Zugriff durch mehrere Threads auf dieselben Variablen oder andere Ressourcen **kann** jedoch zu schweren Fehlern führen. Das Wort „kann" ist hier bewusst fett gedruckt, denn derartige Fehler treten im Allgemeinen nur ausgesprochen selten auf. Sie sind schwer zu entdecken und entsprechende Testsituationen sind nur schwer reproduzierbar. Und gerade deswegen ist es sehr wichtig, sich intensiv damit zu beschäftigen.

Schauen Sie sich dazu das folgende sehr einfache Beispielprogramm an. Zwei Hamster, die auf demselben Feld erzeugt werden, wollen auf eine gemeinsame Ressource – ein Korn – zugreifen.

```
class SammelHamster extends Hamster {

    SammelHamster(Hamster hamster) {
        super(hamster);
    }

    public void run() {
        if (this.kornDa()) {
            this.nimm();
        }
    }
}

void main() {
    Hamster paul = new SammelHamster(Hamster
            .getStandardHamster());
    Hamster karl = new SammelHamster(Hamster
            .getStandardHamster());
    paul.start();
    karl.start();
}
```

Würden Sie vermuten, dass das Programm fehlerhaft ist? Würden Sie vermuten, dass einer der beiden Hamster bei der Ausführung des nimm-Befehls sterben kann, weil es gar kein Korn gibt? Unmöglich, werden Sie jetzt sicher denken, der nimm-Befehl ist ja durch die vorherige Abfrage des kornDa-Testbefehls sicher. In der sequentiellen Programmierung ist dies in der Tat so, in der parallelen Programmierung ist dies aber ein Trugschluss.

Was ist der Grund hierfür? Wir haben in Kapitel 5.1 gelernt, dass der Zeitpunkt, zu dem der Java-Scheduler den gerade rechnenden Thread deaktiviert und einen anderen Thread aktiviert, nicht vorhersehbar ist. Stellen Sie sich also vor, auf der Kachel, auf der sich Hamster Paul und Hamster Karl befinden, liegt genau ein Korn. Hamster Paul ist an der Reihe und führt den Testbefehl kornDa aus.

Dieser liefert den Wert `true`. Bevor nun Paul den nimm-Befehl ausführen kann, entzieht ihm der Scheduler den Prozessor und aktiviert Hamster Karl. Auch dieser führt den Testbefehl `kornDa` aus. Es liegt immer noch ein Korn auf der Kachel, also liefert der Testbefehl auch in diesem Fall den Wert `true`. Karl nimmt das Korn und ist fertig. Nun wird Paul wieder aktiviert. Er führt seine Arbeit dort fort, wo er unterbrochen wurde, führt also den Befehl `nimm` aus und es kommt zur Katastrophe, weil ja gar kein Korn mehr auf der Kachel liegt.

In der Regel wird dieser Fehler sehr selten auftreten, vielleicht nur bei jeder tausendsten Ausführung des Programms. Aber es ist ein schwerer Fehler, der in der Hamster-Welt den GAU schlechthin, nämlich den Tod eines Hamsters zur Folge haben kann. Ähnliche Fehler können in der realen Welt dazu führen, dass Raketen explodieren, in Personaldatenbanken Firmenmitarbeiter verschwinden oder in Banken Geld auf mysteriöse Art und Weise verloren geht, wie wir noch sehen werden.

Zur Vermeidung derartiger Fehler müssen sich Threads synchronisieren, d.h. die zeitliche Abfolge bestimmter Aktivitäten der betroffenen Threads muss geordnet werden, bspw. durch eine Verzögerung ihres Beginns.

Mit möglichen Fehlern beim Zugriff mehrerer Threads auf gemeinsame Ressourcen sowie Lösungsmöglichkeiten durch Synchronisationsmaßnahmen werden wir uns in diesem Kapitel auseinandersetzen. Abschnitt 1 kümmert sich zunächst einmal ausschließlich um mögliche Probleme und zeigt Gefahrenstellen auf. Abschnitt 2 klassifiziert die Probleme und verdeutlicht den Unterschied zwischen der mehrseitigen und einseitigen Synchronisation. In den Abschnitten 3 und 4 werden die synchronized-Anweisung sowie die Möglichkeit der Deklaration von Methoden als `synchronized` eingeführt. Hierüber lässt sich in Java die mehrseitige Synchronisation zwischen Threads realisieren, dadurch dass sich maximal ein Thread gleichzeitig in einem entsprechend abgeschirmten kritischen Abschnitt aufhalten kann. Abschnitt 5 deutet Synchronisationsprobleme an, die in Java durch Compileroptimierungen entstehen können. Der Frage, wie großflächig kritische Abschnitte durch Synchronisationsmaßnahmen abgeschirmt werden sollten, geht Abschnitt 6 nach. Abschnitt 7 fasst dann nochmal die Ergebnisse dieses Kapitels durch die Aufstellung allgemein gültiger Synchronisationsregeln zusammen. In Abschnitt 8 folgende drei Beispielprogramme, die den korrekten Einsatz der sychronized-Anweisung bzw. von synchronized-Methoden demonstrieren und in Abschnitt 9 können Sie dann wieder selbst durch die Bearbeitung von Übungsaufgaben aktiv werden.

# 7.1 Synchronisationsprobleme

Gemeinsame Variablen[1], also Variablen, auf die mehrere Threads zugreifen können, können zur Kommunikation zwischen Threads eingesetzt werden. Dabei kann es zu ungewollten Ergebnissen bzw. Fehlern kommen, wie wir gerade gesehen haben. In diesem Abschnitt werden wir uns genauer damit beschäftigen, um was für Fehler es sich dabei im Einzelnen handeln kann und wie diese Fehler entstehen können. Wie man die Fehler verhindern bzw. vermeiden kann, erfahren Sie dann in den folgenden Abschnitten.

### 7.1.1 Wettrennen

Im Allgemeinen ist es erwünscht, dass Programme determinierte Ergebnis liefern. Zur Erinnerung: Ein Algorithmus heißt determiniert, wenn er mit gleichen Startbedingungen mehrfach ausgeführt

---

[1] Wenn im Folgenden von *gemeinsamen Variablen* die Rede ist, sind damit immer auch *gemeinsame Objekte* bzw. andere gemeinsame Ressourcen (bspw. Körner) gemeint.

immer dieselben Ergebnisse produziert. Sequentielle Programme sind immer determiniert. Parallele Programme, bei denen die einzelnen Prozesse bzw. Threads völlig unabhängig voneinander agieren, sind bezogen auf das Endergebnis auch determiniert. Abhängig von der Strategie der Zuteilung des Prozessors durch den Scheduler können Zwischenzustände bzw. -ergebnisse bei mehreren Ausführungen allerdings voneinander abweichen.

Parallele Programme, bei denen mehrere Prozesse bzw. Threads gemeinsame Variablen zur Kommunikation nutzen, also nicht mehr unabhängig voneinander arbeiten, können jedoch nicht-determinierte Endergebnisse zur Folge haben. Dies hängt insbesondere davon ab, wie schnell es einem Prozess gelingt, lesend oder schreibend auf eine gemeinsame Variable zuzugreifen. Man spricht auch von einem *Race* (*Wettrennen*), das sich die Prozesse liefern, und von *Race Conditions*, was die Umstände des Wettrennens betrifft.

Schauen wir uns dazu das folgende parallele Hamster-Programm an:

```
class Zahl {

    int zahl = 4711;

}


class AusgabeHamster extends Hamster {

    Zahl zahlObjekt;

    AusgabeHamster(Zahl zahl) {
        super(0, 0, Hamster.OST, 0);
        this.zahlObjekt = zahl;
    }

    public void run() {
        this.schreib("" + this.zahlObjekt.zahl);
    }
}

class EingabeHamster extends Hamster {

    Zahl zahlObjekt;

    EingabeHamster(Zahl zahl) {
        super(0, 0, Hamster.OST, 0);
        this.zahlObjekt = zahl;
    }

    public void run() {
        this.zahlObjekt.zahl = this.liesZahl("Zahl eingeben: ");
    }
}

void main() {
    Zahl gemeinsameZahl = new Zahl();
    Hamster heidi = new AusgabeHamster(gemeinsameZahl);
    Hamster maria = new EingabeHamster(gemeinsameZahl);
```

```
    heidi.start();
    maria.start();
}
```

In diesem Programm werden zwei selbstständige Hamster erzeugt und gestartet, die auf ein gemeinsames Objekt zugreifen. Je nachdem, welcher der beiden Hamster das „Wettrennen gewinnt", erscheint als Ausgabe von Hamster Heidi „4711" oder ein vom Benutzer eingegebener Wert.

Man könnte nun darauf vertrauen, dass bestimmte Operationen, wie hier die Eingabe, länger dauern, als andere Operationen. Das ist jedoch nicht zulässig. Durch Änderung des Programms oder seine Ausführung auf anderen Rechnern mit anderen Betriebssystemen können sich Zeitverhältnisse ändern, sodass bisherige Annahmen über eine bestimmte Abarbeitungsreihenfolge nicht mehr gültig sind. Die Folge sind schwer zu findende Fehler, weil niemand vermutet, dass ein Programm, das seit Jahren fehlerfrei funktioniert und das nicht geändert wurde, auf einmal falsche Ergebnisse produziert.

Merken Sie sich also: Parallele Programme, die sich auf eine bestimmte Abarbeitungsreihenfolge ihrer Anweisungen verlassen, sind nicht korrekt! Durch die Nutzung von Synchronisationskonzepten, die helfen, Wettrennen zwischen Threads einzuschränken, lassen sich entsprechende Fehler vermeiden.

## 7.1.2 Schreib/Schreib-Konflikte

So genannte *Schreib/Schreib-Konflikte* entstehen, wenn mehrere Threads nebenläufig versuchen, eine gemeinsame Variable zu verändern. Das folgende Programm verdeutlicht das Problem.

```
 1  class ZaehlHamster extends Hamster {
 2
 3      private static int anzahl = 0;
 4
 5      ZaehlHamster(int r, int s) {
 6          super(r, s, Hamster.OST, 0);
 7      }
 8
 9      public void run() {
10          while (this.kornDa()) {
11              this.nimm();
12              ZaehlHamster.anzahl = ZaehlHamster.anzahl + 1;
13          }
14      }
15
16      static int getGesammelteKoerner() {
17          return ZaehlHamster.anzahl;
18      }
19  }
20
21  void main() {
22      Hamster paul = Hamster.getStandardHamster();
23      Hamster heidi = new ZaehlHamster(0, 0);
24      Hamster maria = new ZaehlHamster(0, 1);
25      heidi.start();
```

```
26    maria.start();
27    try {
28        heidi.join();
29        maria.join();
30    } catch (Exception exc) {
31    }
32    paul.schreib("Heidi und Maria haben zusammen "
33            + ZaehlHamster.getGesammelteKoerner()
34            + " Koerner gesammelt.");
35 }
```

In diesem Programm ermitteln zwei selbstständige Hamster die Anzahl an Körnern auf ihrer (unterschiedlichen) Kachel. Zum Zählen benutzen sie als gemeinsame Variable das Klassenattribut `anzahl` der Klasse `ZaehlHamster`. Der Standard-Hamster verkündet zum Schluss das Ergebnis.

Stellen Sie sich nun vor, auf beiden Kacheln befindet sich beim Start des Programms jeweils ein Korn. Dann wird der Standard-Hamster in der Regel das korrekte Ergebnis „2" verkünden. Allerdings muss das nicht so sein. In seltenen Fällen kann seine Ausgabe auch „1" lauten und somit falsch sein. Wie ist das möglich?

Schauen Sie sich dazu die Anweisung in Zeile 12 an:

```
ZaehlHamster.anzahl = ZaehlHamster.anzahl + 1;
```

Sie wird in mehreren Schritten abgearbeitet, indem zunächst der Ausdruck auf der rechten Seite des Zuweisungsoperators ausgewertet und anschließend der berechnete Wert der Variablen auf der linken Seite zugewiesen wird. Und es ist durchaus möglich, dass der Java-Scheduler einen Thread-Wechsel zwischen der Berechnung des Ausdrucks und der eigentlichen Zuweisung vornimmt.

Stellen Sie sich nun vor, Hamster Heidi kommt als erste an die Reihe, nimmt das Korn und ist dabei, die gemeinsame Variable, deren aktueller Wert noch 0 beträgt, hochzuzählen. Allerdings tritt dabei der gerade geschilderte Fall ein. Der Ausdruck auf der rechten Seite des Zuweisungsoperators ergibt den Wert 1, aber es erfolgt noch keine Zuweisung dieses Wertes an die Variable, weil in diesem Moment der Java-Scheduler Hamster Maria den Prozessor überlässt. Auch diese nimmt ihr Korn und führt anschließend die Zuweisung aus. Diesmal allerdings komplett. Da vor der Zuweisung in der Variablen `anzahl` immer noch der Wert 0 gespeichert ist, enthält nach der Zuweisung `anzahl` den Wert 1. Maria ist nun fertig und der Java-Scheduler aktiviert erneut Hamster Heidi. Diese führt ihre Aktivitäten dort fort, wo sie unterbrochen wurde, speichert also den zuvor berechneten Wert 1 in der Variablen `anzahl` ab. Auch Heidi ist damit fertig und Standard-Hamster Paul kann das Ergebnis verkünden. Dieses ergibt sich aus der aktuellen Belegung der Variablen `anzahl` und lautet „1". Und das, obwohl die beiden Hamster zusammen zwei Körner gesammelt haben!

Vielleicht denken Sie nun, das Problem könnte durch Verwendung des Inkrement-Operators ++ beseitigt werden, indem die Zuweisung durch die Anweisung `ZaehlHamster.anzahl++;` ersetzt würde. Aber das ist ein Trugschluss. Die JVM führt auch diese Anweisung in mehreren Schritten aus, zwischen denen prinzipiell ein Thread-Wechsel erfolgen kann.

Wie folgenschwer ein solcher Fehler sein kann, wird in der Literatur häufig am Beispiel der Kontenverwaltung einer Bank demonstriert. Stellen Sie sich vor, zwei Personen besitzen ein gemeinsames Konto, das durch folgende Klasse `Konto` repräsentiert wird. Über die Methode `einzahlen` ist es möglich, den Kontostand zu erhöhen.

```
class Konto {

    private int kontostand;

    void einzahlen(int betrag) {
        kontostand = kontostand + betrag;
    }
}
```

Nehmen wir an, der aktuelle Kontostand ist 1000 EUR. Nun greifen die beiden Konteninhaber A und B unabhängig voneinander via Online-Banking auf ihr gemeinsames Konto zu. Nutzer A zahlt 500 und Nutzer B 700 EUR ein. Genauso wie eben geschildert, ist ein Thread-Wechsel innerhalb der Zuweisung möglich, nachdem der Ausdruck `kontostand + betrag` berechnet wurde. Kommt zuerst der Thread von Nutzer A an die Reihe, lautet das diesbezügliche Zwischenergebnis 1500. Der dann aktivierte Thread von Nutzer B berechnet den Wert 1700 und weist ihn der Variablen `kontostand` zu. Irgendwann kommt aber der Thread von Nutzer A wieder an die Reihe und führt seine Aktivitäten fort, d.h. er speichert nun sein Zwischenergebnis von 1500 in der Variablen `kontostand` ab. Resultat: Nach Abschluss der beiden Einzahlungen beträgt der Kontostand 1500 EUR. Die 700 EUR von Nutzer B sind futsch bzw. wurden nicht registriert. Die Bank freut sich.

### 7.1.3 Schreib/Lese-Konflikte

Fehler können auch entstehen, wenn ein Thread schreibend und ein anderer lesend auf gemeinsame Variablen zugreift. Solche Probleme werden als *Schreib/Lese-Konflikte* bezeichnet. Zur Demonstration derartiger Konflikte bedienen wir uns auch wieder des Bankenbeispiels. Diesmal ist die Klasse `Konto` ein wenig komplexer:

```
class Konto {

    private int kontostand;

    private int summeBarEinzahlungen;

    private int summeUeberweisungsEinzahlungen;

    Konto() {
        this.kontostand = 0;
        this.summeBarEinzahlungen = 0;
        this.summeUeberweisungsEinzahlungen = 0;
    }

    void barEinzahlen(int betrag) {
        this.summeBarEinzahlungen = this.summeBarEinzahlungen
                + betrag;
        this.kontostand = this.kontostand + betrag;
    }

    void perUeberweisung(int betrag) {
        this.summeUeberweisungsEinzahlungen =
            this.summeUeberweisungsEinzahlungen + betrag;
```

```
        this.kontostand = this.kontostand + betrag;
    }

    int getKontostand() {
        return this.kontostand;
    }

    int getProzentualeBarEinzahlungen() {
        return 100 * this.summeBarEinzahlungen / this.kontostand;
    }
}
```

Zusätzlich zum Kontostand wird noch unterschieden und festgehalten, wie viel Geld bar und wie viel per Überweisung eingezahlt wurde. Über die Methode `getProzentualeBarEinzahlungen` kann der prozentuale Anteil der Bareinzahlungen abgefragt werden.

Es sei wiederum der Fall gegeben, dass es zu einem Konto mehrere Konteninhaber (also Threads) A und B gibt. Nehmen wir an, der aktuelle Kontostand ist 1000 EUR und es wurde noch nie Geld bar eingezahlt, d.h. das Attribut `kontostand` enthält den Wert 1000 und das Attribut `summeBarEinzahlungen` den Wert 0. Nun erfolgt durch Kontoinhaber A durch Aufruf der Methode `barEinzahlen` für ein bestimmtes Konto-Objekt eine Bareinzahlung von 500 EUR und gleichzeitig versucht Kontoinhaber B durch Aufruf der Methode `getProzentualeBarEinzahlungen` für dasselbe Objekt den prozentualen Anteil der Bareinzahlungen abzufragen. Erfolgt nun nach der ersten Anweisung der Methode `barEinzahlen` ein Thread-Wechsel, beträgt der Wert des Attributs `summeBarEinzahlungen` 500 und der Wert des Attributs `kontostand` 1000. Das heißt aber, dass die im anderen Thread ausgeführte Methode `getProzentualeBarEinzahlungen` den falschen Prozentwert 50 liefert. Korrekt wäre 33. Der Grund hierfür liegt darin, dass die Daten zum Zeitpunkt des Thread-Wechsels inkonsistent sind.

### 7.1.4 Synchronisationsbedarf

Die geschilderten Probleme können also immer dann auftreten, wenn zwei oder mehrere Threads auf gemeinsame Variablen bzw. Ressourcen zugreifen. Der Grund für die Probleme ist in jedem Fall der, dass es nicht vorhersehbar ist, wie lange einem Thread der Prozessor zugeteilt bleibt und wann der Java-Scheduler auf einen anderen Thread umschaltet, d.h. es ist nicht möglich, eine bestimmte Reihenfolge bestimmter Aktivitäten mehrerer Threads anzugeben.

Was wir benötigen, ist eine Möglichkeit, die zeitliche Abfolge bestimmter Aktivitäten der betroffenen Threads zu ordnen. Genau das wird als *Synchronisation* bezeichnet.

## 7.2 Synchronisationsarten

Abhängig davon, ob die Reihenfolge der Aktivitäten, die durch eine Synchronisation herbeigeführt wird, a priori feststeht oder nicht, lassen sich zwei verschiedene Art der Synchronisation unterscheiden: die einseitige und die mehrseitige Synchronisation.

## 7.2.1 Einseitige Synchronisation

Nehmen wir an, A1 sei eine Aktivität (Menge an Anweisungen) eines Threads T1 und A2 sei eine Aktivität eines Threads T2. Wenn A1 die Voraussetzung für ein korrektes Resultat von A2 bildet, dann muss A1 vor A2 ausgeführt werden. Eine Synchronisation muss also bewirken, dass die Ausführung von A2 so lange verzögert wird, bis A1 vollständig abgearbeitet worden ist, d.h. Thread T2 muss unter Umständen warten. Thread T1 ist durch die Synchronisation nicht betroffen.

Eine solche Synchronisation mehrerer Threads, die sich nur auf einen der beteiligten Threads auswirkt, wird als *einseitige Synchronisation* bezeichnet. Synonym werden auch die Begriffe *Bedingungssynchronisation* (Thread T2 muss auf das Eintreten einer bestimmten Bedingung warten) oder *logische Synchronisation* (die Aktivitäten mehrerer Prozesse müssen in eine logische Abfolge gebracht werden) verwendet. Der Synchronisationsbedarf steht hierbei von vornherein fest.

Mit der einseitigen Synchronisation werden wir uns detailliert im kommenden Kapitel 8 beschäftigen. Die folgende Hamster-Aufgabe soll jedoch schon an dieser Stelle den Bedarf für eine einseitige Synchronisation demonstrieren.

Zwei selbstständige Hamster Paul und Karl möchten einen Körnerturm bauen. Sie teilen sich die Arbeit. Hamster Paul sucht fortwährend im Territorium nach Körnern. Sobald er eines gefunden hat, transportiert er es zum Fuße des Turmes. Hamster Karl ist der eigentliche Turmbauer. Sobald er ein Korn am Fuße des Turmes findet, schleppt er es hinauf und erhöht damit den Turm. Während Paul bei dieser Aufgabe völlig unabhängig von Karl agieren kann, ist Karl abhängig von Paul. Er muss unter Umständen warten, bis Paul ein Korn am Fuß des Turmes abgelegt hat. Es besteht also Bedarf für eine einseitige Synchronisation.

## 7.2.2 Mehrseitige Synchronisation

Die obigen Beispiele für Konflikte beim Zugriff mehrerer Threads auf gemeinsame Variablen bzw. Ressourcen sind Beispiele für den Bedarf einer *mehrseitigen Synchronisation*. Bei einer mehrseitigen Synchronisation besteht keine logische Abhängigkeit zwischen zwei Aktivitäten A1 und A2 zweier Threads T1 und T2. A1 muss prinzipiell nicht vor A2 und A2 nicht vor A1 ausgeführt werden. Eine Abhängigkeit zwischen A1 und A2 besteht nur insofern, als dass es gilt, mögliche Schreib/Schreib- oder Schreib/Lese-Konflikte zu vermeiden. Wenn Thread T2 A2 ausführen möchte, sich aber Thread T1 gerade bei der Ausführung von A1 befindet, muss T2 mit der Ausführung von A2 warten, bis A1 vollständig abgearbeitet worden ist. Entsprechendes gilt im umgekehrten Falle: Wenn T1 A1 ausführen möchte, T2 aber gerade A2 ausführt, muss T1 warten, bis A2 zum Abschluss gekommen ist.

Das Geschilderte lässt sich von zwei auf mehrere Threads bzw. Aktivitäten erweitern. Welcher Thread von der Synchronisation betroffen ist, d.h. warten muss, steht nicht von vornherein fest. Daher leitet sich der Begriff *mehrseitige Synchronisation* ab.

Die Aktivitäten, die entsprechende Probleme mit sich bringen können, werden auch als *kritische Abschnitte* bezeichnet. Sie müssen als unteilbare Anweisungen ausgeführt werden, in dem Sinne, dass wenn sich ein Thread in einem kritischen Abschnitt befindet, kein anderer Thread den kritischen Abschnitt betreten darf, sondern gegebenenfalls warten muss. Für diese Eigenschaft wird der Begriff *gegenseitiger Ausschluss* (englisch *mutual exclusion*) verwendet. Im Motivationsbeispiel (siehe Seite 149) bildet beispielsweise die Anweisung if (kornDa()) { nimm(); } einen kritischen Abschnitt, im Kontobeispiel in Abschnitt 7.1.2 die Anweisung kontostand = kontostand + betrag;.

In den folgenden Abschnitten dieses Kapitels werden Konzepte zur Umsetzung der mehrseitigen Synchronisation von Java-Threads vorgestellt. Letztendlich geht es dabei darum, dem Java-Scheduler eine Möglichkeit an die Hand zu geben, einen Thread zu blockieren, wenn dieser einen kritischen Abschnitt betreten will, sich aber bereits ein anderer Thread in dem kritischen Abschnitt befindet, und ihn zu reaktivieren, wenn der kritische Abschnitt wieder frei ist.

# 7.3 snychronized-Anweisung

Die Klasse Object versieht alle Objekte dieser Klasse mit einer so genannten *Sperre* (englisch *Lock*). Da in Java neue Klassen immer direkt oder indirekt von der Klasse Object abgeleitet werden, erben automatisch alle Objekte beliebiger Klassen eine solche Sperre. Die Sperren sind dabei alle unabhängig voneinander. Wie Sperren prinzipiell realisiert werden können, ist hier nicht von Interesse.[2]. Stellen Sie sich einfach vor, bei einer Sperre handelt es sich um ein boolesches Attribut, das implizit gesetzt (Zuweisung des Wertes true) bzw. freigegeben (Zuweisung des Wertes false) werden kann.

Derartige Sperren von Objekten nutzt die so genannte *synchronized-Anweisung* zur Kennzeichnung und Verwaltung kritischer Abschnitte aus. Sie hat die Form:

```
synchronized (<Objektreferenz-Ausdruck>)
    <Blockanweisung>
```

Dem Schlüsselwort synchronized folgt in runden Klammern eingeschlossen ein Ausdruck, der eine Referenz auf ein Objekt liefert. In der Regel wird der Ausdruck durch eine Objektvariable gebildet, die auf ein Objekt verweist. Das Objekt wird auch *Sperr-Objekt* genannt. Die anschließend Blockanweisung repräsentiert einen kritischen Abschnitt. Sie wird als *Kritischer-Abschnitt-Anweisung* bezeichnet.

Wird eine synchronized-Anweisung durch einen Thread T1 ausgeführt, passiert folgendes:

- Ist die Sperre des Sperr-Objektes nicht gesetzt, dann setzt T1 die Sperre, führt anschließend die Kritischer-Abschnitt-Anweisung aus und gibt danach die Sperre wieder frei.[3]

- Ist die Sperre des Sperr-Objektes zwar gesetzt, aber wurde sie von T1 selber gesetzt, dann führt T1 die Kritischer-Abschnitt-Anweisung aus. Die Sperre wird in diesem Fall anschließend nicht freigegeben.

- Ist die Sperre des Sperr-Objektes von einem anderen Thread T2 gesetzt worden, wird dem Thread T1 durch den Java-Scheduler der Prozessor entzogen und er wird in den Zustand „blockiert" versetzt (siehe auch Kapitel 5.2). Wenn die Sperre des Sperr-Objektes durch T2 wieder frei gegeben wird, wird T1 in den Zustand „rechenwillig" zurückversetzt und ist damit bereit, seine Arbeit weiterzuführen. Bevor er jedoch die Kritischer-Abschnitt-Anweisung ausführt, muss er erneut die Sperre des Sperr-Objektes abfragen. Es ist durchaus möglich, dass ihm

---

[2]In Kapitel 12.3 werden Realisierungsansätze für Sperren erörtert.

[3]Die Sperre wird freigegeben, sobald die Kritischer-Abschnitt-Anweisung beendet ist. Das gilt auch für den Fall, dass in der Kritischer-Abschnitt-Anweisung eine Exception geworfen und nicht abgefangen wird.

ein anderer Thread zuvorgekommen und die Sperre bereits wieder gesetzt hat. In diesem Fall wird T1 erneut blockiert. Es ist in Java nicht garantiert, dass der am längsten auf eine Sperre wartende Thread diese nach ihrem Freiwerden auch als nächster setzen darf.

Wenn ein Thread die Sperre eines Sperr-Objektes gesetzt und noch nicht wieder frei gegeben hat, spricht man auch davon, dass dieser Thread „die Sperre des Sperr-Objektes hält".

Es ist nicht garantiert, dass die Kritischer-Abschnitt-Anweisung als unteilbare Anweisung ausgeführt wird, d.h. dass dem Thread während der Abarbeitung der Anweisung auf keinen Fall der Prozessor entzogen wird. Ein Prozessorentzug ist durchaus möglich. Was durch dieses Konzept jedoch garantiert wird, ist, dass während ein Thread eine Anweisungsfolge ausführt, die durch ein bestimmtes Sperr-Objekt quasi „bewacht" wird, kein anderer Thread eine Anweisungsfolge ausführen kann, die durch dasselbe Sperr-Objekt bewacht wird. Es ist dabei unerheblich, ob es dieselbe Anweisungsfolge oder eine andere Anweisungsfolge ist.

### 7.3.1 Lösung des Motivationsproblems

Die synchronized-Anweisung können wir nun nutzen, um den Synchronisationsfehler aus dem Motivationsbeispiel von Seite 149 zu beseitigen:

```
class SammelHamster extends Hamster {

    private static Object kornWaechter = new Object();

    SammelHamster(Hamster hamster) {
        super(hamster);
    }

    public void run() {
        synchronized (SammelHamster.kornWaechter) {
            if (this.kornDa()) {
                this.nimm();
            }
        }
    }
}

void main() {
    Hamster paul = new SammelHamster(Hamster
            .getStandardHamster());
    Hamster karl = new SammelHamster(Hamster
            .getStandardHamster());
    paul.start();
    karl.start();
}
```

Als Klassenattribut wird ein Objekt kornWaechter definiert und erzeugt. Dieses dient in der run-Methode als Sperr-Objekt der dortigen synchronized-Anweisung. Analysieren wir nun erneut den auf Seite 149 geschilderten Fehlerfall, nun auf der Basis des hier geänderten Programms.

Stellen Sie sich also vor, auf der Kachel, auf der sich Hamster Paul und Hamster Karl befinden, liegt genau ein Korn. Hamster Paul ist an der Reihe. Zunächst muss er die Sperre des Objektes

kornWaechter überprüfen. Die ist nicht gesetzt. Also setzt er sie und kann dann den Testbefehl
kornDa ausführen. Dieser liefert den Wert `true`. Bevor nun Paul den nimm-Befehl ausführen kann,
entzieht ihm der Scheduler den Prozessor und aktiviert Hamster Karl. Auch dieser überprüft als erstes das Sperr-Objekt. Da dessen Sperre gesetzt ist, wird Karl in den Zustand „blockiert" versetzt.
Nun gelangt Paul wieder in den Zustand „rechnend". Er führt seine Arbeit dort fort, wo er unterbrochen wurde, nimmt also das Korn. Damit ist die Kritischer-Abschnitt-Anweisung abgearbeitet und
Paul gibt die Sperre des Sperr-Objektes wieder frei. Das führt zur Deblockierung von Karl. Sobald
er den Prozessor zugeteilt bekommt, überprüft er erneut die Sperre des Sperr-Objekts. Die ist nicht
gesetzt. Also setzt er sie und beginnt mit der Ausführung der Kritischer-Abschnitt-Anweisung. Allerdings hat er Pech gehabt. Hamster Paul hat zuvor ja bereits das einzige Korn gefressen, sodass der
Testbefehl kornDa den Wert `false` liefert. Karl bleibt also hungrig und beendet die synchronized-
Anweisung durch Aufhebung der Sperre des Sperr-Objektes.

Die Abarbeitung erfolgt auf analoge Art und Weise, wenn Karl vor Paul die synchronized-Anweisung erreicht. In diesem Fall frisst Karl das Korn und Paul geht leer aus. Das Eintreten einer Feh-
lersituation wie auf Seite 149 beschrieben, ist durch den Einsatz der synchronized-Anweisung nicht
mehr möglich.

## 7.3.2 Lösung der Schreib/Schreib-Konfliktbeispiele

Das folgende Programm zeigt eine korrekte Lösung des ZaehlHamster-Problems mit dem Schreib/-
Schreib-Konflikt aus Abschnitt 7.1.2. Synchronisiert wird die „gefährliche" Anweisung `ZaehlHamster.anzahl = ZaehlHamster.anzahl + 1;`. Als Sperr-Objekt wird ein als Klassenattribut
deklariertes Objekt namens `anzahlWaechter` verwendet.

Seien Sie sich allerdings im Klaren darüber, dass die Synchronisation nur für das konkrete in der
main-Prozedur implementierte Beispiel gilt. Die Synchronisation ist nicht ausreichend, wenn die
Klasse `ZaehlHamster` allgemeingültig zur Verfügung gestellt werden soll. Dazu mehr in Abschnitt
7.7.

```
class ZaehlHamster extends Hamster {

    private static int anzahl = 0;

    private static Object anzahlWaechter = new Object();

    ZaehlHamster(int r, int s) {
        super(r, s, Hamster.OST, 0);
    }

    public void run() {
        while (this.kornDa()) {
            this.nimm();
            synchronized (ZaehlHamster.anzahlWaechter) {
                ZaehlHamster.anzahl = ZaehlHamster.anzahl + 1;
            }
        }
    }

    static int getGesammelteKoerner() {
```

```
            return ZaehlHamster.anzahl;
        }
}

void main() {
    Hamster paul = Hamster.getStandardHamster();
    Hamster heidi = new ZaehlHamster(0, 0);
    Hamster maria = new ZaehlHamster(0, 1);
    heidi.start();
    maria.start();
    try {
        heidi.join();
        maria.join();
    } catch (Exception exc) {
    }
    paul.schreib("Heidi und Maria haben zusammen "
            + ZaehlHamster.getGesammelteKoerner()
            + " Koerner gesammelt.");
}
```

Auf analoge Art und Weise kann die Synchronisation beim Konto-Beispiel mit dem Schreib/Schreib-Konflikt aus Abschnitt 7.1.2 erfolgen. Die „gefährliche" Anweisung kontostand = kontostand + betrag; wird in eine synchronized-Anweisung eingeschlossen. Als Sperr-Objekt wird ein privates Attribut sperre genutzt, das jedes Konto-Objekt besitzt. Das bedeutet, eine Synchronisation erfolgt genau dann, wenn die Methode einzahlen durch mehrere Threads gleichzeitig für dasselbe Objekt aufgerufen wird. Das ist ausreichend, da das gefährdete Attribut das Instanzattribut kontostand eines jeden Konto-Objektes ist. Eine Synchronisation ist beim Aufruf der Methode für unterschiedliche Konto-Objekte nicht erforderlich, da jedes Objekt ein eigenes Attribut kontostand besitzt.

```
class Konto {

    private int kontostand;

    private Object sperre = new Object();

    void einzahlen(int betrag) {
        synchronized (this.sperre) {
            this.kontostand = this.kontostand + betrag;
        }
    }
}
```

Falls das zu schützende Attribut eines Objektes ein Instanzattribut ist, wird häufig auch auf das Erzeugen eines extra Sperr-Objektes verzichtet und als Sperr-Objekt das Objekt selbst verwendet, das ja über this referenziert werden kann.

```
class Konto {

    private int kontostand;

    void einzahlen(int betrag) {
```

```
        synchronized (this) {
            this.kontostand = this.kontostand + betrag;
        }
    }
}
```

### 7.3.3 Lösung des Schreib/Lese-Konfliktbeispiels

Die folgende Klasse zeigt eine korrigierte Version des Beispiels mit dem Schreib/Lese-Konflikt aus Abschnitt 7.1.3.

```
class Konto {

    private int kontostand;

    private int summeBarEinzahlungen;

    private int summeUeberweisungsEinzahlungen;

    Konto() {
        this.kontostand = 0;
        this.summeBarEinzahlungen = 0;
        this.summeUeberweisungsEinzahlungen = 0;
    }

    void barEinzahlen(int betrag) {
        synchronized (this) {
            this.summeBarEinzahlungen = this.summeBarEinzahlungen
                    + betrag;
            this.kontostand = this.kontostand + betrag;
        }
    }

    void perUeberweisung(int betrag) {
        synchronized (this) {
            this.summeUeberweisungsEinzahlungen =
                this.summeUeberweisungsEinzahlungen + betrag;
            this.kontostand = this.kontostand + betrag;
        }
    }

    int getKontostand() {
        synchronized (this) {
            return this.kontostand;
        }
    }

    int getProzentualeBarEinzahlungen() {
        synchronized (this) {
            return 100 * this.summeBarEinzahlungen
                    / this.kontostand;
```

```
            }
        }
}
```

Kritisch ist der Zugriff auf die Attribute kontoStand, summeBarEinzahlungen und summeUeber-
weisungsEinzahlungen eines jeden Konto-Objektes. Aus diesem Grund wird als Sperr-Objekt
this verwendet, also das Objekt, dem die Instanzattribute gehören.

Über dieses Sperr-Objekt werden alle vier Methoden synchronisiert, d.h. während ein Thread bspw.
die Methode barEinzahlen für ein Konto-Objekt ausführt, ist sichergestellt, dass kein zweiter
Thread gleichzeitig eine der Methoden barEinzahlen, perUeberweisung, getKontostand und
getProzentualeBarEinzahlungen für dasselbe Konto-Objekt ausführt. Die Gefahr, die durch die
zwischenzeitliche Inkonsistenz der Daten in der Methode barEinzahlen ausgeht, wird hierdurch
beseitigt.

Stellen Sie sich nun vor, die Methode getProzentualeBarEinzahlungen der Klasse Konto wäre
geringfügig geändert worden:

```
int getProzentualeBarEinzahlungen () {
    synchronized (this) {
        return 100 * this.summeBarEinzahlungen
              / this.getKontostand ();
    }
}
```

Anstatt direkt auf das Attribut kontostand zuzugreifen, wird hier die Methode getKontostand
aufgerufen. Frage: Führt diese kleine Änderung zu einem Problem? Denn wenn ein Thread die
Methode getProzentualeBarEinzahlungen aufruft, setzt er die Sperre des Sperr-Objektes this.
Innerhalb der Methode getKontostand wird aber zunächst die Sperre von this überprüft und die
ist ja nun gesetzt. Heißt das, der Thread wird blockiert? Nein, denn hier greift die zweite der obigen
Synchronisationsregeln: Ein Thread, der die Sperre eines Sperr-Objektes $s$ über eine synchronized-
Anweisung $a$ gesetzt hat, wird, wenn er während der Ausführung der Kritischer-Abschnitt-Anwei-
sung von $a$ auf eine andere über $s$ synchronisierte Anweisung stößt, nicht blockiert, d.h für diesen
Thread ist dieses Sperr-Objekt während der Ausführung von $a$ ohne Bedeutung. Diese Eigenschaft
von Sperr-Objekten in Java nennt man auch *reentrant*.

### 7.3.4 holdsLock

Die Klasse Thread stellt eine Klassenmethode bereit, über die abgefragt werden kann, ob der aktuell
rechnende Thread die Sperre eines bestimmten Objekt hält.

```
public class Thread {
    // liefert genau dann true falls der aktuell aktive Thread
    // die Sperre des als Parameter uebergebenen Objektes haelt
    public static void holdsLock(Object obj) { ...}
    ...
}
```

Im folgenden kleinen Hamster-Programm gibt der Standard-Hamster zunächst „Ich halte den Lock
nicht!" und dann „Ich halte den Lock!" aus.

```
void main() {
    Hamster paul = Hamster.getStandardHamster();
    Object sperrObjekt = new Object();

    if (Thread.holdsLock(sperrObjekt)) {
        paul.schreib("Ich halte den Lock!");
    } else {
        paul.schreib("Ich halte den Lock nicht!");
    }

    synchronized (sperrObjekt) {
        if (Thread.holdsLock(sperrObjekt)) {
            paul.schreib("Ich halte den Lock!");
        } else {
            paul.schreib("Ich halte den Lock nicht!");
        }
    }
}
```

Leider gibt es keine generelle Möglichkeit abzufragen, ob die Sperre eines Objektes gesetzt ist, und falls ja, von welchem Thread.

# 7.4 snychronized-Methoden

Es kommt relativ häufig vor, dass wie im Lösungsprogramm zum Konto-Beispiel in Abschnitt 7.3.3 komplette Methoden über this synchronisiert werden müssen. Daher gibt es für diesen Zweck in Java eine abkürzende Schreibweise: Man deklariert die entsprechende Methode einfach als synchronized. Dabei gilt für beliebige Klassen K und beliebige Instanz-Methoden f die folgende Äquivalenz:

```
class K {
    void f() {
        synchronized (this) {
            // Kritischer-Abschnitt-Anweisung
        }
    }
}
```

ist äquivalent zu

```
class K {
    synchronized void f() {
        // Kritischer-Abschnitt-Anweisung
    }
}
```

Das heißt, das Lösungsprogramm aus Abschnitt 7.3.3 lässt sich folgendermaßen umschreiben:

```
class Konto {

    protected int kontostand;
```

```
protected int summeBarEinzahlungen;

protected int summeUeberweisungsEinzahlungen;

Konto() {
    this.kontostand = 0;
    this.summeBarEinzahlungen = 0;
    this.summeUeberweisungsEinzahlungen = 0;
}

synchronized void barEinzahlen(int betrag) {
    this.summeBarEinzahlungen = this.summeBarEinzahlungen
            + betrag;
    this.kontostand = this.kontostand + betrag;
}

synchronized void perUeberweisung(int betrag) {
    this.summeUeberweisungsEinzahlungen =
        this.summeUeberweisungsEinzahlungen
            + betrag;
    this.kontostand = this.kontostand + betrag;
}

synchronized int getKontostand() {
    return this.kontostand;
}

synchronized int getProzentualeBarEinzahlungen() {
    return 100 * this.summeBarEinzahlungen / this.kontostand;
}
}
```

Ein weiterer Vorteil dieser abkürzenden Schreibweise besteht darin, dass für Programmierer, die diese Klasse benutzen wollen, die Synchronisationseigenschaft der Methoden bereits im Kopf der Methode ersichtlich ist.

Ob das Schlüsselwort synchronized vor und hinter einem eventuell vorhandenen Zugriffsrecht-Schlüsselwort steht, ist übrigens egal.

Es ist nicht erlaubt, den Konstruktor einer Klasse als synchronized zu deklarieren.

### 7.4.1 synchronized-Methoden und Vererbung

Die gerade angeführte Äquivalenzbeziehung zwischen einer als synchronized deklarierten Methode und der expliziten Nutzung eines synchronized (this)-Blocks im Methodenrumpf lässt bereits vermuten, dass die synchronized-Eigenschaft einer Methode nicht vererbt wird. Und in der Tat gehört das Schlüsselwort synchronized nicht zur Signatur der Methode. D. h. wird eine als synchronized deklarierte Methode in einer abgeleiteten Klasse überschrieben, muss der überschreibenden Methode explizit das Schlüsselwort synchronized vorangestellt werden, wenn diese ebenfalls synchronisiert ausgeführt werden soll. Fehlt das synchronized, wird die überschreibende Methode nicht synchronisiert.

Aus diesem Grund macht es auch keinen Sinn, Methoden in Interfaces als synchronized zu deklarieren. Der Compiler meckert sogar, wenn man dies versucht.

In der folgenden Beispielklasse wird eine Klasse Konto2 von der obigen Klasse Konto abgeleitet und die Methoden barEinzahlen und perUeberweisung werden überschrieben (jeweils durch Tauschen der beiden Anweisungen). Im Beispiel in der main-Prozedur wird daher die Methode barEinzahlen nicht synchronisiert ausgeführt, wohl aber die Methode perUeberweisung.

Die Synchronisation der Methode perUeberweisung erfolgt dabei über dasselbe Objekt (this), wie die Synchronisation der geerbten Methoden. Ein Konstrukt synchronized (super) gibt es nicht.

```
class Konto2 extends Konto {

    Konto2() {
        super();
    }

    void barEinzahlen(int betrag) {
        this.kontostand = this.kontostand + betrag;
        this.summeBarEinzahlungen = this.summeBarEinzahlungen
                + betrag;
    }

    synchronized void perUeberweisung(int betrag) {
        this.kontostand = this.kontostand + betrag;
        this.summeUeberweisungsEinzahlungen =
            this.summeUeberweisungsEinzahlungen + betrag;
    }
}

void main() {
    // ...
    Konto k = new Konto2();
    k.barEinzahlen(1000);
    k.perUeberweisung(2000);
    // ...
}
```

## 7.4.2 Klassenmethoden

Jeder Klasse ist in Java genau ein so genanntes *Klassenobjekt* zugeordnet. Es ist ein Objekt der vordefinierten Klasse java.lang.Class und wird für eine Klasse K durch den Ausdruck K.class geliefert. Sei obj eine Instanz der Klasse K, dann kann das Klassenobjekt der Klasse K auch durch Aufruf der von der Klasse Object geerbten Methode getClass abgerufen werden. Es gilt also:

```
K obj = new K();
boolean vgl = obj.getClass() == K.class; // true
```

Über diese Klassenobjekte lassen sich nun auch Klassenmethoden einer Klasse synchronisieren. Dabei gilt für beliebige Klassen K und beliebige Klassenmethoden f folgende Äquivalenz:

```
class K {
    static void f() {
        synchronized (K.class) {
            // Kritischer-Abschnitt-Anweisung
        }
    }
}
```

ist äquivalent zu

```
class K {
    synchronized static void f() {
        // Kritischer-Abschnitt-Anweisung
    }
}
```

Seien Sie sich darüber bewusst, dass die Sperre für eine Klasse (bzw. das Klassenobjekt) unabhängig von den Sperren von Instanzen der Klasse ist. Insbesondere gilt nicht, dass, falls die Sperre für die Klasse gesetzt wird, automatisch auch die Sperren von Objekten der Klasse gesetzt werden oder umgekehrt. Dieses Verständnis ist wichtig für den Fall, dass eine Klasse sowohl als synchronized deklarierte Klassen- als auch Instanzmethoden besitzt. Die Synchronisation der Klassen- und Instanzmethoden erfolgt in diesem Fall unabhängig voneinander.

### 7.4.3  Die Klasse Hamster

Die meisten Methoden der Klassen Hamster und Territorium sind übrigens auch als synchronized deklariert. Im Folgenden wird ein Ausschnitt einer möglichen Implementierung der Klasse Hamster im Hamster-Simulator dargestellt. Die vollständige Beschreibung der beiden Klassen befindet sich in Anhang B.2 und Anhang B.3.

```
public class Hamster {

    synchronized public void vor() { ... }
    ...
        // Attribute anpassen
        if (this.blickrichtung == Hamster.NORD) {
            this.reihe = this.reihe - 1;
        } else if (this.blickrichtung == Hamster.SUED) {
            this.reihe = this.reihe + 1;
        } else if (this.blickrichtung == Hamster.OST) {
            this.spalte = this.spalte + 1;
        } else if (this.blickrichtung == Hamster.WEST) {
            this.spalte = this.spalte - 1;
        }

        // Aenderung auf dem Bildschirm sichtbar machen
        ...
    }
```

```
synchronized public void linksUm() { ... }
synchronized public void gib() { ... }
synchronized public void nimm() { ... }

synchronized public boolean vornFrei() { ... }
synchronized public boolean maulLeer() { ... }
synchronized public boolean KornDa() { ... }

synchronized public void schreib(String aufforderung) { ... }
synchronized public String liesZeichenkette(String a) { ... }
synchronized public int liesZahl(String aufforderung) { ... }

synchronized public int getReihe() { ... }
synchronized public int getSpalte() { ... }
synchronized public int getBlickrichtung() { ... }
synchronized public int getAnzahlKoerner() { ... }


...
}
```

Warum ist diese Synchronisation notwendig? Schauen Sie sich dazu folgendes Beispiel an.

```
class Herrscher extends Hamster {

    private Hamster sklave;

    Herrscher(Hamster sklave) {
        super(0, 0, Hamster.OST, 0);
        this.sklave = sklave;
    }

    public void run() {
        this.sklave.vor();
    }
}

void main() {
    Hamster otto = new Hamster(1, 1, Hamster.OST, 0);
    Hamster paul = new Herrscher(otto);
    Hamster karl = new Herrscher(otto);
    paul.start();
    karl.start();
}
```

Zwei selbstständige Hamster Paul und Karl benutzen den passiven Standard-Hamster Otto als gemeinsamen „Sklaven", der für sie bestimmte Arbeiten verrichtet. Im vereinfachten Beispiel erteilen Paul und Karl Otto beide gleichzeitig den Befehl vor.

Wäre der Zugriff auf Hamster Otto nicht synchronisiert, könnte ein Schreib/Schreib-Konflikt auftreten, der zu einem analogen Fehler führt, wie er in Abschnitt 7.1.2 für die Konto-Führung beschrieben wird, d.h. Otto wird zwar zweimal der Befehl vor erteilt, er läuft aber nur ein einzelnes Feld nach vorne. Durch die Deklaration der Hamster-Methoden als synchronized kann dieser Fehler jedoch nicht auftreten. Hierdurch ist sichergestellt, dass für einen Hamster immer nur eine Methode gleichzeitig ausgeführt wird. Diese Eigenschaft ist dabei durch die Klasse Hamster vorgegeben und in der Methodendeklaration direkt ersichtlich, sodass sich ein Anwendungsprogrammierer, der die Klasse Hamster nutzt, nicht jedes Mal explizit mit derartigen möglichen Fehlern auseinandersetzen muss. Man spricht in diesem Zusammenhang auch davon, dass die Klasse Hamster (und auch die Klasse Territorium) *Thread-sicher* sind.

## 7.5 Compileroptimierungen

Ich denke, die meisten Programmierer unter Ihnen hätten niemals gedacht, dass es bei der Ausführung der Anweisung if (kornDa()) nimm(); zu einem Fehler kommen könnte. Und ich bin mir sicher, dass auch die wenigen unter Ihnen, die diesen möglichen Fehler bereits vorher entdeckt hatten, allesamt in die Falle tappen würden, wenn es um die Fehlerquellen geht, die in diesem Abschnitt beschrieben werden. Keine Angst, Sie brauchen diese Fehlerquellen nicht alle vollkommen zu verstehen. Dieser Abschnitt soll Ihnen nur zeigen, wie sorgfältig Sie prinzipiell arbeiten müssen, wenn es um den Zugriff mehrerer Threads auf gemeinsame Variablen geht.

### 7.5.1 Umstellung von Anweisungen

Schauen Sie sich bitte das folgende Beispielprogramm an:

```
class UnglaublicherHamster extends Hamster {

    private int wert;

    // gemeinsame Variablen
    static int globalA = 0;

    static int globalB = 0;

    UnglaublicherHamster(int wert) {
        super(0, 0, Hamster.OST, 0);
        this.wert = wert;
    }

    public void run() {
        int lokalA = 0;
        int lokalB = 0;
        if (this.wert > 0) {
            lokalA = globalA;        // Anweisung 1
            globalB = 1;             // Anweisung 2
            this.schreib("Wert von lokalA = " + lokalA);
        } else {
            lokalB = globalB;        // Anweisung 3
            globalA = 2;             // Anweisung 4
            this.schreib("Wert von lokalB = " + lokalB);
        }
    }
}
```

```
}

void main() {
    Hamster paul = new UnglaublicherHamster(1);
    Hamster karl = new UnglaublicherHamster(-1);
    paul.start();
    karl.start();
}
```

Hamster Paul führt in diesem Beispiel die Anweisungen 1 und 2 aus, Hamster Karl gleichzeitig die Anweisungen 3 und 4. Nach allem, was Sie bisher in diesem Kapitel gelernt haben, wird die Ausgabe der beiden Hamster bei Betrachtung aller möglichen Ausführungsreihenfolgen der Anweisungen 1, 2, 3 und 4 lauten:

- „Wert von lokalA = 0" und „Wert von lokalB = 1", bei Ausführung der Anweisungen in der Reihenfolge 1, 2, 3, 4,

- „Wert von lokalA = 2" und „Wert von lokalB = 0", bei Ausführung der Anweisungen in der Reihenfolge 3, 4, 1, 2,

- „Wert von lokalA = 0" und „Wert von lokalB = 0", bei Ausführung der Anweisungen in der Reihenfolge 1, 3, 2, 4,

- „Wert von lokalA = 0" und „Wert von lokalB = 0", bei Ausführung der Anweisungen in der Reihenfolge 1, 3, 4, 2,

- „Wert von lokalA = 0" und „Wert von lokalB = 0", bei Ausführung der Anweisungen in der Reihenfolge 3, 1, 2, 4 und

- „Wert von lokalA = 0" und „Wert von lokalB = 0", bei Ausführung der Anweisungen in der Reihenfolge 3, 1, 4, 2.

Die Ausgabe von „Wert von lokalA = 2" und „Wert von lokalB = 1" scheint unmöglich zu sein. Sie ist aber in der Tat möglich!!!

Wie kann das sein? In Java ist es Compilern erlaubt, zum Zweck von Optimierungen bestimmte Änderungen am Code vorzunehmen. So ist es ihnen bspw. erlaubt, Anweisungen umzustellen, wenn sich dadurch keine Änderungen der Gesamtsemantik ergeben. Dabei müssen sie nur das Einzelverhalten von Threads im Auge haben, nicht ein mögliches Zusammenspiel mehrerer Threads. Da es in unserem Beispiel für das Verhalten eines einzelnen Threads egal ist, ob Anweisung 1 vor Anweisung 2 und Anweisung 3 vor Anweisung 4 ausgeführt wird, kann der Compiler die Anweisungen 1 und 2 sowie 3 und 4 vertauschen. Er braucht nicht zu berücksichtigen, dass `globalA` und `globalB` gemeinsame Variablen mehrerer Threads sind:

```
if (wert > 0) {
    globalB = 1;           // Anweisung 2
    lokalA = globalA;      // Anweisung 1
    this.schreib("Wert von lokalA = " + lokalA);
} else {
    globalA = 2;           // Anweisung 4
    lokalB = globalB;      // Anweisung 3
    this.schreib("Wert von lokalB = " + lokalB);
}
```

Wenn in diesem optimierten Programm die Anweisungen nun bspw. in der Reihenfolge 2, 4, 3 und 1 ausgeführt werden, ergibt sich tatsächlich die Ausgabe „Wert von lokalA = 2" und „Wert von lokalB = 1".

Um derartige Überraschungen zu vermeiden, müssen Sie den Zugriff auf die gemeinsamen Variablen synchronisieren, bspw. auf folgende Art und Weise:

```
if (wert > 0) {
    synchronized (this) {
        lokalA = globalA;      // Anweisung 1
        globalB = 1;           // Anweisung 2
    }
    this.schreib("Wert von lokalA = " + lokalA);
} else {
    synchronized (this) {
        lokalB = globalB;      // Anweisung 3
        globalA = 2;           // Anweisung 4
    }
    this.schreib("Wert von lokalB = " + lokalB);
}
```

In diesem Fall lautet die Ausgabe immer entweder „Wert von lokalA = 0" und „Wert von lokalB = 1" , wenn Hamster Paul als erster die Sperre setzt oder „Wert von lokalA = 2" und „Wert von lokalB = 0", wenn Hamster Karl als erster die Sperre setzt. Andere Ausgaben sind nicht mehr möglich, selbst wenn der Compiler die Anweisungen 1 und 2 bzw. 3 und 4 vertauschen sollte.

Sie sehen, wie wichtig eine Synchronisation beim Zugriff mehrerer Threads auf gemeinsame Variablen ist, um Überraschungen (mit unter Umständen gravierenden Fehlern) zu vermeiden. Deshalb gehen Sie bitte sehr sorgfältig vor, wenn Sie entsprechende parallele Programme entwickeln.

### 7.5.2 Schlüsselwort volatile

Sie denken sicher, dass es kaum möglich ist, dass der unsynchronisierte Zugriff mehrerer Threads auf gemeinsame Variablen noch dramatischere Auswirkungen haben kann. Weit gefehlt! Schauen Sie sich dazu bitte das folgende Beispielprogramm an:

```
class NochUnglaublichererHamster extends Hamster {

    private int wert;

    // gemeinsame Variable
    private static long globalVar = 0;

    NochUnglaublichererHamster(int wert) {
        super(0, 0, Hamster.OST, 0);
        this.wert = wert;
    }

    public void run() {
        if (this.wert > 0) {
            globalVar = 0L; // 0x0000000000000000L
        } else {
```

```
            globalVar = -1L; // 0xFFFFFFFFFFFFFFFFL;
        }
    }

    static long getGlobalVar() {
        return NochUnglaublichererHamster.globalVar;
    }
}

void main() {
    Hamster paul = new NochUnglaublichererHamster(1);
    Hamster karl = new NochUnglaublichererHamster(-1);
    paul.start();
    karl.start();
    try {
        paul.join();
        karl.join();
    } catch (InterruptedException exc) {
    }
    Hamster.getStandardHamster().schreib(
            "Wert von globalVar = "
                + NochUnglaublichererHamster
                        .getGlobalVar());
}
```

Sie werden vermuten, dass die einzig möglichen Ausgaben vom Standard-Hamster „Wert von globalVar = 0" oder „Wert von globalVar = -1" lauten können, und zwar je nachdem, ob Hamster Paul oder Hamster Karl als letzter den Wert der gemeinsamen Variablen `globalVar` gesetzt haben.

Da befinden Sie sich jedoch auf dem Holzweg, denn auch die beiden folgenden Ausgaben sind prinzipiell möglich: „Wert von globalVar = 4294967295" oder „Wert von globalVar = -4294967296".

Wie kann das sein? Die gemeinsame Variable `globalVar` ist vom Typ `long`. Der Speicherplatz für eine long-Variable beträgt in Java 64 Bit. Eine Zuweisung an eine 64-Bit-Variable wird dabei in Java nicht in atomar, d.h. in einem, sondern in zwei Schritten ausgeführt: erst die ersten 32 Bit, danach die zweiten 32 Bit. Dabei ist es prinzipiell möglich, dass zwischen dem ersten und dem zweiten Schritt ein Thread-Wechsel durchgeführt wird. Der Wert 0L hat die hexadezimale Codierung 0x0000000000000000, der Wert -1L die Codierung 0xFFFFFFFFFFFFFFFF. Erfolgt dein Thread-Wechsel tatsächlich zwischen den beiden Schritten, können die hexadezimalen Werte 0x00000000FFFFFFFF bzw. 0xFFFFFFFF00000000 entstehen. Diese repräsentieren aber gerade die Werte 4294967295 bzw. -4294967296.

Um zu gewährleisten, dass eine Zuweisung an eine 64-Bit-Variable in Java atomar, d.h. in einem Schritt, durchgeführt wird, muss die entsprechende Variable als `volatile` deklariert werden. Das gilt also sowohl für long- als auch für double-Variablen, da diese beiden Typen die (einzigen) 64-Bit-Typen in Java sind.

```
// gemeinsame Variable
private volatile static long globalVar = 0;
```

Die Benutzung des Schlüsselwortes `volatile` ist dabei auf Instanzattribute und Klassenattribute beschränkt. Lokale Variablen lassen sich nicht als `volatile` deklarieren, da sie ja auch niemals gemeinsame Variablen mehrerer Threads sein können.

Die Deklaration gemeinsamer Variablen mehrerer Threads als `volatile` macht auch noch in anderen Situationen Sinn, in denen der Compiler bestimmte Optimierungen beim Puffern von Zwischenergebnissen durchführen kann. Diese wirklichen Ausnahmesituationen gehen jedoch an dieser Stelle zu weit. Merken Sie sich einfach folgende generelle Regel: Instanz- und Klassenattribute sollten immer als `volatile` deklariert werden, wenn mehrere Threads prinzipiell gleichzeitig unsynchronisiert darauf zugreifen können!

# 7.6 Granularität der Synchronisation

Schauen wir uns nochmal das Motivationsproblem für die Synchronisation auf Seite 149 an. Wir haben festgestellt, dass sich die beiden Hamster beim Körnerfressen in die Quere kommen können. Gelöst haben wir dieses Problem in Abschnitt 7.3.1 dadurch, dass wir eine Synchronisation über das Klassenattribut `kornWaechter` als gemeinsames Objekt vorgenommen haben.

Möglich ist diese Lösung jedoch nur, weil beide Hamster aus derselben Klasse erzeugt werden und daher das Klassenattribut kennen und darauf Zugriff haben. Stellen Sie sich nun jedoch vor, mehrere Hamster-Programmierer schreiben unabhängig voneinander erweiterte Hamster-Klassen und stellen diese anderen Programmierern über Pakete zur Verfügung. In diesen Klassen werden Hamster durch das Territorium gesteuert und fressen hin und wieder Körner. Kein Programmierer kann wissen, ob ein Anwendungsprogrammierer seine Klasse zusammen mit einer anderen Klasse nutzt, in der auch Hamster Körner fressen. Damit in keinem Fall Synchronisationsprobleme auftreten können, müssen alle Programmierer den Zugriff auf Körner über ein gemeinsames Objekt synchronisieren.

Eine mögliche Lösung für dieses Problem besteht darin, das Klassenobjekt der vordefinierten Klasse `Territorium` zur Synchronisation zu nutzen. Alle Programmierer kennen diese Klasse und haben Zugriff auf das Klassenobjekt. Das Fressen eines Korns könnte damit folgendermaßen umgesetzt werden:

```
sychronized (Territorium.class) {
    if (this.kornDa()) {
        this.nimm();
    }
}
```

Wichtig ist jedoch, dass sich alle Programmierer daran halten. Wenn auch nur ein Programmierer ein anderes Objekt zur Synchronisation des Fressens von Körnern nutzt, kann es wieder Probleme geben.

Die Lösung ist jedoch nicht optimal. Wenn bei dieser Lösung irgendwo im Territorium ein Hamster ein Korn frisst, müssen alle anderen Hamster beim Fressen warten, auch wenn sie sich auf einer anderen Kachel befinden.

## 7.6.1 Methode `getKachel`

Damit eine Synchronisation beim Körner fressen nicht auf Territoriums- sondern feingranularer auf Kachel-Ebene erfolgen kann, stellt die Klasse `Territorium` die folgende Klassenmethode zur Verfügung:

```
public class Territorium {

    public static Object getKachel(int reihe, int spalte) { ... }
    ...
}
```

Die Methode getKachel liefert für jede Kachel des Territoriums ein Objekt der Klasse Object. Dabei gilt: Für eine Kachel wird immer dasselbe Objekt geliefert und für unterschiedliche Kacheln werden unterschiedliche Objekte geliefert.

Das folgende Beispiel demonstriert den korrekten Einsatz der Methode getKachel:

```
class SammelHamster extends Hamster {
    // ...
    public void sicheresNimm() {
        synchronized (Territorium.getKachel(this.getReihe(),
                this.getSpalte())) {
            if (this.kornDa()) {
                this.nimm();
            }
        }
    }
}
```

Wenn alle Programmierer sich beim Füttern ihrer Hamster an diese Synchronisationsregel halten, kann nichts mehr schiefgehen. Eine Synchronisation erfolgt hierbei auf Kachel-Ebene, d.h. wenn mehrere Hamster gleichzeitig auf derselben Kachel fressen wollen, werden sie synchronisiert. Sitzen die Hamster jedoch auf unterschiedlichen Kacheln, können sie völlig unabhängig voneinander agieren und müssen nicht unnötigerweise aufeinander warten.

Prinzipiell könnte man sich natürlich eine noch feingranularere Synchronisation vorstellen, die nicht auf Kachel-, sondern auf Korn-Ebene abläuft, d.h. zwei oder mehrere Hamster müssen sich nur dann synchronisieren, wenn sie versuchen, dasselbe Korn zu fressen. Das ist im Hamster-Modell jedoch nicht möglich, da Hamster ja über den nimm-Befehl nicht entscheiden können, welches Korn sie auf einer Kachel mit mehreren Körnern fressen.

## 7.6.2 Fairness

Schauen Sie sich einmal folgende Implementierung einer Methode sammle an, bei der ein Hamster alle Körner einer Kachel frisst:

```
class SammelHamster extends Hamster {
    // ...
    public void sammle() {
        synchronized (Territorium.getKachel(this.getReihe(),
                this.getSpalte())) {
            while (this.kornDa()) {
                this.nimm();
            }
        }
    }
}
```

Ein solcher Hamster bzw. der entsprechende Programmierer hätte die rote Karte verdient: Die Lösung ist unfair. Wenn nämlich zwei Hamster auf derselben Kachel sitzen und beide gleichzeitig fressen möchten, bekommt ein Hamster alles und der andere nichts. Der Grund hierfür ist der, dass die Sperre nur einmal gesetzt und im kritischen Abschnitt alle Körner gefressen werden.

Eine faire Lösung hat folgende Gestalt:

```
class SammelHamster extends Hamster {

    // ...

    public void sammle() {
        while (this.kornDa()) {
            synchronized (Territorium.getKachel(this.getReihe(),
                    this.getSpalte()))) {
                if (this.kornDa()) {
                    this.nimm();
                    Thread.yield();
                }
            }
        }
    }
}
```

Bei dieser Lösung wird die Sperre nur für das Fressen eines einzelnen Korns gesetzt und danach wieder freigegeben. Beachten Sie die zusätzliche if-Anweisung. Sie ist dringend erforderlich.

## 7.7 Allgemein gültige Regeln zur Synchronisation

Die Beispiele in den vorherigen Abschnitten zeigen, dass Entwickler paralleler Programme sich nicht nur Gedanken darüber machen müssen, an welchen Stellen im Programm eine Synchronisation notwendig ist, sondern auch, über welches Objekt und an welcher Stelle die Synchronisation erfolgen soll.

Wir haben uns in diesem Kapitel mit Problemen beim Zugriff mehrerer Threads auf gemeinsame Variablen und Objekte beschäftigt und wir haben Möglichkeiten kennengelernt, diese Probleme zu vermeiden. Lassen Sie uns das Gelernte in diesem Abschnitt nochmal in Form von allgemein gültigen Regeln zusammenfassen.

**Notwendigkeit einer Synchronisation**   Eine Synchronisation ist immer dann notwendig, wenn mehrere Threads auf eine gemeinsame Ressource prinzipiell gleichzeitig zugreifen können und mindestens einer der Threads die Variable verändert. In diesem Fall muss eine Synchronisation sowohl beim schreibenden als auch beim lesenden Zugriff auf die Ressource erfolgen.

**Wahl des Sperr-Objektes**   Die Synchronisation einer gemeinsamen Ressource muss über ein und dasselbe Sperr-Objekt erfolgen.

**Vermeidung unnötiger Synchronisation** Eine Synchronisation sollte nur dann erfolgen, wenn sie auch notwendig ist. Zum einen geht mit der Synchronisation durch das Setzen, Freigeben und Überprüfen von Sperren ein Overhead seitens des Laufzeitsystems einher. Zum anderen kann es durch unnötige Synchronisationen leichter zu Verklemmungen kommen (siehe auch Kapitel 9).

**Granularität der Synchronisation** Eine notwendige Synchronisation sollte so feingranular wie möglich erfolgen, d.h. die Kritischer-Abschnitt-Anweisung sollte so klein wie möglich gewählt werden. Durch Anwendung dieser Regel werden Threads zum einen nicht unnötig (lange) blockiert. Zum anderen wird hiermit eine gewisse Fairness zwischen den Threads sichergestellt.

**synchronized-Anweisung versus synchronized-Deklaration** Der Vorteil der Kennzeichnung einer Methode als `synchronized` gegenüber dem Einsatz einer internen synchronized-Anweisung besteht darin, dass ein (anderer) Programmierer bereits am Methodenkopf erkennt, dass hier synchronisiert wird. Von daher sollte von dieser Alternative Gebrauch gemacht werden, auch wenn der Grundsatz, möglichst feingranular zu synchronisieren, dadurch (allerdings nur geringfügig) verletzt wird.

**volatile** Instanz- und Klassenattribute sollten immer als `volatile` deklariert werden, wenn mehrere Threads prinzipiell gleichzeitig unsynchronisiert darauf zugreifen können.

## 7.8 Beispielprogramme

Die Synchronisation von Threads beim Zugriff auf gemeinsame Ressourcen wird in diesem Abschnitt anhand dreier Beispielprogramme nochmal verdeutlicht.

### 7.8.1 Beispielprogramm 1

Schauen Sie sich nochmal Beispielprogramm 1 aus Kapitel 6.5.1 an. Die von den Hamstern dort zu lösende Aufgabe lautete:

Der Standard-Hamster hat im Hamster-Territorium eine Höhle entdeckt (siehe Abbildung 7.1). Er ist neugierig, was sich am anderen Ende der Höhle befindet. Allerdings leidet er unter Platzangst und kann daher den engen Höhlengang nicht durchqueren. Also ruft er seine Freunde herbei, die ihm natürlich helfen wollen. Da die Luft in der Höhle ziemlich schlecht ist, entscheiden diese, nacheinander die Höhle zu durchqueren, um ja nicht in die Gefahr eines qualvollen Erstickungstodes zu kommen. Immer wenn ein Hamster das Ende der Höhle erreicht hat, teilt er dies den anderen mit, sodass sich der nächste auf den Weg machen kann.

Gelöst wurde das Problem durch Kommunikation der Hamster über ein gemeinsames Klassenattribut.

In diesem Abschnitt wollen wir dasselbe Problem nun durch Einsatz der synchronized-Anweisung lösen. Der kritische Abschnitt ist der Durchlauf eines Höhlen-Hamsters durch die Höhle. Diesen

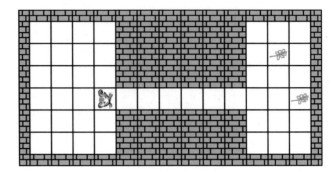

Abbildung 7.1: Typisches Hamster-Territorium zu Beispielprogramm 1

gilt es derart zu sichern, dass sich jeweils nur ein Höhlen-Hamster gleichzeitig in der Höhle aufhalten darf. Dazu wird in der Klasse `HoehlenHamster` in Form eines Klassenattributes ein Sperr-
Objekt `hoehle` definiert und erzeugt. Dieses Objekt wird dann als Sperr-Objekt einer synchronized-
Anweisung verwendet, dessen Kritischer-Abschnitt-Anweisung die do-Schleife zum Durchlaufen
der Höhle bildet.

```
class HoehlenHamster extends AllroundHamster {

    private static Object hoehle = new Object();

    private int hoehlenEingangReihe, hoehlenEingangSpalte;

    HoehlenHamster(int hoehlenEingangReihe,
            int hoehlenEingangSpalte) {
        super(0, 0, Hamster.OST, 0);
        this.hoehlenEingangReihe = hoehlenEingangReihe;
        this.hoehlenEingangSpalte = hoehlenEingangSpalte;
    }

    public void run() {
        this.laufeZuKachel(this.hoehlenEingangReihe,
                this.hoehlenEingangSpalte);
        synchronized (HoehlenHamster.hoehle) {
            do {
                this.vor();
            } while (!this.hoehlenEndeErreicht());
        }
        this.kehrt();
    }

    private boolean hoehlenEndeErreicht() {
        return this.linksFrei() && this.rechtsFrei();
    }
}

void main() {
    int ANZAHL = 5;
```

```
    for (int i = 0; i < ANZAHL; i++) {
        (new HoehlenHamster(Hamster.getStandardHamster()
                .getReihe(), Hamster.getStandardHamster()
                .getSpalte())).start();
    }
}
```

Der Unterschied der beiden Lösungsansätze des Höhlenproblems besteht in der Wahl der Hilfsmittel, die die Hamster einsetzen, um miteinander zu kooperieren. In Kapitel 6.5.1 kommunizieren die Hamster miteinander, in der obigen Lösung synchronisieren bzw. koordinieren sie sich. Während in der Lösung in Kapitel 6.5.1 die Reihenfolge, in welcher die Hamster die Höhle durchqueren, explizit im Programm festgelegt wird, wird sie in der obigen Lösung implizit durch den Java-Scheduler bestimmt.

## 7.8.2  Beispielprogramm 2

Hamster Paul hat eine Weltreise gemacht und kommt heute nach Hause. Seine Frau Maria wartet sehnsüchtig auf ihn am Bahnhof. Endlich fährt der Zug ein und Paul steigt aus. Paul und Maria laufen sich entgegen und fallen sich glücklich in die Arme.

Um dieses Szenario geht es in diesem Beispielprogramm. Hamster Paul wird auf Kachel (0, 0) erzeugt, Hamster Maria auf der anderen Seite des Territoriums. Sie schauen sich an. Beide laufen los. Wenn sie auf derselben Kachel angelangt sind, sollen sie anhalten.

Schauen wir uns einen ersten Lösungsversuch an:

```
class VerliebterHamster extends Hamster {

    VerliebterHamster(int r, int s, int b) {
        super(r, s, b, 0);
    }

    public void run() {
        while (!this.andererHamsterDa()) {
            this.vor();
        }
    }

    boolean andererHamsterDa() {
        return Territorium.getAnzahlHamster(this.getReihe(),
                this.getSpalte()) >= 2;
    }
}

void main() {
    VerliebterHamster paul = new VerliebterHamster(0, 0,
            Hamster.OST);
    VerliebterHamster maria = new VerliebterHamster(0,
            Territorium.getAnzahlSpalten() - 1, Hamster.WEST);
    paul.start();
    maria.start();
}
```

Auf den ersten Blick scheint die Lösung korrekt zu sein. Die beiden Hamster laufen sich entgegen und sobald sie auf derselben Kachel angelangt sind, bleiben sie stehen.

Leider kann es bei dieser Lösung jedoch passieren, dass der Java-Scheduler den beiden Hamstern einen Streich spielt und die beiden verliebten Hamster sich verpassen. Welch eine Tragödie! Schauen wir uns diesen Fall einmal an:

Hamster Paul hat gerade die Bedingung der while-Schleife überprüft. Er steht noch alleine auf der Kachel, d.h. die Bedingung liefert den Wert true. Nun suspendiert der Scheduler Paul und aktiviert Maria. Diese steht aktuell auf der Kachel vor Paul. Sie führt den vor-Befehl aus. Damit stehen die beiden Verliebten nun auf derselben Kachel. Bevor Maria aber die Bedingung der while-Schleife überprüfen kann, funkt der Scheduler dazwischen und reaktiviert Paul. Dieser hatte ja bereits zuvor die Bedingung überprüft und bekommt nun nichts mehr davon mit, dass Maria inzwischen bei ihm angelangt ist. Stattdessen führt er seinen nächsten Befehl aus. Das ist der vor-Befehl, der ihn eine Kachel weiterlaufen lässt. Die beiden Hamster haben sich tatsächlich verpasst, denn wenn Maria als nächstes die Schleifenbedingung überprüft, ist Paul ja schon nicht mehr da.

Problem der ersten Lösung ist, dass zwischen der Überprüfung der Schleifenbedingung und dem Ausführen des vor-Befehls ein Thread-Wechsel stattfinden kann. Wir müssen also erreichen, dass diese beiden Anweisungen immer als eine Einheit ausgeführt werden. Dazu benutzen wir eine synchronized-Anweisung.

```
class VerliebterHamster extends Hamster {

    private static Object sperre = new Object();

    VerliebterHamster(int r, int s, int b) {
        super(r, s, b, 0);
    }

    public void run() {
        while (true) {
            synchronized (VerliebterHamster.sperre) {
                if (!this.andererHamsterDa()) {
                    this.vor();
                } else {
                    return;
                }
            }
        }
    }

    boolean andererHamsterDa() {
        return Territorium.getAnzahlHamster(this.getReihe(),
                this.getSpalte()) >= 2;
    }
}

void main() {
    VerliebterHamster paul = new VerliebterHamster(0, 0,
            Hamster.OST);
    VerliebterHamster maria = new VerliebterHamster(0,
            Territorium.getAnzahlSpalten() - 1, Hamster.WEST);
```

```
      paul.start();
      maria.start();
}
```

Synchronisiert wird in dieser zweiten Lösung über ein gemeinsames Sperr-Objekt `sperre` der Klasse `VerliebterHamster`. Bei dieser Lösung ist sichergestellt, dass jeder der beiden verliebten Hamster die beiden kritischen Anweisungen immer als Einheit ausführen, ohne dass der andere Hamster zwischendurch eine Chance hat, an die Reihe zu kommen. Damit können sich die beiden Hamster nicht verpassen und fallen sich irgendwann glücklich in die Arme.

### 7.8.3 Beispielprogramm 3

Hamster Paul und Maria sind nach Pisa gereist. Dort wollen Sie den schiefen Turm von Pisa besichtigen. Leider steht der Turm inzwischen so schief, dass immer nur ein Tourist gleichzeitig auf den Turm steigen darf. Er wird dabei von einem Turmwächter begleitet, der ihn die schmalen Treppen hinauf und hinunter führt. Natürlich besteht in der Hamsterwelt der schiefe Turm von Pisa aus Körnern (siehe Abbildung 7.2).

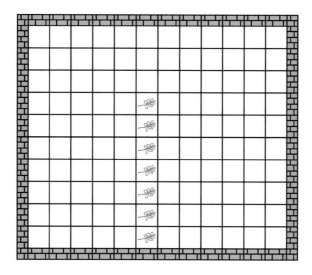

Abbildung 7.2: Typisches Hamster-Territorium zu Beispielprogramm 3

Zur Lösung werden zwei Klassen definiert: Eine Klasse `TurmWaechter`, von der mit Hilfe des Singleton-Musters immer nur ein (passiver) Hamster erzeugt werden kann, und eine Klasse `Tourist`, von der die selbstständigen Touristen-Hamster erzeugt werden[4].

Durch die Methode `turmBesteigen` der Klasse `TurmWaechter` wird realisiert, dass der Turmwächter einen Touristen die schmale Treppe hinauf und hinunter begleitet. Die Methode ist als `synchronized` deklariert. Dadurch wird umgesetzt, dass ein Tourist warten muss, wenn der Turmwächter gerade mit einem anderen Touristen unterwegs ist.

Achtung: Auch die das Singleton-Muster realisierende Klassenmethode `getTurmWaechter` ist als `synchronized` definiert. Als Sperr-Objekt dient hier das Klassenobjekt der Klasse `TurmWaechter`,

---

[4]das können im Prinzip auch mehr sein als nur Paul und Maria

während bei der Instanzmethode `turmBesteigen` der Turmwächter-Hamster das Sperr-Objekt bildet. Es ist dringend notwendig, die Methode `getTurmWaechter` als `synchronized` zu deklarieren, da ansonsten unter Umständen mehrere TurmWächter-Hamster erzeugt werden könnten (was ja dem Singleton-Muster widerspricht). Stellen Sie sich hierzu vor, zwei Touristen-Hamster rufen die Methode gleichzeitig auf, um den Turmwächter anzufordern und ein Thread-Wechsel würde nach der Überprüfung der Bedingung der if-Anweisung erfolgen.

```
class TurmWaechter extends AllroundHamster {

    private static TurmWaechter turmWaechter = null;

    private TurmWaechter(int s) {
        super(Territorium.getAnzahlReihen() - 1, s,
              Hamster.NORD, 0);
    }

    synchronized static TurmWaechter getTurmWaechter(int spalte) {
        if (TurmWaechter.turmWaechter == null) {
            TurmWaechter.turmWaechter = new TurmWaechter(spalte);
        }
        return TurmWaechter.turmWaechter;
    }

    synchronized void turmBesteigen(Tourist ham) {
        this.vor();
        ham.vor();
        while (this.vornFrei() && this.kornDa()) {
            this.vor();
            ham.vor();
        }
        this.kehrt();
        ham.kehrt();
        while (this.vornFrei()) {
            this.vor();
            ham.vor();
        }
        this.kehrt();
    }
}

class Tourist extends AllroundHamster {

    Tourist() {
        super(Territorium.getAnzahlReihen() - 1, 0, Hamster.OST,
              0);
    }

    public void run() {
        while (true) {
            this.laufeZumTurm();
            this.besteigeTurm();
            this.laufeZurueck();
```

```
        }
    }

    private void laufeZumTurm() {
        while (!this.kornDa()) {
            this.vor();
        }
    }

    private void besteigeTurm() {
        this.linksUm();
        TurmWaechter waechter = TurmWaechter
                .getTurmWaechter(this.getSpalte());
        waechter.turmBesteigen(this);
        this.rechtsUm();
    }

    private void laufeZurueck() {
        while (this.vornFrei()) {
            this.vor();
        }
        this.kehrt();
    }
}

void main() {
    Tourist paul = new Tourist();
    Tourist maria = new Tourist();
    paul.start();
    maria.start();
}
```

## 7.9 Aufgaben

Durch die Bearbeitung der folgenden Aufgaben können Sie sich beweisen, dass Sie das Konzept der Synchronisation von Threads beim Zugriff auf gemeinsame Ressourcen verstanden haben.

### 7.9.1 Aufgabe 1

Erweitern Sie Beispielprogramm 1 aus Abschnitt 7.8.1 dadurch, dass die Hamster, wenn alle das Höhlenende erreicht haben, auch wieder nacheinander durch die Höhle zurücklaufen.

### 7.9.2 Aufgabe 2

Ändern Sie das Beispielprogramm 2 aus Abschnitt 7.8.2 dahingehend ab, dass die zwei verliebten Hamster Instanzen unterschiedlicher Klassen sind.

### 7.9.3 Aufgabe 3

Der Touristenandrang auf den schiefen Körnerturm von Pisa (siehe Beispielprogramm 3 aus Abschnitt 7.8.3) ist inzwischen immer größer geworden. Daher hat die zuständige Stelle beschlossen, einen zweiten Turmwächter einzustellen und zu erlauben, dass zwei Touristen gleichzeitig auf den Turm dürfen. Ändern Sie das Beispielprogramm so ab, dass es zwei Turmwächter gibt, die die Touristen auf den Turm begleiten. Erzeugen Sie zum Testen zusätzliche Touristen.

### 7.9.4 Aufgabe 4

$n$ selbstständige Hamster machen einen Ausflug ins Gebirge. Irgendwann kommen sie an eine tiefe Schlucht, über die eine (unbekannt lange) Körner-Hängebrücke führt (siehe Abbildung 7.3). Da die Hängebrücke nicht besonders vertrauenerweckend aussieht, entscheiden sie, die Brücke nacheinander zu überqueren.

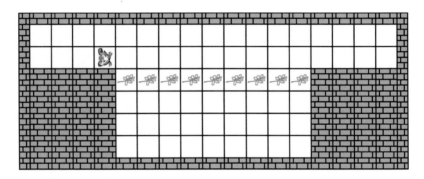

Abbildung 7.3: Typisches Hamster-Territorium zu Aufgabe 4

Entwickeln Sie ein Programm, das dieses Szenario mit Hilfe der synchronized-Anweisung umsetzt. Vergleichen Sie die Lösung mit der Lösung von Aufgabe 6 aus Kapitel 6.6.6.

### 7.9.5 Aufgabe 5

Ein Programmierer möchte die Methoden, die die Klasse `Hamster` zur Verfügung stellt, ergänzen durch eine Methode `hamsterVoraus`, die überprüft, ob sich auf der Kachel vor einem Hamster ein anderer als Parameter übergebener Hamster befindet, und die eine entsprechende Meldung auf den Bildschirm ausgibt. Er definiert dazu folgende Klasse `XHamster`:

```
public class XHamster extends Hamster {

    public XHamster(int r, int s, int b, int k) {
        super(r, s, b, k);
    }

    public synchronized void hamsterVoraus(Hamster ham) {

        // alle Hamster auf entsprechender Kachel
        // ermitteln
```

```
int r = this.getReihe();
int s = this.getSpalte();
switch (this.getBlickrichtung()) {
case Hamster.NORD:
    r--;
    break;
case Hamster.WEST:
    s--;
    break;
case Hamster.SUED:
    r++;
    break;
case Hamster.OST:
    s++;
    break;
}
Hamster[] hamster = Territorium.getHamster(r, s);

// nach ham durchsuchen
for (int i = 0; i < hamster.length; i++) {
    if (hamster[i] == ham) {

        // gefunden
        this.schreib("Hamster steht vor mir!");
        return;
    }
}

// nicht da
this.schreib("Hamster steht nicht vor mir!");
}
}
```

Ein Kollege des Programmierers findet allerdings schnell heraus, dass die Methode hamsterVoraus nicht korrekt implementiert ist. Es kann sowohl passieren, dass die Meldung „Hamster steht vor mir!" ausgegeben wird, obwohl der als Parameter übergebene Hamster schon wieder ganz woanders im Territorium steht, als auch kann ein Hamster die Meldung „Hamster steht nicht vor mir!" ausgeben, obwohl der als Parameter übergebene Hamster direkt vor seiner Nase steht.

Haben Sie auch schon den Fehler entdeckt? Wie kann der Fehler beseitigt werden?

### 7.9.6 Aufgabe 6

Zwei selbstständige Hamster werden auf derselben Kachel in einem beliebigen Territorium erzeugt. Der eine schaut nach Osten, der andere nach Westen. Ihre Aufgabe besteht darin, jeweils in ihrer Blickrichtung auf den Kacheln der entsprechenden Reihe nach Körnern zu suchen und immer wenn sie eines gefunden haben, es zu ihrem Ausgangspunkt zu transportieren und dort abzulegen. Anschließend sollen sie weitersuchen. Das Programm soll terminieren, wenn die Reihe leer gefressen ist oder wenn auf der Ausgangskachel $n$ Körner liegen, wobei $n$ die Anzahl an Körnern im Maul des Standard-Hamsters ist. Achtung: Es dürfen niemals mehr als $n$ Körner auf der Ausgangskachel liegen!

## 7.9.7 Aufgabe 7

Schauen wir uns mal eine Klasse `RHamster` an, die zwei Hamster-Methoden definiert, die wir schon häufiger benötigt haben:

```java
public class RHamster extends Hamster {

    public RHamster(int r, int s, int b, int k) {
        super(r, s, b, k);
    }

    // der Hamster testet, ob links von ihm die Kachel
    // frei ist
    public synchronized boolean linksFrei() {
        this.linksUm();
        boolean frei = this.vornFrei();

        // Vermeidung von Seiteneffekten
        this.linksUm();
        this.linksUm();
        this.linksUm();

        // liefere Ergebnis
        return frei;
    }

    // der Hamster ermittelt die Anzahl an Koernern auf der
    // aktuellen Kachel
    public synchronized int zaehleAnzahlAnKoerner() {
        int anzahl = 0;
        while (this.kornDa()) {
            this.nimm();
            anzahl++;
        }

        // Vermeidung von Seiteneffekten
        for (int i = 0; i < anzahl; i++) {
            this.gib();
        }

        // liefere Ergebnis
        return anzahl;
    }
}
```

Bei beiden Methoden fällt auf, dass eigentlich das Funktionsergebnis schon viel früher feststeht, als es tatsächlich geliefert wird. Der Grund für die Verzögerung ist, dass vor der Wertlieferung noch die Seiteneffekte rückgängig gemacht werden müssen. Wenn die Methoden der Klasse `RHamster` nun von einem Thread aus aufgerufen werden, muss hierin länger auf das Ergebnis gewartet werden, als eigentlich notwendig.

In einigen parallelen Programmiersprachen gibt es für derartige Fälle eine so genannte `reply`-Anweisung. Diese wird analog zur return-Anweisung eingesetzt, liefert das Funktionsergebnis, verlässt die Funktion jedoch nicht, sondern führt die restlichen Anweisungen der Funktion nebenläufig aus. Angenommen es gäbe in Java eine reply-Anweisung, könnte die Klasse RHamster wie folgt definiert werden:

```java
public class RHamster extends Hamster {

    public RHamster(int r, int s, int b, int k) {
        super(r, s, b, k);
    }

    // der Hamster testet, ob links von ihm die Kachel frei ist
    public synchronized boolean linksFrei() {
        this.linksUm();

        // liefere Ergebnis
        reply this.vornFrei();

        // Vermeidung von Seiteneffekten
        this.linksUm();
        this.linksUm();
        this.linksUm();
    }

    // der Hamster ermittelt die Anzahl an Koernern auf der
    // aktuellen Kachel
    public synchronized int zaehleAnzahlAnKoerner() {
        int anzahl = 0;
        while (this.kornDa()) {
            this.nimm();
            anzahl++;
        }

        // liefere Ergebnis
        reply anzahl;

        // Vermeidung von Seiteneffekten
        for (int i=0; i<anzahl; i++) {
            this.gib();
        }
    }
}
```

Leider gibt es jedoch in Java keine reply-Anweisung. Allerdings kann man sie mit Hilfe von den in Kapitel 4.10.2 vorgestellten Thread-Methoden simulieren. Genau das ist Ihre Aufgabe. Entwickeln Sie ein Konzept, das es erlaubt, dass das Rückgängigmachen von Seiteneffekten nach der Wertlieferung einer Funktion erfolgt. Implementieren Sie das Konzept für das obige Beispiel.

## 7.9.8 Aufgabe 8

Zwei kleine selbstständige Hamster-Kinder würden gerne mal mit einer Spielzeugeisenbahn spielen. Leider gibt es jedoch keine Spielzeugeisenbahnen für Hamster. Aber die beiden sind nicht dumm:

Sie legen mit Körnern „Schienen" in ihr Territorium und spielen selbst die Lokomotiven.

Ausgang der „Hamster-Spielzeugeisenbahn" ist das in Abbildung 7.4 skizzierte Territorium. Die beiden Hamster können die Körner-Strecke beliebig abfahren. Allerdings darf sich zu jedem Zeitpunkt immer nur maximal ein Hamster auf der einspurigen Strecke in der Mitte befinden.

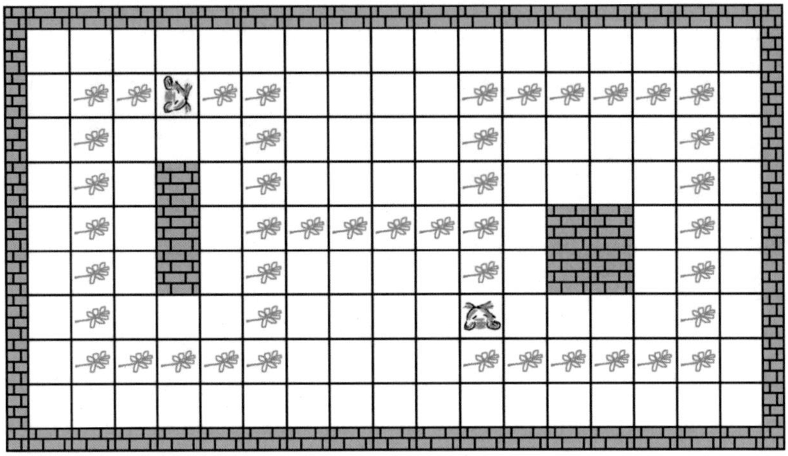

Abbildung 7.4: Hamster-Territorium zu Aufgabe 8

Entwickeln Sie ein Programm, das dieses Szenario umsetzt. Der kritische Abschnitt ist natürlich die einspurige Teilstrecke. Setzen Sie zur Absperrung die synchronized-Anweisung ein.

# Kapitel 8
# Einseitige Synchronisation

In Kapitel 7 haben wir den Bedarf der Synchronisation mehrerer Threads erörtert. Bei der Lösung vieler Probleme müssen sich die Threads untereinander abstimmen. Sie können nicht mehr vollkommen unabhängig voneinander agieren. Die Abstimmung wird dadurch erreicht, dass die betroffenen Aktivitäten eines Threads mit den betroffenen Aktivitäten anderer Threads in eine zeitliche Abfolge gebracht werden, indem ihre Ausführung verzögert wird.

Im Detail wurde in Kapitel 7 auf die mehrseitige Synchronisation eingegangen. Hierbei steht die Vermeidung von Konflikten beim Zugriff mehrerer Threads auf gemeinsame Variablen bzw. Ressourcen im Mittelpunkt.

In diesem Kapitel werden wir uns mit der einseitigen Synchronisation beschäftigen. Kennzeichen der einseitigen Synchronisation ist, dass ein Thread unter Umständen mit der Ausführung seiner nächsten Aktivität warten muss, bis ein anderer Thread eine bestimmte Aktivität abgeschlossen hat bzw. eine bestimmte Bedingung erfüllt ist. Bisher haben wir in solchen Fällen immer das Konzept des *aktiven Wartens* eingesetzt. In diesem Kapitel werden wir hierzu eine Alternative kennenlernen, bei der keine Rechenzeit „vergeudet" wird.

Im Einzelnen werden wir uns in Abschnitt 1 nochmal mit dem Problem des aktiven Wartens auseinandersetzen. In den Abschnitten 2 und 3 werden zwei Alternativen zum aktiven Warten vorgestellt, die auf den Methoden `sleep` und `interrupt` der Klasse `Thread` beruhen. Aber auch diese Alternativen haben noch gewisse Nachteile, die erst durch den Einsatz der Methoden `wait` und `notify` beseitigt werden können. Der Einsatz diese Methoden zur Realisierung der einseitigen Synchronisation wird in Abschnitt 4 erörtert. Abschnitt 5 demonstriert mögliche Probleme beim Einsatz von `notify` und führt mit der Methode `notifyAll` eine Lösung hierfür ein. Ein wichtiges Konzept der parallelen Programmierung ist das Konzept des Monitors, durch das eine Ressource auf elegante Art und Weise vor Inkonsistenzen beim Zugriff mehrerer Prozesse geschützt werden kann. Das Konzept des Monitors wird in Abschnitt 6 eingeführt und auf die Thread-Programmierung in Java übertragen. Nachdem in Abschnitt 7 die Möglichkeiten zur einseitigen Synchronisation von Threads in Java nochmal an drei etwas komplexeren Beispielen demonstriert wurden, folgt in Abschnitt 8 eine Zusammenfassung des Gelernten. Dass Sie in diesem Kapitel tatsächlich etwas gelernt haben, können Sie sich dann in Abschnitt 9 durch das Bearbeiten von Übungsaufgaben selbst beweisen.

## 8.1 Aktives Warten

Die Hamster haben erfahren, dass sie an den nächsten Olympischen Spielen teilnehmen dürfen. Dieses Event wollen sie sich natürlich nicht entgehen lassen. Da sie sehr lauffreudig und im Team quasi unschlagbar sind, planen sie eine Teilnahme an einem Staffel-Laufwettbewerb. Vor den Spielen heißt es natürlich: Üben, Üben, Üben. Und das werden die Hamster nun zunächst tun, und zwar immer zu zweit.

Konkret werden im folgenden Programm zwei Staffel-Hamster erzeugt. Als Staffelstab nutzen sie ein Staffelkorn, das bei Beginn des Rennens auf der Ausgangskachel liegt. Einer der Hamster schnappt sich dieses Korn, rennt bis zur nächsten Wand, dreht sich dort um und rennt zurück. Am Ausgangspunkt angekommen, übergibt er das Staffel-Korn an seinen Teamkollegen, der währenddessen gewartet hat.

```
class StaffelHamster extends AllroundHamster {

    private int ermuedung;

    StaffelHamster(int reihe) {
        super(reihe, 0, Hamster.OST, 0);
        this.ermuedung = 0;
    }

    public void run() {
        while (true) {
            this.aufStabWarten();
            this.laufen();
            this.stabUebergeben();
            this.kehrt();
        }
    }

    void aufStabWarten() {
        synchronized (Territorium.getKachel(this.getReihe(),
                this.getSpalte())) {
            while (!this.kornDa()) {
                // aktives Warten
            }
            this.nimm();
        }
    }

    void laufen() {
        this.laufeZurWand();
        this.kehrt();
        this.laufeZurWand();
    }

    void stabUebergeben() {
        this.gib();
    }

    public void vor() {
        super.vor();
        this.ermuedung += 5;
        this.pausieren(this.ermuedung);
    }

    public boolean kornDa() {
        this.ermuedung += 1;
```

```
        return super.kornDa();
    }

    void pausieren(int millisekunden) {
        try {
            Thread.sleep(millisekunden);
        } catch (InterruptedException exc) {
        }
    }
}


void main() {
    StaffelHamster laeufer1 = new StaffelHamster(0);
    StaffelHamster laeufer2 = new StaffelHamster(0);

    laeufer1.start();
    laeufer2.start();
}
```

Zwei Aspekte sind in diesem Beispiel von besonderem Interesse:

- In der Methode `aufStabWarten` wird das Warten implementiert.

- Das Laufen ermüdet die Hamster fortwährend und sie müssen dementsprechend immer längere Pausen einlegen (siehe die überschriebene vor-Methode). Weiterhin ermüden die Hamster auch durch das „Bücken" zum Überprüfen, ob das Staffelkorn schon da ist (siehe die überschriebene kornDa-Methode).

Die einseitige Synchronisation der Hamster (jeweils ein Hamster muss auf den anderen warten) wird in dieser ersten Lösung durch *aktives Warten* – auch *Polling* genannt – realisiert. Der jeweils wartende Hamster schaut ständig nach, ob das Staffelkorn schon da ist oder nicht (siehe Methode `aufStabWarten`). Aktives Warten ist aber ein Lösungskonzept, das bei der parallelen Programmierung möglichst vermieden werden sollte, weil hierbei Ressourcen – insbesondere Rechenzeit – verschwendet werden. Zum Überprüfen muss dem entsprechenden Thread ja der Prozessor zugeteilt werden, der für die Zeit dann nicht mehr für andere Threads zur Verfügung steht. In dem Beispielprogramm äußert sich der „Verschwendungseffekt" darin, dass die Hamster beim aktiven Warten durch das ständige Bücken zusätzlich ermüden (siehe die kornDa-Methode).

Wir werden uns in den folgenden beiden Abschnitten Alternativen zum aktiven Warten anschauen. Wir haben diese zwar schon einmal in Kapitel 5.10.1 kennengelernt, wiederholen sie hier allerdings noch einmal, weil sie uns letztendlich zur besten Lösung in Abschnitt 8.4 hinführen.

## 8.2 Verwendung von `sleep`

Eine etwas abgeschwächte Form des aktiven Wartens ist durch den Einsatz der sleep-Methode der Klasse `Thread` realisierbar (siehe auch Kapitel 5.5). Hierbei schaut der wartende Hamster nicht ständig nach, ob das Staffelkorn schon da ist, sondern nur in gewissen Zeitabständen; in der folgenden Implementierung der Methode `aufStabWarten` bspw. jede Sekunde:

```
void aufStabWarten() {
    synchronized (Territorium.getKachel(this.getReihe(),
            this.getSpalte())) {
        while (!this.kornDa()) {
            try {
                Thread.sleep(1000);
            } catch (InterruptedException exc) {
            }
        }
        this.nimm();
    }
}
```

Problem bei einer solchen Lösung der einseitigen Synchronisation ist im Allgemeinen die Wahl der
Länge der Zeitspanne. Ist sie zu niedrig, wird zu häufig eigentlich unnötig die Wartebedingung überprüft. Ist sie zu lang, vergeht unter Umständen viel Zeit, bis der wartende Thread merkt, dass die
Bedingung inzwischen erfüllt ist. In dem obigen Beispiel merkt der wartende Hamster im schlimmsten Fall erst nach einer Sekunde, dass der andere Hamster das Staffelkorn längst abgelegt hat. Diese
Zeit summiert sich im Laufe des Rennens und kann durchaus zu einer Niederlage bei den Olympischen Spielen führen.

## 8.3  Verwendung von `sleep` und `interrupt`

Aktives Warten bedeutet, dass ein wartender Thread ständig oder zumindest hin und wieder überprüft, ob die Wartebedingung inzwischen erfüllt ist. Dabei wird kostbare Zeit verschwendet. Aktives
Warten ist also kein adäquates Konzept zum Lösen der einseitigen Synchronisation. Wir müssen
uns nach einer Alternative umschauen. Eine eigentlich nahe liegende Alternative besteht darin, dass
der wartende Prozess nicht ständig die Wartebedingung aktiv überprüft, sondern **passiv** – also ohne
irgendetwas zu tun – darauf wartet, dass er informiert wird, wenn die Wartebedingung erfüllt ist.

Eine Realisierungsvariante für dieses Lösungskonzept ist der Einsatz der Methode `sleep` in Kombination mit der Methode `interrupt` der Klasse `Thread` (siehe auch Kapitel 5.5 und 5.7): Der wartende
de Thread legt sich für eine sehr lange Zeit schlafen (`Thread.sleep(9223372036854775807L);`)
und ein anderer Thread weckt ihn durch Aufruf der Methode `interrupt`, wenn die Wartebedingung
erfüllt ist.

Im Folgenden wird diese Realisierungsvariante am Beispiel der Staffel-Hamster aufgezeigt. In der
Methode `aufStabWarten` erfolgt der Aufruf der Methode `sleep` und in der Methode `stabUeber-`
`geben` – nachdem das Staffelkorn abgelegt wurde – der Aufruf der Methode `interrupt`.

```
class StaffelHamster extends AllroundHamster {

    private int ermuedung;

    private StaffelHamster partner;

    StaffelHamster(int reihe) {
        super(reihe, 0, Hamster.OST, 0);
        this.ermuedung = 0;
        this.partner = null;
```

```
}

public void setPartner(StaffelHamster hamster) {
    this.partner = hamster;
}

public void run() {
    while (true) {
        this.aufStabWarten();
        this.laufen();
        this.stabUebergeben();
        this.kehrt();
    }
}

void aufStabWarten() {
    synchronized (Territorium.getKachel(this.getReihe(),
            this.getSpalte())) {
        while (!this.kornDa()) {
            try {
                Thread.sleep(9223372036854775807L);
            } catch (InterruptedException exc) {
            }
        }
        this.nimm();
    }
}

void laufen() {
    this.laufeZurWand();
    this.kehrt();
    this.laufeZurWand();
}

void stabUebergeben() {
    this.gib();
    this.partner.interrupt();
}

public void vor() {
    super.vor();
    this.ermuedung += 5;
    this.pausieren(this.ermuedung);
}

public boolean kornDa() {
    this.ermuedung += 1;
    return super.kornDa();
}

void pausieren(int millisekunden) {
    try {
```

```
            Thread.sleep(millisekunden);
        } catch (InterruptedException exc) {
        }
    }
}

void main() {
    StaffelHamster laeufer1 = new StaffelHamster(0);
    StaffelHamster laeufer2 = new StaffelHamster(0);
    laeufer1.setPartner(laeufer2);
    laeufer2.setPartner(laeufer1);
    laeufer1.start();
    laeufer2.start();
}
```

Für das gegebene Hamster-Problem haben wir damit eine mögliche Lösung gefunden. Diese ist
allerdings keine allgemein gültige Lösungsmöglichkeit für die einseitige Synchronisation, denn der
Thread, der die Erfüllung der Wartebedingung feststellt, muss den wartenden Thread kennen, um
dessen interrupt-Methode aufrufen zu können. Und diese Voraussetzung ist bei vielen Problemen
nicht gegeben.

## 8.4 wait und notify

Um die einseitige Synchronisation adäquat implementieren zu können, ist ein Mechanismus notwendig, der einen Thread so lange passiv warten lässt, d.h. blockiert, bis ein anderer Thread die Erfüllung
der Wartebedingung signalisiert, und zwar ohne dass er den wartenden Thread kennen muss. Hierzu
dienen in Java die Methoden wait, notify und notifyAll, die in der Klasse Object implementiert sind und die daher jedes Objekt besitzt:

```
public class Object {

    public final void wait()
        throws InterruptedException
    public final void wait(long millis)
        throws InterruptedException
    public final void wait(long millis, int nanos)
        throws InterruptedException

    public final void notify()
    public final void notifyAll()

    // ...
}
```

Zunächst schauen wir uns nur die parameterlose wait- und die notify-Methode genauer an. Die parametrisierten wait-Methoden und die notifyAll-Methode folgen weiter unten.

### 8.4.1 Semantik von `wait` und `notify`

Neben der Sperre für die mehrseitige Synchronisation besitzt in Java jedes Objekt genau eine interne Warteschlange. Wird, während ein Thread T1 aktiv ist, die Methode `wait` für ein Objekt `obj` aufgerufen, so wird dem Thread T1 unmittelbar der Prozessor entzogen und er wird in den Zustand „blockiert" versetzt (siehe auch Kapitel 5.2). Weiterhin wird er in die interne Warteschlange des Objektes `obj` eingetragen.

Beim Aufruf der Methode `notify` für ein Objekt `obj` wird (falls die Warteschlange von `obj` nicht leer ist) genau ein Thread aus der internen Warteschlange des Objektes `obj` entfernt und wieder in den Zustand „rechenwillig" versetzt. Man sagt auch: Der wartende Thread wird „geweckt". Falls sich beim Aufruf von `notify` für `obj` mehrere Threads in der Warteschlange von `obj` befinden, ist nicht festgelegt, welcher Thread geweckt wird. Es muss nicht unbedingt derjenige sein, der sich am längsten in der Warteschlange befindet. Falls sich beim Aufruf von `notify` für `obj` kein Thread in der Warteschlange von `obj` befindet, entspricht der Aufruf von `notify` einer Leeranweisung. Ganz wichtig: Der Aufruf von `notify` wird nicht gepuffert, derart, dass er bei einem nachfolgenden Aufruf von `wait` noch Wirkung zeigen würde.

Es existiert eine wichtige Nebenbedingung für den Aufruf der Methoden `wait` und `notify` für ein Objekt `obj`: Die Sperre von `obj` muss beim Aufruf der Methoden gesetzt sein, d.h. der Aufruf von `wait` und `notify` muss innerhalb einer synchronized-Anweisung erfolgen, bei der `obj` das Sperr-Objekt ist. Ansonsten wird eine `IllegalMonitorStateException` (siehe Anhang A.7) geworfen.

Weiterhin ist zu beachten, dass, sobald für ein Objekt die Methode `wait` aufgerufen wird, die Sperre für das Objekt aufgehoben wird. Andernfalls wäre es unmöglich, dass ein anderer Thread für das Objekt die Methode `notify` aufruft, da er dazu ja zunächst die Sperre des Objektes setzen muss. Bevor ein Thread nach dem Wecken tatsächlich weiterlaufen kann, muss er zunächst wieder die Sperre für das Sperr-Objekt erlangen. Das geschieht implizit. Er konkurriert dabei unter Umständen mit anderen Threads.

Der Aufruf von `wait` für ein Objekt *obj* hebt übrigens nur die Sperre für das Objekt *obj* auf. Hält der Thread noch Sperren anderer Objekte, werden diese nicht aufgehoben. Ebenfalls ist es ein Trugschluss zu glauben, dass beim Aufruf der Methoden `sleep` oder `join` Sperren freigegeben werden. Das ist mitnichten der Fall. Eine Nicht-Beachtung dieser Tatsachen führt häufig zu einer Verklemmung (siehe Kapitel 9).

### 8.4.2 Lösung des Hamster-Staffellaufs mit Hilfe von `wait` und `notify`

Das folgende Lösungsprogramm für den Hamster-Staffelwettbewerb setzt das wait/notify-Konzept ein. Synchronisiert wird über das speziell hierfür erzeugte Objekt `staffelKorn`. Der wartende Hamster ruft in der Methode `aufStabWarten` die Methode `wait` für das Objekt `staffelKorn` auf, falls kein Korn da, also die Wartebedingung nicht erfüllt ist. Sobald der laufende Hamster das Staffelkorn abgelegt hat, signalisiert er die Erfüllung der Wartebedingung durch Aufruf der Methode `notify` für das Objekt `staffelKorn` und weckt damit den anderen Hamster auf.

```
1  class StaffelHamster extends AllroundHamster {
2
3      private int ermuedung;
4
5      private Object staffelKorn;
```

```
 6
 7   StaffelHamster(int reihe, Object stab) {
 8       super(reihe, 0, Hamster.OST, 0);
 9       this.staffelKorn = stab;
10       this.ermuedung = 0;
11   }
12
13   public void run() {
14       while (true) {
15           this.aufStabWarten();
16           this.laufen();
17           this.stabUebergeben();
18           this.kehrt();
19       }
20   }
21
22   void aufStabWarten() {
23       synchronized (this.staffelKorn) {
24           while (!this.kornDa()) {
25               try {
26                   this.staffelKorn.wait();
27               } catch (InterruptedException exc) {
28               }
29           }
30           this.nimm();
31       }
32   }
33
34   void laufen() {
35       this.laufeZurWand();
36       this.kehrt();
37       this.laufeZurWand();
38   }
39
40   void stabUebergeben() {
41       synchronized (this.staffelKorn) {
42           this.gib();
43           this.staffelKorn.notify();
44       }
45   }
46
47   public void vor() {
48       super.vor();
49       this.ermuedung += 5;
50       this.pausieren(this.ermuedung);
51   }
52
53   public boolean kornDa() {
54       this.ermuedung += 1;
55       return super.kornDa();
56   }
57
```

```
58    void pausieren(int millisekunden) {
59        try {
60            Thread.sleep(millisekunden);
61        } catch (InterruptedException exc) {
62        }
63    }
64 }
65
66 void main() {
67    Object staffelKorn = new Object();
68    StaffelHamster laeufer1 = new StaffelHamster(0,
69            staffelKorn);
70    StaffelHamster laeufer2 = new StaffelHamster(0,
71            staffelKorn);
72    laeufer1.start();
73    laeufer2.start();
74 }
```

Beim Durcharbeiten des Sourcecodes haben Sie sich bestimmt die Frage gestellt: Warum wird in der Methode aufStabWarten eine while-Schleife und keine if-Anweisung eingesetzt?

Nehmen wir einmal an, Hamster laeufer1 hat die Anweisung this.staffelKorn.wait(); ausgeführt, d.h. er wartet gerade auf das Staffelkorn. Der andere Hamster laeufer2 kehrt zur Startlinie zurück und signalisiert durch Ausführung der Anweisung this.staffelKorn.notify();, dass er das Staffelkorn abgelegt hat. Dies führt dazu, dass der wartende Hamster laeufer1 aus der internen Warteschlange vom Staffelkorn-Objekt entfernt und in den Zustand „rechenwillig" versetzt wird. Nun tritt ein seltener aber durchaus möglicher Fall ein: Für laeufer2 werden, ohne das zwischendurch laeufer1 den Prozessor zugeteilt bekommt, die Methoden kehrt und aufStabWarten ausgeführt, d.h. laeufer2 nimmt das Staffelkorn und läuft erneut. Irgendwann kommt nun aber auch laeufer1 mal wieder an die Reihe. Würde in Zeile 24 eine if-Anweisung stehen, wäre diese beendet und laeufer1 würde den nimm-Befehl ausführen. Das aber hätte fatale Folgen (nämlich den Tod des Hamsters), denn laeufer2 hat ja bereits das Staffelkorn aufgenommen und ist bereits wieder unterwegs. Durch die Verwendung der while-Schleife in Zeile 24 wird erneut die Wartebedingung überprüft. Diese ist nicht erfüllt, sodass sich laeufer1 nochmal ausruhen kann.

Auch an diesem Beispiel sehen Sie wieder, wie sorgfältig parallele Programme analysiert und getestet werden müssen, um sicherzugehen, dass sie auch wirklich in **allen** Situationen korrekt ablaufen.

Überlegen Sie nun einmal: Wäre eigentlich auch folgende Implementierung der Methode stabUebergeben korrekt:

```
void stabUebergeben() {
    synchronized (this.staffelKorn) {
        this.staffelKorn.notify();
        this.gib();
    }
}
```

Prinzipiell könnte man annehmen, zwischen der notify-Anweisung, die ja den wartenden Hamster weckt, und der gib-Anweisung wird der wartende Hamster aktiv. Die Überprüfung der kornDa-Bedingung schlägt fehl und er legt sich erneut schlafen, bekommt also von dem gib-Befehl des anderen Hamsters gar nichts mehr mit. Dem ist aber nicht so, denn der wartende Hamster kann nach seiner Deblockierung erst dann weitermachen, wenn er die Sperre für das Staffelkorn-Objekt setzen kann. Das ist aber erst dann der Fall, wenn der andere Hamster den kritischen Abschnitt in der Methode stabUebergeben verlässt, also auch das Staffelkorn abgelegt hat. Die geänderte Methode ist also auch korrekt.

### 8.4.3 Die parametrisierten wait-Methoden

Neben der parameterlosen wait-Methode besitzt jedes Objekt zwei weitere wait-Methoden mit einem bzw. zwei Parametern

```
public class Object {

    public final void wait()
        throws InterruptedException
    public final void wait(long millis)
        throws InterruptedException
    public final void wait(long millis, int nanos)
        throws InterruptedException

    // ...
}
```

Bei der Verwendung der parametrisierten wait-Methoden wird nur zeitlich begrenzt auf die Erfüllung der Wartebedingung gewartet, d.h. der Thread wird auch dann wieder vom Zustand „blockiert" in den Zustand „rechenwillig" versetzt, wenn die angegebene Zeit in Millisekunden bzw. Millisekunden plus Nanosekunden verstrichen ist, ohne dass der Thread durch ein notify geweckt wurde.

Wie bei den entsprechenden join und sleep-Methoden (siehe Kapitel 5.6 bzw. 5.5) darf der aktuelle Parameterwert für die Millisekunden nicht negativ sein und der Wert für die Nanosekunden muss zwischen 0 und 999.999 liegen. Andernfalls wird eine IllegalArgumentException – eine Unchecked-Exception – geworfen. Ein Aufruf der beiden Methoden mit einer Zeit gleich Null entspricht einem Aufruf der parameterlosen wait-Methode.

Die InterruptedException der wait-Methoden ist eine Checked-Exception, muss also abgefangen werden. Wann und wie sie genau geworfen werden kann, wird in Kapitel 5.7 behandelt.

## 8.5 notifyAll

Die Hamster haben nun lange genug trainiert. Der große Tag ist gekommen und der IOC-Präsident ruft aus: Ich erkläre die Hamster-Olympiade für eröffnet! Aber vor dem Startschuss muss noch kurz die Methode notifyAll erläutert werden.

### 8.5.1 Semantik von notifyAll

Um nicht nur einen sondern mehrere Threads vom Eintreten einer Wartebedingung zu informieren, dient die Methode notifyAll, die jedes Objekt besitzt. Der Unterschied der Methode notifyAll gegenüber der Methode notify ist, dass beim Aufruf von notifyAll für ein Objekt obj nicht nur ein einziger Thread aus der internen Warteschlange von `obj` geweckt wird, sondern **alle**. D.h. alle Threads, die sich gerade in der Warteschlange von `obj` befinden, werden hieraus entfernt und wieder in den Zustand „rechenwillig" versetzt. Alle aufgeweckten Threads versuchen dann als nächstes, wieder die Sperre von `obj` zu setzen, um ihre Arbeit fortsetzen zu können, denn genauso wie die notify-Methode muss auch die notifyAll-Methode eines Objektes `obj` innerhalb einer synchronized-Anweisung aufgerufen werden, bei der `obj` das Sperr-Objekt ist. Eine Reihenfolge, welchem Thread dies als erstem gelingt, ist nicht definiert.

## 8.5.2 Olympiade

Gegenüber den „Trainingsprogrammen" gibt es beim folgenden „Wettkampfprogramm" folgende Änderungen:

- Die Hamster sind zu Mannschaften zusammengefasst, wobei eine Mannschaft nicht nur aus zwei, sondern unter Umständen auch aus mehreren Staffel-Hamstern bestehen kann.

- Die Hamster laufen nicht endlos (wie im Training). Vielmehr wird vorher die Anzahl an zu laufenden Runden pro Mannschaft festgelegt. Nach dem Absolvieren dieser Anzahl an Runden sollen alle Hamster der Mannschaft ihre Arbeit beenden.

Vor dem Start des Staffelwettbewerbs begeben sich die Hamster aller teilnehmenden Mannschaften an die Startlinie und warten auf den Startschuss des Schiedsrichters, der durch Aufruf der Methode `notifyAll` simuliert wird. Schauen Sie sich hierzu die Klasse `Schiedsrichter` und die Methode `aufStartschussWarten` der Klasse `StaffelHamster` an. Zur Synchronisation existiert ein Sperr-Objekt `startSchuss`. Für dieses wird in der Methode `gibStartSchuss` der Klasse `Schiedsrichter` die Methode `notifyAll` aufgerufen und das Rennen als gestartet markiert. Alle Staffel-Hamster überprüfen zunächst in ihrem Body, ob das Rennen bereits gestartet ist. Falls nicht, warten sie auf den Startschuss des Schiedsrichters.

Die Staffelkorn-Übergabe wird über ein Sperr-Objekt `staffelKorn` realisiert, das jede Mannschaft besitzt. Die Methode `getStaffelKorn` der Klasse `Mannschaft` liefert dieses Objekt und zum Warten auf die Ankunft des aktuellen Läufers rufen die Hamster in der Methode `aufStabWarten` die wait-Methode für das Staffelkorn-Objekt ihrer Mannschaft auf. Bei der Staffelkorn-Übergabe ruft der Hamster, der gerade gelaufen ist, die Methode `notify` des Staffelkorn-Objektes auf, d.h. genau ein wartender Hamster der Mannschaft wird geweckt. Er versucht, die Sperre des Staffelkorn-Objektes zu setzen und insofern nicht der gerade gelaufene Hamster eine weitere Runde läuft, wird er die nächste Runde in Angriff nehmen.

Nach dem Absolvieren der geforderten Rundenanzahl ruft der Schlussläufer „Geschafft!" und informiert die anderen Hamster seiner Mannschaft durch Aufruf der Methode `notifyAll` des Staffelkorn-Objektes über seine Zielankunft. Hierdurch werden alle wartenden Hamster der Mannschaft geweckt. Irgendwann werden sie die Sperre des Staffelkorn-Objektes setzen können. Dann werden sie über die Methode `fertig` ihrer Mannschaft feststellen, dass ihre Mannschaft das Rennen erfolgreich beendet hat und sie werden sich beenden. Bei Olympia gilt übrigens das Motto „Dabei sein ist alles!". Daher spielt es in dem Hamster-Programm auch keine Rolle, welche Mannschaft letztendlich gewinnt.

```
class Schiedsrichter {

    private Object startSchuss = new Object();
```

```java
    private boolean gestartet = false;

    void gibStartSchuss() {
        synchronized (this.startSchuss) {
            if (this.gestartet) {

                // Rennen kann nur einmal gestartet werden
                return;
            }
            this.startSchuss.notifyAll();
            this.gestartet = true;
        }
    }

    Object getStartSchuss() {
        return this.startSchuss;
    }

    boolean rennenGestartet() {
        synchronized (this.startSchuss) {
            return this.gestartet;
        }
    }
}

class Mannschaft {

    private StaffelHamster[] laeufer;

    private Object staffelKorn;

    private int anzahlRunden;

    private int gelaufeneRunden;

    private Schiedsrichter schieri;

    Mannschaft(int anzahlLaeufer, int anzahlRunden, int reihe,
            Schiedsrichter schieri) {
        this.anzahlRunden = anzahlRunden;
        this.gelaufeneRunden = 0;
        this.schieri = schieri;
        this.staffelKorn = new Object();
        this.laeufer = new StaffelHamster[anzahlLaeufer];
        for (int a = 0; a < this.laeufer.length; a++) {
            this.laeufer[a] = new StaffelHamster(reihe, this);
            this.laeufer[a].start();
        }
    }

    Object getStaffelKorn() {
```

```
            return this.staffelKorn;
    }

    synchronized void weitereRundeGelaufen() {
        this.gelaufeneRunden++;
    }

  synchronized  boolean fertig() {
        return this.gelaufeneRunden == this.anzahlRunden;
    }

    Schiedsrichter getSchieri() {
        return this.schieri;
    }
}

class StaffelHamster extends AllroundHamster {

    private Mannschaft mannschaft;

    private int ermuedung;

    StaffelHamster(int reihe, Mannschaft mannschaft) {
        super(reihe, 0, Hamster.OST, 0);
        this.mannschaft = mannschaft;
        this.ermuedung = 0;
    }

    public void run() {
        this.aufStartschussWarten();
        this.dasRennen();
    }

    void aufStartschussWarten() {
        synchronized (this.mannschaft.getSchieri()
                .getStartSchuss()) {
            if (!this.mannschaft.getSchieri().rennenGestartet()) {
                try {
                    this.mannschaft.getSchieri()
                            .getStartSchuss().wait();
                } catch (InterruptedException exc) {
                }
            }
        }
    }

    void dasRennen() {
        while (true) {
            this.aufStabWarten();
            if (this.mannschaft.fertig()) { // geschafft
                return;
            }
```

```java
            this.laufen();
            this.stabUebergeben();
            if (this.mannschaft.fertig()) { // geschafft
                return;
            }
            this.kehrt();
        }
    }

    void aufStabWarten() {
        synchronized (this.mannschaft.getStaffelKorn()) {

            // auf Staffelstab bzw. Ende warten
            while (!this.kornDa() && !this.mannschaft.fertig()) {
                try {
                    this.mannschaft.getStaffelKorn().wait();
                } catch (InterruptedException exc) {
                }
            }
            if (this.mannschaft.fertig()) { // geschafft
                return;
            }

            // der Hamster ist an der Reihe
            this.nimm();
        }
    }

    void laufen() {
        this.laufeZurWand();
        this.kehrt();
        this.laufeZurWand();
    }

    void stabUebergeben() {
        synchronized (this.mannschaft.getStaffelKorn()) {
            this.gib();
            this.mannschaft.weitereRundeGelaufen();
            if (!this.mannschaft.fertig()) {
                this.mannschaft.getStaffelKorn().notify();
            } else {
                this.schreib("Geschafft!");
                this.mannschaft.getStaffelKorn().notifyAll();
            }
        }
    }

    public void vor() {
        super.vor();
        this.ermuedung += 5;
        this.pausieren(this.ermuedung);
    }
```

```
    public boolean kornDa() {
        this.ermuedung += 1;
        return super.kornDa();
    }

    void pausieren(int millisekunden) {
        try {
            Thread.sleep(millisekunden);
        } catch (InterruptedException exc) {
        }
    }
}

void main() {

    // Rennen vorbereiten
    int anzahlMannschaften = Hamster.getStandardHamster()
            .liesZahl("Anzahl an Mannschaften: ");
    int anzahlLaeuferProMannschaft = Hamster
            .getStandardHamster().liesZahl(
                    "Anzahl an Laeufern pro Mannschaft: ");
    int anzahlRunden = Hamster.getStandardHamster()
            .liesZahl("Anzahl an zu laufenden Runden: ");

    // Schiedsrichter erzeugen
    Schiedsrichter pfeife = new Schiedsrichter();

    // Mannschaften vorbereiten
    for (int a = 0; a < anzahlMannschaften; a++) {
        new Mannschaft(anzahlLaeuferProMannschaft,
                anzahlRunden, a, pfeife);
    }

    // Rennen starten
    pfeife.gibStartSchuss();
}
```

## 8.5.3 Nachbereitung Olympiade

Die Olympiade ist vorbei und die Hamster sind doch etwas traurig, dass sie keine Medaille gewonnen haben. Deshalb setzen sie sich zusammen und überlegen, was sie in vier Jahren besser machen können.

Das große Pech der Hamster-Mannschaft war, dass der Java-Scheduler nicht seinen „besten Tag" hatte, was dazu geführt hat, dass immer nur zwei Hamster abwechselnd gelaufen sind und die anderen Hamster der Mannschaft die ganze Zeit untätig gewartet haben. Da die beiden Hamster zunehmend müder geworden sind, hatten sie natürlich keine Chance.

Die Hamster stellen schnell fest, dass der Gesamt-Erschöpfungsfaktor ihrer Mannschaft minimiert werden kann, wenn alle Hamster abwechselnd in einer bestimmten Reihenfolge laufen. Also passen sie den Algorithmus entsprechend an. Jeder Hamster bekommt eine Startnummer und über eine interne Variable anDerReihe wird festgelegt, welcher Hamster als nächstes an der Reihe ist. Dies wird in der Wartebedingung der Methode aufStabWarten der Klasse StaffelHamster berücksichtigt. Allerdings muss zusätzlich auch die Methode stabUebergeben angepasst werden. Der Einsatz der Methode notify für das Staffelkorn-Objekt wäre jetzt nicht mehr korrekt, denn wenn hierüber nicht jeweils gerade der Hamster, der als nächstes an der Reihe ist, geweckt wird, werden alle Hamster endlos warten und die Mannschaft wird niemals das Rennen beenden. Stattdessen ist der Einsatz der Methode notifyAll notwendig. Hierüber werden alle wartenden Hamster geweckt. Jeder überprüft dann, ob er an der Reihe ist, und nur genau dieser rennt als nächstes los, die anderen können sich weiter ausruhen.

```java
class Schiedsrichter {

    private Object startSchuss = new Object();

    private boolean gestartet = false;

    void gibStartSchuss() {
        synchronized (this.startSchuss) {
            if (this.gestartet) {

                // Rennen kann nur einmal gestartet werden
                return;
            }
            this.startSchuss.notifyAll();
            this.gestartet = true;
        }
    }

    Object getStartSchuss() {
        return this.startSchuss;
    }

    boolean rennenGestartet() {
        synchronized (this.startSchuss) {
            return this.gestartet;
        }
    }
}

class Mannschaft {

    private StaffelHamster[] laeufer;

    private Object staffelKorn;

    private int anzahlRunden;

    private int gelaufeneRunden;

    private int anDerReihe;
```

```
    private Schiedsrichter schieri;

    Mannschaft(int anzahlLaeufer, int anzahlRunden, int reihe,
            Schiedsrichter schieri) {
        this.anzahlRunden = anzahlRunden;
        this.gelaufeneRunden = 0;
        this.staffelKorn = new Object();
        this.schieri = schieri;
        this.laeufer = new StaffelHamster[anzahlLaeufer];
        for (int a = 0; a < this.laeufer.length; a++) {
            this.laeufer[a] = new StaffelHamster(reihe, a, this);
            this.laeufer[a].start();
        }
        this.anDerReihe = 0;
    }

    Object getStaffelKorn() {
        return this.staffelKorn;
    }

    synchronized void weitereRundeGelaufen() {
        this.gelaufeneRunden++;
        this.anDerReihe = (this.anDerReihe + 1)
                % this.laeufer.length;
    }

    synchronized boolean fertig() {
        return this.gelaufeneRunden == this.anzahlRunden;
    }

    synchronized int anDerReihe() {
        return this.anDerReihe;
    }

    Schiedsrichter getSchieri() {
        return this.schieri;
    }
}

class StaffelHamster extends AllroundHamster {

    private int nummer;

    private Mannschaft mannschaft;

    private int ermuedung;

    StaffelHamster(int reihe, int nummer, Mannschaft mannschaft) {
        super(reihe, 0, Hamster.OST, 0);
        this.nummer = nummer;
        this.mannschaft = mannschaft;
        this.ermuedung = 0;
```

```
}

public void run() {
    this.aufStartschussWarten();
    this.dasRennen();
}

void aufStartschussWarten() {
    synchronized (this.mannschaft.getSchieri()
            .getStartSchuss()) {
        if (!this.mannschaft.getSchieri().rennenGestartet()) {
            try {
                this.mannschaft.getSchieri()
                        .getStartSchuss().wait();
            } catch (InterruptedException exc) {
            }
        }
    }
}

void dasRennen() {
    while (true) {
        this.aufStabWarten();
        if (this.mannschaft.fertig()) { // geschafft
            return;
        }
        this.laufen();
        this.stabUebergeben();
        if (this.mannschaft.fertig()) { // geschafft
            return;
        }
        this.kehrt();
    }
}

void aufStabWarten() {
    synchronized (this.mannschaft.getStaffelKorn()) {
        // auf Staffelstab bzw. Ende warten
        while (this.mannschaft.anDerReihe() != this.nummer
                && !this.mannschaft.fertig()) {
            try {
                this.mannschaft.getStaffelKorn().wait();
            } catch (InterruptedException exc) {
            }
        }
        if (this.mannschaft.fertig()) { // geschafft
            return;
        }

        // der Hamster ist an der Reihe
        this.nimm();
    }
```

```
    }

    void laufen() {
        this.laufeZurWand();
        this.kehrt();
        this.laufeZurWand();
    }

    void stabUebergeben() {
        synchronized (this.mannschaft.getStaffelKorn()) {
            this.gib();
            this.mannschaft.weitereRundeGelaufen();
            this.mannschaft.getStaffelKorn().notifyAll();
        }
        if (this.mannschaft.fertig()) {
            this.schreib("Geschafft!");
        }
    }

    public void vor() {
        super.vor();
        this.ermuedung += 5;
        this.pausieren(this.ermuedung);
    }

    public boolean kornDa() {
        this.ermuedung += 1;
        return super.kornDa();
    }

    void pausieren(int millisekunden) {
        try {
            Thread.sleep(millisekunden);
        } catch (InterruptedException exc) {
        }
    }
}

void main() {
    // Rennen vorbereiten
    int anzahlMannschaften = Hamster.getStandardHamster()
            .liesZahl("Anzahl an Mannschaften: ");
    int anzahlLaeuferProMannschaft = Hamster
            .getStandardHamster().liesZahl(
                    "Anzahl an Laeufern pro Mannschaft: ");
    int anzahlRunden = Hamster.getStandardHamster()
            .liesZahl("Anzahl an zu laufenden Runden: ");

    // Schiedsrichter erzeugen
    Schiedsrichter pfeife = new Schiedsrichter();

    // Mannschaften vorbereiten
```

```
for (int a = 0; a < anzahlMannschaften; a++) {
    new Mannschaft(anzahlLaeuferProMannschaft,
            anzahlRunden, a, pfeife);
}

// Rennen starten
pfeife.gibStartSchuss();
}
```

# 8.6 Monitore

Ein in der parallelen Programmierung häufig verwendetes Konzept zur Synchronisation von Zugriffen mehrerer Threads auf eine Ressource, ist das Konzept des *Monitors*. Bei einem Monitor werden die Zugriffe auf die Ressource dadurch Thread-sicher gemacht, dass alle Zugriffe darauf über Methoden erfolgen, die über ein gemeinsames Objekt synchronisiert werden. In Java wurde der Begriff des Monitors für Klassen übernommen, deren Instanzen Thread-sicher sind. Die zu schützende Ressource wird dabei als (private) Instanzattribut der Klasse definiert und alle Zugriffsmethoden darauf werden als `synchronized` deklariert.

Die folgende Klasse `Speicher` ist eine solche Monitor-Klasse. Sie realisiert einen einelementigen Speicher. Die zu schützende Ressource ist das Instanzattribut `speicher`. Mittels der Methode put kann ein Wert im Speicher abgelegt werden, mittels get kann ein gespeicherter Wert abgefragt und aus dem Speicher entfernt werden. Threads, die einen Wert in einem gefüllten Speicher ablegen wollen, müssen warten, bis dieser wieder leer ist. Threads, die einen gespeicherten Wert abfragen wollen, müssen warten, bis wieder ein Wert im Speicher abgelegt wurde. Die Benachrichtigung über entsprechende Zustandswechsel erfolgt über den Aufruf von `notifyAll`.

```
public class Speicher<T> {

    private T speicher;

    private boolean gefuellt;

    public Speicher() {
        this.gefuellt = false;
    }

    synchronized public void put(T wert) {
        while (this.gefuellt) {
            try {
                this.wait();
            } catch (InterruptedException exc) {
            }
        }
        this.speicher = wert;
        this.gefuellt = true;
        this.notifyAll();
    }
```

```
synchronized public T get() {
    while (!this.gefuellt) {
        try {
            this.wait();
        } catch (InterruptedException exc) {
        }
    }
    this.gefuellt = false;
    this.notifyAll();
    return this.speicher;
}
}
```

Frage: Wieso muss hier `notifyAll` benutzt werden? Würde nicht die Verwendung von `notify` genügen? Antwort: Nein! Stellen Sie sich dazu vor, der Speicher ist leer. Zwei Threads *G1* und *G2* haben jeweils die get-Methode aufgerufen hat und müssen warten. Nun kommt ein Thread *P1* und legt über die put-Methode einen Wert im Speicher ab. Durch ein `notify` wird bspw. Thread *G1* geweckt. Beim Versuch, nach dem `wait` wieder die Sperre des Sperr-Objektes zu setzen, kommt ihm ein Thread *P2* zuvor, der allerdings auch warten muss, da der Speicherplatz ja belegt ist. Nun warten also zwei Threads: *G2* im `wait` der get-Methode und *P2* im `wait` der put-Methode. *G1* kommt an die Reihe, holt sich den gespeicherten Wert und ruft `notify` anstelle von `notifyAll` auf. Beim `notify` ist nicht vorhersagbar, welcher von mehreren wartenden Threads geweckt wird. Nehmen wir an, es wäre in diesem Fall *G2*. Dann wird *G2* beim Überprüfen der Bedingung der while-Schleife feststellen, dass der Speicher leer ist und sich wieder schlafen legen und *P2* wird weiter warten, obwohl der Speicher leer ist. Greift anschließend kein weiterer Thread mehr auf den Speicher zu, bleiben beide Threads für immer blockiert: eine klassische Verklemmung (siehe auch Kapitel 9).

Merken Sie sich daher bitte folgende Regel: Wenn sich in der Warteschlange eines Sperr-Objektes Threads befinden, die auf die Erfüllung unterschiedlicher Bedingungen warten (hier `gefuellt` und `!gefuellt`), kann ein Aufruf von `notify` den falschen Thread wecken und eine Verklemmung produzieren. In solchen Fällen muss immer `notifyAll` anstelle von `notify` verwendet werden.

# 8.7 Beispielprogramme

In den folgenden drei Beispielprogrammen wird der Einsatz des wait/notify-Konzeptes zur Realisierung der einseitigen Synchronisation demonstriert.

## 8.7.1 Beispielprogramm 1

Schauen Sie sich nochmal die beiden Beispielprogramm aus Kapitel 6.5.1 und 7.8.1 an. Bei beiden geht es um folgende Aufgabe:

Der Standard-Hamster hat im Hamster-Territorium eine Höhle entdeckt (siehe Abbildung 8.1). Er ist neugierig, was sich am anderen Ende der Höhle befindet. Allerdings leider er unter Platzangst und kann daher den engen Höhlengang nicht durchqueren. Also ruft er seine Freunde herbei, die ihm natürlich helfen wollen. Da die Luft in der Höhle ziemlich schlecht ist, entscheiden diese, nacheinander die Höhle zu durchqueren, um ja nicht in die Gefahr eines qualvollen Erstickungstodes zu kommen. Immer wenn ein Hamster das Ende der Höhle erreicht hat, teilt er dies den anderen mit, sodass sich der nächste auf den Weg machen kann.

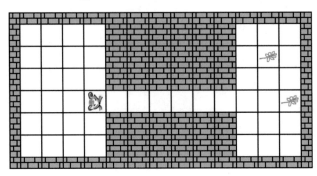

Abbildung 8.1: Typisches Hamster-Territorium zu Beispielprogramm 1

Gelöst wurde das Problem in Kapitel 6.5.1 durch die Kommunikation der Hamster über ein gemeinsames Klassenattribut und in Kapitel 7.8.1 durch Einsatz der synchronized-Anweisung. In diesem Abschnitt schauen wir uns nun eine dritte Lösung an, die das wait-notify-Konzept verwendet.

Die Hamster synchronisieren sich über ein gemeinsames Klassenattribut hoehle. Weiterhin gibt es ein gemeinsames Klassenattribut hoehleFrei, das den aktuellen Zustand der Höhle (frei oder besetzt) speichert. Kommt ein Hamster zur Höhle und ist diese nicht frei, blockiert er sich durch Aufruf von wait. Vor der Durchquerung der Höhle setzt der entsprechende Hamster das Attribut hoehleFrei auf false, nach der Durchquerung setzt er es wieder auf true und weckt einen seiner Kollegen durch Aufruf von notify.

```
class HoehlenHamster extends AllroundHamster {

    private static Object hoehle = new Object();

    private static boolean hoehleFrei = true;

    private int hoehlenEingangReihe;

    private int hoehlenEingangSpalte;

    HoehlenHamster(int hoehlenEingangReihe,
            int hoehlenEingangSpalte) {
        super(0, 0, Hamster.OST, 0);
        this.hoehlenEingangReihe = hoehlenEingangReihe;
        this.hoehlenEingangSpalte = hoehlenEingangSpalte;
    }

    public void run() {
        this.laufeZuKachel(this.hoehlenEingangReihe,
                this.hoehlenEingangSpalte);

        // auf Einlass warten
        synchronized (HoehlenHamster.hoehle) {
            while (!HoehlenHamster.hoehleFrei) {
```

```
                try {
                    HoehlenHamster.hoehle.wait();
                } catch (InterruptedException exc) {
                }
            }
            HoehlenHamster.hoehleFrei = false;
        }

        // Hoehle durchlaufen
        do {
            this.vor();
        } while (!this.hoehlenEndeErreicht());

        // teile den anderen das Erreichen des Hoehlenendes mit
        synchronized (HoehlenHamster.hoehle) {
            HoehlenHamster.hoehleFrei = true;
            HoehlenHamster.hoehle.notify();
        }

        this.kehrt();
    }

    private boolean hoehlenEndeErreicht() {
        return this.linksFrei() && this.rechtsFrei();
    }
}

void main() {
    int ANZAHL = 5;
    for (int i = 0; i < ANZAHL; i++) {
        (new HoehlenHamster(Hamster.getStandardHamster()
                .getReihe(), Hamster.getStandardHamster()
                .getSpalte())).start();
    }
}
```

Frage: Könnte die while-Schleife beim Warten nicht durch eine if-Anweisung ersetzt werden? Antwort: Nein! Stellen Sie sich vor, Hamster A wartet aktuell, Hamster B hat die Höhle durchquert und weckt Hamster A durch das `notify`. Nun kommt ein dritter Hamster C zur ersten synchronized-Anweisung, holt sich die Sperre und braucht nicht warten, weil ja die Höhle frei ist. Während er in der Höhle ist, bekommt Hamster A den Prozessor zugeteilt und betritt ebenfalls die Höhle, weil er die Bedingung nicht ein weiteres Mal überprüfen würde.

Frage: Kann die Zuweisung `hoehleFrei = false;` nicht nach der synchronized-Anweisung stehen? Antwort: Nein, die Konsequenz wäre analog zum gerade beschriebenen Problem. Nehmen wir wiederum an, Hamster A wartet aktuell, Hamster B hat die Höhle durchquert und weckt Hamster A durch das `notify`. A verlässt die synchronized-Anweisung, aber bevor er die Zuweisung ausführen kann, erfolgt ein Thread-Wechsel. Den Prozessor zugeteilt bekommt ein dritter Hamster C, der gerade erst die Höhle erreicht. Er durchläuft die erste synchronized-Anweisung und begibt sich in die Höhle. Während er in der Höhle ist, bekommt Hamster A wieder den Prozessor zugeteilt und betritt ebenfalls die Höhle.

Frage: Kann die Zuweisung `hoehleFrei = true;` vor die synchronized-Anweisung gestellt werden? Antwort: Ja, dadurch kommt es zu keinen Problemen.

## 8.7.2 Beispielprogramm 2

Ein häufiges Problem in der parallelen Programmierung ist, dass zwei Threads abwechselnd bestimmte Aufgaben erledigen sollen. Übertragen wir das einmal in die Hamster-Welt: Zwei Hamster sollen immer abwechselnd eine bestimmte Aufgabe erledigen, im konkreten Beispiel sollen sie eine Kachel nach vorne laufen bzw. sich umdrehen, wenn sie an einer Mauer angekommen sind.

```
class AbwechselndHamster extends Hamster {

    private static Object wechsel = new Object();

    AbwechselndHamster(int r, int s, int b, int k) {
        super(r, s, b, k);
    }

    void aufgabeErledigen() {
        if (this.vornFrei()) {
            this.vor();
        } else {
            this.linksUm();
            this.linksUm();
        }
    }

    public void run() {
        while (true) {
            synchronized (AbwechselndHamster.wechsel) {
                this.aufgabeErledigen();
                AbwechselndHamster.wechsel.notify();
                try {
                    AbwechselndHamster.wechsel.wait();
                } catch (InterruptedException exc) {
                }
            }
        }
    }
}

void main() {
    AbwechselndHamster paul = new AbwechselndHamster(0, 0,
            Hamster.OST, 0);
    AbwechselndHamster willi = new AbwechselndHamster(1, 0,
            Hamster.OST, 0);
    paul.start();
    willi.start();
}
```

Die beiden Hamster synchronisieren sich über ein gemeinsames Objekt `wechsel`. Nach dem Erledigen der Aufgabe signalisieren sie dies mittels `notify` an den jeweils anderen Hamster und begeben sich anschließend in den Wartezustand.

Frage: Wäre auch die folgende Implementierung der run-Methode der Klasse `AbwechselndHamster` korrekt?

```
public void run() {
    while (true) {
        this.aufgabeErledigen();

        // andere Hamster benachrichtigen
        synchronized (AbwechselndHamster.wechsel) {
            AbwechselndHamster.wechsel.notify();
        }

        // warten
        synchronized (AbwechselndHamster.wechsel) {
            try {
                AbwechselndHamster.wechsel.wait();
            } catch (InterruptedException exc) {
            }
        }
    }
}
```

Antwort: Nein, die Methode ist nicht korrekt. Es könnte nämlich zu einer Blockade beider Hamster, d.h. zu einer Verklemmung kommen (siehe auch Kapitel 9).

Nehmen wir an, Paul startet als erster und es kommt nach der ersten synchronized-Anweisung zu einem Thread-Wechsel. Nun ist Willi an der Reihe und erreicht die wait-Anweisung in der zweiten synchronized-Anweisung. Er wird blockiert und Paul kann weitermachen. Auch dieser erreicht die wait-Anweisung und wird ebenfalls blockiert und es besteht keine Chance mehr, dass einer der beiden Hamster wieder geweckt wird.

Analoge Fehler sieht man häufiger bei Anfängern der parallelen Programmierung. Sie verwenden die synchronized-Anweisung nur, weil es sonst beim Aufruf der wait- oder notify-Methode zu einer IllegalMonitorStateException kommt. Dass mit der Anweisung auch noch andere wichtige Dinge einhergehen, ignorieren sie.

In der korrekten Implementierung der run-Methode oben erfolgen sowohl der notify- als auch der wait-Aufruf innerhalb derselben synchronized-Anweisung. Wenn der erste Hamster die Anweisung betritt, hat der zweite keine Chance mehr, den kritischen Abschnitt zu betreten. Der erste Hamster erledigt seine Aufgabe und blockiert sich dann durch Aufruf von `wait`. Erst dadurch wird der kritische Abschnitt frei für den zweiten Hamster. Nun erlegt dieser seine Aufgabe. Durch den Aufruf von `notify` weckt er den anderen Hamster wieder und blockiert sich anschließend, d.h. die Hamster erledigen in der Tat abwechselnd und ohne Probleme ihre Aufgaben.

### 8.7.3 Beispielprogramm 3

In diesem Abschnitt wird das Beispielprogramm 2 aus Kapitel 6.5.3 verbessert. Schauen Sie sich das Programm also vorher am besten nochmals gründlich an.

In dem Programm geht es darum, dass Hamster Paul tanzen lernen will. Dazu besucht er die Tanz-schule von Hamster Willi. Willi holt Paul auf die Tanzfläche – das Hamster-Territorium – und macht ihm die Tanzaktionen vor, die natürlich aus den beiden Aktionen vor und linksUm bestehen. Paul macht alle Aktionen von Willi nach und ist bald ein begnadeter Tänzer.

Ein Problem der Lösung in Kapitel 6.5.3 war, dass sich Willi und Paul nicht koordiniert haben, d.h. wenn Willi schneller ist, d.h. er mehr Rechenzeit bekommt, kann Paul schon einmal ein paar Aktio-nen hinter ihm herhinken. Dieses Problem soll im Folgenden gelöst werden. Es soll im Vorhinein festgelegt werden können, um wie viele Aktionen Paul maximal hinterherhinken darf.

Die Klassen, die die Aktionen repräsentieren, bleiben unverändert:

```
interface Aktion {
    public void ausfuehren(Hamster hamster);
}

class VorAktion implements Aktion {
    public void ausfuehren(Hamster hamster) {
        if (hamster.vornFrei()) {
            hamster.vor();
        }
    }
}

class LinksUmAktion implements Aktion {
    public void ausfuehren(Hamster hamster) {
        hamster.linksUm();
    }
}

class AktionsGenerator {
    static Aktion naechsteAktion() {
        int zufall = (int) (Math.random() * 2);
        if (zufall == 0)
            return new VorAktion();
        return new LinksUmAktion();
    }
}
```

Das Objekt der Klasse AktionsSpeicher, über das Willi und Paul miteinander kommuniziert ha-ben, wird nun auch zur Koordination benutzt. Dazu wird im Attribut maxAktionen festgehalten, wie viele Aktionen maximal gleichzeitig gespeichert sein dürfen. Tanzlehrer Willi, der die Metho-de speichern aufruft, wird blockiert, falls dieser Wert erreicht ist. Tanzschüler Paul, der (indirekt) die Methode getNaechsteAktion aufruft, wird blockiert, wenn keine Aktion gespeichert ist. Ge-nutzt wird hier das parametrisierte wait. Würde das parameterlose wait genutzt, würde Paul endlos blockiert, wenn Willi fertig ist, d.h. keine neuen Aktionen mehr abgespeichert werden.

```
class AktionsSpeicher extends java.util.Vector<Aktion> {

    // es koennen maximal entsprechend viele Aktionen
    // gespeichert werden
    int maxAktionen;
```

```
Thread speichernderThread;

AktionsSpeicher(int maxAktionen, Thread speichernderThread) {
    this.maxAktionen = maxAktionen;
    this.speichernderThread = speichernderThread;
}

synchronized void speichern(Aktion aktion) {

    // falls zu viele Aktionen gespeichert sind,
    // wird auf das Entfernen von Aktionen
    // gewartet
    while (this.size() >= this.maxAktionen) {
        try {
            this.wait();
        } catch (InterruptedException exc) {
        }
    }

    // fuegt Aktion hinzu und informiert darueber
    this.add(aktion);
    this.notifyAll();
}

synchronized Aktion getNaechsteAktion() {

    // falls keine Aktion gespeichert ist, wird gewartet
    while (this.size() == 0) {
        try {

            // hier muss der Fall berücksichtigt werden,
            // dass keine weiteren Aktionen gespeichert
            // werden
            this.wait(1000);
            if (this.size() == 0
                    && !this.speichernderThread.isAlive()) {
                return null;
            }
        } catch (InterruptedException exc) {
        }
    }

    // liefert und entfernt aelteste Aktion und
    // informiert darueber
    this.notifyAll();
    return this.remove(0);
}
}
```

Die Klasse AktionsSpeicher ist übrigens eine Monitor-Klasse, die den Zugriff auf den Speicher (geerbte Attribute der Klasse Vector) über die beiden Methoden speichern und getNaechste-Aktion synchronisiert.

Wie schon in Kapitel 6.5.3 ist Tanzlehrer Willi ein selbstständiger Hamster der erweiterten Hamster-Klasse `TanzLehrerHamster`. In seiner run-Methode führt er ingesamt 30 Tanzaktionen vor und speichert sie in einem AktionsSpeicher-Objekt ab. Paul ist ein selbstständiger Hamster der erweiterten Hamster-Klasse `TanzSchuelerHamster`. In seiner run-Methode fragt er über Willis Methode `getNaechsteAktion` die als nächstes von ihm durchzuführende Aktion ab und führt sie aus. In der main-Prozedur kann durch Setzen der Variable `maxVorsprung` festgelegt werden, wie viele Aktionen Paul maximal hinter Willi herhinken darf.

```java
class TanzLehrerHamster extends Hamster {

    final static int ANZAHL_AKTIONEN = 30;

    AktionsSpeicher aktionen;

    TanzLehrerHamster(int r, int s, int b, int k,
            int maxVorsprung) {
        super(r, s, b, k);
        this.aktionen = new AktionsSpeicher(maxVorsprung, this);
    }

    public void run() {
        for (int a = 0; a < TanzLehrerHamster.ANZAHL_AKTIONEN; a++) {
            this.fuehreNaechstenTanzschrittAus();
        }
    }

    void fuehreNaechstenTanzschrittAus() {
        Aktion aktion = AktionsGenerator.naechsteAktion();
        synchronized (this.aktionen) {
            this.aktionen.speichern(aktion);
            aktion.ausfuehren(this);
        }
    }

    Aktion getNaechsteAktion() {
        return this.aktionen.getNaechsteAktion();
    }

}

class TanzSchuelerHamster extends Hamster {

    TanzLehrerHamster lehrer;

    TanzSchuelerHamster(int r, int s, int b, int k,
            TanzLehrerHamster lehrer) {
        super(r, s, b, k);
        this.lehrer = lehrer;
    }

    public void run() {
        boolean ende = false;
```

```
        while (!ende) {
            ende = !this.fuehreNaechstenTanzschrittAus();
            if (!ende) {
                this.traeumen();
            }
        }
    }

    boolean fuehreNaechstenTanzschrittAus() {
        synchronized (this.lehrer.aktionen) {
            Aktion aktion = this.lehrer.getNaechsteAktion();
            if (aktion == null) {
                return false; // Ende
            }
            aktion.ausfuehren(this);
        }
        return true;
    }

    private void traeumen() {
        int zeit = (int) (Math.random() * 1000);
        try {
            Thread.sleep(zeit);
        } catch (InterruptedException exc) {
        }
    }
}

void main() {
    int maxVorsprung = 3;
    TanzLehrerHamster willi = new TanzLehrerHamster(3, 3,
            Hamster.OST, 0, maxVorsprung);
    TanzSchuelerHamster paul = new TanzSchuelerHamster(3, 3,
            Hamster.OST, 0, willi);
    willi.start();
    paul.start();
}
```

Schauen Sie sich mal etwas genauer die Methoden fuehreNaechstenTanzschrittAus der beiden Klassen TanzLehrerHamster und TanzSchulerHamster an. Intuitiv könnte eine Implementierung der beiden folgendermaßen aussehen:

```
// TanzLehrerHamster
void fuehreNaechstenTanzschrittAus() {
    Aktion aktion = AktionsGenerator.naechsteAktion();
    aktion.ausfuehren(this);
    this.aktionen.speichern(aktion);
}


// TanzSchuelerHamster
boolean fuehreNaechstenTanzschrittAus() {
    Aktion aktion = this.lehrer.getNaechsteAktion();
```

```
    if (aktion == null) {
        return false; // Ende
    } else {
        aktion.ausfuehren(this);
    return true;
}
```

Eine solche Implementierung kann jedoch zu Fehlern führen. Stellen Sie sich vor, `maxVorsprung` würde auf den Wert 1 gesetzt, d.h. Willi darf sich immer nur eine Aktion vor Paul befinden.

- Willi ruft seine Methode `fuehreNaechstenTanzschrittAus` auf. Seine Aktion wird ausgeführt und gespeichert.

- Willi bleibt weiterhin der Prozessor zugeordnet. Er ruft erneut seine Methode `fuehreNaechstenTanzschrittAus` auf. Bevor die Methode `speichern` zur Blockade führt, führt aber Willi seine zweite Aktion aus und verletzt dabei die „Maximaler-Vorsprung"-Regel.

Na gut, werden Sie sagen, dann tauschen wir die beiden Anweisungen doch einfach:

```
// TanzLehrerHamster
void fuehreNaechstenTanzschrittAus() {
    Aktion aktion = AktionsGenerator.naechsteAktion();
    this.aktionen.speichern(aktion);
    aktion.ausfuehren(this);
}
```

Aber auch das kann zu Problemen führen:

- Willi speichert die erste Aktion ab.

- Anschließend erfolgt vor der Ausführung ein Prozessorwechsel an Paul. Dieser führt nun die schon abgespeicherte Aktion aus, obwohl Willi sie noch gar nicht ausgeführt hat.

Benötigt wird also eine Implementierung, bei der das Speichern und Ausführen von Aktionen seitens Willi sowie das Abfragen und Ausführen von Aktionen seitens Paul jeweils zusammen ausgeführt werden, ohne dass der andere dazwischenfunken kann. Dafür setzen wir die synchronized-Anweisung ein und versuchen zunächst, eine Synchronisation über den Standard-Hamster als Sperr-Objekt durchzuführen:

```
// TanzLehrerHamster
void fuehreNaechstenTanzschrittAus() {
    Aktion aktion = AktionsGenerator.naechsteAktion();
    synchronized (Hamster.getStandardHamster()) {
        this.aktionen.speichern(aktion);
        aktion.ausfuehren(this);
    }
}

// TanzSchuelerHamster
boolean fuehreNaechstenTanzschrittAus() {
    synchronized (Hamster.getStandardHamster()) {
        Aktion aktion = this.lehrer.getNaechsteAktion();
        if (aktion == null) {
            return false; // Ende
```

```
        }
        aktion.ausfuehren(this);
    }
    return true;
}
```

Die Lösung ist aber immer noch nicht korrekt. Stellen Sie sich vor, zunächst bekommt Paul den Prozessor zugeteilt. Er holt sich in seiner Methode `fuehreNaechstenTanzschrittAus` die Sperre des Standard-Hamsters. Als nächstes fordert er von Willi die nächste Aktion an. Da noch keine Aktion gespeichert ist, wird Paul durch das `wait` in der AktionsSpeicher-Methode `getNaechsteAktion` blockiert. Nun kommt Willi an die Reihe. Er versucht, den Lock des Standard-Hamsters zu bekommen. Den aber besitzt ja Paul noch, sodass auch Willi blockiert. Resultat: Beide warten endlos. Solch eine Situation nennt man Verklemmung. Verklemmungen werden in Kapitel 9 im Detail besprochen.

Aber wir sind der korrekten Lösung nun schon ganz nahe. Grund für die Verklemmung ist, dass das `wait` zwar die Sperre seines zugehörigen Sperr-Objektes aufhebt, nicht aber andere Sperren; im speziellen Fall wird die Sperre des Standard-Hamsters nicht aufgehoben. Was wir also tun müssen, ist anstatt über den Standard-Hamster über das dem `wait` zugehörige Objekt zu synchronisieren; das ist aber das AktionsSpeicher-Objekt `aktionen` des TanzLehrer-Hamsters.

```
// TanzLehrerHamster
void fuehreNaechstenTanzschrittAus() {
    Aktion aktion = AktionsGenerator.naechsteAktion();
    synchronized (this.aktionen) {
        this.aktionen.speichern(aktion);
        aktion.ausfuehren(this);
    }
}

// TanzSchuelerHamster
boolean fuehreNaechstenTanzschrittAus() {
    synchronized (this.lehrer.aktionen) {
        Aktion aktion = this.lehrer.getNaechsteAktion();
        if (aktion == null) {
            return false; // Ende
        }
        aktion.ausfuehren(this);
    }
    return true;
}
```

# 8.8 Zusammenfassung

Fassen wir die in diesem Kapitel kennengelernten Konzepte zur Realisierung der einseitigen Synchronisation nochmal zusammen:

Einseitige Synchronisation bedeutet, dass ein Thread *T1* unter Umständen mit der Ausführung seiner nächsten Aktivität warten muss, bis ein anderer Thread *T2* eine bestimmte Aktivität abgeschlossen hat, was sich letztendlich dadurch ausdrücken lässt, dass eine bestimmte Bedingung erfüllt sein muss.

Eine Lösungsmöglichkeit besteht darin, dass *T1* andauernd nachprüft, ob die Bedingung inzwischen erfüllt ist, d.h. aktiv wartet. Aktives Warten ist aufgrund der vergeudeten Rechenzeit kein empfehlenswertes Konzept zur Realisierung der einseitigen Synchronisation.

Stattdessen bietet Java mit dem wait/notify-Konzept eine Lösungsvariante. Thread *T1* wartet (passiv) so lange, bis ein anderer Thread die Erfüllung der Wartebedingung signalisiert. Eingesetzt werden hierzu die Methoden `wait`, `notify` und `notifyAll` eines Sperr-Objektes.

Die Methode `wait` eines Objektes *obj* kann von einem Thread aufgerufen werden, wenn er gerade die Sperre dieses Objektes hält. In diesem Fall wird der Thread in eine interne Warteschlange von *obj* eingereiht, von der jedes Objekt genau eine besitzt. Außerdem wird er in den Zustand „blockiert" versetzt und die Sperre des Objektes *obj* wird frei gegeben.

Auch die Methode `notify` kann für ein Objekt *obj* nur aufgerufen werden, wenn der entsprechende Thread die Sperre des Objektes hält. Beim Aufruf von `notify` für ein Objekt *obj* passiert folgendes: Befindet sich kein Thread in der Warteschlange von *obj*, ist der Aufruf von `notify` ohne Wirkung. Befindet sich genau ein Thread in der Warteschlange, so wird dieser Thread geweckt, d.h. aus der Warteschlange entfernt und in den Zustand „rechenwillig" versetzt. Sobald der Thread „rechnend" wird, versucht er zunächst, die Sperre von *obj* zu setzen. Erst wenn ihm das gelingt, kann er seine Arbeit fortsetzen. Befinden sich mehrere Threads in der Warteschlange, so wird genau einer dieser Threads geweckt. Welcher dies ist, ist nicht definiert.

Der Unterschied der Methode `notifyAll` gegenüber der Methode `notify` besteht darin, dass bei ihrem Aufruf **alle** Threads geweckt werden, die sich gerade in der Warteschlange des betroffenen Objektes befinden, d.h. alle werden in den Zustand „rechenwillig" versetzt und alle konkurrieren darum, zunächst wieder die Sperre des Objektes zu setzen, um mit ihrer Arbeit fortfahren zu können. Welchem Thread dies als erstem gelingt, ist unbestimmt.

Der Aufruf von `notify` und `notifyAll` für ein Objekt *obj* signalisiert das Eintreten einer Bedingung. Wenn sich nun in der Warteschlange von *obj* Threads befinden, die auf die Erfüllung unterschiedlicher Bedingungen warten, kann ein Aufruf von `notify` den falschen wecken und eine Verklemmung produzieren. In solchen Fällen muss immer `notifyAll` anstelle von `notify` verwendet werden.

# 8.9  Aufgaben

Setzen Sie in den folgenden Aufgaben das wait/notify-Konzept ein, um die Hamster zu koordinieren und zu synchronisieren.

## 8.9.1  Aufgabe 1

Die Reihenfolge, in der die Hamster in Beispielprogramm 1 in Abschnitt 8.7.1 die Höhle durchlaufen, ist nicht vorhersagbar. Ändern Sie das Programm so ab, dass die Hamster in der Reihenfolge ihrer Erzeugung durch die Höhle krabbeln.

## 8.9.2  Aufgabe 2

In Beispielprogramm 2 in Abschnitt 8.7.2 wurde eine Lösung für das Problem vorgestellt, dass zwei Hamster immer abwechselnd bestimmte Aufgaben erledigen sollen. Verallgemeinern Sie die Lösung: *n* Hamster sollen immer abwechselnd und in derselben Reihenfolge eine bestimmte Aufgabe erledigen, wobei jeder Hamster die Zahl *n* kennt.

### 8.9.3 Aufgabe 3

Ändern Sie Beispielprogramm 3 aus Abschnitt 8.7.3 so ab, dass nicht nur ein sondern zwei Tanzschüler die Aktionen ihres Tanzlehrers nachmachen.

### 8.9.4 Aufgabe 4

Im Hamster-Territorium befindet sich auf der rechten Seite ein „Hamster-Schlafhaus", dessen Eingang der Standard-Hamster markiert. Im Schlafhaus können sich die Hamster, die ansonsten beliebig im Territorium hin und her laufen, ausruhen. Das Schlafhaus hat eine bestimmte Höhe *n* und es können sich maximal *n* Hamster gleichzeitig im Schlafhaus ausruhen. Abbildung 8.2 skizziert ein Hamster-Schlafhaus der Höhe 5.

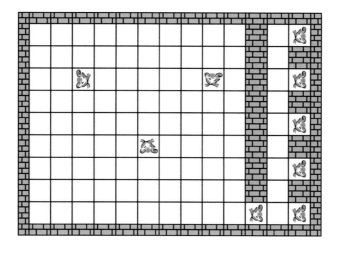

Abbildung 8.2: Typisches Hamster-Territorium zu Aufgabe 4

Schreiben Sie ein Hamster-Programm, in dem *m* Hamster beliebig in einem Territorium mit einem Hamster-Schlafhaus der Höhe *n* herumlaufen. Hin und wieder sind sie müde und begeben sich zum Schlafhaus, um sich auszuruhen. Nach einer bestimmten Weile des Ausruhens verlassen sie das Haus wieder und laufen weiter herum. Wenn das Schlafhaus besetzt ist, müssen die Hamster am Eingang warten, bis ein Platz frei geworden ist.

### 8.9.5 Aufgabe 5

Im zweiten Band der Java-Hamster-Bücher haben Sie die Klasse `Stapel` kennengelernt. Ein Stapel besitzt eine begrenzte Anzahl an Speicherplätzen. Ist der Stapel noch nicht voll können mittels einer Methode `put` Elemente auf den Stapel draufgelegt werden. Ist der Stapel nicht leer, kann über eine Methode `get` das oberste Element des Stapels abgefragt und vom Stapel entfernt werden.

Realisieren Sie in Anlehnung an das Beispiel in Abschnitt 8.6 eine Monitor-Klasse Stapel. Instanzen dieser Klasse sollen von mehreren Threads aus sicher zugreifbar sein.

## 8.9.6 Aufgabe 6

Entwickeln Sie eine erweiterte Hamster-Klasse XHamster, die sicherstellt, dass ein XHamster nur dann den vor-Befehl ausführt, wenn sich auf der Kachel vor ihm kein anderer XHamster befindet. Im anderen Fall soll der XHamster warten, bis die Kachel wieder frei ist.

## 8.9.7 Aufgabe 7

Im zweiten Band der Java-Hamster-Bücher haben Sie das Nimm-Spiel kennengelernt. Zwei Hamster sitzen mit derselben Blickrichtung auf derselben Kachel. Vor ihnen liegt eine Reihe mit Körnern, auf jeder Kachel jeweils ein Korn (siehe auch Abbildung 8.3). Die beiden Hamster müssen laufen und abwechselnd jeweils entweder ein oder zwei Körner nehmen. Sie wissen dabei, wie lang die Körnerreihe ist. Wer das letzte Korn der Reihe nimmt, gewinnt das Nimm-Spiel.

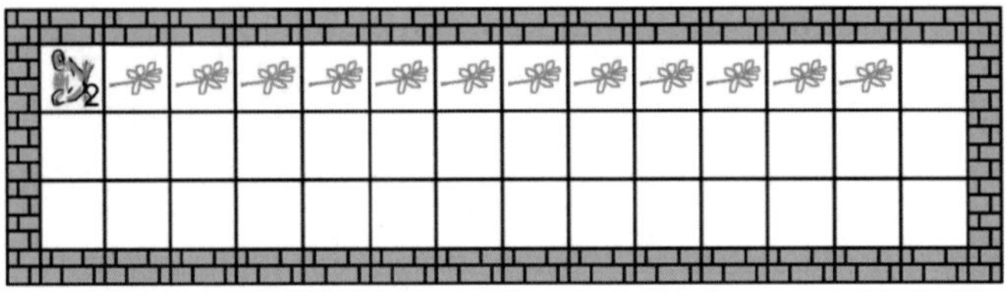

Abbildung 8.3: Typisches Hamster-Territorium zu Aufgabe 7

Entwickeln Sie ein Hamster-Programm, bei dem zwei selbstständige Hamster das Nimm-Spiel spielen. Implementieren Sie für die beiden Hamster eine unterschiedliche Spielstrategie.

## 8.9.8 Aufgabe 8

Wir schauen uns nochmal Aufgabe 8 aus Kapitel 7.9.8 an. Hierin simulieren zwei Hamster eine Spielzeugeisenbahn. Ausgang der „Hamster-Spielzeugeisenbahn" ist das in Abbildung 8.4 skizzierte Territorium, wobei die Körner die Schienen bilden. Die beiden Hamster können die Körner-Strecke beliebig abfahren. Allerdings, so lautete eine Einschränkung in Kapitel 7.9.8, darf sich zu jedem Zeitpunkt immer nur maximal ein Hamster auf der einspurigen Strecke in der Mitte befinden.

Die Einschränkung ist natürlich zu destriktiv, wie die Hamster schnell bemerken. Eine Absperrung ist nicht generell notwendig, wenn sich einer der beiden Hamster auf der einspurigen Teilstrecke befindet. Abgesperrt werden muss diese nur, wenn sich die beiden Hamster auf der einspurigen Teilstrecke entgegenkommen würden. Wen Sie die Strecke in dieselbe Richtung befahren, kann die Absperrung entfallen. Entwickeln Sie ein Programm, das dieses leicht veränderte Szenario umsetzt.

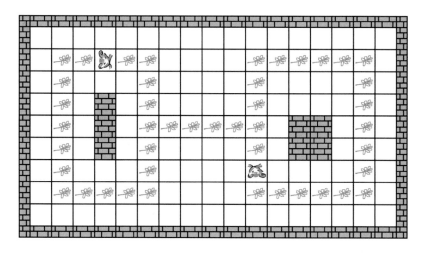

Abbildung 8.4: Hamster-Territorium zu Aufgabe 8

## 8.9.9 Aufgabe 9

$n$ selbstständige Hamster wollen das bekannte Memory-Spiel spielen. Die Memory-Karten werden dabei natürlich durch Körner repräsentiert. Und zwar entspricht eine Memory-Karte immer einer Kachel mit einer bestimmten Menge an Körnern. Jede solche Memory-Karte ist genau zweimal im Territorium vorhanden. Abbildung 8.5 skizziert ein Memory-Territorium mit 12 Karten.

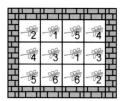

Abbildung 8.5: Typisches Hamster-Territorium zu Aufgabe 9

Alle $n$ Hamster sitzen auf Kachel (0/0). Sie sind abwechselnd an der Reihe. In jedem Spielzug muss ein Hamster zwei beliebige Karten „aufdecken", sprich zu den entsprechenden Kacheln laufen und die Anzahl an Körnern ermitteln. Hat er zwei „gleiche" Karten entdeckt, darf er zur Belohnung die Körner behalten. Hat er zwei unterschiedliche Karten entdeckt, muss er die Körner wieder ablegen.

Alle Hamster teilen sich ein „gemeinsames Gedächtnis". Hier muss jeder Hamster das Resultat seines Spielzuges in geeigneter Form ablegen. Das Gedächtnis ist aber eingeschränkt und kann maximal $m$ Spielzüge speichern.

## 8.9.10 Aufgabe 10

Gegeben sei ein rechteckiges Hamster-Territorium ohne innere Mauern. In jeder Zeile wird in Spalte 0 ein selbstständiger Hamster erzeugt. Alle Hamster laufen endlos bis zur nächsten Wand, drehen sich um und laufen zurück. Vor dem Zurücklaufen warten die Hamster jeweils, bis auch der letzte von ihnen die Wand erreicht hat.

## 8.9.11 Aufgabe 11

Vier selbstständige Hamster sitzen wie in Abbildung 8.6 angedeutet im Hamster-Territorium. Zwischen ihnen liegt irgendwo ein Korn. Die Aufgabe der Hamster besteht darin, dass Korn (endlos) „herumzureichen". Dabei sollen sie folgendermaßen vorgehen: Jeweils der Hamster, auf dessen linker Seite sich das Korn befindet, soll es nehmen und auf dem Feld vor sich wieder ablegen. Im linken Territorium der Abbildung muss der linke untere Hamster das Korn nehmen. Er muss es vor sich wieder ablegen, wie in der Abbildung (rechts) skizziert. Als nächster wäre dann der Hamster rechts unten an der Reihe.

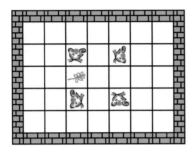 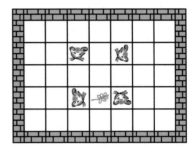

Abbildung 8.6: Hamster-Territorium zu Aufgabe 11

Wahrscheinlich haben Sie es bei der Bearbeitung der Übungsaufgaben der vorausgehenden Kapitel schon mehr als einmal erlebt, dass plötzlich alle Hamster stillstanden, das Programm aber noch nicht beendet war. Solche Situationen, auf die in den vorausgehenden Kapiteln ja auch schon hingewiesen wurde, werden *Verklemmungen* genannt. Häufig wird der englische Begriff *Deadlock* synonym zu dem deutschen Begriff *Verklemmung* verwendet. Allerdings gibt es neben Deadlocks mit den so genannten Livelocks einen weiteren andersartigen Typ von Verklemmungen, bei dem die Prozesse in einem Zustand verharren, in dem sie immer wieder dasselbe tun. Allgemein spricht man von einer Verklemmung, wenn das Programm (bzw. mehrere Prozesse), einen Zustand erreicht, den es nicht mehr verlässt, der aber nicht der gewünschte Endzustand ist.

Programme, bei denen zur Laufzeit Verklemmungen auftreten können, sind nicht korrekt und wir werden uns daher in diesem Kapitel damit beschäftigen, welche Möglichkeiten es für Programmierer gibt, mit Verklemmungen umzugehen. In Abschnitt 1 dieses Kapitels wird als Motivation ein Programm vorgestellt, das einen potentiellen Deadlock enthält. In Abschnitt 2 wird der Begriff des Deadlocks genauer definiert. In den Abschnitten 3, 4 und 5 werden mit der Deadlockverhinderung, der Deadlockvermeidung und der Deadlockerkennung und -beseitigung mehrere Alternativen zur Lösung der Deadlockproblematik erörtert und jeweils am Motivationsbeispiel aus Abschnitt 1 demonstriert. Abschnitt 6 setzt sich mit Livelocks auseinander. Der korrekte Umgang mit Verklemmungen wird anschließend in Abschnitt 7 nochmals anhand von Beispielen demonstriert und Abschnitt 8 enthält einige Übungsaufgaben, in denen Sie sich selbst mit Verklemmungen auseinandersetzen müssen.

## 9.1 Motivation

Ein 5-Sterne-Koch-Hamster hat den Hamstern Paul und Willi ein Geheimnis verraten: Die Körner des Territoriums entfalten ein besonderes Aroma, wenn ein Hamster zwei Körner gleichzeitig im Maul hat und an beiden gleichzeitig leckt. Das wollen die beiden Feinschmecker natürlich gleich mal probieren. Sie stehen aktuell, wie in Abbildung 9.1 skizziert, in einem Territorium mit genau zwei Körnern und probieren dazu folgenden Sourcecode aus:

```
// Repraesentation von Kachelpositionen
class Position {
    private int reihe;

    private int spalte;

    Position(int r, int s) {
        this.reihe = r;
        this.spalte = s;
```

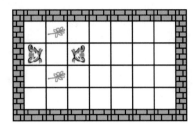

Abbildung 9.1: Hamster-Territorium zum Motivationsprogramm

```
    }

    int getReihe() {
        return this.reihe;
    }

    int getSpalte() {
        return this.spalte;
    }
}

// Hamster, die zwei Koerner gleichzeitig probieren wollen
class ProbierHamster extends AllroundHamster {

    private Position pos1; // Position des ersten Korns

    private Position pos2; // Position des zweiten Korns

    ProbierHamster(int r, int s, int b, int k, Position pos1,
            Position pos2) {
        super(r, s, b, k);
        this.pos1 = pos1;
        this.pos2 = pos2;
    }

    public void run() {
        // erstes Korn nehmen
        this.laufeZuKachel(this.pos1.getReihe(), this.pos1
            .getSpalte());
        this.sicheresNimm();

        // zweites Korn nehmen
        this.laufeZuKachel(this.pos2.getReihe(), this.pos2
            .getSpalte());
        sicheresNimm();

        // probieren
        this.schreib("Hmmmm, das schmeckt");

        // erstes Korn ablegen
```

```
            this.gibUndBenachrichtige();

            // zweites Korn ablegen
            this.laufeZuKachel(this.pos1.getReihe(), this.pos1
                    .getSpalte());
            this.gibUndBenachrichtige();
        }

        void sicheresNimm() {
            Object kachel = Territorium.getKachel(this.getReihe(),
                    this.getSpalte());
            synchronized (kachel) {
                while (!this.kornDa()) {
                    try {
                        kachel.wait();
                    } catch (InterruptedException exc) {
                    }
                }
                this.nimm();
            }
        }

        void gibUndBenachrichtige() {
            Object kachel = Territorium.getKachel(this.getReihe(),
                    this.getSpalte());
            synchronized (kachel) {
                this.gib();
                kachel.notify();
            }
        }
    }

void main() {
    Position kachel1 = new Position(0, 1);
    Position kachel2 = new Position(2, 1);

    // Paul nimmt erst das obere und dann das untere Korn
    ProbierHamster paul = new ProbierHamster(1, 0,
            Hamster.OST, 0, kachel1, kachel2);

    // Willi nimmt erst das untere und dann das obere Korn
    ProbierHamster willi = new ProbierHamster(1, 2,
            Hamster.WEST, 0, kachel2, kachel1);

    paul.start();
    willi.start();
}
```

Eigentlich scheinen die beiden Hamster alles richtig gemacht zu haben. Insbesondere synchronisieren sie den Zugriff auf die Körner. Aber trotzdem werden sie in der Regel nicht das volle Geschmacksaroma kennenlernen. Schauen wir uns an, was passieren kann. Beide Hamster laufen gleichzeitig los. Paul begibt sich zuerst zum oberen Korn und packt es in sein Maul. Willi läuft zum unteren Korn und nimmt es auf. Dann laufen beide zur jeweils anderen Körnerkachel. Und jetzt kommt das Dilemma. Die Körner sind ja jeweils nicht da. Paul wartet unten auf das Korn, das Willi im Maul hat, und Willi wartet oben auf das Korn, das Paul im Maul hat. Beide werden dummerweise endlos warten. Genau das ist eine *Verklemmung* bzw. ein *Deadlock*.

Derartige Deadlocks sind ein Problem und eine Gefahr in parallelen Programmen, weil das Programm stillsteht und nicht zum Ende kommt. Aber Deadlocks kennen wir auch aus dem alltäglichen Leben. Ein Beispiel:

In der Küche eines neu eröffneten Restaurants gibt es aktuell nur einen Kochtopf und nur einen Rührlöffel. In der Küche arbeiten zwei Köche. Für die Zubereitung ihrer Speisen benötigen beide Köche jeweils sowohl den Kochtopf als auch den Rührlöffel. Koch A hat sich den Kochtopf aus dem Schrank geholt und sucht auf der Ablage den Rührlöffel. Der ist aber nicht da. Also denkt er, den Rührlöffel hat sicher gerade mein Kollege genommen, also warte ich darauf, dass er ihn zurückbringt. Koch B hat in der Tat den Rührlöffel. Er öffnet gerade den Schrank und stellt fest, dass der Kochtopf nicht da ist. Also denkt er, den Kochtopf hat sicher gerade mein Kollege, also warte ich darauf, dass er ihn zurückbringt. Beide werden endlos warten und die Gäste irgendwann mit knurrendem Magen das Restaurant verlassen.

Und ein weiteres Beispiel: Anna studiert Informatik. Sie sitzt gerade in der Uni-Bibliothek und arbeitet das Buch „Programmieren spielend gelernt mit dem Java-Hamster-Modell" durch. Dabei stößt sie auf den Literaturverweis zum Buch „Objektorientierte Programmierung spielend gelernt mit dem Java-Hamster-Modell". „Oh, da kann man sogar mit mehreren Hamster gleichzeitig arbeiten" denkt sie. „Das interessiert mich jetzt aber.". Also begibt sich sich zum Regal, wo das Buch stehen soll. Das einzige Exemplar ist allerdings gerade ausgeliehen. „Zu dumm", denkt sie, „dann warte ich halt hier, bis es wieder zurückgegeben wird." Auch Paul studiert Informatik. Auch er bereitet sich gerade in der Uni-Bibliothek auf eine Prüfung vor. Er hat sich dazu das Buch „Objektorientierte Programmierung spielend gelernt mit dem Java-Hamster-Modell" ausgeliehen (auf das Anna dringend wartet). Allerdings stellt er beim Lesen der Einleitung fest, dass es besser ist, zunächst das Buch „Programmieren spielend gelernt mit dem Java-Hamster-Modell" durchzuarbeiten. Also begibt er sich zu dem Regal, wo dieses Buch stehen soll. Dummerweise ist das einzige Exemplar gerade ausgeliehen (das hat ja Anna) und Paul denkt: „Das ist ja ärgerlich. Dann warte ich halt hier, bis es wieder zurückgegeben wird." Leider werden sowohl Anna als auch Paul endlos warten und niemals ihr Studium beenden können[1].

Und ein drittes Beispiel aus dem Straßenverkehr, das Sie sicher auch schon einmal erlebt haben und das in Abbildung 9.2 skizziert wird. Sie kommen mit ihrem Auto an eine Straßenkreuzung, bei der vier Straßen aufeinander treffen und die Regel „rechts vor links" gilt. Auch aus den anderen drei Richtungen kommen Autos. Theoretisch müssen alle vier Autos (endlos) warten.

## 9.2 Definition

Nach diesen motivierenden Beispielen dazu, was ein Deadlock ist, wollen wir den Begriff nun genauer definieren:

Eine Menge von Prozessen befindet sich in einem Deadlock, wenn jeder Prozess der Menge auf eine Ressource (man spricht auch von *Betriebsmitteln*) wartet, die gerade ein anderer Prozess der Menge

---

[1] wenn nicht die Bibliothek endlich ein Einsehen hat und weitere Exemplare dieser beiden Bücher bestellt :-)

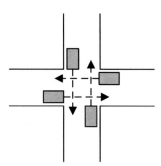

Abbildung 9.2: Deadlock im Straßenverkehr

hält. Betriebsmittel können dabei Prozessoren, Drucker, Dateien, gemeinsame Variablen oder auch die Sperren von Java-Objekten sein.

Oder etwas allgemeiner formuliert:

Eine Menge von Prozessen befindet sich in einem Deadlock, wenn jeder Prozess der Menge auf ein Ereignis wartet, das nur ein anderer Prozess der Menge auslösen kann.

Ein Deadlock ist also ein bestimmter (ungewollter) Zustand während der Laufzeit eines Programms. Ein Programm heißt Deadlock-gefährdet, wenn zur Laufzeit ein Deadlock eintreten kann. Bitte unterscheiden Sie die beiden Begriffe. Wenn ein Deadlock-gefährdetes Programm gestartet wird, kann es, muss es aber nicht unbedingt auch zu einem tatsächlichen Deadlock kommen. Eigentlich ist das Eintreten eines Deadlocks sogar eher selten.

Einleuchtend ist, dass ein Deadlock nur dann auftreten kann, wenn mindestens zwei Prozesse existieren. Interessant ist nun die Frage, welche weiteren Bedingungen für das Eintreten einer Deadlock-Situation erfüllt sein müssen:

1. Bedingung des wechselseitigen Ausschlusses: Jedes Betriebsmittel wird entweder von genau einem Prozess belegt oder ist verfügbar.

2. Belegungs- und Wartebedingung: Ein Prozess, der bereits Betriebsmittel belegt, kann weitere Betriebsmittel anfordern.

3. Ununterbrechbarkeitsbedingung: Die Betriebsmittel, die von einem Prozess belegt werden, können nicht von außen entzogen werden. Nur die Prozesse selbst können von ihnen belegte Betriebsmittel wieder frei geben.

4. Zyklische Wartebedingung: Es existiert eine zyklische Kette von zwei oder mehreren Prozessen, von denen jeder ein Betriebsmittel anfordert, das gerade vom nächsten Prozess der Kette belegt ist.

Damit eine Deadlock-Situation eintreten kann, müssen alle vier Bedingungen erfüllt sein. Ist eine Bedingung nicht erfüllt, ist kein Deadlock möglich.

Wie kann bzw. soll man als Programmierer nun mit Deadlocks umgehen? Prinzipiell gibt es folgende Alternativen:

- ignorieren,

- verhindern,

- vermeiden,

- erkennen und beseitigen.

Eine leider sehr verbreitete Umgehensweise mit Deadlocks ist, die Deadlockgefahr einfach zu igno-rieren, da es im Allgemeinen sehr unwahrscheinlich ist, dass ein potentieller Deadlock auch tatsäch-lich auftritt. Meine Meinung dazu ist: Programme, die eine Deadlockgefahr einfach ignorieren, sind genauso fehlerhaft wie Programme, die bspw. seltene Benutzereingaben nicht berücksichtigen und dann abstürzen. Setzen Sie sich bitte immer mit potentiellen Deadlocks auseinander!

Deadlocks lassen sich verhindern, wenn eine der oben aufgeführten Bedingungen nicht erfüllt ist. Hierzu gibt es verschiedene Ansätze, die in Abschnitt 9.3 vorgestellt werden.

Ziel der Deadlockverhinderung ist es, Deadlocks auch theoretisch komplett auszuschließen, d.h. entsprechende Programme sind nicht mehr Deadlock-gefährdet. Dahingegen wird bei der Deadlock-vermeidung, die in Abschnitt 9.4 behandelt wird, zur Laufzeit eine Instanz eingeschaltet, die das System überwacht und durch geeignete Maßnahmen Deadlocks ausschließt.

Schließlich besteht eine weitere Alternative darin, Deadlocks zunächst zuzulassen, aber zu erken-nen, wenn ein Deadlock tatsächlich eingetreten ist und diesen dann durch geeignete Maßnahmen zu beseitigen. Hierauf geht Abschnitt 9.5 genauer ein.

# 9.3 Deadlockverhinderung

Damit Programme nicht Deadlock-gefährdet sind, muss dafür gesorgt werden, dass mindestens eine der oben aufgeführten Bedingungen nicht gilt.

Der in Bedingung (1) angesprochene wechselseitige Ausschluss beim Zugriff auf bestimmte Be-triebsmittel ist inhärent mit diesen verbunden und lässt sich nicht „aufweichen". Ein Drucker kann nun mal nicht von zwei Prozessen gleichzeitig benutzt werden. Der Entzug von Betriebsmitteln von „außen" (Bedingung (3)) ist oftmals schwierig oder unmöglich. Stellen Sie sich vor, einem Pro-zess, der gerade Daten auf einen Drucker ausgibt, wird dieser entzogen und einem anderen Prozess zugeteilt.

Aus den Bedingungen (2) und (4) lassen sich jedoch zwei Gegenmaßnahmen gegen Deadlocks ab-leiten, die im Folgenden vorgestellt werden.

## 9.3.1 Belegung mehrerer Betriebsmittel auf einen Schlag

Bei einer Gegenmaßnahme gegen Deadlocks, die sich aus Bedingung (2) ableitet, darf ein Prozess nur dann Betriebsmittel anfordern, falls er aktuell keine besitzt. Benötigt er mehrere Betriebsmittel gleichzeitig, muss er diese entweder „auf einen Schlag" anfordern oder beim Zugriff auf eines der benötigten Betriebsmittel muss gleichzeitig der Zugriff auf die anderen benötigten Betriebsmittel für andere Prozesse verhindert werden. Häufig wird hierzu ein Betriebsmittelverwalter eingeschaltet, der die alleinige Kontrolle über die Betriebsmittel besitzt und den Zugriff hierauf regelt.

Diese Gegenmaßnahme kann in einfachen Fällen leicht umgesetzt werden. Bei komplexen Program-men mit vielen Betriebsmitteln ist sie aber oft nur schwer realisierbar und führt meist dazu, dass der Parallelitätsgrad des Programms stark darunter leidet, weil Prozesse oft (unnötig) lange auf be-stimmte Betriebsmittel warten müssen.

Im folgenden Programm werden Deadlocks im Motivationsproblem aus Abschnitt 9.1 durch die entsprechende Umsetzung dieser Gegenmaßnahme verhindert. Bevor ein Probier-Hamster das erste Korn nimmt, muss er durch den Aufruf der Klassenmethode blockiereAlleKoerner den Zugriff anderer Probier-Hamster auf andere Körner verhindern. Der schnellste Probier-Hamster hat damit exklusiven Zugriff auf alle Körner. Erst wenn er alle genommenen Körner wieder abgelegt hat, kann der Hamster die Blockade durch Aufruf der Klassenmethode gibKoernerBlockadeFrei wieder aufheben. Das Überschreiben der Methoden nimm und gib sorgt dafür, dass die Blockade nicht umgangen werden kann.

```java
// Repraesentation von Kachelpositionen
class Position {
    private int reihe;

    private int spalte;

    Position(int r, int s) {
        this.reihe = r;
        this.spalte = s;
    }

    int getReihe() {
        return this.reihe;
    }

    int getSpalte() {
        return this.spalte;
    }
}

import util.AllroundHamster;

// Hamster, die zwei Koerner gleichzeitig probieren wollen
class ProbierHamster extends AllroundHamster {

    private static ProbierHamster aktHamster = null;

    private Position pos1; // Position des ersten Korns

    private Position pos2; // Position des zweiten Korns

    ProbierHamster(int r, int s, int b, int k, Position pos1,
            Position pos2) {
        super(r, s, b, k);
        this.pos1 = pos1;
        this.pos2 = pos2;
    }

    public void run() {
        // erstes Korn nehmen
        this.laufeZuKachel(this.pos1.getReihe(), this.pos1
                .getSpalte());
        blockiereAlleKoerner(this);
```

```
        this.nimm();

        // zweites Korn nehmen
        this.laufeZuKachel(this.pos2.getReihe(), this.pos2
                .getSpalte());
        this.nimm();

        // probieren
        this.schreib("Hmmmm, das schmeckt");

        // erstes Korn ablegen
        this.gib();

        // zweites Korn ablegen
        this.laufeZuKachel(this.pos1.getReihe(), this.pos1
                .getSpalte());
        this.gib();
        gibKoernerBlockadeFrei();
    }

    synchronized static void blockiereAlleKoerner(
            ProbierHamster ham) {
        while (ProbierHamster.aktHamster != null) {
            try {
                ProbierHamster.class.wait();
            } catch (InterruptedException exc) {
            }
        }
        ProbierHamster.aktHamster = ham;
    }

    synchronized static void gibKoernerBlockadeFrei() {
        ProbierHamster.aktHamster = null;
        ProbierHamster.class.notify();
    }

    public synchronized void nimm() {
        if (ProbierHamster.aktHamster == this) {
            super.nimm();
        }
    }

    public synchronized void gib() {
        if (ProbierHamster.aktHamster == this) {
            super.gib();
        }
    }
}

void main() {
    Position kachel1 = new Position(0, 1);
    Position kachel2 = new Position(2, 1);
```

```
// Paul nimmt erst das obere und dann das untere Korn
ProbierHamster paul = new ProbierHamster(1, 0,
        Hamster.OST, 0, kachel1, kachel2);

// Willi nimmt erst das untere und dann das obere Korn
ProbierHamster willi = new ProbierHamster(1, 2,
        Hamster.WEST, 0, kachel2, kachel1);

paul.start();
willi.start();
}
```

## 9.3.2 Linearisierung der Betriebsmittel

Eine Gegenmaßnahme gegen Deadlocks, die sich aus Bedingung (4) ableitet, ist die Definition einer Ordnung auf die betroffenen Betriebsmittel. Beispielsweise werden die Betriebsmittel durchnummeriert. Prozesse dürfen die Betriebsmittel nur gemäß dieser Ordnung in der vorgegebenen Reihenfolge anfordern. Besitzt ein Prozess aktuell das Betriebsmittel mit der Nummer $n$, darf er ausschließlich Betriebsmittel mit höheren Nummern als $n$ anfordern. Häufig ist es jedoch schwierig, eine geeignete Ordnung auf die Betriebsmittel zu definieren.

Die Betriebsmittel in unserem Motivationsproblem sind die Körner, die auf bestimmten Kacheln liegen. Wir können eine Ordnung entsprechend der Position der Kacheln definieren: Jeder Kachel $(n/m)$ wird der Ordnungswert $n * Spaltenanzahl + m$ zugeordnet. Entsprechend dieser Ordnung müssen die Hamster also immer erst das Korn auf Kachel (0/1) und dann erst das Korn auf Kachel (2/1) nehmen. Ein Programm, das diese Ordnung beachtet und damit nicht Deadlock-gefährdet das Motivationsproblem aus Abschnitt 9.1 löst, sieht folgendermaßen aus:

```
// Repraesentation von Kachelpositionen
class Position {
    private int reihe;

    private int spalte;

    Position(int r, int s) {
        this.reihe = r;
        this.spalte = s;
    }

    int getReihe() {
        return this.reihe;
    }

    int getSpalte() {
        return this.spalte;
    }
}

// Hamster, die zwei Koerner gleichzeitig probieren wollen
```

```
class ProbierHamster extends AllroundHamster {

    private Position pos1; // Position des ersten Korns

    private Position pos2; // Position des zweiten Korns

    ProbierHamster(int r, int s, int b, int k, Position pos1,
            Position pos2) {
        super(r, s, b, k);
        this.pos1 = pos1;
        this.pos2 = pos2;
    }

    public void run() {
        // erstes Korn nehmen
        this.laufeZuKachel(this.pos1.getReihe(), this.pos1
            .getSpalte());
        synchronized (Territorium.getKachel(
                this.pos1.getReihe(), this.pos1.getSpalte())) {
            this.nimm();

            // zweites Korn nehmen
            this.laufeZuKachel(this.pos2.getReihe(), this.pos2
                .getSpalte());
            synchronized (Territorium.getKachel(this.pos2
                .getReihe(), this.pos2.getSpalte())) {
                this.nimm();

                // probieren
                this.schreib("Hmmmm, das schmeckt");

                // zweites Korn wieder ablegen
                this.gib();
            }

            // erstes Korn wieder ablegen
            this.laufeZuKachel(this.pos1.getReihe(), this.pos1
                .getSpalte());
            this.gib();
        }
    }
}

void main() {
    Position kachel1 = new Position(0, 1);
    Position kachel2 = new Position(2, 1);

    // sowohl Paul als auch Willi muessen entsprechend der
    // Ordnung zuerst das obere und dann das untere Korn
    // nehmen
    ProbierHamster paul = new ProbierHamster(1, 0,
            Hamster.OST, 0, kachel1, kachel2);
```

```
ProbierHamster willi = new ProbierHamster(1, 2,
        Hamster.WEST, 0, kachel1, kachel2);

paul.start();
willi.start();
}
```

# 9.4 Deadlockvermeidung

Durch den Einsatz von Deadlockverhinderungsverfahren, wie wir sie im vorhergehenden Abschnitt kennengelernt haben, können Deadlocks schon vor dem Start eines Programms komplett ausgeschlossen werden. Etwas schwächer geht es beim Einsatz von Deadlockvermeidungsverfahren zu. Diese unterscheiden sich von Deadlockverhinderungsverfahren dadurch, dass Deadlocks nun theoretisch möglich sind, dass es aber zur Laufzeit eines Programms eine Instanz gibt, die potentielle Deadlocksituationen erkennt und Maßnahmen einleitet, um deren tatsächliches Eintreten zu vermeiden.

In der folgenden Lösung des Motivationsproblems aus Abschnitt 9.1 wird eine spezielle Verwaltungsinstanz eingeschaltet, durch die ein Deadlock vermieden werden kann. Immer wenn ein Probier-Hamster ein Korn nimmt oder ablegt, teilt er dies dem Verwalter durch Aufruf dessen Methoden kornAnfordern bzw. kornZurueckgeben mit. Die durch den Verwalter implementierte Deadlockvermeidungsstrategie beim Zugriff auf Körner sieht so aus, dass er nicht zulässt, dass mehr als ein Hamster Körner angefordert und noch nicht zurückgegeben hat.

```
// Repraesentation von Kachelpositionen
class Position {
    private int reihe;
    private int spalte;

    Position(int r, int s) {
        this.reihe = r;
        this.spalte = s;
    }

    int getReihe() {
        return this.reihe;
    }

    int getSpalte() {
        return this.spalte;
    }
}

// Implementiert Deadlockvermeidungsstrategie
class Verwalter {

    // Hamster, der aktuell Koerner nehmen und geben darf
    private Hamster aktHamster;
```

```
// Anzahl an angeforderten aber noch nicht zurueckgegebenen
// Koernern
private int angefordert;

Verwalter() {
    this.aktHamster = null;
    this.angefordert = 0;
}

synchronized void kornAnfordern(Hamster ham) {
    if (this.aktHamster != ham) {
        // nur der aktuelle Hamster darf weitere
        // Koerner anfordern
        while (this.aktHamster != null) {
            try {
                wait();
            } catch (InterruptedException exc) {
            }
        }
        this.aktHamster = ham;
    }
    this.angefordert++;
}

synchronized void kornZurueckgeben(Hamster ham) {
    if (this.aktHamster == ham) {
        this.angefordert--;
        if (this.angefordert == 0) {
            // nun kann prinzipiell ein anderer Hamster
            // uebernehmen
            this.aktHamster = null;
            notifyAll();
        }
    }
}
}
}

// Hamster, die zwei Koerner gleichzeitig probieren wollen
class ProbierHamster extends AllroundHamster {

    private Verwalter verwalter; // Deadlockvermeidungsinstanz

    private Position pos1; // Position des ersten Korns

    private Position pos2; // Position des zweiten Korns

    ProbierHamster(int r, int s, int b, int k, Position pos1,
            Position pos2, Verwalter verwalter) {
        super(r, s, b, k);
        this.pos1 = pos1;
        this.pos2 = pos2;
        this.verwalter = verwalter;
```

```
        }

        public void run() {
            // erstes Korn nehmen
            this.laufeZuKachel(this.pos1.getReihe(), this.pos1
                    .getSpalte());
            this.nimm();

            // zweites Korn nehmen
            this.laufeZuKachel(this.pos2.getReihe(), this.pos2
                    .getSpalte());
            this.nimm();

            // probieren
            this.schreib("Hmmmm, das schmeckt");

            // erstes Korn ablegen
            this.gib();

            // zweites Korn ablegen
            this.laufeZuKachel(this.pos1.getReihe(), this.pos1
                    .getSpalte());
            this.gib();
        }

        public synchronized void nimm() {
            this.verwalter.kornAnfordern(this);
            super.nimm();
        }

        public synchronized void gib() {
            this.verwalter.kornZurueckgeben(this);
            super.gib();
        }
}

void main() {
    Position kachel1 = new Position(0, 1);
    Position kachel2 = new Position(2, 1);
    Verwalter verwalter = new Verwalter();

    // Paul nimmt erst das obere und dann das untere Korn
    ProbierHamster paul = new ProbierHamster(1, 0,
            Hamster.OST, 0, kachel1, kachel2, verwalter);

    // Willi nimmt erst das untere und dann das obere Korn
    ProbierHamster willi = new ProbierHamster(1, 2,
            Hamster.WEST, 0, kachel2, kachel1, verwalter);

    paul.start();
    willi.start();
}
```

Diese Lösung ist auf den konkreten Fall des Motivationsproblems ausgerichtet. Es gibt jedoch sogar einen allgemein gültigen Algorithmus zur Vermeidung von Deadlocks, den so genannten *Bankier-Algorithmus*. Wenn vor dem Start eines Programms die Anzahl an Prozessen feststeht und wenn bekannt ist, wie viele Betriebsmittel welchen Typs die einzelnen Prozesse im Laufe ihrer Existenz benötigen, und wenn während der Laufzeit des Programms keine Betriebsmittel ausfallen, können durch den Einsatz des Bankier-Algorithmus Deadlocks vermieden werden. Da diese Voraussetzungen in der Realität aber so gut wie nie erfüllt sind, ist der Bankier-Algorithmus zwar theoretisch interessant, wird in der Praxis allerdings nirgendwo eingesetzt. Daher soll hier auf seine Vorstellung verzichtet werden. Beispielprogramm 2 in Abschnitt 9.7.2 enthält allerdings ein Beispiel, indem der Algorithmus skizziert wird.

## 9.5 Deadlockerkennung und -beseitigung

Da selbst wenn eine theoretische Deadlockgefahr besteht, Deadlocks doch eher selten tatsächlich auch eintreten, besteht ein eher optimistischer Umgang mit Deadlocks darin, diese prinzipiell zuzulassen, allerdings zu versuchen, tatsächlich eingetretene Deadlocks zu erkennen und sie zu beseitigen.

### 9.5.1 Deadlockerkennung

Prinzipiell möglich wäre es, die Deadlockerkennung beim Umgang mit Java-Threads in die JVM zu integrieren und Deadlocks bspw. durch das Werfen von entsprechenden Exceptions zu behandeln. Die Java-Entwickler haben sich jedoch gegen derartige Maßnahmen entschieden. Also muss sich ein Programmierer selbst darum kümmern.

Lassen Sie uns einmal überlegen, wie ein solches Vorgehen prinzipiell aussehen könnte. Es müsste ein zusätzlicher Thread – der Deadlockerkennungsthread – gestartet werden, der für die Deadlockerkennung zuständig ist. Bevor ein Thread ein Betriebsmittel anfordert und nachdem er es wieder frei gegeben hat, müsste er den Deadlockerkennungsthread darüber informieren. Außerdem müsste er in bestimmten Abständen signalisieren, dass er noch aktiv ist. Wenn nun ein Thread ein bestimmtes Betriebsmittel zwar angefordert, aber noch nicht wieder freigegeben und längere Zeit auch keine Lebenssignale mehr gesendet hat, liegt wahrscheinlich ein Deadlock vor. Dies könnte der Deadlockerkennungsthread auf der Grundlage der ihm vorliegenden Informationen dann auch tatsächlich feststellen.

### 9.5.2 Deadlockbeseitigung

Die rabiateste Vorgehensweise der Beseitigung eines Deadlocks besteht darin, einen der betroffenen Threads durch Aufruf der Thread-Methode `stop` einfach abzubrechen[2] und unter Umständen ein Thread-Objekt derselben Klasse neu zu erzeugen und dessen Thread quasi als Ersatzthread zu starten. In vielen Fällen ist dieses Vorgehen allerdings gar nicht möglich oder unpraktikabel, weil der neue Thread viel zu viel Arbeit „nachzuarbeiten" hätte.

Eine Alternative besteht darin, einen (oder mehrere) am Deadlock beteiligte Threads wieder in einen vorhergehenden Zustand zurückzuversetzen und ihm ein zur Auflösung des Deadlocks benötigtes

---

[2]Vor seinem tatsächlichen Tod müsste der Thread allerdings noch alle aktuell belegten Betriebsmittel wieder freigeben.

Betriebsmittel zu entziehen. Dieses Betriebsmittel wäre damit wieder verfügbar und könnte einem verklemmten Thread zugeteilt werden, wodurch sich der Deadlock beseitigen ließe. Der zurückversetzte Thread müsste dann bestimmte bereits erledigte Arbeiten wiederholen.

Ein solches Vorgehen ist bei der Programmierung mit Java-Threads möglich, wenn der Deadlock dadurch zustandegekommen ist, dass mehrere Threads durch den Aufruf von `wait` zyklisch auf ein `notify` eines anderen wartenden Threads warten. In diesem Fall könnte das Warten durch das Unterbrechen eines Thread durch den Aufruf von `interrupt` (siehe Kapitel 5.7) beendet werden. Der Programmierer muss dann bei der Implementierung des entsprechenden InterruptedException-Handlers dafür sorgen, dass der Thread in einen vorhergehenden Zustand zurückversetzt wird und insbesondere bestimmte Betriebsmittel wieder frei gibt.

### 9.5.3 Lösung des Motivationsbeispiels

Die beiden skizzierten Ansätze der Deadlockerkennung und -beseitigung werden im Folgenden exemplarisch zur Lösung des Motivationsproblems aus Abschnitt 9.1 implementiert.

Zusätzlich zu den beiden Hamster-Threads wird ein Deadlockerkennungsthread (als Dämon) gestartet (Klasse `DeadlockErkenner`). Bei diesem müssen alle beteiligten Hamster über die Methode `neuerHamster` angemeldet werden. Jeder Hamster muss vor einem `wait` die Methode `addWait` und nach einem `wait` die Methode subWait aufrufen. Der Deadlockerkennungsthread überprüft nun im Abstand von jeweils einer Sekunde, ob aktuell alle angemeldeten Hamster warten. In diesem Fall liegt ein Deadlock vor. Zur Deadlockbeseitigung wählt nun der Deadlockerkennungsthread zufällig einen Hamster aus und ruft für diesen die Methode `interrupt` auf, bricht also dessen `wait` durch eine `InterruptedException` ab.

Da im Motivationsbeispiel ein Deadlock vorliegt, wenn beide Hamster jeweils auf das zweite Korn warten, wird der InterruptedException-Handler so implementiert, dass der unterbrochene Hamster zu der von ihm zuerst besuchten Körnerkachel zurückläuft, dort das Korn wieder ablegt und den anderen Hamster darüber via `notify` informiert. Während dieser seine Arbeit dadurch fortsetzen kann, muss der unterbrochene Hamster erneut versuchen, beide Körner zu ergattern.

```
import java.util.Vector;

//Repraesentation von Kachelpositionen
class Position {
    private int reihe;

    private int spalte;

    Position(int r, int s) {
        this.reihe = r;
        this.spalte = s;
    }

    int getReihe() {
        return this.reihe;
    }

    int getSpalte() {
        return this.spalte;
```

```
    }
}

class DeadlockErkenner extends Thread {

    private Vector<Hamster> hamster; // beruecksichtigte Hamster

    private int anzahlWaits; // Anzahl wartender Hamster

    DeadlockErkenner() {
        this.hamster = new Vector<Hamster>();
        this.anzahlWaits = 0;

        // Deadlockerkenner ist ein Daemon
        this.setDaemon(true);
    }

    // Anmeldung von Hamstern
    synchronized void neuerHamster(Hamster ham) {
        this.hamster.add(ham);
    }

    public void run() {
        while (true) {
            try {
                sleep(1000);
            } catch (InterruptedException exc) {
            }
            this.ueberpruefen();
        }
    }

    synchronized void ueberpruefen() {
        if (this.hamster.size() > 0
                && this.getAnzahlWaits() == this.hamster.size()) {
            // Deadlock!

            // einen zufaellig ermittelten Hamster unterbrechen
            int nummer = (int) (Math.random() * this.hamster
                    .size());
            Hamster betroffenerHamster = this.hamster
                    .get(nummer);
            this.subWait();
            betroffenerHamster.interrupt();
        }
    }

    synchronized void addWait() {
        this.anzahlWaits++;
    }

    synchronized void subWait() {
```

```
            this.anzahlWaits--;
        }

        synchronized int getAnzahlWaits() {
            return this.anzahlWaits;
        }
    }

    // Hamster, die zwei Koerner gleichzeitig probieren wollen
    class ProbierHamster extends AllroundHamster {

        private DeadlockErkenner zentrale; // der Deadlockerkenner

        private Position pos1; // Position des ersten Korns

        private Position pos2; // Position des zweiten Korns

        ProbierHamster(int r, int s, int b, Position pos1,
                Position pos2, DeadlockErkenner zentrale) {
            super(r, s, b, 0);
            this.pos1 = pos1;
            this.pos2 = pos2;
            this.zentrale = zentrale;
        }

        public void run() {
            while (this.getAnzahlKoerner() < 2) {

                // erstes Korn nehmen
                this.laufeZuKachel(this.pos1.getReihe(), this.pos1
                        .getSpalte());
                this.sicheresNimm();

                // zweites Korn nehmen
                this.laufeZuKachel(this.pos2.getReihe(), this.pos2
                        .getSpalte());
                this.sicheresNimm();
            }

            // probieren
            this.schreib("Hmmmm, das schmeckt");

            // erstes Korn ablegen
            this.gibUndBenachrichtige();

            // zweites Korn ablegen
            this.laufeZuKachel(this.pos1.getReihe(), this.pos1
                    .getSpalte());
            this.gibUndBenachrichtige();
        }

        void sicheresNimm() {
```

```
            Object kachel = Territorium.getKachel(this.getReihe(),
                    this.getSpalte());
            synchronized (kachel) {
                while (!this.kornDa()) {
                    try {
                        this.zentrale.addWait();
                        kachel.wait();
                        this.zentrale.subWait();
                    } catch (InterruptedException exc) {
                        // Betriebsmittel frei geben und dadurch
                        // Deadlock beseitigen
                        this.laufeZuKachel(this.pos1.getReihe(),
                                this.pos1.getSpalte());
                        this.gibUndBenachrichtige();
                        return;
                    }
                }
                this.nimm();
            }
        }

    void gibUndBenachrichtige() {
        Object kachel = Territorium.getKachel(this.getReihe(),
                this.getSpalte());
        synchronized (kachel) {
            this.gib();
            kachel.notify();
        }
    }
}

void main() {
    DeadlockErkenner zentrale = new DeadlockErkenner();
    zentrale.start();

    Position kachel1 = new Position(0, 1);
    Position kachel2 = new Position(2, 1);

    // Paul nimmt erst das obere und dann das untere Korn
    ProbierHamster paul = new ProbierHamster(1, 0,
            Hamster.OST, kachel1, kachel2, zentrale);
    zentrale.neuerHamster(paul);

    // Willi nimmt erst das untere und dann das obere Korn
    ProbierHamster willi = new ProbierHamster(1, 2,
            Hamster.WEST, kachel2, kachel1, zentrale);
    zentrale.neuerHamster(willi);

    paul.start();
    willi.start();
}
```

Achtung: In der Lösung kann es passieren, dass der unterbrochene Hamster nach dem Zurücklegen des ersten Korns dieses erneut vor dem anderen Hamster aufnimmt. In diesem (allerdings sehr unwahrscheinlichen) Fall käme es erneut zu einem Deadlock und der Deadlockerkennungsthread würde erneut aktiv werden. Eine entsprechend korrigierte Lösung sollen Sie in Aufgabe 3 selber entwickeln.

## 9.6 Livelocks

Paul und Willi haben ihren Frauen Maria und Heidi von den Problemen beim Lösen der Motivationsaufgabe in Abschnitt 9.1 erzählt. Die beiden tuscheln eine Weile miteinander und teilen ihren zunächst erstaunten Freunden dann mit: Da gibt es doch eigentlich eine ganz einfache Lösung. Jeder von euch läuft zunächst zu seiner jeweils ersten Kachel – Paul nach oben und Willi nach unten – und nimmt dort das Korn. Dann läuft er zur anderen Kachel. Wenn er dort das zweite Korn vorfindet, nimmt er es, genießt das vom 5-Sterne-Koch gelobte Aroma beim Schlecken beider Körner und legt anschließend beide Körner wieder auf ihrer Kachel ab. Wenn er das zweite Korn nicht vorfindet, läuft er, um dem anderen Hamster einen Gefallen zu tun, zur ersten Kachel zurück und legt dort das erste Korn wieder ab. Anschließend versucht er erneut, auf analoge Art und Weise beide Körner zu ergattern, beginnt diesmal aber bei der anderen Kachel.

Paul und Willi sind überrascht, soviel Cleverness hätten sie ihren Frauen gar nicht zugetraut. Sie begeben sich gleich ins Territorium und probieren diesen Algorithmus aus.

```
// Repraesentation von Kachelpositionen
class Position {
    private int reihe;

    private int spalte;

    Position(int r, int s) {
        this.reihe = r;
        this.spalte = s;
    }

    int getReihe() {
        return this.reihe;
    }

    int getSpalte() {
        return this.spalte;
    }
}

// Hamster, die zwei Koerner gleichzeitig probieren wollen
class ProbierHamster extends AllroundHamster {

    private Position pos1; // Position des ersten Korns

    private Position pos2; // Position des zweiten Korns

    ProbierHamster(int r, int s, int b, Position pos1,
```

```
        Position pos2) {
    super(r, s, b, 0);
    this.pos1 = pos1;
    this.pos2 = pos2;
}

public void run() {
    this.zweiKoernerFressen(this.pos1, this.pos2);
}

private void zweiKoernerFressen(Position p1, Position p2) {
    boolean probiert = false;

    // erstes Korn versuchen zu nehmen
    this.laufeZuKachel(p1.getReihe(), p1.getSpalte());
    synchronized (Territorium.getKachel(this.getReihe(),
            this.getSpalte())) {
        if (this.kornDa()) {
            this.nimm();
        }
    }
    if (this.getAnzahlKoerner() == 1) { // ein Korn im Maul

        // zweites Korn versuchen zu nehmen
        this.laufeZuKachel(p2.getReihe(), p2.getSpalte());
        synchronized (Territorium.getKachel(this.getReihe(),
                this.getSpalte())) {
            if (this.kornDa()) {
                this.nimm();
            }
        }
        if (this.getAnzahlKoerner() == 2) {
            // zwei Koerner im Maul

            // probieren
            this.schreib("Hmmmm, das schmeckt");
            probiert = true;
            synchronized (Territorium.getKachel(this
                    .getReihe(), this.getSpalte())) {
                this.gib(); // zweites Korn wieder ablegen
            }
        }
        this.laufeZuKachel(p1.getReihe(), p1.getSpalte());
        synchronized (Territorium.getKachel(this.getReihe(),
                this.getSpalte())) {
            this.gib(); // erstes Korn wieder ablegen
        }
    }
    if (!probiert) {

        // mit Start auf der anderen Kachel erneut versuchen
        zweiKoernerFressen(p2, p1);
```

```
            }
        }
    }
}

void main() {
    Position kachel1 = new Position(0, 1);
    Position kachel2 = new Position(2, 1);

    // Paul nimmt erst das obere und dann das untere Korn
    ProbierHamster paul = new ProbierHamster(1, 0,
            Hamster.OST, kachel1, kachel2);

    // Willi nimmt erst das untere und dann das obere Korn
    ProbierHamster willi = new ProbierHamster(1, 2,
            Hamster.WEST, kachel2, kachel1);

    paul.start();
    willi.start();
}
```

Nach kurzer Zeit sind die beiden wieder bei ihren Frauen und teilen diesen mit: Wir sind stolz auf euch, euer Algorithmus hat funktioniert. Nachts im Traum kommen Paul jedoch Bedenken, ob der Algorithmus auch tatsächlich immer funktioniert, und er verlangt einen zweiten Versuch. Es vergehen mehrere Stunden, bis die beiden Männer wieder zurückkehren. Sie sind völlig erschöpft, weil sie dutzende Male hin und her laufen mussten. So richtig können sich die beiden nicht erklären, was beim zweiten Mal anders gelaufen ist als beim ersten Mal, und begeben sich, nachdem sie sich erholt haben, zum dritten Mal ins Territorium. Ihre Frauen sehen die beiden leider nie wieder, denn „wenn sie nicht gestorben sind, dann laufen sie noch heute".

Was bei diesem Algorithmus auftreten kann, ist ein so genannter *Livelock*, eine andere Form einer Verklemmung. Während beim Deadlock mehrere Prozesse blockiert sind, also nichts tun, sind beim Livelock mehrere Prozesse ständig aktiv, wiederholen dabei jedoch endlos dieselbe Aktion und schaffen es nicht, diesen Zustand zu verlassen.

Das sicher anschaulichste Beispiel für einen Livelock ist ein Gang, in dem sich zwei Personen entgegenkommen. Beim Versuch, sich gegenseitig auszuweichen, wählen die beiden immer wieder dieselbe Seite und schaffen es daher (theoretisch unendlich lange) nicht, aneinander vorbeizukommen.

In unserem Hamster-Beispiel passiert Analoges: Wenn der Java-Scheduler so implementiert ist (und das ist theoretisch möglich), dass beide Hamster immer abwechselnd die Hamster-Befehle ausführen, werden sie ständig hin und her laufen und nie mehr als ein Korn im Maul haben. Das Programm wird niemals enden.

Livelocks treten bei der parallelen Programmierung deutlich seltener auf als Deadlocks. Weiterhin ist es im Allgemeinen sehr unwahrscheinlich, dass ein Livelock-Zustand endlos Bestand hat. Irgendwann wird eine der beiden Personen im Gang schon die andere Seite wählen, irgendwann wird der Java-Scheduler einen der beiden Hamster bevorzugen, sodass dieser mehrere Hamster-Befehle ohne Unterbrechung hintereinander ausführen und den anderen Hamster „überholen" kann. Aber beachten Sie trotzdem: Programme, in denen eine Livelock-Gefahr – wenn auch nur theoretisch – besteht, sind nicht korrekt!

# 9.7 Beispielprogramme

Dieser Abschnitt enthält zwei weitere Beispiele, die Verklemmungen und den Umgang mit Verklemmungen demonstrieren. Darüber hinaus werden wir uns in Kapitel 11 detailliert mit Problemen beschäftigen, von denen eine inhärente Verklemmungsgefahr ausgeht.

## 9.7.1 Beispielprogramm 1

Hamster Paul und Hamster Willi bekommen die Aufgabe, die Gesamtzahl an Körnern in den beiden obersten Reihen eines mauerlosen Territoriums zu bestimmen und dem Benutzer zu verkünden. Sie beschließen, sich die Aufgabe zu teilen: Paul zählt die Körner in Reihe 0 und Willi übernimmt Reihe 1. Jeder der beiden verkündet, sobald beide mit ihrer Reihe fertig sind, das Ergebnis, d.h. die Summe der beiden ermittelten Werte.

Zum Abspeichern der Anzahl an gesammelten Körnern benutzen beide die folgende Monitor-Klasse `Doppelzaehler`:

```
class Doppelzaehler {

    private int anzahl;

    private Doppelzaehler partner;

    Doppelzaehler() {
        this.anzahl = 0;
        this.partner = null;
    }

    synchronized int getAnzahl() {
        return this.anzahl;
    }

    synchronized void inkrementAnzahl(int anzahl) {
        this.anzahl += anzahl;
    }

    synchronized void setPartner(Doppelzaehler partner) {
        this.partner = partner;
    }

    synchronized int getGesamtAnzahl() {
        return this.anzahl + this.partner.getAnzahl();
    }
}
```

Über diese Klasse lässt sich zum einen der Wert einer einzelnen Zahl Thread-sicher erhöhen bzw. abfragen. Zum anderen kann man die Zahl jedoch mit einer anderen Zahl koppeln und über die Methode `getGesamtAnzahl` die Summe der beiden Zahlen abfragen.

Das Programm selbst hat folgende Gestalt:

```
class SammelHamster extends AllroundHamster {

    private SammelHamster kollege;

    private Doppelzaehler anzahlKoerner;

    private boolean fertig;

    SammelHamster(int r) {
        super(r, 0, Hamster.OST, 0);
        this.kollege = null;
        this.anzahlKoerner = new Doppelzaehler();
        this.fertig = false;
    }

    void setKollege(SammelHamster ham) {
        this.kollege = ham;
        this.anzahlKoerner
                .setPartner(this.kollege.anzahlKoerner);
    }

    public void run() {

        // Reihe abgrasen
        this.anzahlKoerner.inkrementAnzahl(this.nimmAlle());
        while (this.vornFrei()) {
            this.vor();
            this.anzahlKoerner.inkrementAnzahl(this.nimmAlle());
        }

        // auf Kollegen warten
        synchronized (SammelHamster.class) {
            this.fertig = true;
            SammelHamster.class.notify();
            if (!this.kollege.fertig)
                try {
                    SammelHamster.class.wait();
                } catch (InterruptedException exc) {
                }
        }

        // Ergebnis verkuenden
        this.schreib("Gesamtanzahl an Koernern = "
                + this.anzahlKoerner.getGesamtAnzahl());
    }
}

void main() {
    SammelHamster paul = new SammelHamster(0);
    SammelHamster willi = new SammelHamster(1);
    paul.setKollege(willi);
    willi.setKollege(paul);
```

```
            paul.start();
            willi.start();
        }
```

Im Allgemeinen werden beide Hamster jeweils das korrekte Ergebnis verkünden. In seltenen Fällen kann es jedoch dazu kommen, dass zwar beide Hamster ihre Reihe komplett bearbeiten, es vor dem Verkünden des Ergebnisses aber zu einem Deadlock kommt.

Hinter dem Deadlock verbirgt sich das Problem so genannter *geschachtelter Monitore*. Betrachten Sie dazu die Methode `getGesamtAnzahl` der Monitor-Klasse `Doppelzaehler`. Die Methode ist als `synchronized` deklariert, d.h. bei ihrem Aufruf wird eine Sperre gesetzt. Intern ruft die Methode die Methode `getAnzahl` des Partnerzählers auf. Da auch diese als `synchronized` deklariert ist, wird eine zweite Sperre gesetzt.

Stellen Sie sich nun vor, Paul ruft für seinen Zähler die Methode `getGesamtAnzahl` auf. Die Sperre von Pauls Zähler wird gesetzt. Vor der methodeninternen Addition kommt es zum Thread-Wechsel. Nun ist Willi an der Reihe. Auch er ruft die Methode `getGesamtAnzahl` für seinen Zähler auf. Die Sperre von Willis Zähler wird ebenfalls gesetzt. Bei der methodeninternen Addition wird nun versucht, auf die Methode `getAnzahl` des Partnerzählers zuzugreifen. Der Partnerzähler ist aber der Zähler von Paul, dessen Sperre gesetzt ist. Also wird Willi in den Zustand „blockiert" versetzt. Nun kommt Paul wieder an die Reihe. Aber auch er wird direkt blockiert, da auch er bei der Addition auf die Methode `getAnzahl` des Partnerzählers zugreifen muss. Der Partnerzähler ist aber der Zähler von Willi, dessen Sperre gesetzt ist. Resultat: Ein klassischer Deadlock, der durch den wechselseitigen Zugriff zweier Threads auf zwei Sperren ausgelöst werden kann.

Zugegeben, die Monitor-Klasse `Doppelzaehler` ist etwas künstlich. Sie soll aber auch nur dazu dienen, auf einfache Art und Weise zu demonstrieren, was geschachtelte Monitore sind und welche Gefahr von ihnen ausgehen kann. Geschachtelte Monitore sind in der parallelen Programmierung nämlich gar nicht selten und im Allgemeinen ist die Schachtelung sehr viel schwieriger zu durchschauen als an diesem einfachen Beispiel. Schauen Sie sich etwa folgenden Sourcecode an:

```
class Speicher {

    synchronized int get() {
        while (leer) {
            wait();
        }
        ...
    }

    synchronized void put(int wert) {
        ...
        notifyAll();
    }
}

class Helfer {

    private Speicher speicher = new Speicher();

    synchronized void sammeln() {
        ...
```

```
        this.speicher.put(anzahl);
        ...
    }

    synchronized int abgeben() {
        ...
        return this.speicher.get();
    }
}
```

Die Monitor-Klasse `Speicher` deutet eine Klasse an, mit der Werte Thread-sicher in einem Speicher abgelegt und abgefragt werden können. Die Klasse `Helfer` nutzt die Klasse `Speicher` intern zur Verwaltung bestimmter Werte. Dadurch dass die Methoden der Klasse `Helfer` als `synchronized` deklariert sind und diese wiederum die als `synchronized` deklarierten Methoden der Klasse `Speicher` aufrufen, haben wir es hier mit geschachtelten Monitoren zu tun, die sich in diesem Fall nicht nur über eine, sondern über zwei Klassen erstrecken.

Wird nun für ein Objekt *obj* der Klasse `Helfer` die Methode `abgeben` aufgerufen, kann folgendes passieren: Der Speicher ist leer, also wird das Objekt durch den Aufruf von `wait` blockiert. Durch das `wait` wird nun zwar die Sperre des internen Speicher-Objektes wieder freigegeben, nicht aber die Sperre von *obj*. Damit ist es aber nicht mehr möglich, die Methode `sammeln` für *obj* auszuführen, die jedoch die einzige Möglichkeit bietet, durch ein `notifyAll` *obj* wieder zu deblockieren. Fazit: *obj* wird für immer blockiert bleiben.

Achten Sie in Ihren Programmen also immer auf mögliche geschachtelte Monitore, analysieren Sie genau, ob es zu Problemen kommen kann und suchen Sie adäquate Lösungen. Im Fall des obigen Hamster-Programms besteht eine einfache Lösung des Problems der geschachtelten Monitor übrigens darin, den Zugriff auf die Methode `getGesamtAnzahl` der Klasse `Doppelzaehler` in der run-Methode der Klasse `SammelHamster` zu synchronisieren:

```
// Ergebnis verkuenden
synchronized (SammelHamster.class) {
    this.schreib("Gesamtanzahl an Koernern = "
            + this.anzahlKoerner.getGesamtAnzahl());
}
```

## 9.7.2 Beispielprogramm 2

Hamster Paul macht gerade eine Banklehre. Als Vorbereitung für die Abschlussklausur wurde ihm die Aufgabe gestellt, über folgendes Szenario nachzudenken: Gegeben sei eine Menge von Kunden. Jedem Kunden $i$ wird ein bestimmter maximaler Kreditrahmen $k_i$ eingeräumt. Die Summe der einzelnen Kreditrahmen sei $S$. Die Bank hat jedoch nur einen Betrag $B$ zur Verfügung, der kleiner als $S$, aber größer als der größte Kreditrahmen $k_i$ ist. Ist es trotzdem möglich, alle Kunden zufrieden zu stellen oder kann es zu (Deadlock-)Situationen kommen, in denen alle Kunden (endlos) warten, dass andere Kunden zumindest Teilbeträge ihrer Kredite wieder zurückzahlen?

Paul, der beste Auszubildende seines Jahrgangs, macht sich an die Arbeit. Nach einigen Stunden des Grübelns ist er sich ziemlich sicher, eine Lösung gefunden haben. Damit ist es tatsächlich möglich, alle Kunden zufrieden zu stellen. Er möchte das natürlich mal in der Praxis ausprobieren und trommelt seine Freunde zusammen.

Er stellt einen Banktresor auf Kachel (1/0) des Territoriums auf und platziert sich selbst auf Kachel (1/1) (siehe Abbildung 9.3). Statt Geld befinden sich im Banktresor Körner. Deren Anzahl entspricht dem Betrag $B$, den er für die Erfüllung von Kreditwünschen zur Verfügung hat. Seine Freunde bittet er, als seine Kunden im Territorium herumzulaufen und hin und wieder einen Kreditantrag zu stellen bzw. einen bestimmten Betrag wieder zurückzuzahlen. Vor jedem Kreditantrag wendet er seinen „Bankier-Algorithmus" an, mit dem er überprüfen kann, ob die Erfüllung des Antrags unter Umständen zu Problemen führen kann. Ist dies der Fall, muss der Kunde warten, bis andere Kunden ihren Kredit zurückbezahlt haben. Andernfalls darf er zum Tresor und sich die gewünschte Anzahl an Körnern holen.

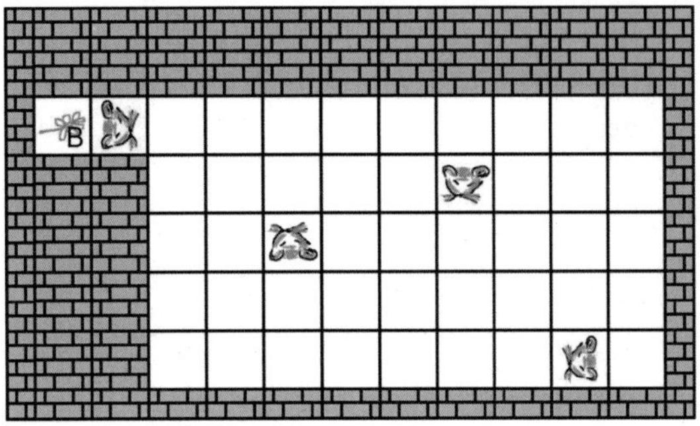

Abbildung 9.3: Hamster-Territorium zu Beispielprogramm 3

In der Tat hat Paul mit seinem „Bankier-Algorithmus" exakt den Algorithmus entdeckt, den bereits im Jahr 1965 ein Informatiker namens Edsger W. Dijkstra zur Vermeidung von Deadlocks entwickelt hat. Und Sie sollen nun in die Fußstapfen sowohl des Herrn Dijkstra als auch von Paul treten. Hamster Paul macht Ihnen die Arbeit aber etwas leichter. Er stellt Ihnen sein Programm zur Verfügung, sodass Sie den Algorithmus nicht selbst entwickeln sondern nur nachvollziehen müssen.

```java
class Belegung {

    private Thread thread;

    private int aktuelleBelegung;

    private int maximaleBelegung;

    private boolean beendet;

    Belegung(Thread thread, int maximaleBelegung) {
        this.thread = thread;
        this.maximaleBelegung = maximaleBelegung;
        this.aktuelleBelegung = 0;
        this.beendet = false;
    }

    Belegung(Belegung belegung) {
        this.thread = belegung.thread;
        this.maximaleBelegung = belegung.maximaleBelegung;
        this.aktuelleBelegung = belegung.aktuelleBelegung;
```

```
        this.beendet = belegung.beendet;
    }

    protected Belegung clone() {
        return new Belegung(this);
    }

    void belegen(int anzahlInstanzen) {
        this.aktuelleBelegung += anzahlInstanzen;
    }

    void freigeben(int anzahlInstanzen) {
        this.aktuelleBelegung -= anzahlInstanzen;
    }

    int getAktuelleBelegung() {
        return this.aktuelleBelegung;
    }

    int getMaximaleBelegung() {
        return this.maximaleBelegung;
    }

    int getNochMoeglicheBelegung() {
        return this.getMaximaleBelegung()
                - this.getAktuelleBelegung();
    }

    Thread getThread() {
        return this.thread;
    }

    void beenden() {
        this.beendet = true;
    }

    boolean istBeendet() {
        return this.beendet;
    }
}

class Belegungszustand {

    private int gesamtAnzahlInstanzen;

    private int freieInstanzen;

    private Belegung[] belegungen;

    Belegungszustand(int gesamt, Belegung[] belegungen) {
        this.gesamtAnzahlInstanzen = gesamt;
        this.freieInstanzen = this.gesamtAnzahlInstanzen;
```

```
            this.belegungen = belegungen;
    }

    Belegungszustand(Belegungszustand zustand) {
        this.gesamtAnzahlInstanzen = zustand.gesamtAnzahlInstanzen;
        this.freieInstanzen = zustand.freieInstanzen;
        this.belegungen = new Belegung[zustand.belegungen.length];
        for (int i = 0; i < this.belegungen.length; i++) {
            this.belegungen[i] = new Belegung(
                    zustand.belegungen[i]);
        }
    }

    protected Belegungszustand clone() {
        return new Belegungszustand(this);
    }

    int getFreieInstanzen() {
        return this.freieInstanzen;
    }

    void belegen(Thread thread, int anzahlInstanzen) {
        this.getBelegung(thread).belegen(anzahlInstanzen);
        this.freieInstanzen -= anzahlInstanzen;
    }

    void freigeben(Thread thread, int anzahlInstanzen) {
        this.getBelegung(thread).belegen(anzahlInstanzen);
        this.freieInstanzen += anzahlInstanzen;
    }

    boolean istSicher(Thread thread,
            int anzahlGewuenschteBelegungen) {
        Belegungszustand klon = this.clone();
        klon.belegen(thread, anzahlGewuenschteBelegungen);
        return klon.istSicher();
    }

    private Belegung getBelegung(Thread thread) {
        for (Belegung belegung : this.belegungen) {
            if (belegung.getThread() == thread) {
                return belegung;
            }
        }
        return null;
    }

    private boolean istSicher() {
        while (!this.alleThreadsBeendet()) {
            Belegung belegung = this.ermittleMoeglichenThread();
            if (belegung == null) {
                return false;
```

```
                } else {
                    this.freieInstanzen += belegung
                            .getAktuelleBelegung();
                    belegung.beenden();
                }
            }
        return true;
    }

    private boolean alleThreadsBeendet() {
        for (Belegung belegung : this.belegungen) {
            if (!belegung.istBeendet()) {
                return false;
            }
        }
        return true;
    }

    private Belegung ermittleMoeglichenThread() {
        for (Belegung belegung : this.belegungen) {
            if (!belegung.istBeendet()
                    && belegung.getNochMoeglicheBelegung() <=
                            this.freieInstanzen) {
                return belegung;
            }
        }
        return null;
    }

}

class Bankier extends Hamster {

    private Belegungszustand zustand;

    Bankier(Belegung[] belegungen) {
        super(1, 1, Hamster.OST, 0);
        this.zustand = new Belegungszustand(Territorium
                .getAnzahlKoerner(1, 0), belegungen);
    }

    synchronized void anfordern(Hamster ham, int anzahl) {
        while (this.zustand.getFreieInstanzen() < anzahl
                || !this.zustand.istSicher(ham, anzahl)) {
            try {
                this.wait();
            } catch (InterruptedException exc) {
            }
        }
        this.zustand.belegen(ham, anzahl);
    }
```

```java
    synchronized void zurueckgeben(Hamster ham, int anzahl) {
        this.zustand.freigeben(ham, anzahl);
        this.notifyAll();
    }

}

class Kunde extends AllroundHamster {

    private Bankier bankier;

    private int maxDarlehen;

    private int aktDarlehen;

    Kunde(int r, int s, int b, Bankier bankier) {
        super(r, s, b, 0);
        this.bankier = bankier;
        this.maxDarlehen = 0;
        this.aktDarlehen = 0;
    }

    void setMaxDarlehen(int maxDarlehen) {
        this.maxDarlehen = maxDarlehen;
    }

    public void run() {
        while (true) {
            this.umherlaufen();
            this.zurBankLaufen();
            this.darlehenAbholen();
            this.umherlaufen();
            this.zurBankLaufen();
            this.darlehenZurueckgeben();
        }
    }

    void umherlaufen() {
        this.laufeZuKachel(5, 5);
        int anzahlAktionen = (int) (Math.random() * 20);
        for (int i = 0; i < anzahlAktionen; i++) {
            int blickrichtung = (int) (Math.random() * 4);
            this.setzeBlickrichtung(blickrichtung);
            if (this.vornFrei() && !this.nachVornVerboten()) {
                this.vor();
            }
        }
    }

    boolean nachVornVerboten() {
        return (this.getBlickrichtung() == Hamster.WEST)
                && this.getReihe() == 1 && this.getSpalte() == 2;
```

```
    }

    void zurBankLaufen() {
        this.laufeZuKachel(1, 2);
        this.setzeBlickrichtung(Hamster.WEST);
    }

    void darlehenAbholen() {
        int frei = this.maxDarlehen - this.aktDarlehen;
        int neuDarlehen = (int) (Math.random() * frei) + 1;
        this.schreib("Gefordertes Darlehen = " + neuDarlehen);
        this.bankier.anfordern(this, neuDarlehen);
        this.vor(2);
        this.nimm(neuDarlehen);
        this.aktDarlehen += neuDarlehen;
        this.kehrt();
        this.vor(2);
    }

    void darlehenZurueckgeben() {
        int zurueck = (int) (Math.random() * this.aktDarlehen) + 1;
        this.vor(2);
        this.gib(zurueck);
        this.bankier.zurueckgeben(this, zurueck);
        this.aktDarlehen -= zurueck;
        this.kehrt();
        this.vor(2);
    }
}

void main() {
    Hamster paul = Hamster.getStandardHamster();
    int anzahlKunden = paul.liesZahl("Anzahl an Kunden?");
    Kunde[] kunden = new Kunde[anzahlKunden];
    Belegung[] belegungen = new Belegung[anzahlKunden];
    Bankier bankier = new Bankier(belegungen);
    for (int i = 0; i < anzahlKunden; i++) {
        kunden[i] = new Kunde(6, 6, Hamster.OST, bankier);
        int maxDarlehen = kunden[i]
                .liesZahl("Maximales Darlehen?");
        kunden[i].setMaxDarlehen(maxDarlehen);
        belegungen[i] = new Belegung(kunden[i], maxDarlehen);
        kunden[i].start();
    }
}
```

# 9.8 Aufgaben

Nun sind Sie selber an der Reihe. Haben Sie die Gefahr erkannt, die von potentiellen Verklemmungen ausgehen kann? Können Sie Programme mit Verklemmungsgefahr selbstständig korrigieren?

### 9.8.1 Aufgabe 1

Überlegen Sie sich selbst weitere Beispiele für das Auftreten geschachtelter Monitore analog zu den Ausführungen in Abschnitt 9.7.1.

### 9.8.2 Aufgabe 2

Führen Sie bitte eine Internet-Recherche zum Begriff „Bankier-Algorithmus" durch. Schauen Sie sich die Erläuterungen zu diesem Algorithmus an und versuchen Sie dann erneut, den Algorithmus in Beispielprogramm 2 in Abschnitt 9.7.2 nachzuvollziehen.

### 9.8.3 Aufgabe 3

In Abschnitt 9.5.3 wurde das Motivationsproblem aus Abschnitt 9.1 durch den Einsatz eines Deadlockerkenners gelöst. In der vorgestellten Lösung kann es passieren, dass der unterbrochene Hamster nach dem Zurücklegen des ersten Korns dieses erneut vor dem anderen Hamster aufnimmt. In diesem Fall käme es erneut zu einem Deadlock und der Deadlockerkennungsthread würde erneut aktiv werden. Korrigieren Sie die vorgestellte Lösung derart, dass dieser Fall nicht eintreten kann.

### 9.8.4 Aufgabe 4

Entwickeln Sie zunächst eine Klasse XHamster, die es nicht zulässt, dass sich zwei XHamster gleichzeitig auf einer Kachel befinden. Überschreiben Sie dazu den vor-Befehl derart, dass ein XHamster wartet, wenn die Kachel vor ihm besetzt ist und das er andere Hamster vom Verlassen einer Kachel informiert.

Testen Sie die Klasse XHamster dadurch, dass Sie ein Programm schreiben, bei dem sich zwei Hamster Heidi und Maria entgegenlaufen. Wenn es nicht zu einem Deadlock kommt, ist Ihre Klasse XHamster nicht korrekt.

### 9.8.5 Aufgabe 5

Entwickeln Sie zunächst eine Klasse YHamster, die es nicht zulässt, dass sich zwei YHamster gleichzeitig auf einer Kachel befinden. Überschreiben Sie dazu den vor-Befehl derart, dass eine geeignet definierte Exception geworfen wird, wenn sich auf der Kachel vor dem YHamster bereits ein anderer YHamster befindet.

Testen Sie die Klasse YHamster dadurch, dass sie ein Programm entwickeln, in dem folgende in Abschnitt 9.6 beschriebene Livelock-Situation simuliert wird: Zwei Hamster kommen sich in einer bestimmten Reihe des Territoriums entgegen. Sie wollen einander ausweichen, wählen aber immer dieselbe Seite.

### 9.8.6 Aufgabe 6

Zwei jüngere Hamster, die in der oberen rechten bzw. unteren linken Ecke eines wie in Abbildung 9.4 skizzierten Territoriums wohnen, haben sich zum Spielen verabredet. Und zwar wollen sie gemeinsam zum Sandkasten gehen und dort den Nachmittag verbringen. Der Sandkasten liegt zwischen ihren Häusern und ist – wie kann es anders sein – mit Körnern anstatt mit Sand gefüllt. Dummerweise haben die beiden Hamster vergessen auszumachen, wer von beiden wen von zu Hause abholen soll.

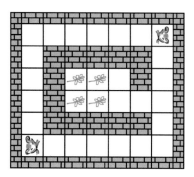

Abbildung 9.4: Hamster-Territorium zu Aufgabe 6

Wenn beide gleichzeitig aufbrechen, an der Wohnung des anderen Hamsters feststellen, dass dieser nicht da ist, und dort jeweils (endlos) auf ihn warten, kann es zu einem Deadlock kommen. Wenn beide gleichzeitig aufbrechen, an der Wohnung des anderen Hamsters feststellen, dass dieser nicht da ist, und sich dann wieder nach Hause begeben, in der Hoffnung, dass der andere vielleicht dort wartet, kann es zu einem Livelock kommen, wenn sich dieses Szenario endlos wiederholt.

Ihre Aufgabe besteht darin, zunächst sowohl das Deadlock- als auch das Livelock-Szenario zu implementieren. Anschließend sollen sie eine Lösung ohne Verklemmungsgefahr entwickeln.

# Kapitel 10
# Beendigung von Threads

Leider können wir uns nicht nur mit den schönen Dingen des (Hamster-)Lebens beschäftigen, sondern müssen auch einmal an weniger erfreuliche Dinge denken, wie den Hamstertod bzw. verallgemeinert die Beendigung von Threads. Diesem Thema werden wir uns in diesem Kapitel zuwenden müssen.

Wir haben in den vorangegangenen Kapiteln schon an der ein oder anderen Stelle mitbekommen, wann das geschäftige Treiben der Hamster ein Ende hat und wollen das zunächst noch einmal kurz zusammenfassen:

- Ein Programm ist beendet, sobald der Main-Thread und alle gestarteten Nicht-Dämonen-Threads beendet sind, d.h. sich die Threads im Zustand „beendet" befinden (siehe auch Kapitel 5.2).

- Ein Thread ist beendet, d.h. befindet sich im Zustand „beendet", wenn er gestartet wurde und die Ausführung seiner run-Methode beendet ist. Letzteres kann dadurch erfolgen, dass

  - die letzte Anweisung der run-Methode vollständig ausgeführt worden ist oder

  - in der run-Methode eine return-Anweisung ausgeführt wurde oder

  - während der Ausführung der run-Methode eine Unchecked-Exception geworfen und nicht abgefangen wurde.

Fazit dieser Zusammenfassung ist: Durch Beendigung ihrer run-Methode können sich Hamster bzw. verallgemeinert Threads selbst beenden.

Die Frage, die sich nun stellt und der wir in diesem Kapitel nachgehen werden, ist: Können Hamster bzw. Threads auch von außen, d.h. durch **andere** Hamster bzw. Threads beendet werden?

Schon vorweg die Antwort: Nein, Hamster sind keine Mörder! Auf *ordnungsgemäße* Art und Weise ist es in Java nicht möglich, einen Thread durch einen anderen Thread zu beenden.

Zunächst werden Sie in Abschnitt 1 dieses Kapitels die verbotene Methode stop der Klasse Thread kennenlernen. In den Abschnitten 2 und 3 werden anschließend zwei Varianten eingeführt, wie ein Thread einen anderen Thread dazu auffordern kann, sich selbst zu beenden. Abschnitt 2 nutzt hierzu explizit die Möglichkeit der Kommunikation zwischen Objekten, Abschnitt 3 stellt einen in das Thread-Konzept von Java integrierten Mechanismus vor, der auf der Ihnen bereits bekannten Methode interrupt der Klasse Thread beruht. Eine radikale Möglichkeit der Programmbeendigung bietet die Methode exit der Klasse System, auf die in Abschnitt 4 eingegangen wird. Auch Dämonen-Threads, die Ihnen ja bereits seit Kapitel 5.8 bekannt sind, spielen beim Problem der Terminierung von Threads eine Rolle, mit der sich Abschnitt 5 auseinandersetzt. Schließlich folgen in den Abschnitten 6 und 7 einige Beispielprogramme und Übungsaufgaben zum Problem der Terminierung von Threads.

# 10.1 Methode `stop` der Klasse `Thread`

Die Klasse `Thread` definiert eine Methode `final public void stop()`. Der Aufruf dieser Methode für ein Thread-Objekt hat folgende Auswirkungen:

- Wenn der dem Thread-Objekt zugeordnete Thread noch nicht gestartet wurde, hat der Aufruf von `stop` keine Auswirkung.

- Wenn der dem Thread-Objekt zugeordnete Thread bereits beendet ist, hat der Aufruf von `stop` keine Auswirkung.

- Wenn der dem Thread-Objekt zugeordnete Thread gestartet und noch nicht beendet wurde, wird der Thread beim Aufruf der Methode `stop` unmittelbar in den Zustand „beendet" versetzt. Hält der Thread aktuell irgendwelche Sperren, werden diese frei gesetzt.

„Huch" werden Sie nun sagen, „etwas weiter oben haben wir doch gelernt, dass ein Thread keinen anderen Thread beenden kann. Aber mit Hilfe der Methode `stop` geht das doch!" Aber lesen Sie nochmal genau nach. Oben steht „auf *ordnungsgemäße* Art und Weise". Und genau bei dem Wort *ordnungsgemäß* liegt das Problem. Denn eigentlich ist der Aufruf der Methode `stop` verboten. Diese Methode existiert zwar seit der Version 1.0 des JDK in der Klasse `Thread`, aber bereits seit der Version 1.1 des JDK wurde sie als `deprecated` (veraltet) gekennzeichnet und als `deprecated` gekennzeichnete Methoden sollen nicht mehr aufgerufen werden. Sie verbleiben zwar bei einem Versionswechsel im JDK, um ältere Programme weiterhin ausführen zu können, aber ihr Aufruf kann bestimmte Probleme verursachen.

Gehen wir diesen Problemen im Zusammenhang mit der Methode `stop` doch einmal nach. In Kapitel 7 haben wir gelernt, dass Anweisungen eines kritischen Abschnittes mit Hilfe der synchronized-Anweisung zusammengefasst werden können. Es wird damit eine Anweisung definiert, die als Einheit betrachtet werden kann. Wenn der Code korrekt ist, ist sichergestellt, dass sich das Programm nach vollständiger Ausführung der synchronized-Anweisung wieder in einem konsistenten Zustand befindet. Innerhalb der synchronized-Anweisung dürfen jedoch inkonsistente Zustände auftreten, die aber durch die Sperre geschützt sind.

Stellen wir uns nun vor, für einen Thread wird die Methode `stop` aufgerufen, während er sich innerhalb eines kritischen Abschnittes befindet. Dann wird der Thread sofort beendet, was fatale Folgen haben kann, wenn er sich gerade in einem inkonsistenten Zustand befindet. Schauen wir uns das einmal an einem Beispiel an:

```
class FrissHamster extends Hamster {

    private static int gesamtAnzahlAnKoernernImMaul = 0;

    FrissHamster(int r, int s) {
        super(r, s, Hamster.OST, 0);
    }

    public void run() {
        while (true) {
            synchronized (FrissHamster.class) {
                if (this.kornDa()) {
                    this.nimm();
                    FrissHamster.gesamtAnzahlAnKoernernImMaul++;
```

```
            } else {
                break;
            }
        }
    }
}

    synchronized static int getGesamtAnzahlAnKoernernImMaul() {
        return FrissHamster.gesamtAnzahlAnKoernernImMaul;
    }
}

void main() {
    FrissHamster paul = new FrissHamster(2, 2);
    FrissHamster willi = new FrissHamster(4, 4);
    paul.start();
    willi.start();

    // warten
    try {
        Thread.sleep(2000);
    } catch (InterruptedException exc) {
    }

    // Hamster killen und Gesamtanzahl ausgeben
    paul.stop();
    willi.stop();
    Hamster.getStandardHamster().schreib(
            "Gesamtanzahl an Koernern: "
            + FrissHamster.getGesamtAnzahlAnKoernernImMaul());
}
```

Im Main-Thread werden zwei selbstständige Hamster der Klasse FrissHamster gestartet, die auf ihrer Kachel Körner aufnehmen. Nach zwei Sekunden ruft der Main-Thread für die beiden Hamster die Methode stop auf und verkündet dann durch Aufruf der Klassenmethode getGesamtAnzahl-AnKoernernImMaul, wie viele Körner alle Hamster der Klasse FrissHamster zusammen im Maul haben.

Der Zugriff auf die gemeinsame Variable gesamtAnzahlAnKoernernImMaul wird über das Klassenobjekt der Klasse FrissHamster synchronisiert. Insbesondere bilden die nimm- und die Inkrement-Anweisung in der run-Methode der Klasse FrissHamster einen kritischen Abschnitt. Nach Ausführung der nimm-Anweisung befindet sich das Programm in einem inkonsistenten Zustand, denn in diesem Moment haben die Hamster tatsächlich mehr Körner im Maul, als in der Variable gesamtAnzahlAnKoernernImMaul gespeichert ist. Erst wenn auch die nächste Inkrement-Anweisung ausgeführt worden ist, ist der Zustand wieder konsistent. Daher werden die beiden Anweisungen zu einer synchronized-Anweisung zusammengefasst und mit demselben Sperr-Objekt, nämlich dem Klassenobjekt, geschützt, wie der Zugriff auf die Variable gesamtAnzahlAnKoernernImMaul in der Klassenmethode getGesamtAnzahlAnKoernernImMaul.

Nehmen wir nun an, Hamster Paul hat gerade den nimm Befehl in seiner run-Methode ausgeführt. Dann erfolgt ein Thread-Wechsel zum Main-Thread. Dieser ruft für Paul die Methode stop auf, was dazu führt, dass Paul direkt beendet wird und zwar ohne, dass jemals noch die Inkrement-Anweisung gesamtAnzahlAnKoernernImMaul++; ausgeführt wird. D.h. Paul terminiert in einem inkonsistenten Zustand, mit der Folge, dass der Ausgabebefehl in der Main-Prozedur eine geringere Anzahl an Körnern ausgibt, als die Friss-Hamster tatsächlich zusammen im Maul haben.

Fazit: Es existiert zwar mit der Methode stop der Klasse Thread eine Methode, über die ein Thread durch einen anderen Thread abgebrochen werden kann. Diese ist allerdings als deprecated gekennzeichnet und sollte nicht benutzt werden, weil sie zu fatalen Fehlern führen kann.

## 10.2 Einsatz von Kommunikationsmechanismen

Wir haben bisher gelernt, dass sich ein Thread selbst beenden kann, dass es aber nicht möglich bzw. erlaubt ist, dass ein Thread *T2* einen Thread *T1* beendet. Allerdings ist es durchaus legitim, dass sich *T2* von *T1* „wünscht", dass sich *T1* selbst terminiert, und *T1* dann diesem Wunsch zu einem von ihm selbst festgelegten Zeitpunkt nachkommt. Hierzu können Kommunikationsmechanismen eingesetzt werden.

Schauen wir uns diese Lösung des Sterbeproblems einmal an einem Beispiel an. Zwei oder mehr selbstständige Friss-Hamster werden erzeugt und gestartet. Sie sollen bis zur nächsten Mauer laufen und sich dabei auf die Suche nach einem Korn machen. Sobald ein Hamster ein Korn gefunden hat, sollen alle Hamster ihre Arbeit beenden und das Programm soll terminieren.

Zur Kommunikation zwischen den Hamstern wird folgende Klasse Ende definiert:

```
class Ende {

    private static boolean endeWunsch = false;

    synchronized static void beenden() {
        Ende.endeWunsch = true;
    }

    synchronized static boolean endeWunschErfolgt() {
        return Ende.endeWunsch;
    }
}
```

Über die Methode beenden können die Hamster einen Beendigungswunsch signalisieren und über die Methode endeWunschErfolgt können Sie abfragen, ob ein Hamster einen Beendigungswunsch ausgesprochen hat. Dementsprechend ist die run-Methode der Klasse FrissHamster implementiert:

```
class FrissHamster extends Hamster {

    FrissHamster(int r, int s) {
        super(r, s, Hamster.OST, 0);
    }

    public void run() {
        while (!Ende.endeWunschErfolgt()) {
            if (this.kornDa()) {
                Ende.beenden(); // Aufgabe erledigt
```

```
            } else if (this.vornFrei()) {
                this.vor();
            } else {
                return; // Mauer erreicht
            }
        }
    }
}

void main() {
    FrissHamster paul = new FrissHamster(1, 0);
    FrissHamster willi = new FrissHamster(2, 0);
    paul.start();
    willi.start();
}
```

Sobald ein Friss-Hamster ein Korn gefunden hat, signalisiert er den Beendigungswunsch und nach jeder Aktion überprüfen die FrissHamster, ob ein Beendigungswunsch vorliegt. Ist das der Fall, beenden sie sich selbst.

Fazit: Durch den Einsatz von Kommunikationsmechanismen können Threads anderen Threads signalisieren, dass sie sich selbst beenden können bzw. sollen. Ob und wann Threads diesem Wunsch nachkommen, bleibt jedoch ihnen selbst überlassen.

## 10.3 Unterbrechungen

Der Einsatz von Kommunikationsmechanismen zum Signalisieren des Wunsches der Beendigung eines Threads kann explizit programmiert werden, wie im vergangenen Abschnitt demonstriert wurde. Ein entsprechender Mechanismus ist allerdings bereits in das Thread-Konzept von Java integriert, und zwar auf der Grundlage von Unterbrechungen, die wir in Kapitel 5.7 kennengelernt haben.

Wird für einen Thread über dessen Thread-Objekt die Methode interrupt aufgerufen, wird dies in einem internen Unterbrechungsflag notiert. Es gibt nun zwei Alternativen, den Zustand des Unterbrechungsflags eines Threads abzufragen:

- Die Klassenmethode public static boolean interrupted() liefert true, wenn das Unterbrechungsflag des gerade aktiven Threads gesetzt ist. Andernfalls wird false geliefert. Im true-Fall wird das Flag wieder gelöscht.

- Die Instanzmethode public boolean isInterrupted() liefert true, wenn das Unterbrechungsflag des entsprechenden Threads gesetzt ist. Andernfalls wird false geliefert. Der Zustand des Flags wird durch den Aufruf der Methode jedoch nicht verändert.

Besteht also der Wunsch, dass ein bestimmter Thread beendet werden soll, muss für dessen Thread-Objekt die Methode interrupt aufgerufen werden. Mit Hilfe einer der beiden Methoden interrupted bzw. isInterrupted kann dieser intern diesen Wunsch zur Kenntnis nehmen und kann (muss aber nicht) entsprechend reagieren.

Die Verwendung des internen Unterbrechungsmechanismus anstelle des Einsatzes selbst programmierter Kommunikationsmechanismen hat einen Vorteil. Befindet sich der abzubrechende Thread gerade in der Ausführung eines wait, sleep oder join, wird durch den Aufruf von interrupt die Blockade unmittelbar abgebrochen und eine InterruptedException geworfen (siehe auch Kapitel 5.7). Aber Achtung: Das Werfen dieser Exception löscht den Unterbrechungsflag, sodass ein nachfolgender Aufruf einer der beiden Methoden interrupted bzw. isInterrupted wieder false liefert. Daher ist es üblich bzw. notwendig, im entsprechenden catch-Handler die Methode interrupt aufzurufen, um den Flag wieder zu setzen (Zeile 35 im folgenden Programm). Das folgende Beispiel ist analog zum Beispiel des vorangegangenen Abschnittes, setzt aber den Unterbrechungsmechanismus anstelle der selbst programmierten Kommunikation ein:

```
 1  class FrissHamster extends Hamster {
 2
 3      private FrissHamster partner;
 4
 5      FrissHamster(int r, int s) {
 6          super(r, s, Hamster.OST, 0);
 7      }
 8
 9      public void setPartner(FrissHamster partner) {
10          this.partner = partner;
11      }
12
13      public void run() {
14          while (!this.isInterrupted()) {
15              // alternativ: Thread.interrupted()
16
17              if (this.kornDa()) { // Aufgabe erledigt
18
19                  // Beendigungswunsch an sich selbst
20                  this.interrupt();
21                  // alternativ: return;
22
23                  // Beendigungswunsch an Partner
24                  this.partner.interrupt();
25              } else if (this.vornFrei()) {
26                  this.vor();
27
28                  // Hamster muss sich ausruhen
29                  try {
30                      Thread.sleep(1000);
31                  } catch (InterruptedException exc) {
32
33                      // damit der Unterbrechungsflag wieder
34                      // gesetzt wird
35                      this.interrupt();
36                  }
37              } else {
38                  return; // Mauer erreicht
39              }
40          }
41      }
42  }
43
```

```
44  void main () {
45      FrissHamster paul = new FrissHamster (1, 0);
46      FrissHamster willi = new FrissHamster (2, 0);
47      paul.setPartner (willi);
48      willi.setPartner (paul);
49      paul.start ();
50      willi.start ();
51  }
```

Gegenüber dem Einsatz selbst programmierter Kommunikationsmechanismen hat die Verwendung des Unterbrechungsmechanismus zur Beendigung von Threads allerdings auch einen Nachteil: Der Thread, der einen anderen Thread beenden will, muss diesen explizit kennen, um dessen Methode interrupt aufrufen zu können. Im Beispielprogramm musste aus diesem Grund eine Methode setPartner eingefügt werden. Und stellen Sie sich vor, es existieren nicht nur zwei sondern noch mehr Hamster. Dann wird der Sourcecode deutlich komplexer, während der Sourcecode der Klasse FrissHamster des Beispielprogramms aus Abschnitt 10.2 ohne Änderungen auch für eine beliebige Anzahl an Hamstern korrekt arbeitet.

## 10.4 System.exit

Die Klasse System aus dem JDK-Paket java.lang stellt eine Klassenmethode bereit, mit deren Hilfe es möglich ist, ein komplettes Programm, d.h. alle Threads, unmittelbar zu beenden:

```
public class System {
    public static void exit (int status)
    ...
}
```

Der Parameter dient als Status-Code und sollte per Konvention ungleich Null sein, wenn die Terminierung abnormal ist.

Im folgenden Programm wird das Problem der beiden vorangehenden Abschnitte mit der Methode System.exit gelöst:

```
class FrissHamster extends Hamster {

    FrissHamster (int r, int s) {
        super (r, s, Hamster.OST, 0);
    }

    public void run () {
        while (true) {
            if (this.kornDa ()) {
                System.exit (0);  // Aufgabe erledigt
            } else if (this.vornFrei ()) {
                this.vor ();
            } else {
                return; // Mauer erreicht
            }
        }
    }
```

```
    }
}

void main() {
    FrissHamster paul = new FrissHamster(1, 0);
    FrissHamster willi = new FrissHamster(2, 0);

    paul.start();
    willi.start();
}
```

Achtung: Der Einsatz der Methode exit ist kein guter Programmierstil. Die Methode sollte nur dann verwendet werden, wenn es keine andere Möglichkeit mehr gibt. Denn wie bei der stop-Methode kann auch der Einsatz der exit-Methode zu inkonsistenten Zuständen führen. Stellen Sie sich vor, ein Thread ist gerade dabei, Daten in eine Datei zu schreiben, wenn er mit System.exit beendet wird. Es ist nicht vorhersehbar, was dann genau passiert, insbesondere, welche Daten noch in die Datei geschrieben werden und welche nicht.

## 10.5 Dämonen

Das nun bereits mehrfach angeführte Problem von möglichen Inkonsistenzen bei der externen Beendigung von Threads existiert übrigens auch, wenn ein Thread als Dämon deklariert wird (siehe auch Kapitel 5.8). Sind alle Nicht-Dämonen-Threads beendet, werden alle noch aktiven Dämonen-Threads analog zum Aufruf von System.exit unmittelbar beendet. D.h. prinzipiell ist es zwar möglich, durch die Markierung eines Threads als Dämon diesen „von außen" abzubrechen, aber es ist Vorsicht angebracht, weil hierdurch inkonsistente Zustände entstehen können.

Schauen wir uns dazu eine alternative Lösung von Beispielprogramm 1 aus Kapitel 6.5.1 an. Bei der Aufgabe können Sie als Benutzer dem Standard-Hamster eine Zahl mitteilen. Der Standard-Hamster ermittelt dann mit Hilfe einiger Helfer, ob es in seiner Reihe eine Kachel mit der entsprechenden Körneranzahl gibt. Der Standard-Hamster schickt einen Vertretungshamster auf die Suche, der wiederum die Hilfe zweier weiterer Hamster in Anspruch nimmt. Der Vertretungshamster ist eine Instanz der Klasse InfoHamster, seine Helfer sind Instanzen der Klasse ErmittlungsHamster.

Der Info-Hamster überprüft zunächst die Kachel, auf der er steht. Ist diese Arbeit nicht von Erfolg gekrönt, schickt er gleichzeitig einen Ermittlungs-Hamster nach links und einen zweiten Ermittlungs-Hamster nach rechts und wartet auf deren Ende. Der Unterschied der im Folgenden präsentierten Lösung gegenüber der Lösung in Kapitel 6.5.1 ist der, dass die beiden Ermittlungs-Hamster als Dämonen markiert werden, mit dem Hintergedanken: Wenn ein Ermittlungs-Hamster eine entsprechende Kachel gefunden hat, muss der andere Ermittlungs-Hamster nicht mehr weitersuchen, sondern kann einfach abgebrochen werden.

Den Hamstern wurde jedoch die Zusatzbedingung gestellt, dass das Territorium nicht verändert werden darf. Daher machen die Hamster diesbezügliche Seiteneffekte immer wieder rückgängig (siehe Zeile 99). Und hier tritt nun das Problem auf. Wenn ein Ermittlungs-Hamster gerade mit der Beseitigung von Seiteneffekten beschäftigt ist, wenn er als Dämon-Thread abgebrochen wird, ist diese Zusatzbedingung unter Umständen verletzt worden, d.h. die folgende Lösung des Problems ist in diesem Sinne nicht korrekt.

```
1  class InfoHamster extends AllroundHamster {
2
3      private int koernerAnzahl;
4
5      InfoHamster(Hamster existierenderHamster, int anzahl) {
6          super(existierenderHamster.getReihe(),
7                  existierenderHamster.getSpalte(), Hamster.NORD,
8                  0);
9          this.koernerAnzahl = anzahl;
10     }
11
12     public void run() {
13
14         // die Kachel, auf der der Hamster steht uebernimmt der
15         // Hamster zunaechst selber
16         int anzahl = this.nimmAlle();
17         this.gib(anzahl); // Beseitigung von Seiteneffekten
18         if (anzahl == this.koernerAnzahl) {
19             this.schreib("Auftrag erledigt! "
20                     + "Es gibt eine Kachel mit "
21                     + this.koernerAnzahl
22                     + " Koernern in meiner Reihe.");
23             return;
24         }
25
26         // zwei helfende Hamster werden auf die Suche geschickt;
27         // einer nach links, einer nach rechts
28         ErmittlungsHamster helferLinks = new ErmittlungsHamster(
29                 this.getReihe(), this.getSpalte(), Hamster.WEST,
30                 0, this.koernerAnzahl, this);
31         helferLinks.setDaemon(true); // Helfer ist Daemon!
32         helferLinks.start();
33
34         ErmittlungsHamster helferRechts = new ErmittlungsHamster(
35                 this.getReihe(), this.getSpalte(), Hamster.OST,
36                 0, this.koernerAnzahl, this);
37         helferRechts.setDaemon(true); // Helfer ist Daemon!
38         helferRechts.start();
39
40         // nun wartet der Hamster darauf, dass die beiden Helfer
41         // fertig werden, sei es durch ihr Ende oder sei es durch
42         // Aufruf von interrupt, wenn sie die gesuchte Kachel
43         // gefunden haben
44         try {
45             helferLinks.join();
46             helferRechts.join();
47         } catch (InterruptedException exc) {
48             // wenn ein Helfer die gesuchte Kachel gefunden hat,
49             // ruft er interrupt fuer den Info-Hamster auf, d.h.
50             // die join-Blockade wird abgebrochen!
51         }
52
```

```
53          // Verkuendung des Ergebnisses
54          if (helferLinks.hatKachelGefunden()
55                  || helferRechts.hatKachelGefunden()) {
56
57              // einer der beiden Hamster hat eine entsprechende
58              // Kachel gefunden
59              this.schreib("Auftrag erledigt! "
60                      + "Es gibt eine Kachel mit "
61                      + this.koernerAnzahl
62                      + " Koernern in meiner Reihe.");
63          } else {
64
65              // beide Hamster haben ihre Arbeit ohne Erfolg
66              // beendet
67              this.schreib("Auftrag erledigt! "
68                      + "Es gibt leider keine Kachel mit "
69                      + this.koernerAnzahl
70                      + " Koernern in meiner Reihe.");
71          }
72      }
73  }
74
75  class ErmittlungsHamster extends AllroundHamster {
76
77      private int anzahlKoerner;
78
79      private InfoHamster chef;
80
81      private boolean gefunden;
82
83      ErmittlungsHamster(int r, int s, int b, int k, int anzahl,
84              InfoHamster chef) {
85          super(r, s, b, k);
86          this.anzahlKoerner = anzahl;
87          this.chef = chef;
88          this.gefunden = false;
89      }
90
91      public boolean hatKachelGefunden() {
92          return this.gefunden;
93      }
94
95      public void run() {
96          while (this.vornFrei()) {
97              this.vor();
98              int koerner = this.nimmAlle();
99              this.gib(koerner); // Beseitigung von Seiteneffekten
100             if (koerner == this.anzahlKoerner) {
101                 // gefunden! Chef benachrichtigen und Arbeit
102                 // beenden
103                 this.gefunden = true;
104
```

```
105              // Info-Hamster über Sucherfolg informieren
106              this.chef.interrupt();
107              return;
108          }
109        }
110        // nichts gefunden; Arbeit beenden
111      }
112 }
113
114 void main() {
115      Hamster paul = Hamster.getStandardHamster();
116      int anzahl = paul.liesZahl("Geben Sie eine Zahl ein. "
117              + "Meine Helfer und ich teilen Ihnen mit,\n"
118              + "ob es in der Reihe, in der ich mich "
119              + "befinde, eine Kachel mit\n"
120              + "entsprechend vielen Körnern gibt!");
121      InfoHamster willi = new InfoHamster(paul, anzahl);
122
123      // der Vertretungs-Hamster wird auf die Suche geschickt
124      willi.start();
125 }
```

Eine korrekte Lösung des Problems durch den Einsatz von Unterbrechungen zur Terminierung wird übrigens in Beispielprogramm 2 in Abschnitt 10.6.2 vorgestellt.

# 10.6  Beispielprogramme

Die Beispielprogramme in diesem Abschnitt demonstrieren an etwas komplexeren Problemen die Beendigung von selbstständigen Hamstern bzw. verallgemeinert die Beendigung von Threads.

## 10.6.1  Beispielprogramm 1

Ein weiblicher Hamster hat Nachwuchs bekommen. Dieser muss natürlich gefüttert werden. Also macht sich die Mutter auf die Suche nach Körnern. Das Baby – ein Objekt der Klasse Junges – wartet derzeit im Nest. Jede Sekunde unterbricht es das Warten, um nachzuschauen, ob die Mutter endlich ein Korn im Nest abgelegt hat (Verwendung der parametrisierten wait-Methode). Das Nachschauen kostet dabei jedes Mal Kraft (siehe überschriebene Methode kornDa). Das Fressen eines Korns gibt Kraft zurück (siehe überschriebene Methode nimm).

Tragisch ist, dass das Baby leider nur wenig Überlebenschancen hat. Entweder stirbt es irgendwann an Erschöpfung, wenn die Mutter mit dem Herbeischaffen des nächsten Korns zu lange braucht oder die Mutter treibt es in den Selbstmord (Aufruf der Methode interrupt), wenn sie dem Kleinen mitteilen muss, dass es leider keine Körner mehr im Territorium gibt.

```
class Junges extends Hamster {

    private int erschoepfung;

    private final int MAX_ERSCHOEPFUNG = 10;
```

```java
    Junges() {
        super(0, 0, Hamster.OST, 0);
        this.erschoepfung = 0;
    }

    public void run() {

        Object nest = Territorium.getKachel(this.getReihe(),
                this.getSpalte());
        // Erschoepfungstod oder Selbstmord :-(
        while (this.erschoepfung < this.MAX_ERSCHOEPFUNG
                && !Thread.interrupted()) {
            synchronized (nest) {
                try {
                    nest.wait(1000);
                    if (this.kornDa()) {
                        this.nimm();
                    }
                } catch (InterruptedException exc) {
                    this.interrupt();
                }
            }
        }

        // Ende
        if (this.erschoepfung >= this.MAX_ERSCHOEPFUNG) {
            this.schreib("Erschoepfungstod");
        } else {
            this.schreib("Selbstmord, kein Futter mehr da :-(");
        }
    }

    public boolean kornDa() {
        this.erschoepfung++;
        return super.kornDa();
    }

    public void nimm() {
        this.erschoepfung -= 5;
        super.nimm();
    }
}

class Mutter extends AllroundHamster {

    private Junges baby;

    Mutter() {
        super(0, 0, Hamster.OST, 0);
        this.baby = new Junges();
        this.baby.start();
```

```
        }

    public void run() {
        boolean kornGefunden = this.sucheKorn();
        while (kornGefunden && this.baby.isAlive()) {
            Object nest = Territorium.getKachel(this.baby
                    .getReihe(), this.baby.getSpalte());
            synchronized (nest) {
                this.gib();
                nest.notify();
            }
            kornGefunden = this.sucheKorn();
        }

        if (!kornGefunden) {

            // sorry, Baby wird in den Selbstmord getrieben
            this.baby.interrupt();
        }
    }

    boolean sucheKorn() {
        this.setzeBlickrichtung(Hamster.OST);
        while (this.vornFrei()) {
            this.vor();
            if (this.kornDa()) {
                this.nimm();
                this.laufeZuKachel(0, 0);
                return true;
            }
        }
        this.laufeZuKachel(0, 0);
        return false;
    }
}

void main() {
    (new Mutter()).start();
}
```

## 10.6.2 Beispielprogramm 2

Bereits in Beispielprogramm 1 aus Kapitel 6.5.1 und in Abschnitt 10.5 haben wir uns mit folgender Aufgabe beschäftigt: Sie als Benutzer können dem Standard-Hamster eine Zahl mitteilen. Der Standard-Hamster ermittelt dann mit Hilfe einiger Helfer, ob es in seiner Reihe eine Kachel mit der entsprechenden Körneranzahl gibt.

Der Lösungsansatz hat folgende Gestalt: Der Standard-Hamster schickt einen Vertretungshamster auf die Suche, der wiederum die Hilfe zweier weiterer Hamster in Anspruch nimmt. Der Vertretungshamster ist eine Instanz der Klasse InfoHamster, seine Helfer sind Instanzen der Klasse ErmittlungsHamster.

Der Info-Hamster überprüft zunächst die Kachel, auf der er steht. Ist diese Arbeit nicht von Erfolg gekrönt, schickt er gleichzeitig einen Ermittlungs-Hamster nach links und einen zweiten Ermittlungs-Hamster nach rechts und wartet auf deren Mitteilung.

Wenn ein Ermittlungs-Hamster bei der Suche erfolgreich war, gibt er dem Info-Hamster Bescheid und terminiert sich selber. Aber da damit die Aufgabe erledigt ist, kann in diesem Moment auch der andere Ermittlungs-Hamster beendet werden. In Abschnitt 10.5 wurden zu diesem Zweck die beiden Ermittlungs-Hamster als Dämonen markiert, was aber zu Problemen führen konnte. In Beispielprogramm 1 aus Kapitel 6.5.1 wurde die Kommunikation über das Attribut aufgabeErledigt zur Terminierung des noch suchenden Hamsters benutzt. Im folgenden Programm wird nun der Unterbrechungsmechanismus eingesetzt, um den Hamstern ein unnötiges Weitersuchen zu ersparen. Hat ein Ermittlungs-Hamster eine entsprechende Kachel gefunden, wird der andere Ermittlungs-Hamster vom Info-Hamster via Aufruf der Methode interrupt darüber informiert. Die Erweiterungs-Hamster überprüfen nach der Abarbeitung jeder Kachel ihr Unterbrechungsflag mit Hilfe der Methode isInterrupted und beenden ihre Arbeit, falls das Flag gesetzt ist.

```
class InfoHamster extends AllroundHamster {

    private int koernerAnzahl;

    InfoHamster(Hamster existierenderHamster, int anzahl) {
        super(existierenderHamster.getReihe(),
                existierenderHamster.getSpalte(), Hamster.NORD,
                0);
        this.koernerAnzahl = anzahl;
    }

    public void run() {
        // die Kachel, auf der der Hamster steht uebernimmt der
        // Hamster zunaechst selber
        int anzahl = this.nimmAlle();
        this.gib(anzahl); // Beseitigung von Seiteneffekten
        if (anzahl == this.koernerAnzahl) {
            this.schreib("Auftrag erledigt! "
                    + "Es gibt eine Kachel mit "
                    + this.koernerAnzahl
                    + " Koernern in meiner Reihe.");
            return;
        }

        // zwei helfende Hamster werden auf die Suche geschickt;
        // einer nach links, einer nach rechts
        ErmittlungsHamster helferLinks = new ErmittlungsHamster(
                this.getReihe(), this.getSpalte(), Hamster.WEST,
                0, this.koernerAnzahl, this);
        helferLinks.start();

        ErmittlungsHamster helferRechts = new ErmittlungsHamster(
                this.getReihe(), this.getSpalte(), Hamster.OST,
                0, this.koernerAnzahl, this);
        helferRechts.start();
```

```
        // nun wartet der Hamster darauf, dass die beiden Helfer
        // fertig werden, sei es durch ihr Ende oder sei es durch
        // Aufruf von interrupt, wenn sie die gesuchte Kachel
        // gefunden haben
        try {
            helferLinks.join();
            helferRechts.join();
        } catch (InterruptedException exc) {
            // wenn ein Helfer die gesuchte Kachel gefunden hat,
            // ruft er interrupt fuer den Info-Hamster auf, d.h.
            // die join-Blockade wird abgebrochen!
        }

        if (helferLinks.hatKachelGefunden()) {

            // der linke Hamster hat eine entsprechende Kachel
            // gefunden;
            // der rechte Hamster kann damit seine Arbeit beenden
            helferRechts.interrupt();
            this.schreib("Auftrag erledigt! "
                    + "Es gibt eine Kachel mit "
                    + this.koernerAnzahl
                    + " Koernern in meiner Reihe.");
        } else if (helferRechts.hatKachelGefunden()) {
            // der rechte Hamster hat eine entsprechende Kachel
            // gefunden;
            // der linke Hamster kann damit seine Arbeit beenden
            helferLinks.interrupt();
            this.schreib("Auftrag erledigt! "
                    + "Es gibt eine Kachel mit "
                    + this.koernerAnzahl
                    + " Koernern in meiner Reihe.");
        } else {

            // beide Hamster haben ihre Arbeit ohne Erfolg
            // beendet
            this.schreib("Auftrag erledigt! "
                    + "Es gibt leider keine Kachel mit "
                    + this.koernerAnzahl
                    + " Koernern in meiner Reihe.");
        }
    }
}

class ErmittlungsHamster extends AllroundHamster {

    private int anzahlKoerner;

    private InfoHamster chef;

    private boolean gefunden;
```

```
ErmittlungsHamster(int r, int s, int b, int k, int anzahl,
        InfoHamster chef) {
    super(r, s, b, k);
    this.anzahlKoerner = anzahl;
    this.chef = chef;
    this.gefunden = false;
}

public boolean hatKachelGefunden() {
    return this.gefunden;
}

public void run() {
    while (!this.isInterrupted() && this.vornFrei()) {
        this.vor();
        int koerner = this.nimmAlle();
        this.gib(koerner); // Beseitigung von Seiteneffekten
        if (koerner == this.anzahlKoerner) {

            // gefunden! Chef benachrichtigen und Arbeit
            // beenden
            this.gefunden = true;
            this.chef.interrupt();
            return;
        }
    }
    // nichts gefunden oder aufgefordert worden, seine Arbeit
    // zu beenden
}
}

void main() {
    Hamster paul = Hamster.getStandardHamster();
    int anzahl = paul.liesZahl("Geben Sie eine Zahl ein. "
            + "Meine Helfer und ich teilen Ihnen mit,\n"
            + "ob es in der Reihe, in der ich mich "
            + "befinde, eine Kachel mit\n"
            + "entsprechend vielen Körnern gibt!");
    InfoHamster willi = new InfoHamster(paul, anzahl);

    // der Vertretungs-Hamster wird auf die Suche geschickt
    willi.start();
}
```

### 10.6.3  Beispielprogramm 3

Die Hamster bekommen die Aufgabe, in einem wie in Abbildung 10.1 skizzierten zyklenfreien Labyrinth, dessen Gänge maximal eine Kachel breit sind, ein verstecktes Korn zu finden. Zur Suche gehen sie folgendermaßen vor: Zunächst macht sich vom Eingang (Kachel (0/0) aus ein selbstständiger Hamster auf den Weg. Sobald er an eine Kreuzung gelangt, terminiert er, erzeugt und startet aber zuvor noch für jeden von der Kreuzung abgehenden Weg einen neuen selbstständigen Hamster, der das entsprechende Teillabyrinth durchforstet und dabei jeweils genauso vorgeht, wie der Ausgangshamster. D.h. jeder Hamster sucht nur bis zur nächsten Kreuzung und schickt dann andere Hamster auf die Suche. Sobald ein Hamster das Korn findet, beendet er seine Arbeit. Außerdem informiert er die anderen Hamster über seinen Sucherfolg, sodass diese ihre Suche beenden können. Hierzu wird die Klasse Ende eingesetzt, die schon in Kapitel 10.2 verwendet worden ist.

Vergleichen Sie das Programm auch mit Ihrer Lösung von Aufgabe 8 aus Kapitel 3.5.8, in der eine analoge Aufgabe gestellt wurde, bei der andere aktive Hamster allerdings nichts vom Sucherfolg eines Hamsters mitbekommen und – eigentlich sinnlos – weitersuchen.

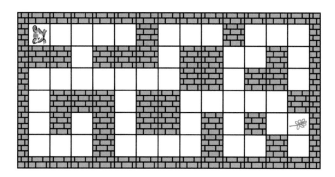

Abbildung 10.1: Typisches Hamster-Territorium zu Beispielprogramm 3

```
class Ende {

    private static boolean endeWunsch = false;

    synchronized static void beenden() {
        Ende.endeWunsch = true;
    }

    synchronized static boolean endeWunschErfolgt() {
        return Ende.endeWunsch;
    }
}

class SuchHamster extends AllroundHamster {

    final static int LINKS = 1;

    final static int VORNE = 2;

    final static int RECHTS = 3;

    SuchHamster(int r, int s, int b) {
        super(r, s, b, 0);
    }

    public void run() {
        do {
```

```
            this.vor();
            this.ueberpruefung();
        } while (!(Ende.endeWunschErfolgt() || this
                .kreuzungErreicht()));

        if (Ende.endeWunschErfolgt()) {
            return; // Abbruch
        }

        if (this.linksFrei()) {
            SuchHamster linksHelfer = new SuchHamster(this
                    .getReihe(), this.getSpalte(), this
                    .berechneBlickrichtung(SuchHamster.LINKS));
            linksHelfer.start();
        }
        if (this.rechtsFrei()) {
            SuchHamster rechtsHelfer = new SuchHamster(this
                    .getReihe(), this.getSpalte(), this
                    .berechneBlickrichtung(SuchHamster.RECHTS));
            rechtsHelfer.start();
        }
        if (this.vornFrei()) {
            SuchHamster vorneHelfer = new SuchHamster(this
                    .getReihe(), this.getSpalte(), this
                    .berechneBlickrichtung(SuchHamster.VORNE));
            vorneHelfer.start();
        }
    }

    private void ueberpruefung() {
        if (this.kornDa()) {
            this.nimm();
            this.schreib("Korn gefunden");
            Ende.beenden();
        }
    }

    private boolean kreuzungErreicht() {
        return this.linksFrei() || this.rechtsFrei()
                || !this.vornFrei();
    }

    private int berechneBlickrichtung(int richtung) {
        switch (richtung) {
        case LINKS:
            switch (this.getBlickrichtung()) {
            case Hamster.NORD:
                return Hamster.WEST;
            case Hamster.WEST:
                return Hamster.SUED;
            case Hamster.SUED:
                return Hamster.OST;
```

```
                    default: // Hamster.OST:
                        return Hamster.NORD;
                    }
                case RECHTS:
                    switch (this.getBlickrichtung()) {
                    case Hamster.NORD:
                        return Hamster.OST;
                    case Hamster.WEST:
                        return Hamster.NORD;
                    case Hamster.SUED:
                        return Hamster.WEST;
                    default: // Hamster.OST:
                        return Hamster.SUED;
                    }
                default: // VORNE
                    return this.getBlickrichtung();
                }
        }
    }

void main() {
    SuchHamster starter = new SuchHamster(0, 0, Hamster.OST);
    starter.start();
}
```

Anmerkung: Da die Benachrichtigung über den Sucherfolg eines Hamsters die anderen Hamster prinzipiell jederzeit erreichen kann, könnte die Beendigungswunschabfrage, d.h. der Aufruf der Methode endeWunschErfolgt der Klasse Ende auch noch an weiteren Stellen eingefügt werden, um das Gesamtprogramm noch schneller zu stoppen, bspw. zwischen dem Erzeugen der einzelnen Such-Hamster in der run-Methode der Klasse SuchHamster.

## 10.7 Aufgaben

Beweisen Sie sich durch das Lösen der folgenden Aufgaben, dass sie verstanden haben, wie Threads frühzeitig beendet werden können.

### 10.7.1 Aufgabe 1

Ändern Sie Beispielprogramm 1 in Abschnitt 10.6.1 so ab, dass nicht nur ein Hamster-Baby sondern mehrere Hamster-Babys auf Nahrung warten.

### 10.7.2 Aufgabe 2

Ändern Sie Beispielprogramm 1 in Abschnitt 10.6.1 so ab, dass das Hamster-Baby als Dämon realisiert wird. Wenn die Hamster-Mutter keine Nahrung mehr im Territorium findet, terminiert sie sich selbst und damit automatisch auch ihr Baby.

### 10.7.3  Aufgabe 3

Entwickeln Sie ein zu Beispielprogramm 2 in Abschnitt 10.6.2 analoges Programm, in dem die Hamster überprüfen sollen, ob es mindestens *n* Körner in der Reihe gibt, in der sich der Standard-Hamster befindet. *n* sei dabei die Anzahl an Körnern im Maul des Standard-Hamsters.

### 10.7.4  Aufgabe 4

Ändern Sie Beispielprogramm 3 in Abschnitt 10.6.3 so ab, dass – wie in Abschnitt 10.3 beschrieben – die Methode `interrupt` zur Terminierungsaufforderung genutzt wird. Gehen Sie auf verschiedene Art und Weise vor:

1. Der Such-Hamster, der das Korn findet, soll den ersten Such-Hamster hierüber benachrichtigen. Dieser benachrichtigt dann die von ihm erzeugten Such-Hamster, diese die von ihnen erzeugten Such-Hamster, usw.

2. Alle erzeugten und gestarteten Such-Hamster werden in einem Objekt der Klasse `java.util.Vector` gespeichert. Der Such-Hamster, der das Korn findet, greift auf diesen Speicher zu und benachrichtigt direkt alle anderen Such-Hamster.

### 10.7.5  Aufgabe 5

Ändern Sie Beispielprogramm 3 in Abschnitt 10.6.3 so ab, dass, wie in Abschnitt 10.4 beschrieben, die Klassenmethode `exit` der JDK-Klasse `java.lang.System` zum Programmabbruch genutzt wird.

### 10.7.6  Aufgabe 6

In den Abschnitten 10.2 und 10.3 wurde das folgende Problem einmal durch den Einsatz expliziter Kommunikation und einmal mit Hilfe der Methode `interrupt` gelöst: Zwei oder mehr selbstständige Friss-Hamster werden erzeugt und gestartet. Sie sollen bis zur nächsten Mauer laufen und sich dabei auf die Suche nach einem Korn machen. Sobald ein Hamster ein Korn gefunden hat, sollen alle Hamster ihre Arbeit beenden und das Programm soll terminieren.

Das entsprechende Lösungsprogramm in Abschnitt 10.3 funktioniert allerdings nur für zwei Friss-Hamster. Ändern Sie es so ab, dass es nicht nur für zwei sondern für eine beliebige Anzahl an Friss-Hamstern funktioniert.

### 10.7.7  Aufgabe 7

Auf den einzelnen Kacheln eines innen mauerlosen Territoriums mit zwei Reihen befinden sich beliebig viele Körner (siehe bspw. Abbildung 10.2 (links)). Die Folge der Kacheln der unteren Zeile von links nach rechts bis zur ersten freien Kachel – genauer die entsprechenden Größen der Körnernhaufen – wird als *Muster* bezeichnet. In Abbildung 10.2 lautet das Muster 132.

Die Hamster werden mit einer Mustersuche beauftragt. Sie sollen überprüfen, ob es in der obersten Zeile eine Kachelfolge gibt, die dem Muster entspricht, d.h. die entsprechenden Kacheln besitzen in

Abbildung 10.2: Typisches Hamster-Territorium zu Aufgabe 7

derselben Reihenfolge Körnerhaufen derselben Größe. Wenn die Hamster eine solche Kachelfolge finden, sollen sie die Körnerhaufen des Musters in der unteren Zeile so verschieben, dass sie sich unterhalb der gefundenen Folge der oberen Zeile befinden (siehe Abbildung 10.2 (rechts)).

Zwei selbstständige Hamster teilen sich die Arbeit, der eine beginnt von links mit der Mustersuche, der andere von rechts. Sobald einer der beiden das Muster gefunden hat, soll er dies dem anderen mitteilen, der sich darauf beendet. Der bei der Suche erfolgreiche Hamster soll anschließend noch die Verschiebung der Körnerhaufen durchführen.

# Kapitel 11
## Klassische Probleme der parallelen Programmierung

In den vorausgehenden Kapiteln haben Sie sich mit einer Menge von Konzepten der parallelen Programmierung im Allgemeinen und der Java-Thread-Programmierung im Speziellen vertraut gemacht. Sie wissen nun insbesondere, was Threads sind, Sie haben erfahren, was Scheduling bedeutet und Sie haben durch das Lösen von Hamster-Problemen kennengelernt, wie Threads miteinander kommunizieren und sich untereinander synchronisieren können. Mechanismen zur Umsetzung dieser Basiskonzepte der (quasi-)parallelen Programmierung stellt Java insbesondere über die JDK-Klassen `java.lang.Thread` und `java.lang.Object` zur Verfügung.

Wäre die Entwicklung von Java bei der Version 1.4 stehen geblieben, würden Sie an dieser Stelle bereits alle Thread-Konzepte von Java kennen. Aber insbesondere mit der Version 1.5 bzw. 5.0 wurde eine Menge weiterer Interfaces und Klassen für die Thread-Programmierung in das JDK aufgenommen. Diese sind grundsätzlich entbehrlich, machen aber einem Programmierer für die Lösung vieler Probleme das Leben deutlich einfacher. Diese neuen Thread-Konzepte sollen Ihnen natürlich nicht vorenthalten werden. Sie werden daher noch in den kommenden Kapiteln vorgestellt.

Wir sind nun aber an einem Punkt angekommen, an dem es Zeit ist, nicht immer nur neue weitere Konzepte kennenzulernen, sondern die Konzepte, die wir nun kennen, mal zur Lösung etwas komplexerer Aufgaben einzusetzen. Und genau aus diesem Grund wird dieses Kapitel eingeschoben. In diesem Kapitel werden wir uns mit klassischen Problemen der parallelen Programmierung, insbesondere mit klassischen Synchronisationsproblemen auseinandersetzen, die in die Hamster-Welt übertragen werden. Es beginnt in Abschnitt 1 mit dem Leser-Schreiber-Problem, geht in Kapitel 2 über zum Erzeuger-Verbraucher-System und mündet in Abschnitt 3 in **dem** Problem der parallelen Programmierung schlechthin: dem Philosophen-Problem. Mit der Kommunikation über Nachrichtenaustausch wird schließlich in Abschnitt 4 eine Alternative zur Kommunikation über gemeinsame Variablen demonstriert. Das Kapitel schließt in Abschnitt 5 wie immer mit einer Menge von Übungsaufgaben.

## 11.1 Leser-Schreiber-Problem

Beim so genannten *Leser-Schreiber-Problem* gibt es zwei Typen von Prozessen, die *Leser* und die *Schreiber*. Eine Menge von Lesern und Schreibern wollen einen gemeinsamen kritischen Abschnitt betreten. Dabei gilt es jedoch, folgende Bedingungen einzuhalten:

- Im kritischen Abschnitt dürfen sich niemals Leser und Schreiber gleichzeitig aufhalten.

- Im kritischen Abschnitt dürfen sich beliebig viele Leser gleichzeitig aufhalten.

- Im kritischen Abschnitt dürfen sich niemals mehrere Schreiber gleichzeitig aufhalten.

Das Leser-Schreiber-Problem hat seinen Namen vom Problem des Zugriffs auf gemeinsame Variablen durch mehrere Prozesse (siehe auch Kapitel 7.1). Hier gelten ja auch genau die drei angeführten Bedingungen.

Lassen Sie uns das Leser-Schreiber-Problem einmal in die Hamster-Welt übertragen. Im folgenden Szenario gibt es zwei Typen von Hamstern: leichtgewichtige und schwergewichtige Hamster. Die leichtgewichtigen Hamster leben auf der linken Seite einer Körnerbrücke, die schwergewichtigen auf der rechten Seite. Auf der Brücke liegt ein Korn, dessen atemberaubender Duft alle Hamster immer wieder anzieht (siehe auch Abbildung 11.1). Leider ist die Brücke jedoch schon etwas älter und nicht mehr ganz stabil. Daher müssen sich alle Hamster an folgende Regeln halten, damit es nicht zum Einsturz der Brücke kommt:

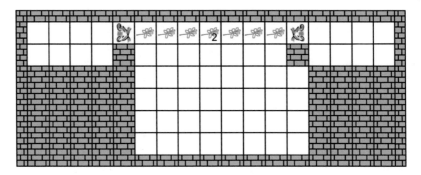

Abbildung 11.1: Typisches Hamster-Territorium zum Hamster-Brücken-Problem

- Es dürfen sich beliebig viele leichtgewichtige Hamster gleichzeitig auf der Brücke befinden.

- Wenn sich ein schwergewichtiger Hamster auf der Brücke befindet, dürfen weder andere schwergewichtige noch leichtgewichtige Hamster die Brücke betreten.

Sie sehen, die Regeln des Hamster-Brücken-Problems sind analog zu den Regeln des Leser-Schreiber-Problems. Die leichtgewichtigen Hamster entsprechen den Lesern, die schwergewichtigen den Schreibern.

## 11.1.1 Lösung mit Leser-Priorität

In der folgenden ersten Umsetzung des Hamster-Brücken-Problems gibt es drei Klassen: die Klasse `Leichtgewicht` realisiert die leichtgewichtigen Hamster, die Klasse `Schwergewicht` die schwergewichtigen Hamster und zur Koordination bzw. Synchronisation dient die Monitor-Klasse `Bruecke`, die das Singleton-Muster umsetzt, d.h. es gibt genau ein Objekt der Klasse `Bruecke`.

Möchte ein leichtgewichtiger Hamster die Brücke betreten, muss er die Methode `betretenLeichtgewicht` aufrufen. Beim Verlassen der Brücke darf er nicht vergessen, die Methode `verlassenLeichtgewicht` aufzurufen. Analoges gilt für schwergewichtige Hamster mit den Methoden `betretenSchwergewicht` und `verlassenSchwergewicht`. Durch die die `wait`-Aufrufe umschließenden Schleifenbedingungen in den beiden betreten-Methoden werden die Bedingungen des Leser-Schreiber-Problems realisiert:

- Ein schwergewichtiger Hamster darf nur dann die Brücke betreten, wenn die Anzahl der Schwergewichte und die Anzahl der Leichtgewichte, die sich gerade auf der Brücke befinden, gleich Null ist.

- Ein leichtgewichtiger Hamster darf die Brücke nicht betreten, wenn die Anzahl der Schwergewichte, die sich gerade auf der Brücke befinden, größer als Null ist.

```
class Bruecke {

    private static Bruecke bruecke = new Bruecke();

    static Bruecke getBruecke() {
        return Bruecke.bruecke;
    }

    private int anzahlSchwergewichte;

    private int anzahlLeichtgewichte;

    private Bruecke() {
        this.anzahlSchwergewichte = 0;
        this.anzahlLeichtgewichte = 0;
    }

    // Ein schwergewichtiger Hamster darf nur dann die Brücke
    // betreten, wenn die Anzahl der Schwergewichte
    // und die Anzahl der Leichtgewichte, die sich gerade
    // auf der Brücke befinden, gleich Null ist.
    synchronized void betretenSchwergewicht() {
        while (!(this.anzahlSchwergewichte == 0 &&
                this.anzahlLeichtgewichte == 0)) {
            try {
                this.wait();
            } catch (InterruptedException exc) {
            }
        }
        this.anzahlSchwergewichte++;
    }

    synchronized void verlassenSchwergewicht() {
        this.anzahlSchwergewichte--;
        this.notifyAll();
    }

    // Ein leichtgewichtiger Hamster darf die Brücke nicht
    // betreten, wenn die Anzahl der
    // Schwergewichte, die sich gerade auf der Brücke befinden,
    // größer als Null ist.
    synchronized void betretenLeichtgewicht() {
        while (this.anzahlSchwergewichte > 0) {
            try {
                this.wait();
            } catch (InterruptedException exc) {
            }
        }
        this.anzahlLeichtgewichte++;
```

```
    }

    synchronized void verlassenLeichtgewicht() {
        this.anzahlLeichtgewichte--;
        this.notifyAll();
    }

}

class Leichtgewicht extends AllroundHamster {

    Leichtgewicht() {
        super(1, 0, Hamster.OST, 0);
    }

    public void run() {
        while (true) {
            this.laufeZurBruecke();
            Bruecke.getBruecke().betretenLeichtgewicht();
            this.laufeZumDuftendenKorn();

            // riechen

            this.verlasseDieBruecke();
            Bruecke.getBruecke().verlassenLeichtgewicht();
            this.laufeZurueck();
        }
    }

    void laufeZurBruecke() {
        while (this.vornFrei()) {
            this.vor();
        }
        this.linksUm();
        this.vor();
        this.rechtsUm();
        this.vor();
    }

    void laufeZumDuftendenKorn() {
        do {
            this.vor();
        } while (!this.koernerDa(2));
        // duftendes Korn gefunden
    }

    void verlasseDieBruecke() {
        this.kehrt();
        while (this.kornDa()) {
            this.vor();
        }
    }
```

```
    void laufeZurueck() {
        this.vor();
        this.linksUm();
        this.vor();
        this.rechtsUm();
        while (this.vornFrei()) {
            this.vor();
        }
        this.kehrt();
    }
}

class Schwergewicht extends AllroundHamster {

    Schwergewicht() {
        super(1, Territorium.getAnzahlSpalten() - 1,
                Hamster.WEST, 0);
    }

    public void run() {
        while (true) {
            this.laufeZurBruecke();
            Bruecke.getBruecke().betretenSchwergewicht();
            this.laufeZumDuftendenKorn();

            // riechen

            this.verlasseDieBruecke();
            Bruecke.getBruecke().verlassenSchwergewicht();
            this.laufeZurueck();
        }
    }

    void laufeZurBruecke() {
        while (this.vornFrei()) {
            this.vor();
        }
        this.rechtsUm();
        this.vor();
        this.linksUm();
        this.vor();
    }

    void laufeZumDuftendenKorn() {
        do {
            this.vor();
        } while (!this.koernerDa(2));
        // duftendes Korn gefunden
    }

    void verlasseDieBruecke() {
```

```
            this.kehrt();
            while (this.kornDa()) {
                this.vor();
            }
        }

    void laufeZurueck() {
        this.vor();
        this.rechtsUm();
        this.vor();
        this.linksUm();
        while (this.vornFrei()) {
            this.vor();
        }
        this.kehrt();
    }
}


void main() {

    // Schwergewichte starten
    int ANZAHL_SCHWERGEWICHTE = 2;
    for (int i = 0; i < ANZAHL_SCHWERGEWICHTE; i++) {
        (new Schwergewicht()).start();
    }

    // Leichtgewichte starten
    int ANZAHL_LEICHTGEWICHTE = 5;
    for (int i = 0; i < ANZAHL_LEICHTGEWICHTE; i++) {
        (new Leichtgewicht()).start();
    }
}
```

## 11.1.2 Lösung mit Schreiber-Priorität

Die schwergewichtigen Hamster sind zwar schwer, aber nicht blöd. Schon bald stellen sie fest: „Hey, das ist ungerecht. Bei dieser Lösung werden wir ja benachteiligt!" Und in der Tat wird bei der obigen Implementierung den Leichtgewichten eine höhere Priorität eingeräumt: Ein Leichtgewicht, das die Brücke betreten will, kann, falls bereits ein Leichtgewicht auf der Brücke ist, die Brücke betreten, auch wenn gerade ein Schwergewicht wartet. Im schlimmsten Fall (es ist immer ein Leichtgewicht auf der Brücke) kann es vorkommen, dass niemals ein Schwergewicht zum gut duftenden Korn auf die Brücke gelangt.

Schauen wir uns daher einmal eine alternative Implementierung der Klasse Bruecke an, bei der die Schwergewichte eine höhere Priorität als die Leichtgewichte bekommen. In der Schleifenbedingung der Methode betretenLeichtgewichte wird in dieser Lösung noch die Anzahl der wartenden Schwergewichte mit einbezogen, sodass ein Leichtgewicht wartenden Schwergewichten immer Vortritt gewähren muss.

```
class Bruecke {

    private static Bruecke bruecke = new Bruecke();

    static Bruecke getBruecke() {
        return Bruecke.bruecke;
    }

    int anzahlSchwergewichte;

    int anzahlLeichtgewichte;

    int wartendeSchwergewichte;

    private Bruecke() {
        this.anzahlSchwergewichte = 0;
        this.anzahlLeichtgewichte = 0;
        this.wartendeSchwergewichte = 0;
    }

    // Ein schwergewichtiger Hamster darf nur dann die Brücke
    // betreten, wenn die Anzahl der Schwergewichte
    // und die Anzahl der Leichtgewichte, die sich gerade
    // auf der Brücke befinden, gleich Null ist.
    synchronized void betretenSchwergewicht() {
        if (!(this.anzahlSchwergewichte == 0 &&
                this.anzahlLeichtgewichte == 0)) {
            try {
                this.wartendeSchwergewichte++;
                this.wait();
            } catch (InterruptedException exc) {
            }
        }
        while (!(this.anzahlSchwergewichte == 0 &&
                this.anzahlLeichtgewichte == 0)) {
            try {
                this.wait();
            } catch (InterruptedException exc) {
            }
        }
        this.wartendeSchwergewichte--;
        this.anzahlSchwergewichte++;
    }

    synchronized void verlassenSchwergewicht() {
        this.anzahlSchwergewichte--;
        this.notifyAll();
    }

    // Ein leichtgewichtiger Hamster darf die Brücke nicht
    // betreten, wenn die Anzahl der
    // Schwergewichte, die sich gerade auf der Brücke befinden,
```

```
// größer als Null ist, oder
// wenn Schwergewichte warten
synchronized void betretenLeichtgewicht() {
    while (this.anzahlSchwergewichte > 0
            || this.wartendeSchwergewichte > 0) {
        try {
            this.wait();
        } catch (InterruptedException exc) {
        }
    }
    this.anzahlLeichtgewichte++;
}

synchronized void verlassenLeichtgewicht() {
    this.anzahlLeichtgewichte--;
    this.notifyAll();
}

}
```

# 11.2 Erzeuger-Verbraucher-Problem

Beim so genannten *Erzeuger-Verbraucher-Problem* bzw. *Produzenten-Konsumenten-Problem* gibt es zwei Typen von Prozessen: *Erzeuger* bzw. *Produzenten* produzieren Daten und legen sie in einem Speicher ab. *Verbraucher* bzw. *Konsumenten* holen sich die Daten aus dem Speicher und gebrauchen sie für einen bestimmten Zweck. Erzeuger und Verbraucher müssen sich bei ihrer Arbeit synchronisieren:

- Der Speicher ist nur begrenzt aufnahmefähig, sodass ein Erzeuger warten muss, wenn er Daten in den Speicher legen will, dieser aber voll ist.

- Verbraucher müssen warten, wenn sie Daten aus dem Speicher abrufen wollen, dieser aber leer ist.

Im folgenden Beispielprogramm möchten Ihnen die Hamster eine Lösung des Erzeuger-Verbraucher-Problems demonstrieren. Das Hamster-Territorium ist in zwei Bereiche unterteilt, die durch eine Mauer getrennt sind. Im linken Bereich leben die Erzeuger, im rechten die Verbraucher. In der Mauer befindet sich eine Lücke, über die die Erzeuger und Verbraucher miteinander in Kontakt treten können (siehe Abbildung 11.2). Die Erzeuger haben Körner im Maul und möchten sie den Verbrauchern zur Verfügung stellen. Die Verbraucher haben anfangs keine Körner im Maul, benötigen sie aber, um nicht zu verhungern. Hin und wieder laufen nun sowohl die Erzeuger als auch die Verbraucher zur Lücke in der Mauer, um Körner auszutauschen. Dabei gilt:

- Es dürfen niemals mehrere Hamster die Mauerlücke betreten.

- Erzeuger dürfen nur dann die Lücke betreten, wenn dort kein Korn liegt. Sie legen dann in der Lücke ein Korn ab.

- Verbraucher dürfen nur dann die Lücke betreten, wenn dort ein Korn liegt. Sie nehmen dann dieses Korn auf.

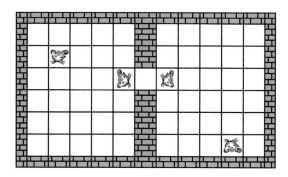

Abbildung 11.2: Typisches Hamster-Territorium zum Erzeuger-Verbraucher-Problem

Die Lücke entspricht also einem Speicher mit einer Speicherkapazität für ein einzelnes Element.

In der folgenden Lösung des Hamster-Erzeuger-Verbraucher-Problems wird ein Objekt der Klasse Luecke zur Synchronisation der Erzeuger und Verbraucher genutzt. Will ein Erzeuger ein Korn in der Mauerlücke ablegen, so ruft er die Methode put auf und übergibt sich selbst als Parameter. Will ein Verbraucher ein Korn aus der Lücke holen, so ruft er die Methode get mit sich als Parameter auf. Liegt im Falle des Erzeugers gerade ein Korn in der Lücke bzw. ist im Falle des Verbrauchers die Lücke leer, so müssen sie jeweils warten. Änderungen des Zustands werden durch Aufruf von notifyAll in den Methoden put und get propagiert.

```
class Luecke {

    private int reihe; // Reihe der Luecke

    private int spalte; // Spalte der Luecke

    Luecke(int r, int s) {
        this.reihe = r;
        this.spalte = s;
    }

    synchronized void put(ErzeugerHamster ham) {

        // wenn Korn in Luecke liegt: warten
        while (Territorium.getAnzahlKoerner(this.reihe,
                this.spalte) > 0) {
            try {
                this.wait();
            } catch (Exception e) {
            }
        }

        // Korn ablegen
        ham.vor();
        ham.gib();
        ham.linksUm();
        ham.linksUm();
        ham.vor();
```

```java
                this.notifyAll();
        }

        synchronized void get(VerbraucherHamster ham) {

            // wenn Luecke leer: warten
            while (Territorium.getAnzahlKoerner(this.reihe,
                    this.spalte) == 0) {
                try {
                    this.wait();
                } catch (Exception e) {
                }
            }

            // Korn nehmen
            ham.vor();
            ham.nimm();
            ham.linksUm();
            ham.linksUm();
            ham.vor();
            this.notifyAll();
        }

        int getReihe() {
            return this.reihe;
        }

        int getSpalte() {
            return this.spalte;
        }
}

class ErzeugerHamster extends AllroundHamster {

    private Luecke luecke;

    ErzeugerHamster(int r, int s, int b, int k, Luecke luecke) {
        super(r, s, b, k);
        this.luecke = luecke;
        this.start();
    }

    public void run() {
        while (true) {
            this.umherlaufen();
            if (!this.maulLeer()) {
                this.zurLueckeLaufen();
                this.kornAblegen();
            }
        }
    }
```

```
void umherlaufen() {

    // zufaellig im Territorium umherlaufen
    int anzahlAktionen = (int) (Math.random() * 15);
    for (int i = 0; i < anzahlAktionen; i++) {
        int blickrichtung = (int) (Math.random() * 4);
        this.setzeBlickrichtung(blickrichtung);
        if (this.vornFrei() && !this.lueckeVorn()) {
            this.vor();
        }
    }
}

void zurLueckeLaufen() {
    this.laufeZuKachel(this.luecke.getReihe(), this.luecke
            .getSpalte() - 1);
    this.setzeBlickrichtung(Hamster.OST);
}

void kornAblegen() {
    this.luecke.put(this);
}

boolean lueckeVorn() {
    return this.getBlickrichtung() == Hamster.OST
            && this.getReihe() == this.luecke.getReihe()
            && this.getSpalte() == this.luecke.getSpalte() - 1;
}
}

class VerbraucherHamster extends AllroundHamster {

    Luecke luecke;

    VerbraucherHamster(int r, int s, int b, int k, Luecke luecke) {
        super(r, s, b, k);
        this.luecke = luecke;
        this.start();
    }

    public void run() {
        while (true) {
            this.umherlaufen();
            this.zurLueckeLaufen();
            this.kornAufnehmen();
        }
    }

    void umherlaufen() {

        // zufaellig im Territorium umherlaufen
        int anzahlAktionen = (int) (Math.random() * 20);
```

```
        for (int i = 0; i < anzahlAktionen; i++) {
            int blickrichtung = (int) (Math.random() * 4);
            this.setzeBlickrichtung(blickrichtung);
            if (this.vornFrei() && !this.lueckeVorn()) {
                this.vor();
            }
        }
    }

    void zurLueckeLaufen() {
        this.laufeZuKachel(this.luecke.getReihe(), this.luecke
            .getSpalte() + 1);
        this.setzeBlickrichtung(Hamster.WEST);
    }

    void kornAufnehmen() {
        this.luecke.get(this);
    }

    boolean lueckeVorn() {
        return this.getBlickrichtung() == Hamster.WEST
            && this.getReihe() == this.luecke.getReihe()
            && this.getSpalte() == this.luecke.getSpalte() + 1;
    }
}

void main() {
    Luecke luecke = new Luecke(2, 4);

    // Erzeuger starten
    int ANZAHL_ERZEUGER = 4;
    for (int i = 0; i < ANZAHL_ERZEUGER; i++) {
        new ErzeugerHamster(0, 0, Hamster.OST, 1000, luecke);
    }

    // Verbraucher starten
    int ANZAHL_VERBRAUCHER = 3;
    for (int i = 0; i < ANZAHL_VERBRAUCHER; i++) {
        new VerbraucherHamster(0, 6, Hamster.WEST, 0, luecke);
    }
}
```

## 11.3 Philosophen-Problem

Das Leben der hier betrachteten fünf Philosophen besteht aus Denken und Essen. Sie sitzen um einen runden Tisch herum. Vor jedem Philosophen steht ein Teller mit leckeren Spaghetti. Zwischen den Tellern liegt je eine Gabel (siehe Abbildung 11.3). Zum Essen von dem vor ihm liegenden Teller benötigt ein Philosoph die beiden angrenzenden Gabeln. Die Philosophen können die Gabeln nicht gleichzeitig aufnehmen, sondern erst die eine und dann die andere. Das Leben der Philosophen sieht nun so aus: Normalerweise denken sie. Hin und wieder haben sie Hunger. Dann nehmen sie die beiden ihnen zugeteilten Gabeln auf (erst die eine, dann die andere) und essen. Nach dem Essen legen sie die Gabeln wieder ab und philosophieren weiter. Wenn ein Philosoph eine Gabel in der Hand hält, gibt er sie nicht wieder her, bis er gegessen hat.

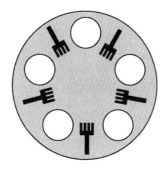

Abbildung 11.3: Philosophenproblem

Ziel des Philosophen-Problems ist es, allen Philosophen ein endloses Leben zu ermöglichen, ohne dass sie verhungern müssen. Der Knackpunkt des Philosophen-Problems besteht darin, dass sich jeder Philosoph seine beiden Gabeln mit seinen beiden Nachbarn teilt. Wenn ein Philosoph Hunger verspürt und seine Gabeln aufnehmen möchte, kann es sein, dass er warten muss, weil einer seiner Nachbarn gerade eine seiner Gabeln zum Essen benutzt. Die Benutzung der Gabeln muss also synchronisiert werden.

Die Hamster wollen natürlich wissen, ob sie schlau genug sind, dieses altbekannte Problem der parallelen Programmierung zu lösen. Da sie keinen runden Tisch zur Verfügung haben, wählen sie einen quadratischen Tisch. Dabei stellen sie fest, dass es, um eine gleichmäßig Verteilung rund um den quadratischen Tisch zu erreichen, notwendig ist, das Problem mit 8 Philosophen-Hamstern anzugehen. Als Ersatz für die Gabeln – die es in der Hamster-Welt nicht gibt – wählen sie Körner (siehe Abbildung 11.4).

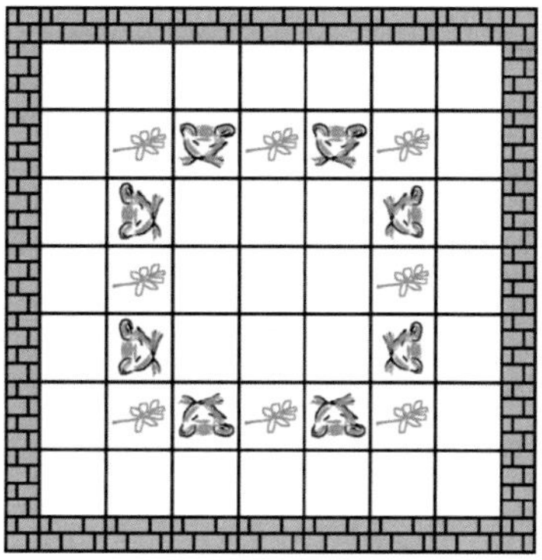

Abbildung 11.4: Hamster-Territorium zum Philosophen-Problem

## 11.3.1 Erste Lösung

Schauen wir uns eine erste intuitive Lösung des Hamster-Philosophen-Problems an. Die run-Me-thode der Klasse Philosoph implementiert den Lebensablauf eines Hamster-Philosophen. Wenn ein Hamster Hunger hat, nimmt er zunächst die linke und dann die rechte Gabel, isst und legt die beiden Gabeln nach dem Essen wieder ab. Wenn eine der benötigten Gabel nicht an ihrem Platz liegt, wartet der Hamster auf die Gabel (siehe überschriebene Methode nimm), wenn ein Hamster eine Gabel ablegt, erfolgt eine Benachrichtigung (siehe überschriebene Methode gib).

```
class Philosoph extends AllroundHamster {

    Philosoph(int r, int s, int b) {
        super(r, s, b, 0);
    }

    public void lebe() {
        this.start();
    }

    public void run() {
        while (true) {
            this.denken();
            this.nimmGabeln();
            this.essen();
            this.gibGabeln();
        }
    }

    private void nimmGabeln() {

        // nimm linke Gabel
        this.linksUm();
        this.vor();
        this.nimm();
        this.kehrt();
        this.vor();

        // nimm rechte Gabel
        this.vor();
        this.nimm();

        // zurueck zum Platz
        this.kehrt();
        this.vor();
        this.rechtsUm();
    }

    private void gibGabeln() {

        // gib linke Gabel
        this.linksUm();
        this.vor();
```

```
            this.gib();
            this.kehrt();
            this.vor();

            // gib rechte Gabel
            this.vor();
            this.gib();

            // zurueck zum Platz
            this.kehrt();
            this.vor();
            this.rechtsUm();
        }

        private void denken() {
            int bedenkZeit = (int) (Math.random() * 5000);
            this.schlafen(bedenkZeit);
        }

        private void essen() {
            this.schreib("Hmmmm, das schmeckt!");
            int kauZeit = (int) (Math.random() * 3000);
            this.schlafen(kauZeit);
        }

        public synchronized void nimm() {
            Object kachel = this.getKachel();
            synchronized (kachel) {
                while (!this.kornDa()) {
                    try {
                        kachel.wait();
                    } catch (InterruptedException exc) {
                    }
                }
                super.nimm();
            }
        }

        public synchronized void gib() {
            Object kachel = this.getKachel();
            synchronized (kachel) {
                super.gib();
                kachel.notifyAll();
            }
        }
    }

void main() {
    Philosoph p1 = new Philosoph(2, 1, Hamster.OST);
    Philosoph p2 = new Philosoph(4, 1, Hamster.OST);
    Philosoph p3 = new Philosoph(5, 2, Hamster.NORD);
    Philosoph p4 = new Philosoph(5, 4, Hamster.NORD);
```

```
    Philosoph p5 = new Philosoph(4, 5, Hamster.WEST);
    Philosoph p6 = new Philosoph(2, 5, Hamster.WEST);
    Philosoph p7 = new Philosoph(1, 4, Hamster.SUED);
    Philosoph p8 = new Philosoph(1, 2, Hamster.SUED);
    p1.lebe();
    p2.lebe();
    p3.lebe();
    p4.lebe();
    p5.lebe();
    p6.lebe();
    p7.lebe();
    p8.lebe();
}
```

Diese erste Lösung ist allerdings nicht korrekt. Denn stellen Sie sich vor, alle Philosophen haben gleichzeitig Hunger und nehmen jeweils ihre linke Gabel in die Hand. Dann werden sie definitiv verhungern, weil sie endlos auf ihre rechte Gabel warten werden: ein klassischer Deadlock.

## 11.3.2 Zweite Lösung

Schauen wir uns eine zweite Lösung des Hamster-Philosophen-Problems an, die die Deadlock-Gefahr verhindert. Bei dieser Lösung wird ein gemeinsames Objekt einer Monitor-Klasse Tisch zur Synchronisation benutzt. Immer wenn ein Philosophen-Hamster essen will, ruft er die synchronisierte Methode reserviereGabeln des Tisch-Objektes auf. Wenn er mit essen fertig ist, erfolgt ein Aufruf der ebenfalls synchronisierten Methode gibGabelnFrei. Die Methode reserviereGabeln blockiert den aufrufenden Hamster, wenn gerade ein anderer Hamster isst. Am Ende der Ausführung der Methode gibGabelnFrei erfolgt über das notify eine Benachrichtigung eines eventuell wartenden Hamsters.

```
class Tisch {
    private boolean belegt;

    Tisch() {
        this.belegt = false;
    }

    synchronized void reserviereGabeln() {
        while (this.belegt) {
            try {
                this.wait();
            } catch (Exception e) {
            }
        }
        this.belegt = true;
    }

    synchronized void gibGabelnFrei() {
        this.belegt = false;
        this.notify(); // nun kann ein anderer Hamster essen
    }
```

```
}

class Philosoph extends AllroundHamster {

    private Tisch tisch;

    Philosoph(int r, int s, int b, Tisch t) {
        super(r, s, b, 0);
        this.tisch = t;
    }

    public void lebe() {
        this.start();
    }

    public void run() {
        while (true) {
            this.denken();
            this.nimmGabeln();
            this.essen();
            this.gibGabeln();
        }
    }

    private void nimmGabeln() {
        // Gabeln reservieren: der gesamte Tisch wird blockiert
        this.tisch.reserviereGabeln();

        // nimm linke Gabel
        this.linksUm();
        this.vor();
        this.nimm();
        this.kehrt();
        this.vor();

        // nimm rechte Gabel
        this.vor();
        this.nimm();

        // zurueck zum Platz
        this.kehrt();
        this.vor();
        this.rechtsUm();
    }

    private void gibGabeln() {

        // gib linke Gabel
        this.linksUm();
        this.vor();
        this.gib();
        this.kehrt();
```

```
        this.vor();

        // gib rechte Gabel
        this.vor();
        this.gib();

        // zurueck zum Platz
        this.kehrt();
        this.vor();
        this.rechtsUm();

        // Gabeln freigeben: der Tisch wird deblockiert
        this.tisch.gibGabelnFrei();
    }

    private void denken() {
        int bedenkZeit = (int) (Math.random() * 5000);
        this.schlafen(bedenkZeit);
    }

    private void essen() {
        this.schreib("Hmmmm, das schmeckt!");
        int kauZeit = (int) (Math.random() * 3000);
        this.schlafen(kauZeit);
    }
}

void main() {
    Tisch tisch = new Tisch();
    Philosoph p1 = new Philosoph(2, 1, Hamster.OST, tisch);
    Philosoph p2 = new Philosoph(4, 1, Hamster.OST, tisch);
    Philosoph p3 = new Philosoph(5, 2, Hamster.NORD, tisch);
    Philosoph p4 = new Philosoph(5, 4, Hamster.NORD, tisch);
    Philosoph p5 = new Philosoph(4, 5, Hamster.WEST, tisch);
    Philosoph p6 = new Philosoph(2, 5, Hamster.WEST, tisch);
    Philosoph p7 = new Philosoph(1, 4, Hamster.SUED, tisch);
    Philosoph p8 = new Philosoph(1, 2, Hamster.SUED, tisch);
    p1.lebe();
    p2.lebe();
    p3.lebe();
    p4.lebe();
    p5.lebe();
    p6.lebe();
    p7.lebe();
    p8.lebe();
}
```

Überlegen Sie selbst mal kritisch: Diese Implementierung ist zwar eine korrekte Lösung des Philo-sophen-Problems. Ist sie aber auch eine gute Lösung? Nein, natürlich nicht. Denn zu jedem Zeit-punkt kann maximal ein einzelner Hamster essen. Theoretisch wäre es aber möglich, dass bis zu vier Hamster gleichzeitig essen. Fazit: Die Synchronisation ist zu umfassend. Grund hierfür ist die Wartebedingung in der Methode reserviereGabeln. Diese muss entsprechend gelockert werden.

### 11.3.3 Dritte Lösung

In der dritten Lösung wird die Klasse Tisch erweitert. Die Körnergabeln bekommen eindeutige Nummern. Als Parameter werden den beiden Methoden reserviereGabeln und gibGabelnFrei jeweils die Nummern der beiden Gabeln, die dem aufrufenden Philosophen-Hamster zugeordnet sind, übergeben. Die Methode reserviereGabeln blockiert den aufrufenden Hamster bei dieser Lösung nur, wenn dessen beide Gabeln nicht frei sind.

```
class Tisch {
    private int anzahlGabeln;

    private boolean[] gabelReserviert;

    Tisch(int anzahl) {
        this.anzahlGabeln = anzahl;
        this.gabelReserviert = new boolean[anzahl];
        for (int i = 0; i < anzahl; i++) {
            this.gabelReserviert[i] = false;
        }
    }

    synchronized void reserviereGabeln(int gabel1, int gabel2) {
        while (this.gabelReserviert[gabel1]
                || this.gabelReserviert[gabel2]) {
            try {
                this.wait();
            } catch (Exception e) {
            }
        }
        this.gabelReserviert[gabel1] = true;
        this.gabelReserviert[gabel2] = true;
    }

    synchronized void gibGabelnFrei(int gabel1, int gabel2) {
        this.gabelReserviert[gabel1] = false;
        this.gabelReserviert[gabel2] = false;
        this.notifyAll(); // mindest zwei Nachbar-Hamster
        // informieren
    }

    int getAnzahlGabeln() {
        return this.anzahlGabeln;
    }
}

class Philosoph extends AllroundHamster {
    private Tisch tisch;

    private int stuhlNummer;

    Philosoph(int r, int s, int b, Tisch t, int nummer) {
        super(r, s, b, 0);
```

```
        this.tisch = t;
        this.stuhlNummer = nummer;
}

public void lebe() {
    this.start();
}

public void run() {
    while (true) {
        this.denken();
        this.nimmGabeln();
        this.essen();
        this.gibGabeln();
    }
}

private void nimmGabeln() {
    // Gabeln reservieren: nur die beiden Gabeln werden
    // blockiert
    this.tisch.reserviereGabeln(this.linkeGabel(), this
            .rechteGabel());

    // nimm linke Gabel
    this.linksUm();
    this.vor();
    this.nimm();
    this.kehrt();
    this.vor();

    // nimm rechte Gabel
    this.vor();
    this.nimm();

    // zurueck zum Platz
    this.kehrt();
    this.vor();
    this.rechtsUm();
}

private void gibGabeln() {

    // gib linke Gabel
    this.linksUm();
    this.vor();
    this.gib();
    this.kehrt();
    this.vor();

    // gib rechte Gabel
    this.vor();
    this.gib();
```

```
        // zurueck zum Platz
        this.kehrt();
        this.vor();
        this.rechtsUm();

        // Gabeln wieder freigeben
        this.tisch.gibGabelnFrei(this.linkeGabel(), this
                .rechteGabel());
    }

    private void denken() {
        int bedenkZeit = (int) (Math.random() * 5000);
        this.schlafen(bedenkZeit);
    }

    private void essen() {
        this.schreib("Hmmmm, das schmeckt!");
        int kauZeit = (int) (Math.random() * 3000);
        this.schlafen(kauZeit);
    }

    private int linkeGabel() {
        return this.stuhlNummer;
    }

    private int rechteGabel() {
        return (this.stuhlNummer + 1)
                % this.tisch.getAnzahlGabeln();
    }
}

void main() {
    Tisch tisch = new Tisch(8);
    Philosoph p1 = new Philosoph(2, 1, Hamster.OST, tisch, 0);
    Philosoph p2 = new Philosoph(4, 1, Hamster.OST, tisch, 1);
    Philosoph p3 = new Philosoph(5, 2, Hamster.NORD, tisch, 2);
    Philosoph p4 = new Philosoph(5, 4, Hamster.NORD, tisch, 3);
    Philosoph p5 = new Philosoph(4, 5, Hamster.WEST, tisch, 4);
    Philosoph p6 = new Philosoph(2, 5, Hamster.WEST, tisch, 5);
    Philosoph p7 = new Philosoph(1, 4, Hamster.SUED, tisch, 6);
    Philosoph p8 = new Philosoph(1, 2, Hamster.SUED, tisch, 7);
    p1.lebe();
    p2.lebe();
    p3.lebe();
    p4.lebe();
    p5.lebe();
    p6.lebe();
    p7.lebe();
    p8.lebe();
}
```

## 11.3.4 Vierte Lösung

Schauen wir uns nun eine vierte Lösung an, bei der es kein gemeinsames Tisch-Objekt mehr gibt. Stattdessen existiert eine Klasse `Gabel`. Diese definiert die synchronisierten Methoden `aufnehmen` und `ablegen`. Erfolgt ein Aufruf der Methode `aufnehmen`, wenn die Gabel gerade in Gebrauch ist, wird der aufrufende Hamster blockiert. Von der Klasse `Gabel` werden acht Objekte erzeugt und jedem Philosophen-Hamster bei seiner Erzeugung seine zwei Gabeln als linke und rechte Gabel mitgeteilt. Wenn der Hamster essen will, ruft er die Methode `aufnehmen` erst für seine linke und dann für seine rechte Gabel auf.

Problem dieser Vorgehensweise ist, dass es zu einem Deadlock kommen kann, wenn alle Hamster zunächst ihre linke Gabel aufnehmen. Aus diesem Grund gibt es genau eine besondere Gabel: Sie ist vergoldet. Welche Gabel das ist, ist egal. Jeder Philosophen-Hamster achtet nun darauf, dass, wenn eine seiner Gabeln die vergoldete Gabel ist, er diese nicht als erste aufnimmt.

Huch, werden Sie nun vielleicht sagen, wieso kann denn durch diesen simplen Trick ein Deadlock verhindert werden? Wir führen einen Beweis durch Widerspruch. Nehmen wir dazu an, es käme doch zu einem Deadlock. Das kann aber nur dann der Fall sein, wenn alle Philosophen-Hamster entweder ihre linke oder ihre rechte Gabel in der Hand halten. Das ist aber unmöglich, da dann ein Philosophen-Hamster die goldene Gabel als erste ergriffen haben müsste.

```
class Gabel {

    private boolean verfuegbar;

    private boolean istVergoldet;

    Gabel() {
        this(false);
    }

    Gabel(boolean istVergoldet) {
        this.istVergoldet = istVergoldet;
        this.verfuegbar = true;
    }

    synchronized void aufnehmen() {
        while (!this.verfuegbar) {
            try {
                this.wait();
            } catch (Exception e) {
            }
        }
        this.verfuegbar = false;
    }

    synchronized void ablegen() {
        this.verfuegbar = true;
        this.notify(); // Nachbarn informieren
    }

    boolean istVergoldet() {
```

```
            return this.istVergoldet;
    }
}

class Philosoph extends AllroundHamster {

    private Gabel linkeGabel;

    private Gabel rechteGabel;

    Philosoph(int r, int s, int b, Gabel linkeGabel,
            Gabel rechteGabel) {
        super(r, s, b, 0);
        this.linkeGabel = linkeGabel;
        this.rechteGabel = rechteGabel;
    }

    public void lebe() {
        this.start();
    }

    public void run() {
        while (true) {
            this.denken();
            this.nimmGabeln();
            this.essen();
            this.gibGabeln();
        }
    }

    private void nimmGabeln() {
        if (this.linkeGabel.istVergoldet()) {
            this.nimmRechteGabel();
            this.nimmLinkeGabel();
        } else {
            this.nimmLinkeGabel();
            this.nimmRechteGabel();
        }
    }

    private void nimmLinkeGabel() {
        this.linkeGabel.aufnehmen();
        this.linksUm();
        this.vor();
        this.nimm();
        this.kehrt();
        this.vor();
        this.linksUm();
    }

    private void nimmRechteGabel() {
        this.rechteGabel.aufnehmen();
```

```
            this.rechtsUm();
            this.vor();
            this.nimm();
            this.kehrt();
            this.vor();
            this.rechtsUm();
        }

        private void gibGabeln() {
            this.gibLinkeGabel();
            this.gibRechteGabel();
        }

        private void gibLinkeGabel() {
            this.linksUm();
            this.vor();
            this.gib();
            this.kehrt();
            this.vor();
            this.linksUm();
            this.linkeGabel.ablegen();
        }

        private void gibRechteGabel() {
            this.rechtsUm();
            this.vor();
            this.gib();
            this.kehrt();
            this.vor();
            this.rechtsUm();
            this.rechteGabel.ablegen();
        }

        private void denken() {
            int bedenkZeit = (int) (Math.random() * 5000);
            this.schlafen(bedenkZeit);
        }

        private void essen() {
            this.schreib("Hmmmm, das schmeckt!");
            int kauZeit = (int) (Math.random() * 3000);
            this.schlafen(kauZeit);
        }
    }

void main() {
    Gabel[] gabeln = new Gabel[8];
    gabeln[0] = new Gabel(true); // vergoldet
    for (int i = 1; i < 8; i++) {
        gabeln[i] = new Gabel();
    }
    Philosoph p1 = new Philosoph(2, 1, Hamster.OST,
```

```
                    gabeln[0], gabeln[1]);
         Philosoph p2 = new Philosoph(4, 1, Hamster.OST,
                    gabeln[1], gabeln[2]);
         Philosoph p3 = new Philosoph(5, 2, Hamster.NORD,
                    gabeln[2], gabeln[3]);
         Philosoph p4 = new Philosoph(5, 4, Hamster.NORD,
                    gabeln[3], gabeln[4]);
         Philosoph p5 = new Philosoph(4, 5, Hamster.WEST,
                    gabeln[4], gabeln[5]);
         Philosoph p6 = new Philosoph(2, 5, Hamster.WEST,
                    gabeln[5], gabeln[6]);
         Philosoph p7 = new Philosoph(1, 4, Hamster.SUED,
                    gabeln[6], gabeln[7]);
         Philosoph p8 = new Philosoph(1, 2, Hamster.SUED,
                    gabeln[7], gabeln[0]);
         p1.lebe();
         p2.lebe();
         p3.lebe();
         p4.lebe();
         p5.lebe();
         p6.lebe();
         p7.lebe();
         p8.lebe();
}
```

## 11.3.5 Fünfte Lösung

Überlegen Sie mal: Löst eine der bisher vorgestellten Lösungen eigentlich vollständig das Philosophen-Problem? Nein, bei allen drei Lösungen können die Hamster – auch wenn es sehr unwahrscheinlich ist – verhungern. Schuld hieran ist der Java-Scheduler.

Schauen Sie sich dazu die Methode `aufnehmen` der Klasse `Gabel` in der vierten Lösung an. Nehmen
wir an, Philosophen-Hamster Paul muss auf eine Gabel warten, weil sie gerade sein Nachbar Willi
zum Essen nutzt. Dieser legt sie wieder ab und ruft dabei in der Methode `ablegen` das `notify`
auf. Dadurch wird die Blockade von Paul aufgelöst. Nun ist es aber undefiniert, wann Paul das
nächste Mal aktiviert wird und die Schleifenbedingung überprüfen kann. Stellen wir uns vor, das
dauert derart lange, dass inzwischen Willi schon wieder die Gabel aufgenommen hat. Dann muss
Paul erneut warten. Und das kann sich theoretisch unendlich oft wiederholen, sodass Paul nie zum
Essen kommt.

Zur Lösung des Problems führen wir in der Klasse `Gabel` eine Warteliste ein. Wenn mehrere Hamster
auf eine Gabel warten, bekommt derjenige sie, der bereits am längsten wartet.

```
import java.util.Vector;

class Gabel {

    private boolean verfuegbar;

    private boolean istVergoldet;
```

```java
    private Vector<Hamster> warteliste;

    Gabel() {
        this(false);
    }

    Gabel(boolean istVergoldet) {
        this.istVergoldet = istVergoldet;
        this.verfuegbar = true;
        this.warteliste = new Vector<Hamster>();
    }

    synchronized void aufnehmen(Hamster ham) {
        this.warteliste.add(ham);

        // nur der am laengsten wartende Hamster darf die Gabel
        // nehmen
        while (!this.verfuegbar
                || this.warteliste.indexOf(ham) > 0) {
            try {
                this.wait();
            } catch (Exception e) {
            }
        }
        this.verfuegbar = false;
        this.warteliste.remove(ham);
    }

    synchronized void ablegen() {
        this.verfuegbar = true;
        this.notifyAll();
    }

    boolean istVergoldet() {
        return this.istVergoldet;
    }
}

class Philosoph extends AllroundHamster {
    private Gabel linkeGabel;

    private Gabel rechteGabel;

    Philosoph(int r, int s, int b, Gabel linkeGabel,
            Gabel rechteGabel) {
        super(r, s, b, 0);
        this.linkeGabel = linkeGabel;
        this.rechteGabel = rechteGabel;
    }

    public void lebe() {
        this.start();
```

```
}

public void run() {
    while (true) {
        this.denken();
        this.nimmGabeln();
        this.essen();
        this.gibGabeln();
    }
}

private void nimmGabeln() {
    if (this.linkeGabel.istVergoldet()) {
        this.nimmRechteGabel();
        this.nimmLinkeGabel();
    } else {
        this.nimmLinkeGabel();
        this.nimmRechteGabel();
    }
}

private void nimmLinkeGabel() {
    this.linkeGabel.aufnehmen(this);
    this.linksUm();
    this.vor();
    this.nimm();
    this.kehrt();
    this.vor();
    this.linksUm();
}

private void nimmRechteGabel() {
    this.rechteGabel.aufnehmen(this);
    this.rechtsUm();
    this.vor();
    this.nimm();
    this.kehrt();
    this.vor();
    this.rechtsUm();
}

private void gibGabeln() {
    this.gibLinkeGabel();
    this.gibRechteGabel();
}

private void gibLinkeGabel() {
    this.linksUm();
    this.vor();
    this.gib();
    this.kehrt();
    this.vor();
```

```
            this.linksUm();
            this.linkeGabel.ablegen();
    }

    private void gibRechteGabel() {
        this.rechtsUm();
        this.vor();
        this.gib();
        this.kehrt();
        this.vor();
        this.rechtsUm();
        this.rechteGabel.ablegen();
    }

    private void denken() {
        int bedenkZeit = (int) (Math.random() * 5000);
        this.schlafen(bedenkZeit);
    }

    private void essen() {
        this.schreib("Hmmmm, das schmeckt!");
        int kauZeit = (int) (Math.random() * 3000);
        this.schlafen(kauZeit);
    }
}

void main() {
    Gabel[] gabeln = new Gabel[8];
    gabeln[0] = new Gabel(true); // vergoldet
    for (int i = 1; i < 8; i++) {
        gabeln[i] = new Gabel();
    }
    Philosoph p1 = new Philosoph(2, 1, Hamster.OST,
            gabeln[0], gabeln[1]);
    Philosoph p2 = new Philosoph(4, 1, Hamster.OST,
            gabeln[1], gabeln[2]);
    Philosoph p3 = new Philosoph(5, 2, Hamster.NORD,
            gabeln[2], gabeln[3]);
    Philosoph p4 = new Philosoph(5, 4, Hamster.NORD,
            gabeln[3], gabeln[4]);
    Philosoph p5 = new Philosoph(4, 5, Hamster.WEST,
            gabeln[4], gabeln[5]);
    Philosoph p6 = new Philosoph(2, 5, Hamster.WEST,
            gabeln[5], gabeln[6]);
    Philosoph p7 = new Philosoph(1, 4, Hamster.SUED,
            gabeln[6], gabeln[7]);
    Philosoph p8 = new Philosoph(1, 2, Hamster.SUED,
            gabeln[7], gabeln[0]);
    p1.lebe();
    p2.lebe();
    p3.lebe();
    p4.lebe();
```

```
    p5.lebe();
    p6.lebe();
    p7.lebe();
    p8.lebe();
}
```

Wenn Sie bisher richtig gut aufgepasst haben, werden Sie nun sagen: Auch das ist aber nicht korrekt, die Philosophen können immer noch verhungern. Und in der Tat, Sie haben Recht. Grund hierfür ist die unpräzise Definition des Schedulings in der Java-Sprachspezifikation und es gibt zwei Stellen, an denen sie den Philosphen-Hamstern Probleme bereiten kann.

- Es wird in Java nicht garantiert, dass ein rechenwilliger Thread jemals den Prozessor zugeteilt bekommt (siehe Kapitel 5.1), d.h. theoretisch ist es möglich, dass ein Philosophen-Hamster niemals auch nur eine Aktion durchführt.

- Die Methode `aufnehmen` der Klasse `Gabel` ist als `synchronized` deklariert. Wir haben aber in Kapitel 7.3 gelernt, dass es prinzipiell möglich ist, dass der Wunsch eines Threads, eine Sperre setzen zu können, niemals erfüllt wird.

Das erste Problem ist in Java in der Tat nicht lösbar. Das zweite Problem kann mit Hilfe von fairen Semaphoren gelöst werden, die in Kapitel 12.1.4 vorgestellt werden.

# 11.4 Kommunikation über Nachrichten

In Kapitel 6 haben wir uns mit der Kommunikation zwischen Prozessen beschäftigt. Die Kommunikation dient dazu, Daten untereinander auszutauschen. Wir haben gelernt, dass sich Java-Threads einen virtuellen Adressraum teilen und daher über globale, gemeinsame Variablen kommunizieren können. Ein Thread, der ein Ergebnis berechnet hat, kann den Wert in einer gemeinsamen Variablen abspeichern und andere Threads können den Wert durch einen lesenden Zugriff auf die Variable dann nutzen.

Die Möglichkeit der Kommunikation zwischen Prozessen ist eine unabdingbare Voraussetzung der parallelen Programmierung. Aber nicht immer steht Prozessen wie den Java-Threads ein gemeinsamer virtueller Adressraum zur Verfügung. Das World Wide Web bspw. kann als eine weltweit verteilte Anwendung angesehen werden. Wenn Sie mit Ihrem Browser auf einen Server irgendwo in der Welt zugreifen, kommuniziert ein Prozess auf Ihrem Computer mit einem Prozess auf einem anderen Computer irgendwo in der Welt und die beiden Prozesse können keinen gemeinsamen Speicher zum Datenaustausch nutzen.

Es muss also andere Möglichkeiten der Kommunikation zwischen Prozessen geben und im Folgenden werden die wichtigsten kurz aufgelistet:

- Kommunikation über Dateien oder allgemeiner Streams: Prozesse schreiben Daten in Dateien, die dann von anderen Prozessen gelesen werden. In Java unterstützen die Klassen des JDK-Paketes `java.io` diese Möglichkeit der Kommunikation.

- Kommunikation über Sockets: Hierbei werden spezielle Verbindungskanäle zwischen Prozessen angelegt, über die ein Datenaustausch erfolgen kann. Die Handhabung von Sockets erlauben in Java spezielle Klassen des JDK-Paketes `java.net`.

- Kommunikation über Nachrichtenaustausch (*Message Passing*): Ein Prozess kann Daten mit Hilfe spezieller `send`-Befehle an andere Prozesse schicken. Diese können die Daten über spezielle `receive`-Befehle empfangen.

- Kommunikation über Prozedurfernaufrufe (*Remote Procedure Calls, RPC*): Ein Prozess kann eine von einem anderen Prozess zur Verfügung gestellte Prozedur aufrufen und dabei Daten als Parameter übergeben. RPCs können als eine Abstraktion der Kommunikation über Nachrichten angesehen werden, bei der nicht die Daten sondern eine beantragte Aktivität im Vordergrund steht. Java unterstützt über Java-RMI (*Remote Method Invocation*) einen Spezialfall des RPCs, der an objektorientierte Konzepte angepasst ist: Objekte können Methoden von Objekten aufrufen, die in einer anderen JVM – unter Umständen auf einem anderen Rechner – existent sind.

In diesem Abschnitt werden wir uns mit der Kommunikation über Nachrichten beschäftigen. Auch wenn wir diese alternative Form der Kommunikation bei der Programmierung mit Java-Threads nicht benötigen, ist es doch hilfreich die zugrunde liegenden Konzepte zu kennen. Insbesondere werden wir nach der Vorstellung der Konzepte im ersten Unterabschnitt im zweiten Unterabschnitt die entsprechenden Konzepte mit Hilfe der Java-Thread-Konzepte simulieren und diese Implementierung dann in den folgenden zwei Unterabschnitt nutzen, um ein neues Problem und das aus Abschnitt 11.3 bekannte Philosophen-Problem durch Nachrichtenaustausch zwischen den Philosophen zu lösen.

## 11.4.1 Konzepte des Nachrichtenaustausches

Bei der Kommunikation durch Nachrichtenaustausch (*Message Passing*) werden Daten von einem Datenbereich in einen anderen transferiert. Die Dateneinheiten werden *Nachrichten* oder *Botschaften* genannt. Das Schreiben und Lesen in eine bzw. aus einer gemeinsamen Variablen wird ersetzt durch das Senden und Empfangen von Nachrichten über einen Kommunikationskanal, der Nachrichten aufnimmt und festlegt, wohin Nachrichten gehen oder woher sie kommen sollen.

Es existieren verschiedene Varianten der Kommunikation durch Nachrichtenaustausch:

- Adressierung: Bei der *direkten Adressierung* werden direkt die Prozesse spezifiziert, an die eine Nachricht geschickt oder von denen eine Nachricht empfangen werden soll. Bei der *indirekten Adressierung* wird die Nachricht an einen Puffer (häufig *Briefkasten* (*Mailbox*) genannt) geschickt oder von diesem abgerufen. Auf den Puffer können dabei unter Umständen mehrere Prozesse Zugriff haben.

- Synchronisation: Beim *synchronen Senden* wartet der Sender einer Nachricht bis ein adressierter Prozess die Nachricht erhalten bzw. abgerufen hat. Beim *asynchronen Senden* fährt er unmittelbar mit seinen Aktivitäten fort. Die Nachricht muss also zwischengespeichert werden. Beim *synchronen Empfangen* wartet ein Empfänger bis eine entsprechende Nachricht eingegangen ist. Beim *asynchronen Empfangen* schaut er quasi nur nach, ob eine Nachricht eingegangen ist. Ist dies der Fall, nimmt er sie entgegen, andernfalls führt er andere Aktivitäten aus.

Weitere Alternativen bestehen in der Reihenfolge des Nachrichtenabrufes (First-In-First-Out oder wahlfrei), der Möglichkeit des selektiven Sendens und Empfangens von Nachrichten in Abhängigkeit bestimmter Bedingungen und einem konsumierenden oder konservierenden Empfangen von Nachrichten aus einem Briefkasten.

## 11.4.2 Simulation des Nachrichtenaustausches

Mit Hilfe der folgenden Klasse `Mailbox` kann ein indirekter Nachrichtenaustausch simuliert werden. Über entsprechende Methoden können Threads Nachrichten in einer Mailbox synchron und asynchron ablegen und abrufen. Der Abruf von Nachrichten erfolgt in der eingegangenen Reihenfolge (First-In-First-Out) und ist konsumierend, d.h. jede Nachricht kann nur einmal abgerufen werden.

```java
import java.util.Vector;

class KeineNachrichtDaException extends Exception { }

class Nachricht {

    Object nachricht;

    Nachricht(Object nachricht) {
        this.nachricht = nachricht;
    }

    Object getNachricht() {
        return this.nachricht;
    }
}

class Mailbox {

    private Vector<Nachricht> nachrichten;

    public Mailbox() {
        this.nachrichten = new Vector<Nachricht>();
    }

    public synchronized void asynchronesSenden(Object nachricht) {

        // Nachricht kapseln
        Nachricht nachrichtObj = new Nachricht(nachricht);

        // Nachricht speichern
        this.nachrichten.add(nachrichtObj);

        // wartende Empfaenger benachrichten
        this.notifyAll();
    }

    public synchronized void synchronesSenden(Object nachricht) {

        // Nachricht kapseln
        Nachricht nachrichtObj = new Nachricht(nachricht);

        // Nachricht speichern
        this.nachrichten.add(nachrichtObj);
```

```
            // wartende Empfaenger benachrichten
            this.notifyAll();

            // auf Empfangen der Nachricht warten
            synchronized (nachrichtObj) {
                try {
                    nachrichtObj.wait();
                } catch (InterruptedException exc) {
                }
            }
        }

        public synchronized Object asynchronesEmpfangen()
                throws KeineNachrichtDaException {
            if (this.nachrichten.isEmpty()) {
                throw new KeineNachrichtDaException();
            }

            // aelteste Nachricht ermitteln und entfernen
            Nachricht nachrichtObj = this.nachrichten.remove(0);

            // evtl. wartenden Sender benachrichtigen
            synchronized (nachrichtObj) {
                nachrichtObj.notify();
            }

            // Nachricht entkapseln und liefern
            return nachrichtObj.getNachricht();
        }

        public synchronized Object synchronesEmpfangen() {

            // auf Nachricht warten
            while (this.nachrichten.isEmpty()) {
                try {
                    this.wait();
                } catch (InterruptedException exc) {
                }
            }

            // aelteste Nachricht ermitteln und entfernen
            Nachricht nachrichtObj = this.nachrichten.remove(0);

            // evtl. wartenden Sender benachrichtigen
            synchronized (nachrichtObj) {
                nachrichtObj.notify();
            }

            // Nachricht entkapseln und liefern
            return nachrichtObj.getNachricht();
        }
    }
```

Schauen wir uns die Klasse einmal genauer an. Ich stelle sie zunächst vor. Anschließend werden wir dann noch ein paar Aspekte und Probleme diskutieren.

Zum internen Speichern der Nachrichten wird ein Objekt der JDK-Klasse `java.util.Vector` genutzt. Nachrichten sind vom Typ `Object` und werden vor dem Speichern in einem Objekt der internen Klasse `Nachricht` gekapselt. Über vier synchronisierte Methoden wird das asynchrone und synchrone Senden und Empfangen realisiert.

- Die Methode `asynchronesSenden` legt die als Parameter übergebene Nachricht im Mailbox-internen Speicher ab. Über `notifyAll` werden eventuell wartende Empfänger über das Eintreffen einer neuen Nachricht informiert. Der sendende Thread wird nicht blockiert und kann seine Arbeit unmittelbar weiterführen.

- Die Methode `synchronesSenden` agiert zunächst genauso wie die Methode `asynchrones-Senden`. Nur wird anschließend darauf gewartet (d.h. der sendende Thread blockiert), dass ein anderer Thread die Nachricht abruft. Wenn dies der Fall ist, wird dies – wie wir gleich sehen werden – durch den Aufruf von `notify` auf das kapselnde Nachrichtenobjekt propagiert.

- Die Methode `asynchronesEmpfangen` schaut nach, ob überhaupt eine Nachricht im Mailbox-internen Speicher vorhanden ist. Falls nicht, wird eine entsprechende Exception geworfen, der empfangende Thread aber nicht blockiert. Falls eine Nachricht da ist, wird die älteste Nachricht ermittelt und aus dem internen Speicher entfernt. Anschließend wird ein eventuell wartender Sender über den erfolgten Abruf der Nachricht informiert, die Nachricht entkapselt und als Funktionswert geliefert.

- Die Methode `synchronesEmpfangen` funktioniert analog zur Methode `asynchronesEmpfangen`, nur dass auf eine Nachricht gewartet wird (d.h. der empfangende Thread wird blockiert), falls keine Nachricht vorhanden ist.

Was ist der Grund für das Kapseln der Nachrichten in Objekten der internen Klasse `Nachricht`? Stellen Sie sich vor, die Nachrichten-Objekte würden direkt gespeichert. Wir wissen bei der Implementierung der Klasse `Mailbox` aber nichts über die gesendeten Nachrichten. Es sollen beliebige Objekte sein können. Wenn jetzt aber ein sendender oder empfangender Thread die Nachrichten-Objekte bspw. zu irgendwelchen internen Zwecke als Sperr-Objekte nutzt, könnte der Aufruf der Methode `notify` für die Nachrichtenobjekte in den beiden Empfangsmethoden ungewollte und unter Umständen schlimme Folgen haben. Daher kapseln wir die Nachrichten in Objekten, die nur die Klasse `Mailbox` kennt.

Das Empfangen ist nicht fair, d.h. es ist nicht garantiert, dass wenn mehrere Threads eine der Empfangen-Methoden eines Mailbox-Objektes aufrufen, der am längsten wartende Thread die Nachricht auch empfängt. Grund hierfür ist die in Java nicht definierte Reihenfolge des Erlangen eines Sperr-Objektes durch mehrere konkurrierende Threads (siehe Kapitel 7.3). Eine Lösung dieses Problems werden wir in Abschnitt 12.1.4 mit so genannten *fairen Semaphoren* kennenlernen.

Wenn Sie Kapitel 9 (Verklemmungen) sorgfältig durchgearbeitet haben, werden Sie es schon gemerkt haben: Die Implementierung der Methode `synchronesSenden` ist nicht korrekt. Ihr Aufruf führt **immer** zu einem Deadlock. Die Methode ist als `synchronized` deklariert, also wird bei ihrem Aufruf die Sperre des Mailbox-Objektes gesetzt. Intern wird nach dem Abspeichern der Nachricht eine weitere Sperre auf das kapselnde Nachrichten-Objekt gesetzt. Durch den Aufruf von `wait` wird zwar diese Sperre aufgehoben, nicht aber die Sperre des Mailbox-Objektes, d.h. alle Threads, die eine Methode für das Mailbox-Objekt aufrufen, werden blockiert und es besteht auch keine Chance

mehr, den Deadlock zu beseitigen, da niemand mehr an das interne kapselnde Nachricht-Objekt her-
ankommt und den wartenden sendenden Thread über einen Aufruf von notify reaktivieren kann. Es
handelt sich hier um ein klassisches Problem beim Benutzen so genannter *geschachtelter Monitore*
(siehe auch Kapitel 9.7.1).

Schauen wir uns eine alternative Lösung der Methode an:

```java
public void synchronesSenden(Object nachricht) {

    // Nachricht kapseln
    Nachricht nachrichtObj = new Nachricht(nachricht);

    synchronized (this) {

        // Nachricht speichern
        this.nachrichten.add(nachrichtObj);

        // wartende Empfaenger benachrichten
        this.notifyAll();
    }

    // auf Empfangen der Nachricht warten
    synchronized (nachrichtObj) {
        try {
            nachrichtObj.wait();
        } catch (InterruptedException exc) {
        }
    }
}
```

Das synchronized im Kopf der Methode wird entfernt. Stattdessen werden das Abspeichern und
Benachrichten in eine entsprechende synchronized-this-Anweisung verpackt. Damit kann das oben
angesprochene Deadlock-Problem vermieden werden.

Toll, werden die meisten von Ihnen jetzt denken, jetzt können wir die Klasse Mailbox ja endlich
nutzen, um damit das Philosophen-Problem zu lösen. Dem ist aber nicht so. Wie leider oft in der
parallelen Programmierung, schleichen sich bei der Fehlerbeseitigung schnell andere Fehler ein.
Und das ist auch hier der Fall.

Stellen Sie sich dazu vor, ein Thread *T1* ruft für ein Mailbox-Objekt die Methode synchronesSen-
den auf. Nach dem Ausführen des synchronized-this-Blockes erfolgt ein Thread-Wechsel auf einen
Thread *T2*. *T2* ruft nun für dasselbe Mailbox-Objekt die Methode asynchronesEmpfangen auf. Da
die Nachricht von *T1* bereits gespeichert wurde, kann *T2* die Nachricht abrufen. Weiterhin ruft er
für das kapselnde Nachrichten-Objekt die Methode notify auf und liefert das Nachrichten-Objekt.
Erst jetzt erfolgt wieder ein Thread-Wechsel auf *T1*. Dieser gelangt zur wait-Anweisung und wird
endlos warten, da ja die Nachricht bereits aus dem Speicher entfernt und das entsprechende notify
bereits ausgeführt wurde.

Ich will Sie jetzt nicht weiter auf die Folter spannen. Versprochen: Die folgende Lösung ist nun
wirklich korrekt!

```java
public void synchronesSenden(Object nachricht) {
```

```
    // Nachricht kapseln
    Nachricht nachrichtObj = new Nachricht(nachricht);
    synchronized (nachrichtObj) {
        synchronized (this) {

            // Nachricht speichern
            this.nachrichten.add(nachrichtObj);

            // wartende Empfaenger benachrichten
            this.notifyAll();
        }

        // auf Empfangen der Nachricht warten
        try {
            nachrichtObj.wait();
        } catch (InterruptedException exc) {
        }
    }
}
```

Die Schachtelung zweier Sperren, wie sie ja auch in der ersten Lösung praktiziert wurde, ist schon korrekt und notwendig. Nur muss die Schachtelung in der anderen Reihenfolge erfolgen, zunächst über das kapselnde Nachrichten-Objekt und dann über this. Ein Deadlock kann bei dieser Lösung nicht mehr auftreten, weil die sychronized-this-Anweisung nicht mehr endlos blockieren kann. Und auch das Scheduling-Problem ist gelöst, da durch die umschließende synchronized-nachrichtObj-Anweisung sichergestellt wird, dass der sendende Thread auf jeden Fall wartet, wenn das notify auf das kapselnde Nachrichten-Objekt erfolgt.

Fazit: Wieder einmal sehen Sie, wie wichtig es in der parallelen Programmierung ist, schon beim Programmentwurf ordentlich nachzudenken, um nachträglich schwer zu findende Fehler ausschließen zu können.

### 11.4.3 Einsatz der Klasse Mailbox

Das folgende Hamster-Problem demonstriert den Einsatz der Klasse Mailbox. Im Territorium sitzt ein blinder Hamster. Er hat Hunger, kann aber ohne fremde Hilfe kein Korn finden. Also schickt er einen Knecht auf die Suche. Die beiden nutzen eine gemeinsame Mailbox zur Kommunikation. Immer wenn der Knecht ein Korn findet, schickt er dem blinden Hamster (asynchron) eine Nachricht, in der er diesem die Position der entsprechenden Kachel mitteilt. Der blinde Hamster wartet auf entsprechende Nachrichten und eilt jeweils sofort zur Körnerkachel, um seinen Hunger zu stillen. Das Programm ist beendet, wenn der Knecht die nächste Mauer erreicht. Das Ende teilt er dem blinden Hamster über eine Nachricht von einem anderen Typ (boolean anstelle von Position) mit.

```
class Position {

    private int reihe;

    private int spalte;
```

```java
    Position(int r, int s) {
        this.reihe = r;
        this.spalte = s;
    }

    int getReihe() {
        return this.reihe;
    }

    int getSpalte() {
        return this.spalte;
    }

}

class BlinderHamster extends AllroundHamster {

    private Mailbox mailbox;

    private Knecht knecht;

    BlinderHamster() {
        super(0, 0, Hamster.OST, 0);
        this.mailbox = new Mailbox();
        this.knecht = new Knecht(this, this.mailbox);
        this.start();
        this.knecht.start();
    }

    public void run() {
        while (true) {

            // warten auf neue Position
            Object nachricht = this.mailbox
                    .synchronesEmpfangen();
            if (nachricht.getClass() == Position.class) {

                // neue Position
                Position pos = (Position) nachricht;
                this.laufeZuKachel(pos.getReihe(), pos
                        .getSpalte());
                this.nimm();
            } else {

                // Endenachricht erhalten
                break; // Ende
            }
        }
    }
}

class Knecht extends AllroundHamster {
```

```
    private Mailbox mailbox;

    Knecht(Hamster ham, Mailbox box) {
        super(ham);
        this.mailbox = box;
    }

    public void run() {
        while (this.vornFrei()) {
            this.vor();
            if (this.kornDa()) {

                // blinden Hamster benachrichtigen
                Position pos = new Position(this.getReihe(),
                    this.getSpalte());
                this.mailbox.asynchronesSenden(pos);
            }
        }

        // Ende signalisieren
        this.mailbox.asynchronesSenden(true);
    }
}

void main() {
    new BlinderHamster();
}
```

## 11.4.4 Lösung des Philosophen-Problems durch Nachrichtenaustausch

Die Klasse Mailbox wollen wir nun verwenden, um damit das Hamster-Philosophen-Problem aus Abschnitt 11.3 zu lösen. Dabei wird die Kommunikation durch Nachrichtenaustausch nur dazu benutzt, dass sich die Philosophen-Hamster untereinander synchronisieren. Die Lösung ist angelehnt an die vierte Lösung, die in Abschnitt 11.3.4 vorgestellt wird. Die Klasse Gabel wird von der Klasse Mailbox abgeleitet. Die Synchronisation zwischen den Hamstern erfolgt über ein in der Mailbox vorhandenes (Gabel ist frei) bzw. nicht-vorhandenes (Gabel ist belegt) Objekt.

Im Konstruktor der Klasse Gabel wird ein beliebiges Objekt mittels Aufruf der Methode asynchronesSenden im Mailbox-Speicher hinterlegt. Möchte ein Philosoph die Gabel aufnehmen, wird ein synchrones Empfangen angestoßen, d.h. ist eine Nachricht vorhanden, wird sie abgerufen und entfernt. Ist keine Nachricht vorhanden, wird auf eine gewartet. Das Ablegen einer Gabel wird wiederum durch den Aufruf der Methode asynchronesSenden in der Methode ablegen umgesetzt.

Der Trick mit der einen vergoldeten Gabel wird durch einen analogen Trick ersetzt: Einer der Philosophen isst mit überkreuzten Armen!

```
class Position {

    private int reihe;
```

```java
    private int spalte;

    Position(int r, int s) {
        this.reihe = r;
        this.spalte = s;
    }

    int getReihe() {
        return this.reihe;
    }

    int getSpalte() {
        return this.spalte;
    }
}

class Gabel extends Mailbox {

    private Position pos;

    Gabel(int reihe, int spalte) {
        this.pos = new Position(reihe, spalte);
        this.asynchronesSenden(new Object());
    }

    void aufnehmen() {
        this.synchronesEmpfangen();
    }

    void ablegen() {
        this.asynchronesSenden(new Object());
    }

    Position getPosition() {
        return this.pos;
    }

    int getReihe() {
        return this.pos.getReihe();
    }

    int getSpalte() {
        return this.pos.getSpalte();
    }
}

class Philosoph extends AllroundHamster {

    private int sitzReihe;

    private int sitzSpalte;
```

```
private int sitzRichtung;

private Gabel linkeGabel;

private Gabel rechteGabel;

Philosoph(int r, int s, int b, Gabel linkeGabel,
        Gabel rechteGabel) {
    super(r, s, b, 0);
    this.sitzReihe = r;
    this.sitzSpalte = s;
    this.sitzRichtung = b;
    this.linkeGabel = linkeGabel;
    this.rechteGabel = rechteGabel;
}

public void lebe() {
    this.start();
}

public void run() {
    while (true) {
        this.denken();
        this.nimmGabeln();
        this.essen();
        this.gibGabeln();
    }
}

private void nimmGabeln() {

    // nimm linke Gabel
    this.linkeGabel.aufnehmen();
    this.laufeZuKachel(this.linkeGabel.getReihe(),
            this.linkeGabel.getSpalte());
    this.nimm();

    // nimm rechte Gabel
    this.rechteGabel.aufnehmen();
    this.laufeZuKachel(this.rechteGabel.getReihe(),
            this.rechteGabel.getSpalte());
    this.nimm();

    // zurueck zum Platz
    this.laufeZuKachel(this.sitzReihe, this.sitzSpalte);
    this.setzeBlickrichtung(this.sitzRichtung);
}

private void gibGabeln() {

    // gib linke Gabel
    this.laufeZuKachel(this.linkeGabel.getReihe(),
```

```
                        this.linkeGabel.getSpalte());
        this.gib();
        this.linkeGabel.ablegen();

        // gib rechte Gabel
        this.laufeZuKachel(this.rechteGabel.getReihe(),
                this.rechteGabel.getSpalte());
        this.gib();
        this.rechteGabel.ablegen();

        // zurueck zum Platz
        this.laufeZuKachel(this.sitzReihe, this.sitzSpalte);
        this.setzeBlickrichtung(this.sitzRichtung);
    }

    private void denken() {
        int bedenkZeit = (int) (Math.random() * 5000);
        this.schlafen(bedenkZeit);
    }

    private void essen() {
        this.schreib("Hmmmm, das schmeckt!");
        int kauZeit = (int) (Math.random() * 3000);
        this.schlafen(kauZeit);
    }
}

void main() {
    Gabel[] gabeln = new Gabel[8];
    gabeln[0] = new Gabel(1, 1);
    gabeln[1] = new Gabel(3, 1);
    gabeln[2] = new Gabel(5, 1);
    gabeln[3] = new Gabel(5, 3);
    gabeln[4] = new Gabel(5, 5);
    gabeln[5] = new Gabel(3, 5);
    gabeln[6] = new Gabel(1, 5);
    gabeln[7] = new Gabel(1, 3);

    // Philosoph p1 isst mit ueberkreuzten Armen
    Philosoph p1 = new Philosoph(2, 1, Hamster.OST,
            gabeln[1], gabeln[0]);
    Philosoph p2 = new Philosoph(4, 1, Hamster.OST,
            gabeln[1], gabeln[2]);
    Philosoph p3 = new Philosoph(5, 2, Hamster.NORD,
            gabeln[2], gabeln[3]);
    Philosoph p4 = new Philosoph(5, 4, Hamster.NORD,
            gabeln[3], gabeln[4]);
    Philosoph p5 = new Philosoph(4, 5, Hamster.WEST,
            gabeln[4], gabeln[5]);
    Philosoph p6 = new Philosoph(2, 5, Hamster.WEST,
            gabeln[5], gabeln[6]);
    Philosoph p7 = new Philosoph(1, 4, Hamster.SUED,
```

```
            gabeln[6], gabeln[7]);
    Philosoph p8 = new Philosoph(1, 2, Hamster.SUED,
            gabeln[7], gabeln[0]);
    p1.lebe();
    p2.lebe();
    p3.lebe();
    p4.lebe();
    p5.lebe();
    p6.lebe();
    p7.lebe();
    p8.lebe();
}
```

# 11.5 Aufgaben

So, jetzt sind Sie wieder an der Reihe. Lösen Sie bitte die folgenden Übungsaufgaben, um sich selbst zu beweisen, dass Sie die Basiskonzepte der Thread-Programmierung mit Java verstanden haben. Dabei möchte ich darauf hinweisen, dass die folgenden Aufgaben zum Teil deutlich schwieriger sind, als die Aufgaben der vorausgehenden Kapitel. Aber wenn Sie bis hierin vorgedrungen sind, sind Sie ja auch bereits ein erfahrener Java-Thread-Programmierer.

## 11.5.1 Aufgabe 1

Ändern Sie die Lösungen des Hamster-Brücken-Problems aus Abschnitt 11.1 dahingehend ab, dass weder die leichtgewichtigen noch die schwergewichtigen Hamster bevorzugt werden, d.h. derjenige Hamster, der am längsten vor der Brücke wartet, soll sie als nächster betreten dürfen. Die anderen Bedingungen bleiben jedoch bestehen.

## 11.5.2 Aufgabe 2

Ändern Sie die Lösung des Hamster-Erzeuger-Verbraucher-Problems aus Abschnitt 11.2 dahingehend ab, dass nicht maximal 1 Korn sondern maximal $n$ Körner in der Lücke abgelegt werden dürfen, wobei $n$ der Anzahl an Körnern im Maul des Standard-Hamsters entspricht. Zu jedem Zeitpunkt darf sich aber maximal ein Hamster in der Lücke befinden.

## 11.5.3 Aufgabe 3

In der Lösung des Hamster-Erzeuger-Verbraucher-Problems aus Abschnitt 11.2 ist es nicht sichergestellt, dass derjenige Erzeuger, der am längsten vor der Lücke wartet auch als nächster ein Korn in der Lücke ablegen darf. Analoges gilt für die Verbraucher. Ändern Sie die Lösung dahingehend ab, dass dies sichergestellt ist.

## 11.5.4 Aufgabe 4

Mit Hilfe einer vergoldeten Gabel konnte die Deadlockgefahr beim Philosophen-Problem aus Abschnitt 11.3 verhindert werden. Ein ähnlicher Trick besteht darin, dass einer der Philosophen seine Arme überkreuzt. Implementieren Sie diese Lösung des Philosophen-Problems.

## 11.5.5 Aufgabe 5

Mit der folgenden Hamster-Aufgabe haben wir uns schon in den Kapiteln 6.5.1, 7.8.1 und 8.7.1 beschäftigt:

Der Standard-Hamster hat im Hamster-Territorium eine Höhle entdeckt (siehe Abbildung 11.5). Er ist neugierig, was sich am anderen Ende der Höhle befindet. Allerdings leidet er unter Platzangst und kann daher den engen Höhlengang nicht durchqueren. Also ruft er seine Freunde herbei, die ihm natürlich helfen wollen. Da die Luft in der Höhle ziemlich schlecht ist, entscheiden diese, nacheinander die Höhle zu durchqueren, um ja nicht in die Gefahr eines qualvollen Erstickungstodes zu kommen. Immer wenn ein Hamster das Ende der Höhle erreicht hat, teilt er dies den anderen mit, sodass sich der nächste auf den Weg machen kann.

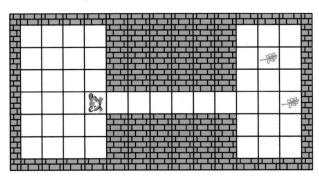

Abbildung 11.5: Typisches Hamster-Territorium zu Aufgabe 5

Entwickeln Sie eine weitere Lösung für dieses Szenario, indem Sie die Kommunikation zwischen den Hamstern durch den Austausch von Nachrichten realisieren. Nutzen Sie insbesondere die Klasse Mailbox aus Abschnitt 11.4.2.

## 11.5.6 Aufgabe 6

In Kapitel 8.7.2 haben Sie gelernt, wie durch den Einsatz der Methoden wait und notify erreicht werden kann, dass zwei selbstständige Hamster immer abwechselnd bestimmte Aktionen ausführen. Überlegen Sie, ob eine derartige Synchronisation auch durch den Austausch von Nachrichten, konkret durch Einsatz der Klasse Mailbox aus Abschnitt 11.4.2 erzielt werden kann.

## 11.5.7 Aufgabe 7

Gegeben sei das folgende „Hamster-Turmbesteigungsproblem": Die Hamster haben einen Aussichtsturm in ihr Territorium gebaut. Der Weg auf den Turm und vom Turm herunter führt über eine schmale Körnertreppe (siehe auch Abbildung 11.6). Die Treppe ist so schmal, dass sie immer nur in eine Richtung begangen werden kann.

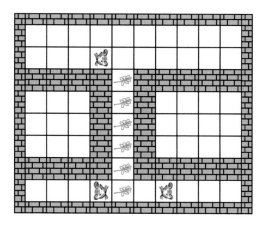

Abbildung 11.6: Typisches Hamster-Territorium zu Aufgabe 7

Entwickeln Sie ein Hamster-Programm, das das Hamster-Turmbesteigungsproblem umsetzt. Ein Hamster darf nur dann die Treppe hoch- bzw. hinabsteigen, wenn ihm keiner entgegenkommt. Es dürfen sich jedoch mehrere Hamster auf der Treppe befinden, wenn sie in dieselbe Richtung gehen.

## 11.5.8 Aufgabe 8

Die Hamster machen Urlaub im Hochgebirge. Heute wollen sie sich an einem Klettersteig versuchen, der von beiden Seiten begangen werden kann. An gefährlichen Stellen ist der Klettersteig mit „Körnerseilen" abgesichert, die aber nur in eine Richtung von mehreren Hamster gleichzeitig benutzt werden dürfen (siehe auch Abbildung 11.7).

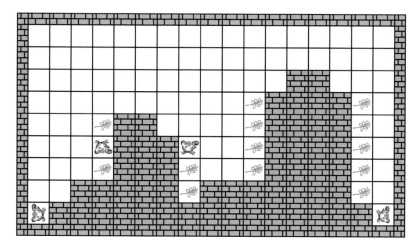

Abbildung 11.7: Typisches Hamster-Territorium zu Aufgabe 8

Entwickeln Sie ein Hamster-Programm, das das „Hamster-Klettersteig-Problem" umsetzt. Ein Hamster darf nur dann ein Seil benutzen, wenn ihm kein anderer Hamster an diesem Seil entgegenkommt. Es dürfen jedoch mehrere Hamster ein Seil in einer Richtung benutzen.

### 11.5.9 Aufgabe 9

Wussten Sie schon, dass die Hamster begeisterte Formel-1-Fans sind? In dieser Aufgabe sollen Sie den Hamstern dazu verhelfen, nicht nur Zuschauer sein zu müssen, sondern selbst Autorennen bestreiten zu können. Schauen Sie sich dazu die Rennstrecke in Abbildung 11.8 an. Sie besteht aus zwei freien Bahnen und kann prinzipiell beliebig groß sein.

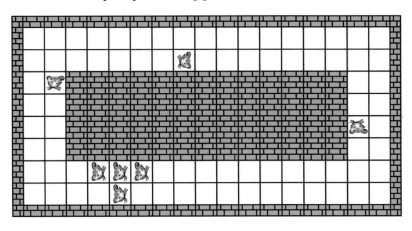

Abbildung 11.8: Typisches Hamster-Territorium zu Aufgabe 9

Auf der Strecke können sich beliebig viele Renn-Hamster befinden, die unterschiedlich schnell sind[1]. Gefahren wird immer gegen den Uhrzeigersinn. Die Renn-Hamster sind natürlich bestrebt, den kürzesten Weg zu fahren. Deshalb benutzen sie standardmäßig die innenliegende Bahn. Allerdings darf sich in diesem Szenario auf einer Kachel immer nur maximal ein Renn-Hamster befinden, d.h. beim Überholen muss ein Renn-Hamster auf die Außenbahn ausweichen und muss dort so lange bleiben, bis der Überholvorgang abgeschlossen ist. Erst dann darf er wieder auf die Innenbahn wechseln.

Bereiten Sie den Hamstern eine Freude und implementieren Sie dieses Hamster-Autorennen-Szenario.

### 11.5.10 Aufgabe 10

Wie schon in Aufgabe 9 geht es auch in dieser Aufgabe wieder um ein Hamster-Autorennen. Diesmal besteht die Rennstrecke aus nur einer Bahn, die beliebig lang ist, gegen den Uhrzeigersinn befahren wird und so schmal ist, dass nicht überholt werden kann (d.h. auf einer Kachel darf sich maximal ein Renn-Hamster befinden). Damit es den Zuschauern durch fehlende Überholmanöver nicht so langweilig wird, wie manchmal in der richtigen Formel-1, wurden Nischen zum Überholen eingebaut (siehe auch Abbildung 11.9). Sollte es jedoch einem Hamster nicht gelingen, einen anderen

---

[1] Umsetzung durch Aufruf der Thread-Methode `sleep` mit Hamster-spezifischen Parameterwerten.

Hamster innerhalb einer Nische vollständig zu überholen, muss er sich wieder hinter ihm einreihen und auf die nächste Nische warten.

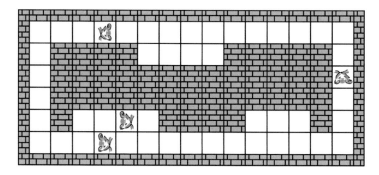

Abbildung 11.9: Typisches Hamster-Territorium zu Aufgabe 10

## 11.5.11 Aufgabe 11

Und noch einmal geht es um ein Autorennen zwischen den Hamstern. Diesmal sieht das Territorium so aus, wie in Abbildung 11.10 skizziert. Es gibt eine Außenbahn, die gegen den Uhrzeigersinn befahren werden kann, sowie eine Boxengasse mit $n$ Boxen. Beginn und Ende der Boxengasse werden durch jeweils ein Korn markiert. Auf der normalen Bahn darf überholt werden, d.h. es dürfen sich mehrere Hamster gleichzeitig auf einer Kachel befinden. In der Boxengasse gibt es jedoch ein Überholverbot. In jeder Box befindet sich eine Körnertankstelle mit einer bestimmten Anzahl an Körnern. Nach jeder Runde muss ein Renn-Hamster auftanken, sprich ein neues Korn zu sich nehmen. Das Auftanken dauert eine gewisse Zeit[2].

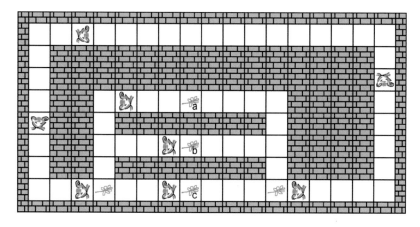

Abbildung 11.10: Typisches Hamster-Territorium zu Aufgabe 11

Die Boxen sind den Renn-Hamstern nicht fest zugeordnet. Um seine Boxenzeit zu minimieren, sucht sich ein Renn-Hamster, sobald er die Boxengasse erreicht hat, die Box aus, in der sich zur Zeit die

---

[2]mit der Thread-Methode `sleep` realisieren

wenigsten Renn-Hamster aufhalten. Boxen, in denen die Tankstelle leer sein würde, wenn er an der Reihe wäre, werden von ihm ignoriert. Das Autorennen endet, sobald alle Tankstellen leer sind. In diesem Fall bleiben die Renn-Hamster an der Boxeneinfahrt stehen.

## 11.5.12 Aufgabe 12

In einem beliebig großen Territorium gibt es zwei Runden, die beliebig viele Hamster durchlaufen können, die obere Runde immer gegen den Uhrzeigersinn, die untere Runde im Uhrzeigersinn. Die beiden Runden teilen sich eine Gerade (siehe auch Abbildung 11.11).

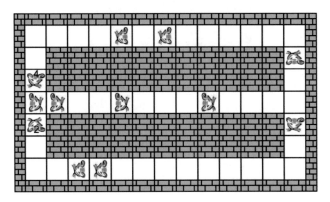

Abbildung 11.11: Typisches Hamster-Territorium zu Aufgabe 12

Während sich im Außenbereich der beiden Runden die Hamster überholen dürfen (d.h. auf einer Kachel dürfen sich mehrere Hamster gleichzeitig befinden), ist dies auf der gemeinsamen Geraden nicht erlaubt. Wollen gleichzeitig mehrere Hamster von oben und unten die gemeinsame Gerade betreten, soll ein Einfädeln implementiert werden, d.h. es soll immer abwechselnd ein Hamster von oben und ein Hamster von unten die Gerade betreten.

## 11.5.13 Aufgabe 13

In dieser Aufgabe sollen Sie versuchen, ein Hamster-Szenario zu entwickeln, das das Synchronisationsproblem des „Schlafenden Friseurs" in die Hamster-Welt überträgt.

Bei diesem Problem gibt es einen Frisör, der einen Frisiersalon betreibt. Der Salon hat einen Warteraum mit $n$ Stühlen. Wenn kein Kunde da ist, legt sich der Frisör schlafen, ansonsten schneidet er einem Kunden die Haare, was eine Zeitlang dauert. Wenn ein Kunde in den Warteraum kommt und dieser voll ist, verlässt er den Frisiersalon sofort wieder. Betritt ein Kunde den Warteraum und dieser ist leer, weckt er den Frisör und wird bedient. Ist der Warteraum weder ganz leer noch ganz voll, setzt sich der Kunde auf einen freien Stuhl im Warteraum.

## 11.5.14 Aufgabe 14

In Kapitel 15 des zweiten Bandes der Java-Hamster-Bücher haben wir uns mit so genannten *Zwei-Spieler-Strategiespielen* wie Schach, Mühle, Reversi oder Kalah beschäftigt. Wir haben mit dem

Minimax-Algorithmus einen Algorithmus kennengelernt, der es erlaubt, „intelligente" Hamster zu implementieren, die gegen uns Menschen derartige Spiele spielen können und im Allgemeinen so stark sind, dass wir Menschen kaum noch eine Chance haben, gegen sie zu gewinnen. Beim Minimax-Algorithmus werden so genannte *Spielbäume* aufgebaut, die Züge und ihre möglichen Folgezüge repräsentieren. In dieser Aufgabe sollen Sie sich damit auseinandersetzen, wie durch den Einsatz von Threads die Spielstärke der Hamster noch weiter erhöht werden kann.

Der Ablauf eines Spiels kann folgendermaßen skizziert werden:

```
Spielzug zug = null;
Spieler aktuellerSpieler = spielerA;
while (!spielEnde()) {
    zug = aktuellerSpieler.ermittleNaechstenSpielzug(zug);
    fuehreSpielzugAus(zug);
    aktuellerSpieler = naechsterSpieler();
}
gibSiegerBekannt();
```

Bei den Spielern kann es sich dabei um „intelligente" Hamster handeln, die gute Folgespielzüge mittels des Minimax-Algorithmus berechnen, oder um Menschen, die ihre Spielzüge über eine Dialogbox eingeben.

Überlegen Sie einmal: Bei einer derartigen Umsetzung sitzt ein Hamster untätig herum, während ein menschlicher Spielpartner über seinen nächsten Spielzug nachdenkt. Eigentlich könnte er aber bereits damit beginnen, den Spielbaum aufzubauen, und zwar in einem nebenläufigen Thread. Er muss dabei natürlich alle möglichen Züge des Menschen berücksichtigen. Wenn der Mensch dann seinen Spielzug liefert, kann der Hamster in den entsprechenden Ast des Spielbaums einspringen und diesen Ast weiter ausbauen. Die Methode ermittleNaechstenSpielzug einer Klasse SpielHamster könnte also folgendermaßen gestaltet ein:

```
class SpielHamster implements Spieler {

    SpielbaumBerechnung berechnungsThread;

    Spielzug ermittleNaechstenSpielzug(Spielzug gegnerZug) {
        ...
        Spielbaum baum = berechnungsThread.liefereSpielbaum();
        baum = liefereAstAlsSpielbaum(baum, gegnerZug);
        Spielzug zug = berechneFolgeZug(baum);
        berechnungsThread = new SpielbaumBerechnung(baum, zug);
        berechnungsThread.start();
        return zug;
    }

    ...
}

class SpielbaumBerechnung extends Thread {

    private Spielbaum baum;

    private Spielzug letzterZug;
```

```
    SpielbaumBerechnung(Spielbaum letzterBaum, Spielzug letzterZug) {
        this.baum = letzterBaum;
        this.letzterZug = letzterZug;
    }

    public void run() {
        // baue neuen Spielbaum auf
    }

    public Spielbaum liefereSpielbaum() {
        this.beenden();
        return this.baum;
    }
}
```

Bevor ein Spiel-Hamster in seiner Methode `ermittleNaechstenSpielzug` seinen ermittelten Spielzug zurückliefert, startet er einen internen Thread. In diesem Thread, der nebenläufig zu den Überlegungen des anderen Spielers abläuft, wird damit begonnen, den nächsten Spielbaum aufzubauen. Wenn dann irgendwann erneut die Methode `ermittleNaechstenSpielzug` des Spiel-Hamsters aufgerufen wird, wird der bisher durch den Thread aufgebaute Spielbaum abgefragt. Es wird der Ast des Spielbaums ermittelt, der den tatsächlich vom Gegner durchgeführten Spielzug repräsentiert, und dieser Ast dient dann als Grundlage für einen weiteren Ausbau des Spielbaums.

Ihre Aufgabe ist es nun, die Kalah-spielenden Hamster aus Kapitel 15 des zweiten Bandes der Java-Hamster-Bücher durch die Umsetzung dieser Idee weiter zu verbessern.

## 11.5.15 Aufgabe 15

Sie haben in Kapitel 4.9.4 erfahren, was Client-Server-Systeme sind. Zur Erinnerung: Client-Server-Systeme sind verteilte Programmsysteme, bei denen ein Server-Thread Aufträge von einem oder mehreren Client-Threads entgegennimmt und diese ausführt. Damit die Ausführung der Aufträge nicht nacheinander sondern nebenläufig zueinander erfolgen kann, startet der Server im Allgemeinen für jeden Auftrag einen so genannten *Handler*, der als eigenständiger Thread den Auftrag bearbeitet.

Überlegen Sie sich selbst Hamster-Szenarien, die derartige Client-Server-Systeme widerspiegeln und setzen Sie diese Szenarien um.

# Kapitel 12
# Sperren

Sperren sind unabdingbar, damit Threads miteinander sicher kommunizieren, kooperieren und sich koordinieren können. Als Sperren werden dabei Hilfsmittel bezeichnet, die zu einer kontrollierten reversiblen Blockade von Threads eingesetzt werden können. Mit der synchronized-Anweisung stellt Java seit der ersten Version einen mächtigen Sperr-Mechanismus zur Verfügung.

Für bestimmte Probleme ist die synchronized-Anweisung jedoch zu unflexibel. Insbesondere sind die durch eine synchronized-Anweisung abgesperrten kritischen Bereiche häufig größer als notwendig. Grund hierfür ist die Block-Gebundenheit der synchronized-Anweisung. Weiterhin hatten die Java-Entwickler den Wunsch, die Thread-Konzepte von Java mehr an die Thread-Konzepte der Programmiersprachen C und C++ anzugleichen, für die es mit dem POSIX-Thread-Standard einen IEEE/ANSI-Standard gibt. Aus diesem Grund wurden mit der Java-Version 1.5 bzw. 5.0 zusätzliche Sperr-Mechanismen in das JDK aufgenommen. Diese werden in diesem Kapitel vorgestellt.

Abschnitt 1 beschäftigt sich mit der Absicherung kritischer Bereiche über so genannte *Semaphore*. Semaphore können nicht nur zur mehrseitigen sondern auch zur einseitigen Synchronisation eingesetzt werden, was in Abschnitt 1 demonstriert wird. In Abschnitt 2 wird der Umgang mit *expliziten Sperren* erörtert. Während bei synchronized-Anweisungen der Einsatz von Sperren implizit geschieht, stellt Java seit der Java-Version 1.5 bzw. 5.0 einige Interfaces und Klassen zur Verfügung, die es erlauben, Sperren als Objekte zu erzeugen und zu handhaben. Abschnitt 3 bietet einen Einblick darein, wie Sperren prinzipiell ohne besondere Hilfsmittel implementiert werden könnten. Der Einsatz von Semaphoren und expliziten Sperren wird in Abschnitt 4 anhand dreier Beispielprogramme verdeutlicht. Abschnitt 5 enthält schließlich wieder eine Reihe von Übungsaufgaben, bei denen Sie selbst überlegen sollen, wie die neuen Sperr-Mechanismen für die Implementierung bestimmter Hamster-Aufgaben eingesetzt werden können.

## 12.1 Semaphore

In Kapitel 7.3 haben wir mit der synchronized-Anweisung bzw. der Deklaration von Methoden als synchronized einen Mechanismus für die Realisierung der mehrseitigen Synchronisation mehrerer Threads kennengelernt:

```
                 Object sperrObjekt = new Object();

// Thread 1                         // Thread 2

synchronized (sperrObjekt) {        synchronized (sperrObjekt) {
    // kritischer Abschnitt             // kritischer Abschnitt
}                                   }
```

Durch die Benutzung eines gemeinsamen Sperr-Objektes ist sichergestellt, dass sich zu jedem Zeitpunkt maximal ein Thread im kritischen Abschnitt aufhält.

Das Konzept ist zwar bereits sehr mächtig, hat aber drei Nachteile:

- Die synchronized-Anweisung ist Block-gebunden, d.h. die Sperre wird vor der Ausführung einer Blockanweisung gesetzt und erst nach der kompletten Ausführung der Anweisung wieder
  frei gegeben. Dadurch kann es passieren, dass der kritische Abschnitt größer als notwendig
  ist. Auch ist hierdurch ein so genanntes *Hand-Over-Locking* nicht möglich. Bei einem Hand-
  Over-Locking wird zunächst eine Sperre *S1* und danach eine Sperre *S2* gesetzt, *S1* aber wieder
  vor *S2* freigegeben.

- Die synchronized-Anweisung ist Thread-gebunden, d.h. nur derjenige Thread, der die Sperre
  gesetzt hat, kann sie wieder frei geben. Dadurch wird eine Deadlockbeseitigung zumindest
  erschwert, wenn nicht sogar zum Teil unmöglich.

- Es kann sich maximal ein Thread im kritischen Abschnitt aufhalten. Eine Aufweichung des
  gegenseitigen Ausschlusses derart, dass *n* Threads der gleichzeitige Aufenthalt im kritischen
  Abschnitt erlaubt werden kann, ist nicht möglich.

Ein Synchronisationskonzept, das diese Nachteile nicht besitzt, nennt sich *Semaphor* und hat seinen
Ursprung bereits in den 60er Jahren des vergangenen Jahrhunderts. Man kann sich einen Semaphor
als einen abstrakten Datentyp vorstellen, der aus einem internen Zähler, einer Warteschlange und
den zwei historisch mit p (von *passieren*) und v (von *verlassen*) bezeichneten Methoden besteht.

Initialisiert wird der interne Zähler mit einem nicht-negativen Wert, der angibt, wie viele Prozesse
sich maximal gleichzeitig in dem durch den Semaphor bewachten kritischen Abschnitt aufhalten
dürfen. Möchte ein Prozess den kritischen Abschnitt betreten, so ruft er die Methode p auf. In dem
Fall, dass der Zähler den Wert 0 besitzt, wird der Prozess blockiert und in die interne Warteschlange
eingereiht. Im anderen Fall bzw. nach der Deblockade wird der Wert des Zählers um 1 erniedrigt,
was signalisiert, dass sich ein weiterer Prozess nun im kritischen Abschnitt befindet. Beim Verlassen
des kritischen Abschnitts ruft der Prozess die Methode v auf. In dieser wird der Zähler um 1 erhöht
(ein Prozess hat den kritischen Abschnitt wieder verlassen) und die Prozesse in der Warteschlange
werden darüber benachrichtigt.

Semaphore, die mit dem initialen Wert 1 initialisiert werden und damit zum gegenseitigen Ausschluss mehrerer Prozesse beim Betreten eines kritischen Abschnitts genutzt werden können, nennt
man übrigens auch *ausschließende* oder *binäre* Semaphore.

### 12.1.1 Implementierung einer Klasse Semaphor

Auch wenn es im JDK bereits eine Semaphor-Klasse gibt (siehe Abschnitt 12.1.4), wollen wir zunächst mit den bereits bekannten Konzepten eine entsprechende Klasse selbst definieren, um die
Wirkungsweise besser verstehen zu können. Die Implementierung ergibt sich unmittelbar aus den
gerade gemachten Erläuterungen.

```
public class Semaphor {

    private int freiePlaetze;

    public Semaphor(int maximalFreiePlaetze) {
```

```
        if (maximalFreiePlaetze < 0) {
            this.freiePlaetze = 0;
        } else {
            this.freiePlaetze = maximalFreiePlaetze;
        }
    }

    public synchronized void p() {
        while (this.freiePlaetze == 0) {
            try {
                this.wait();
            } catch (InterruptedException exc) {
            }
        }
        this.freiePlaetze--;
    }

    public synchronized void v() {
        this.freiePlaetze++;
        this.notify();
    }
}
```

Das Attribut `freiePlaetze` entspricht dem internen Zähler. Als interne Warteschlange wird über die Deklaration der Methoden p und v als `synchronized` die Warteschlange des Sperr-Objektes `this` genutzt.

## 12.1.2 Mehrseitige Synchronisation mit Semaphoren

Die Implementierung der mehrseitigen Synchronisation mit Hilfe von Semaphoren ist intuitiv. Die synchronized-Anweisung lässt sich mit einem binären Semaphor folgendermaßen simulieren:

```
            Semaphor sem = new Semaphor(1);

// Thread 1                          // Thread 2

sem.p();                             sem.p();
// kritischer Abschnitt             // kritischer Abschnitt
sem.v();                             sem.v();
```

Im Allgemeinen sind Semaphore jedoch sehr viel flexibler einsetzbar, weil sie die drei genannten Nachteile der synchronized-Anweisung (Block-Gebundenheit, Thread-Gebundenheit und Exklusivität) nicht besitzen. Dadurch dass Semaphore nicht Block-gebunden sind, besteht allerdings ein Nachteil von Semaphoren darin, dass man als Programmierer sehr sorgfältig überprüfen muss, ob jeder Aufruf der p-Methode auch durch einen Aufruf der v-Methode wieder rückgängig gemacht wird. Ist dies nicht der Fall, kommt es fast unweigerlich zu einer (häufig schwer zu findenden) Verklemmung. Wenn beispielsweise die Gefahr besteht, dass innerhalb des kritischen Abschnitts eine Unchecked-Exception geworfen wird, sollte der kritische Abschnitt innerhalb eines try-Blocks ausgeführt werden und der Aufruf der Methode v in dessen zugehörigem finally-Block erfolgen. Ansonsten würde die Methode v beim Werfen einer Unchecked-Exception innerhalb des kritischen Abschnittes nicht aufgerufen, obwohl der kritische Abschnitt eigentlich beendet ist.

```
sem.p();
try {
    // kritischer Abschnitt
} finally {
    sem.v();
}
```

Das folgende Programm demonstriert den Einsatz von Semaphoren zur Realisierung der mehrseitigen Synchronisation. Im Territorium ist eine neue Diskothek eröffnet worden (siehe auch Abbildung 12.1). Die Hamster wollen natürlich mal einen Blick in die Disko werfen und vielleicht sogar eine Hamster-Frau „abschleppen". Leider versperrt ein sehr kräftiger Wächter den Disko-Eingang. Er hat den Auftrag, dafür zu sorgen, dass maximal eine bestimmte Anzahl von Hamstern in der Disko ist. Haben Sie es geschafft, in die Disko eingelassen zu werden, müssen die Hamster feststellen, dass gar keine Hamster-Frauen anwesend sind. Aber in der hinteren Ecke befindet sich ein Körnerhaufen. Der ist ihnen natürlich noch lieber. So laufen sie dorthin, fressen ein Korn und verlassen die Disko wieder.

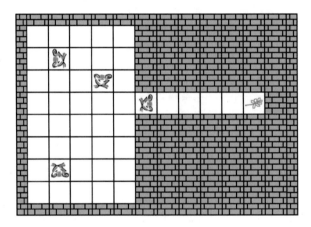

Abbildung 12.1: Hamster-Diskothek

Zur Regulierung der Anzahl an Hamstern in der Disko besitzt der Wächter (ein Objekt der Klasse Waechter) einen Semaphor. Dieser wird mit der Anzahl an maximal gleichzeitig zugelassenen Diskobesuchern initialisiert. Möchte ein Hamster in die Disko eintreten, muss er die Methode reinlassen des Wächters aufrufen. Der Aufruf der p-Methode des Semaphors sorgt dafür, dass der Hamster entweder direkt reingelassen wird (es ist noch Platz vorhanden) oder warten muss. Beim Verlassen der Disko erfolgt ein Aufruf der Methode rauslassen des Waechters. In dieser wird durch den Aufruf der v-Methode des Semaphors wieder ein Platz in der Disko freigegeben.

```
class Waechter extends Hamster {

    private Semaphor sem;

    Waechter(int r, int s, int b, int anzahl) {
        super(r, s, b, 0);
        if (anzahl < 0) {
            anzahl = 0;
        }
```

```
        // maximal anzahl Hamster dürfen gleichzeitig in die
        // Disko
        this.sem = new Semaphor(anzahl);
    }

    void reinlassen() {
        this.sem.p(); // einen Platz belegen
    }

    void rauslassen() {
        this.sem.v(); // einen Platz freigeben
    }
}


class DiskoHamster extends AllroundHamster {

    private Waechter waechter;

    DiskoHamster(int r, int s, int b, int k, Waechter w) {
        super(r, s, b, k);
        this.waechter = w;
        this.start();
    }

    public void run() {
        while (true) {
            this.umherlaufen();
            this.zurDiskoLaufen();
            this.inDiskoEintreten();
            this.kornAbschleppen();
            this.diskoVerlassen();
        }
    }

    private void umherlaufen() {
        int anzahlAktionen = (int) (Math.random() * 10);
        for (int i = 0; i < anzahlAktionen; i++) {
            int blickrichtung = (int) (Math.random() * 4);
            this.setzeBlickrichtung(blickrichtung);
            if (this.vornFrei() && !this.waechterVorn()) {
                this.vor();
            }
        }
    }

    private void zurDiskoLaufen() {
        this.laufeZuKachel(this.waechter.getReihe(),
                this.waechter.getSpalte() - 1);
        this.setzeBlickrichtung(Hamster.OST);
    }
```

```
    private void inDiskoEintreten() {
        this.waechter.reinlassen();
        this.laufeZurWand();
    }

    private void kornAbschleppen() {
        synchronized (this.getKachel()) {
            if (this.kornDa()) {
                this.nimm();
            }
        }
    }

    private void diskoVerlassen() {
        this.kehrt();
        this.laufeZuKachel(this.waechter.getReihe(),
                this.waechter.getSpalte());
        this.vor();
        this.waechter.rauslassen();
    }

    private boolean waechterVorn() {
        return this.getBlickrichtung() == Hamster.OST
                && this.getReihe() == this.waechter.getReihe()
                && this.getSpalte() == this.waechter.getSpalte() - 1;
    }
}

void main() {
    int ANZAHL_HAMSTER = 4;
    int ANZAHL_GLEICHZEITIG = 2;

    Waechter waechter = new Waechter(Hamster
            .getStandardHamster().getReihe(), Hamster
            .getStandardHamster().getSpalte(), Hamster.WEST,
            ANZAHL_GLEICHZEITIG);

    for (int i = 0; i < ANZAHL_HAMSTER; i++) {
        new DiskoHamster(0, 0, Hamster.OST, 0, waechter);
    }
}
```

### 12.1.3 Einseitige Synchronisation mit Semaphoren

Semaphore können auch zur Realisierung der einseitigen Synchronisation benutzt werden. Hierbei repräsentiert ein Semaphor, der mit 0 initialisiert wird, die Wartebedingung. Ruft ein Thread als erstes die Methode p auf, wird er blockiert, d.h. der Aufruf entspricht dem Aufruf eines wait. Das Erfüllen der Wartebedingung signalisiert ein anderer Thread durch den Aufruf der Methode v, die damit quasi einem notify entspricht.

```
              Semaphor sem = new Semaphor(0);

// Thread 1                            // Thread 2

// auf Erfuellung der Bedingung        // arbeiten
// warten
sem.p();                               // erfuellte Bedingung
                                       // signalisieren
// arbeiten                            sem.v();
```

Der Unterschied dieses Mechanismus zur Realisierung der einseitigen Synchronisation gegenüber
der klassischen Benutzung des wait-notify-Mechanismus besteht darin, dass das `notify` ins Leere
laufen kann, wenn gerade kein Thread wartet. Der Aufruf der v-Methode wird sich dahingegen über
den internen Zähler des Semaphors „gemerkt", sodass ein anschließend die p-Methode aufrufender
Prozess nicht blockiert wird.

Im folgenden Programm existiert ein Such-Hamster Paul und ein Friss-Hamster Maria. Paul sucht
Körner für Maria. Immer wenn Paul ein Korn gefunden hat, benachrichtigt er Maria, die dann zu ihm
gelaufen kommt und das Korn frisst. In diesem Problem existieren zwei Situationen für eine einseitige Synchronisation: Maria wartet zunächst darauf, dass Paul ein Korn gefunden hat. Anschließend
wartet Paul, bis Maria das gefundene Korn gefressen hat. Für jede der beiden Wartebedingungen
wird ein Semaphor mit dem initialen Zählerwert 0 eingeführt. Über den Semaphor `gefunden` signalisiert Paul das Finden eines Korns und über den Semaphor `gefressen` signalisiert Maria, dass sie
das Korn gefressen hat und Paul sich auf die Suche nach einem weiteren Korn machen kann.

```
class SuchHamster extends AllroundHamster {

    private Semaphor gefunden;

    private Semaphor gefressen;

    SuchHamster(Semaphor gefunden, Semaphor gefressen) {
        super(0, 0, Hamster.OST, 0);
        this.gefunden = gefunden;
        this.gefressen = gefressen;
    }

    public void run() {
        while (true) {
            if (this.vornFrei()) {
                this.vor();
                if (this.kornDa()) {

                    // Korn gefunden signalisieren
                    this.gefunden.v();

                    // auf Gefressen-Signal warten
                    this.gefressen.p();
                }
            } else {
                this.kehrt();
            }
```

```
            }
        }
}

class FrissHamster extends AllroundHamster {

    private Semaphor gefunden;

    private Semaphor gefressen;

    private Hamster kumpel;

    FrissHamster(Semaphor gefunden, Semaphor gefressen,
            Hamster kumpel) {
        super(0, 0, Hamster.OST, 0);
        this.gefunden = gefunden;
        this.gefressen = gefressen;
        this.kumpel = kumpel;
    }

    public void run() {
        while (true) {

            // auf Gefunden-Signal warten
            this.gefunden.p();
            this.laufeZuKachel(this.kumpel.getReihe(),
                    this.kumpel.getSpalte());
            this.nimm();

            // Korn gefressen signalisieren
            this.gefressen.v();
        }
    }
}

void main() {
    Semaphor gefunden = new Semaphor(0);
    Semaphor gefressen = new Semaphor(0);
    SuchHamster paul = new SuchHamster(gefunden, gefressen);
    FrissHamster maria = new FrissHamster(gefunden,
            gefressen, paul);
    paul.start();
    maria.start();
}
```

## 12.1.4 Die JKD-Klasse Semaphore

Mit Hilfe von Semaphoren können bestimmte Synchronisationsprobleme oftmals flexibler gelöst werden als mit den Standard-Synchronisationsmechanismen von Java. Daher stellt das JDK seit der Java-Version 1.5 im Paket java.util.concurrent bereits eine Klasse Semaphore zur Verfügung.

Diese besitzt neben der p- und v-Methode (die aber andere Namen haben) weitere nützliche Methoden. Die wichtigsten Methoden der Klasse Semaphore werden im Folgenden aufgelistet und erläutert.

```
package java.util.concurrent;

public class Semaphore extends Object {

    public Semaphore(int permits)
    public Semaphore(int permits, boolean fair)

    public void acquireUninterruptibly()
    public void acquire() throws InterruptedException
    public void release()

    public boolean isFair()
    public int availablePermits()
    public final boolean hasQueuedThreads()

    public boolean tryAcquire()
}
```

Die p-Methode trägt in der Klasse Semaphore den Namen acquireUninterruptibly, die v-Methode heißt hier release. Zusätzlich gibt es noch eine Methode acquire, die analog zur Methode acquireUninterruptibly funktioniert, deren Blockade aber durch eine Unterbrechungsanforderung mittels der Methode interrupt (siehe auch Kapitel 5.7) beendet werden kann.

Dem Konstruktor wird die Anzahl an maximal freien Plätzen übergeben. Standardmäßig sind Semaphore unfair, d.h. es ist nicht garantiert, dass der Thread, der am längsten in der Warteschlange wartet, auch als nächstes Berücksichtigung findet, wenn ein Platz frei wird. Die Klasse Semaphore stellt jedoch einen zweiten Konstruktor zur Verfügung, über den ein fairer Semaphor erzeugt werden kann.

Die Methode isFair überprüft, ob ein Semaphor fair ist. Die Methode availablePermits liefert die Anzahl an aktuell freien Plätzen. Über die Methode hasQueuedThreads kann abgefragt werden, ob sich aktuell Threads in der Semaphor-Warteschlange befinden, d.h. auf einen Platz warten.

Interessant ist noch die Methode tryAcquire. Sie entspricht im Prinzip der Methode acquireUninterruptibly. Ist ein Platz frei, belegt sie ihn und liefert den Wert true. Ist jedoch kein Platz im Semaphor frei, liefert sie unmittelbar false. Der Thread wird aber nicht blockiert.

Sie mögen nun vielleicht denken, dass man die Methode einfach nachbilden kann, d.h. dass die beiden folgenden Codeschnipsel, die ausdrücken sollen, dass auf keinen Fall eine Blockade eintreten soll, äquivalent sind:

```
                    Semaphore sem = new Semaphore(1);

// falsch                                 // korrekt
if (sem.availablePermits() > 0) {         if (sem.tryAcquire()) {
    sem.acquireUninterruptibly();             // kritischer Abschnitt
    // kritischer Abschnitt                   sem.release();
    sem.release();                        }
}
```

Das ist aber nicht der Fall. Stellen Sie sich vor, im linken Teil erfolgt nach der Überprüfung der if-Bedingung (die `true` liefert) ein Thread-Wechsel und ein anderer Thread belegt den letzten freien Platz. Dann blockiert der Thread unter Umständen beim Aufruf von `acquireUninterruptibly` doch. Im rechten Teil wird die Überprüfung und die Platzbelegung als Einheit durchgeführt. Hier kommt es auf keinen Fall zu einer Blockade.

Im folgenden Beispielprogramm wird mit Hilfe der Klasse `java.util.concurrent.Semaphore` demonstriert, wie durch den Einsatz von Semaphoren Ausführungsreihenfolgen mehrerer Threads erzwungen werden können. In diesem Beispiel gibt es drei VIHs („Very Important Hamsters"). Sie durchschreiten das Territorium von links nach rechts. Vor ihnen und hinter ihnen läuft ein Bodyguard. Um eine möglichst hohe Sicherheit zu gewährleisten, haben sich die Hamster folgendes überlegt. Zunächst macht jeweils der vordere Bodyguard einen Schritt nach vorne, dann können die drei VIHs in beliebiger Reihenfolge einen Schritt machen und anschließend folgt der hintere Bodyguard.

Abbildung 12.2 skizziert die beteiligten Hamster und die zeitlichen Relationen zwischen ihnen durch Pfeile und ordnet den Pfeilen Semaphore zu, die alle mit 0 initialisiert werden.

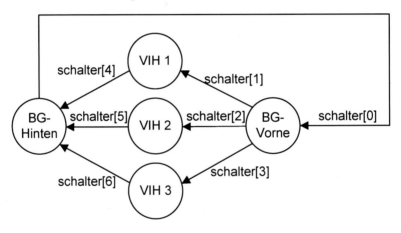

Abbildung 12.2: Realisierung von Ausführungsreihenfolgen mit Hilfe von Semaphoren

Jeder Hamster ruft zunächst für alle Semaphore der bei ihm eingehenden Pfeile die Methode `acquireUninterruptibly` auf und wartet entsprechend. Sobald die Blockade gelöst ist, führt er seine vor-Aktion aus und ruft dann die release-Methode der Semaphore auf, die den ausgehenden Pfeilen zugeordnet sind. Gestartet wird das Szenario durch den externen Aufruf der Methode `release` auf den eingehenden Semaphore des vorderen Bodyguards.

```
import java.util.concurrent.Semaphore;

class BodyGuardVorne extends Hamster {

    private Semaphore[] schalter;

    BodyGuardVorne(int r, int s, int b, int k,
            Semaphore[] schalter) {
        super(r, s, b, k);
        this.schalter = schalter;
    }
```

```
        public void run() {
            while (this.vornFrei()) {

                // warten auf Start bzw. hinteren BodyGuard
                this.schalter[0].acquireUninterruptibly();
                this.vor();
                this.schalter[1].release(); // VIH 1 informieren
                this.schalter[2].release(); // VIH 2 informieren
                this.schalter[3].release(); // VIH 3 informieren

            }
        }
}

class VIH extends Hamster {

    private Semaphore[] schalter;

    private int nummer;

    VIH(int r, int s, int b, int k, Semaphore[] schalter,
            int nummer) {
        super(r, s, b, k);
        this.schalter = schalter;
        this.nummer = nummer;
    }

    public void run() {
        while (true) {

            // warten auf vorderen Bodyguard
            this.schalter[this.nummer].acquireUninterruptibly();
            this.vor();

            // hinteren Bodyguard informieren
            this.schalter[this.nummer + 3].release();
        }
    }
}

class BodyGuardHinten extends Hamster {

    private Semaphore[] schalter;

    BodyGuardHinten(int r, int s, int b, int k,
            Semaphore[] schalter) {
        super(r, s, b, k);
        this.schalter = schalter;
    }

    public void run() {
        while (true) {
```

```
            // warten auf VIP 1
            this.schalter[4].acquireUninterruptibly();

            // warten auf VIP 2
            this.schalter[5].acquireUninterruptibly();

            // warten auf VIP 3
            this.schalter[6].acquireUninterruptibly();
            this.vor();

            // vorderen Bodyguard informieren
            this.schalter[0].release();
        }
    }
}

void main() {
    Semaphore[] schalter = new Semaphore[7];
    for (int i = 0; i < 7; i++) {
        schalter[i] = new Semaphore(0);
    }

    (new BodyGuardVorne(1, 2, Hamster.OST, 0, schalter))
            .start();
    (new VIH(0, 1, Hamster.OST, 0, schalter, 1)).start();
    (new VIH(1, 1, Hamster.OST, 0, schalter, 2)).start();
    (new VIH(2, 1, Hamster.OST, 0, schalter, 3)).start();
    (new BodyGuardHinten(1, 0, Hamster.OST, 0, schalter))
            .start();

    // starten
    schalter[0].release();
}
```

Das Programm endet übrigens nie. Sobald der vordere Bodyguard eine Mauer erreicht, terminiert er.
Er teilt dies aber den anderen Hamstern nicht mit, sodass diese endlos warten.

## 12.2 Explizite Sperren

Seit der Version 1.5 bietet Java im Paket java.util.concurrent.locks mit den so genannten
*expliziten Sperren* bzw. *Locks* eine Alternative zur Nutzung der klassischen Synchronisationsmechanismen (synchronized, wait, notify). Locks stellen dabei quasi eine Mischung der klassischen
Synchronisationsmechanismen und der Semaphore dar. Ihre Handhabung stimmt weitgehend mit
den klassischen Mechanismen überein, Locks weisen aber den Vorteil der Block-Ungebundenheit
von Semaphoren auf.

Wir erinnern uns (siehe auch Kapitel 7.3 und 8.4): Jedes Objekt in Java besitzt eine implizite Sperre und kann als Sperr-Objekt einer synchronized-Anweisung eingesetzt werden. Führt ein Thread
eine synchronized-Anweisung aus, erhält er implizit die Sperre des Sperr-Objektes. Verlässt er die

synchronized-Anweisung, gibt er die Sperre wieder frei. Versucht ein Thread eine synchronized-Anweisung mit einem Sperr-Objekt auszuführen, dessen Sperre gerade durch einen anderen Thread gesetzt ist, wird er blockiert. Ruft ein Thread die Methode wait eines Sperr-Objektes auf, wird er blockiert und in eine interne Warteschlange des Objektes eingereiht. Ein Aufruf von notify bzw. notifyAll für ein Sperr-Objekt führt zur Deblockade eines bzw. aller sich gerade in dessen Warteschlange befindlicher Threads.

Locks sind nun im Prinzip nichts weiter als explizite eigenständige Sperr-Objekte, die genau den eben geschilderten Mechanismus nachbilden. Im Zentrum der Locks stehen die Interfaces Lock und Condition, deren wichtigste Methoden im Folgenden aufgelistet sind:

```
public interface Lock {
    public void lock();
    public void unlock();

    public void lockInterruptibly() throws InterruptedException;
    public boolean tryLock();
    public Condition newCondition();
}

public interface Condition {
    public void await() throws InterruptedException;
    public void signal();
    public void signalAll();
}
```

Ruft ein Thread die Methode lock eines Lock-Objektes auf, so erhält er die Sperre, falls sie frei ist, anderenfalls wird er blockiert. Ein Aufruf der Methode unlock setzt die Sperre wieder frei. Unter Umständen auf die Sperre wartende Threads konkurrieren nun um die Sperre.

Die Methode lockInterruptibly verhält sich analog zur Methode lock, kann aber durch eine Unterbrechung mittels interrupt (siehe auch Kapitel 5.7) deblockiert werden. trylock setzt die Sperre, falls sie frei ist und liefert true. Falls die Sperre gerade durch einen anderen Thread blockiert ist, liefert sie false, blockiert den Thread aber nicht.

Die Methode newCondition liefert ein Objekt einer das Interface Condition implementierenden Klasse. Über ein solches Objekt kann mittels der Methoden await, signal und signalAll der wait-notify-notifyAll-Mechanismus exakt nachgebildet werden. Dabei gilt auch hier: Die Methoden dürfen nur aufgerufen werden, wenn der Thread die Sperre des zugehörigen Locks besitzt. Während des Wartens wird die Sperre (kurzfristig) freigegeben.

Als eine das Interface Lock implementierende Klasse stellt das JDK im Paket java.util.concurrent.Lock die Klasse ReentrantLock zur Verfügung. Zusätzlich zu den Interface-Methoden definiert die Klasse weitere Methoden, die wir auch schon von der Klasse Semaphore kennen und auf die wir hier nicht weiter eingehen wollen. Insbesondere kann ein ReentrantLock als fair markiert werden, wodurch garantiert wird, dass der am längsten auf den Lock wartende Thread ihn bei Freigabe als nächstes bekommt. Der Name der Klasse leitet sich aus der Tatsache ab, dass ein Thread mehrfach (reentrant) den Lock in Besitz nehmen, d.h. mehrfach die Methode lock aufrufen kann. Er muss dann genauso oft wieder die Methode unlock aufrufen, um den Lock wieder freizugeben.

Wie auch bei Semaphoren sollte die Nutzung der lock- und unlock-Methoden auf die folgende Art und Weise geschehen, um die Deadlock-Gefahr durch im kritischen Abschnitt geworfene Unchecked-Exceptions auszuschließen.

```
ReentrantLock sperre = new ReentrantLock();

// ...

sperre.lock();
try {
    // kritischer Abschnitt
} finally {
    sperre.unlock();
}
```

Der Einsatz der Klasse ReentrantLock wird im Folgenden am Beispiel des Hamster-Brücken-Problems aus Kapitel 11.1.1 demonstriert. Bei diesem Szenario gab es zwei Typen von Hamstern: leichtgewichtige und schwergewichtige Hamster. Die leichtgewichtigen Hamster leben auf der linken Seite einer Körnerbrücke, die schwergewichtigen auf der rechten Seite. Auf der Brücke liegt ein Korn, dessen atemberaubender Duft alle Hamster immer wieder anzieht (siehe auch Abbildung 12.3). Leider ist die Brücke jedoch schon etwas älter und nicht mehr ganz stabil. Daher müssen sich alle Hamster an folgende Regeln halten, damit es nicht zum Einsturz der Brücke kommt:

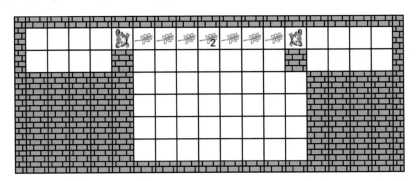

Abbildung 12.3: Typisches Hamster-Territorium zum Hamster-Brücken-Problem

- Es dürfen sich beliebig viele leichtgewichtige Hamster gleichzeitig auf der Brücke befinden.

- Wenn sich ein schwergewichtiger Hamster auf der Brücke befindet, dürfen weder andere schwergewichtige noch leichtgewichtige Hamster die Brücke betreten.

Gegenüber der Lösung aus Kapitel 11.1.1 muss nur die Klasse Bruecke ersetzt werden. Damit Sie die beiden Realisierungsvarianten vergleichen können, wird zunächst nochmal die alte Variante der Klasse gezeigt.

```
class Bruecke { // klassische Variante

    private static Bruecke bruecke = new Bruecke();

    static Bruecke getBruecke() {
        return Bruecke.bruecke;
    }

    private int anzahlSchwergewichte;
```

```
private int anzahlLeichtgewichte;

private Bruecke() {
    this.anzahlSchwergewichte = 0;
    this.anzahlLeichtgewichte = 0;
}


// Ein schwergewichtiger Hamster darf nur dann die Brücke
// betreten, wenn die Anzahl der Schwergewichte
// und die Anzahl der Leichtgewichte, die sich gerade
// auf der Brücke befinden, gleich Null ist.
synchronized void betretenSchwergewicht() {
    while (!(this.anzahlSchwergewichte == 0 &&
            this.anzahlLeichtgewichte == 0)) {
        try {
            this.wait();
        } catch (InterruptedException exc) {
        }
    }
    this.anzahlSchwergewichte++;
}


synchronized void verlassenSchwergewicht() {
    this.anzahlSchwergewichte--;
    this.notifyAll();
}


// Ein leichtgewichtiger Hamster darf die Brücke nicht
// betreten, wenn die Anzahl der Schwergewichte, die sich
// gerade auf der Brücke befinden, größer als Null ist.
synchronized void betretenLeichtgewicht() {
    while (this.anzahlSchwergewichte > 0) {
        try {
            this.wait();
        } catch (InterruptedException exc) {
        }
    }
    this.anzahlLeichtgewichte++;
}


synchronized void verlassenLeichtgewicht() {
    this.anzahlLeichtgewichte--;
    this.notifyAll();
}
```
}

Und nun folgt eine Lösung, die explizite Sperren einsetzt:

```
import java.util.concurrent.locks.ReentrantLock;
import java.util.concurrent.locks.Condition;
```

```
class Bruecke { // Loesung mit Locks

    private static Bruecke bruecke = new Bruecke();

    static Bruecke getBruecke() {
        return Bruecke.bruecke;
    }

    private ReentrantLock sperre;

    private Condition zugangsErlaubnis;

    private int anzahlSchwergewichte;

    private int anzahlLeichtgewichte;

    private Bruecke() {
        this.anzahlSchwergewichte = 0;
        this.anzahlLeichtgewichte = 0;
        this.sperre = new ReentrantLock();
        this.zugangsErlaubnis = this.sperre.newCondition();
    }

    // Ein schwergewichtiger Hamster darf nur dann die Brücke
    // betreten, wenn die Anzahl der Schwergewichte
    // und die Anzahl der Leichtgewichte, die sich gerade
    // auf der Brücke befinden, gleich Null ist.
    void betretenSchwergewicht() {
        this.sperre.lock();
        try {
            while (!(this.anzahlSchwergewichte == 0 &&
                    this.anzahlLeichtgewichte == 0)) {
                try {
                    this.zugangsErlaubnis.await();
                } catch (InterruptedException exc) {
                }
            }
            this.anzahlSchwergewichte++;
        } finally {
            this.sperre.unlock();
        }
    }

    void verlassenSchwergewicht() {
        this.sperre.lock();
        try {
            this.anzahlSchwergewichte--;
            this.zugangsErlaubnis.signalAll();
        } finally {
            this.sperre.unlock();
        }
    }
```

```
// Ein leichtgewichtiger Hamster darf die Brücke nicht
// betreten, wenn die Anzahl der Schwergewichte, die sich
// gerade auf der Brücke befinden, größer als Null ist.
void betretenLeichtgewicht() {
    this.sperre.lock();
    try {
        while (this.anzahlSchwergewichte > 0) {
            try {
                this.zugangsErlaubnis.await();
            } catch (InterruptedException exc) {
            }
        }
        this.anzahlLeichtgewichte++;
    } finally {
        this.sperre.unlock();
    }
}

void verlassenLeichtgewicht() {
    this.sperre.lock();
    try {
        this.anzahlLeichtgewichte--;
        this.zugangsErlaubnis.signalAll();
    } finally {
        this.sperre.unlock();
    }
}
}
```

# 12.3 Schlossvariablen

In diesem Abschnitt wollen wir der Frage nachgehen, ob es prinzipiell möglich ist, den gegenseitigen Ausschluss mehrerer Threads beim Betreten kritischer Abschnitte allein durch den geschickten Einsatz von Variablen und ohne die expliziten Hilfsmittel von Java, also die synchronized-Anweisung, explizite Sperren und die JDK-Klasse Semaphore, zu realisieren. Konkreter: Wir werden versuchen, ohne die Synchronisationshilfsmittel von Java eine Klasse BinaerSemaphor für binäre Semaphore zu definieren, deren Semantik der in Abschnitt 12.1.1 definierten Klasse Semaphor entspricht. Dabei werden wir uns allerdings auf die Betrachtung zweier Prozesse beschränken. Die Übertragung der Lösung auf mehr Prozesse bleibt Ihnen dann als Übungsaufgabe überlassen. Für die entsprechende Datenstruktur findet man in der Literatur auch den Begriff Schlossvariable und für die Implementierung der Zugriffsmethoden den Begriff *Schlossalgorithmen.*

Prinzipiell können Sie diesen Abschnitt auch überspringen, weil Java ja entsprechende Hilfsmittel zur Verfügung stellt. Trotzdem, denke ich, lohnt sich das Durcharbeiten dieses Abschnittes, weil viele wichtige Konzepte und Probleme der parallelen Programmierung nochmal wiederholt werden.

### 12.3.1 Lösungsversuch 1

Beim ersten Lösungsversuch zur Definition der Klasse `BinaerSemaphor` nutzen wir eine boolesche Variable, die anzeigt, ob der kritische Abschnitt frei oder belegt ist.

```java
public class BinaerSemaphor1 {

    // anfangs ist der kritische Abschnitt frei
    private boolean frei = true;

    public void p() {
        while (!this.frei) {
            // aktives Warten
        }
        this.frei = false;

        // kritischer Abschnitt kann nun betreten werden und ist
        // damit belegt
    }

    public void v() {
        this.frei = true;

        // kritischer Abschnitt ist wieder verlassen worden und
        // ist damit frei
    }
}
```

Dieser Lösungsversuch ist allerdings nicht korrekt, wie Sie hoffentlich gleich bemerkt haben. Im ungünstigen Fall können sich mehrere Threads gleichzeitig im kritischen Abschnitt aufhalten, wie die folgende Ablaufsequenz beweist, bei der zwei Threads jeweils die Methode p aufrufen.

```
Thread 0:                    Thread 1:

frei? (true)
                             frei? (true)

frei = false;
kritischer Abschnitt

                             frei = false;
                             kritischer Abschnitt
```

Das Problem dieses Lösungsansatzes besteht darin, dass zwischen der Überprüfung der Schleifen-bedingung und dem Setzen der Variablen `frei` ein Thread-Wechsel stattfinden kann.

### 12.3.2 Lösungsversuch 2

Beim zweiten Lösungsversuch tauschen wir die boolesche Variable gegen eine int-Variable aus. In dieser Variablen wird vermerkt, welcher Thread als nächster den kritischen Abschnitt betreten kann. Beim Betreten des kritischen Abschnitts überprüft ein Thread, ob er an der Reihe ist. Wenn nicht, wartet er. Wenn ein Thread den kritischen Abschnitt wieder verlässt, gibt er die Eintrittserlaubnis an den anderen Thread weiter. Den Methoden p und v wird jeweils die Nummer (0 oder 1) des aufrufenden Threads übergeben.

```java
public class BinaerSemaphor2 {

    // zuerst darf Thread 0 in den kritischen Abschnitt
    private int anDerReihe = 0;

    public void p(int dieserThread) {
        while (this.anDerReihe != dieserThread) {
            // aktives Warten
        }

        // kritischer Abschnitt kann nun betreten werden
    }

    public void v(int dieserThread) {
        this.anDerReihe = this.andererThread(dieserThread);

        // kritischer Abschnitt ist wieder verlassen worden und
        // ist damit frei
    }

    private int andererThread(int dieserThread) {
        return (dieserThread + 1) % 2;
    }
}
```

Dieser Lösungsversuch ist zwar insofern korrekt, dass niemals beide Threads gleichzeitig den kritischen Abschnitt betreten, aber er wirft neue Probleme auf:

- Das Betreten des kritischen Abschnittes ist nur in einer alternierenden Reihenfolge möglich. Was passiert, wenn Thread 0 viel schneller arbeitet als Thread 1 oder viel häufiger den kritischen Abschnitt betreten muss?

- Nachdem einer der beiden Threads terminiert, kann der andere Thread maximal noch ein einziges Mal den kritischen Abschnitt betreten.

### 12.3.3 Lösungsversuch 3

Eine einzelne Variable reicht also zur Realisierung der gewünschten Klasse BinaerSemaphor nicht aus. Es wäre aber auch zu schön gewesen, den gegenseitigen Ausschluss beim Zugriff auf gemeinsame Variablen mit eben einer solchen Variable realisieren zu können. Beim dritten Lösungsversuch versuchen wir es daher mit zwei Variablen. Jeder der beiden Threads benutzt dabei jeweils eine Variable, um anzuzeigen, ob er im kritischen Abschnitt ist oder nicht.

```java
public class BinaerSemaphor3 {

    private boolean[] kritisch = { false, false };
```

```
public void p(int dieserThread) {

    // solange der kritische Abschnitt durch den anderen
    // Thread belegt ist: warten
    while (this.kritisch[this.andererThread(dieserThread)]) {
        // aktives Warten
    }
    // nun ist der kritischer Abschnitt frei

    // dieserThread belegt nun den kritischen Abschnitt
    this.kritisch[dieserThread] = true;
}

public void v(int dieserThread) {

    // der kritische Abschnitt ist nun wieder frei
    this.kritisch[dieserThread] = false;
}

private int andererThread(int dieserThread) {
    return (dieserThread + 1) % 2;
}
}
```

Wir übergeben den Methoden p und v jeweils die Nummer (0 oder 1) des aufrufenden Threads. In der Methode p wird zunächst nachgeschaut, ob sich aktuell der andere Thread im kritischen Abschnitt aufhält. Ist dies der Fall, wird so lange gewartet, bis der andere Thread den kritischen Abschnitt wieder verlassen hat.

Stellen Sie sich zur Veranschaulichung des Algorithmus folgendes Hamster-Szenario vor:[1] In einer stockfinsteren Höhle liegt ein unglaublich gut schmeckendes Korn. Unsere beiden Hamster Paul und Willi haben davon gehört und wollen natürlich mal am Korn schlecken. Sie wissen aber, dass ein gleichzeitiger Zugriff auf das Korn via if (kornDa()) nimm(); gefährlich sein kann und sie sich beim Betreten der Höhle abstimmen müssen: Zu jedem Zeitpunkt darf sich maximal ein Hamster in der Höhle aufhalten. Also beschließen sie: Bevor sich Paul in die Höhle begibt, legt er links vom Eingang ein Korn ab. Gleiches macht Willi auf der rechten Seite. Beim Verlassen der Höhle nimmt der jeweilige Hamster sein Korn wieder auf. Bevor sich einer der beiden Hamster in die Höhle begibt, schaut er zunächst nach, ob der andere Hamster ein Korn abgelegt hat, sich also in der Höhle befindet. In diesem Fall wartet er so lange, bis dieser die Höhle wieder verlassen hat, also sein Korn wieder entfernt. Ist dies der Fall, begibt sich der Hamster auf seine Seite des Eingangs, legt dort sein Korn ab und betritt die Höhle.

Das folgende Hamster-Programm setzt dieses Szenario für das Territorium in Abbildung 12.4 um. Die dabei definierte und verwendete Klasse HamsterBinaerSemaphor3 überträgt den oben implementierten Schlossalgorithmus in die Hamster-Welt.

```
class Position {
    private int reihe;

    private int spalte;
```

---
[1]Das Szenario ist angelehnt an das Concurrentia-Szenario aus [HH94].

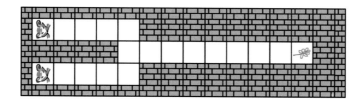

Abbildung 12.4: Hamster-Territorium zum Hamster-Höhlen-Szenario

```
    Position(int r, int s) {
        this.reihe = r;
        this.spalte = s;
    }

    int getReihe() {
        return this.reihe;
    }

    int getSpalte() {
        return this.spalte;
    }
}

abstract class HamsterBinaerSemaphor {

    abstract void p(int dieserHamster, HoehlenHamster ham);

    abstract void v(int dieserHamster, HoehlenHamster ham);

    protected int andererHamster(int dieserHamster) {
        return (dieserHamster + 1) % 2;
    }
}

class HoehlenHamster extends AllroundHamster {

    private int nummer;

    private HamsterBinaerSemaphor sem;

    HoehlenHamster(int r, int s, int nummer,
            HamsterBinaerSemaphor sem) {
        this(r, s, 1, nummer, sem);
    }

    HoehlenHamster(int r, int s, int k, int nummer,
            HamsterBinaerSemaphor sem) {
        super(r, s, Hamster.OST, k);
        this.nummer = nummer;
        this.sem = sem;
```

```
        }

    public void run() {
        while (true) {
            this.laufeZumHoehlenEingang();
            this.begibDichInHoehle();
            this.sucheLeckeresKorn();
            this.verlasseHoehle();
            this.macheIrgendwas();
        }
    }

    private void laufeZumHoehlenEingang() {
        this.laufeZurWand();
    }

    private void begibDichInHoehle() {
        this.sem.p(this.nummer, this);
    }

    private void sucheLeckeresKorn() {
        int schritte = 0;
        while (this.vornFrei()) {
            this.vor();
            schritte++;
            if (this.kornDa()) {
                this.nimm(); // hmmmm, das schmeckt
                this.gib();
                break;
            }
        }
        this.kehrt();
        while (schritte > 0) {
            this.vor();
            schritte--;
        }
    }

    private void verlasseHoehle() {
        this.sem.v(this.nummer, this);
    }

    private void macheIrgendwas() {
        this.setzeBlickrichtung(Hamster.WEST);
        this.laufeZurWand();
        this.kehrt();
    }

    void laufeZuKachel(Position pos) {
        this.laufeZuKachel(pos.getReihe(), pos.getSpalte());
    }
}
```

```
class HamsterBinaerSemaphor3 extends HamsterBinaerSemaphor {

    protected Position eingang;

    protected Position[] eingangsSeiten; // links und rechts

    public HamsterBinaerSemaphor3(Position eingang) {

        // der Eingang
        this.eingang = eingang;

        // Seiten links und rechts
        this.eingangsSeiten = new Position[2];

        // linke Seite des Eingangs
        this.eingangsSeiten[0] = new Position(
                eingang.getReihe() - 1, eingang.getSpalte());

        // rechte Seite des Eingangs
        this.eingangsSeiten[1] = new Position(
                eingang.getReihe() + 1, eingang.getSpalte());
    }

    public void p(int dieserHamster, HoehlenHamster ham) {

        // solange der andere Hamster ein Korn abgelegt
        // und noch nicht wieder entfernt hat: warten
        ham.laufeZuKachel(this.eingangsSeiten[this
                .andererHamster(dieserHamster)]);
        while (ham.kornDa()) {
            // aktives Warten
        }
        // nun ist die Hoehle frei

        // der Hamster markiert, dass er nun in der Hoehle ist
        ham.laufeZuKachel(this.eingangsSeiten[dieserHamster]);
        ham.gib();

        // nun begibt er sich zum Haupteingang
        ham.laufeZuKachel(this.eingang);
        ham.setzeBlickrichtung(Hamster.OST);

        // dieserHamster ist nun in der Hoehle
    }

    public void v(int dieserHamster, HoehlenHamster ham) {

        // der Hamster entfernt sein Korn
        ham.laufeZuKachel(this.eingangsSeiten[dieserHamster]);
        ham.nimm();
```

```
                // die Hoehle ist nun wieder frei
        }
}

void main() {
    Position eingang = new Position(1, 3);
    HamsterBinaerSemaphor sem = new HamsterBinaerSemaphor3(
            eingang);
    HoehlenHamster paul = new HoehlenHamster(0, 0, 0, sem);
    HoehlenHamster willi = new HoehlenHamster(2, 0, 1, sem);
    paul.start();
    willi.start();
}
```

Wenn Sie dieses Programm mehrfach im Hamster-Simulator ausführen, werden Sie feststellen, dass
es in der Regel korrekt arbeitet, aber leider nicht immer: Es ist möglich, dass sich beide Hamster
gleichzeitig im kritischen Bereich (also der Höhle) aufhalten. Und zwar passiert das genau dann,
wenn beide Hamster gleichzeitig bei jeweils dem anderen Hamster nachschauen, ob an dessen Eingangsseite zur Höhle ein Korn liegt. In diesem Fall finden beide dort kein Korn und betreten beide
die Höhle.

Der in der oben definierten Klasse `BinaerSemaphor` implementierte Schlossalgorithmus ist also
nicht korrekt, wie auch die folgende Ablaufsequenz beweist. Das Problems resultiert auch hier wieder daraus, dass zwischen der Überprüfung der Schleifenbedingung und dem Setzen der eigenen
Variablen ein Thread-Wechsel erfolgen kann.

```
Thread 0:                    Thread 1:


kritisch[1]? (false)
                             kritisch[0]? (false)
                             kritisch[1] = true;
                             kritischer Abschnitt

kritisch[0] = true;
kritischer Abschnitt
```

### 12.3.4 Lösungsversuch 4

Ursache des Fehlers in Lösungsversuch 3 ist, dass zunächst die Variable des anderen Threads geprüft
und erst danach die eigene Variable gesetzt wird. Probieren wir doch einfach mal aus, was passiert,
wenn wir dies umkehren:

```
public class BinaerSemaphor4 {

    private boolean[] kritisch = { false, false };

    public void p(int dieserThread) {

        // zunaechst die eigene Variable setzen
        this.kritisch[dieserThread] = true;
```

```
            // dann die andere Variable ueberpruefen
            while (this.kritisch[this.andererThread(dieserThread)]) {
                // aktives Warten
            }
        }

        public void v(int dieserThread) {

            // der kritische Abschnitt ist nun wieder frei
            this.kritisch[dieserThread] = false;
        }

        private int andererThread(int dieserThread) {
            return (dieserThread + 1) % 2;
        }
}
```

Im Hamster-Höhlen-Szenario legt ein Hamster, der die Höhle betreten will, also zunächst an seiner Eingangsseite der Höhle ein Korn ab und überprüft dann, ob an der Eingangsseite des anderen
Hamsters auch ein Korn liegt. Ist dies der Fall, wartet er, bis es wieder entfernt wird.

```
class HamsterBinaerSemaphor4 extends HamsterBinaerSemaphor3 {

    public HamsterBinaerSemaphor4(Position eingang) {
        super(eingang);
    }

    public void p(int dieserHamster, HoehlenHamster ham) {

        // zunaechst die eigene Seite markieren
        ham.gib();

        // dann die andere Seite ueberpruefen
        ham.laufeZuKachel(this.eingangsSeiten[this
                .andererHamster(dieserHamster)]);
        while (ham.kornDa()) {
            // aktives Warten
        }

        // nun zum Haupteingang
        ham.laufeZuKachel(this.eingang);
        ham.setzeBlickrichtung(Hamster.OST);

        // dieserHamster ist nun in der Hoehle
    }
}
void main() {
    Position eingang = new Position(1, 3);
    HamsterBinaerSemaphor sem = new HamsterBinaerSemaphor4(
            eingang);
    HoehlenHamster paul = new HoehlenHamster(0, 0, 0, sem);
```

```
    HoehlenHamster willi = new HoehlenHamster(2, 0, 1, sem);
    paul.start();
    willi.start();
}
```

Man braucht nicht lange zu überlegen, um festzustellen, dass auch dieser Lösungsversuch nicht korrekt ist. Es ist zwar nicht mehr möglich, dass gleichzeitig beide Hamster die Höhle bzw. beide Threads den kritischen Abschnitt betreten. Dafür birgt dieser Lösungsversuch jedoch eine Verklemmungsgefahr in sich. Wenn beide Hamster nämlich gleichzeitig ihr Korn ablegen und dann die Eingangsseite des anderen Hamsters überprüfen, warten beide anschließend endlos. Die folgende Ablaufsequenz beweist die Verklemmungsgefahr:

```
Thread 0:                      Thread 1:

kritisch[0] = true;
                               kritisch[1] = true;
                               kritisch[0]? (true)
kritisch[1]? (true)
                               kritisch[0]? (true)
kritisch[1]? (true)
                               kritisch[0]? (true)
kritisch[1]? (true)
...
```

## 12.3.5 Lösungsversuch 5

Die Ursache der Verklemmungsgefahr von Lösungsversuch 4 besteht darin, dass beide Threads bzw. Hamster darauf beharren, den kritischen Abschnitt bzw. die Höhle betreten zu dürfen. Wir müssen also die Threads bzw. Hamster „höflicher" implementieren.

Wie bei Lösungsversuch 4 markiert ein Thread zunächst in seiner Variablen, dass er den kritischen Abschnitt betreten will. Dann überprüft er die Markierung der Variablen des anderen Threads. Ist die andere Variable gesetzt, macht er die Markierung seiner Variablen rückgängig, wartet eine Zeitlang und versucht es dann erneut.

```
public class BinaerSemaphor5 {

    private boolean[] kritisch = { false, false };

    public void p(int dieserThread) {

        // zunaechst die eigene Variable setzen
        this.kritisch[dieserThread] = true;

        // dann die andere Variable ueberpruefen
        while (this.kritisch[this.andererThread(dieserThread)]) {

            // besetzt, also eigene Markierung rueckgaengig
            // machen
```

```
                    this.kritisch[dieserThread] = false;

                    // Moment warten
                    try {
                        Thread.sleep(10);
                    } catch (InterruptedException exc) {
                    }

                    // erneut probieren
                    this.kritisch[dieserThread] = true;
            }
        }

        public void v(int dieserThread) {

            // der kritische Abschnitt ist nun wieder frei
            this.kritisch[dieserThread] = false;
        }

        private int andererThread(int dieserThread) {
            return (dieserThread + 1) % 2;
        }
}
```

Die Hamster machen es genauso. Wenn sie feststellen, dass auf der Seite des jeweils anderen Hamsters ein Korn liegt, laufen sie zu ihrer Seite zurück, nehmen ihr Korn wieder auf, und versuchen es nach einer kurzen Pause erneut.

```
class HamsterBinaerSemaphor5 extends HamsterBinaerSemaphor4 {

    public HamsterBinaerSemaphor5(Position eingang) {
        super(eingang);
    }

    public void p(int dieserHamster, HoehlenHamster ham) {

        // zunaechst die eigene Seite markieren
        ham.gib();

        // dann die andere Seite ueberpruefen
        ham.laufeZuKachel(this.eingangsSeiten[this
                .andererHamster(dieserHamster)]);
        while (ham.kornDa()) {
            // Hoehle besetzt: eigene Markierung rueckgaengig
            // machen
            ham.laufeZuKachel(this.eingangsSeiten[dieserHamster]);
            ham.nimm();

            // einen Moment warten
            try {
                Thread.sleep(10);
            } catch (InterruptedException exc) {
```

```
                }

                // erneut versuchen
                ham.gib();
                ham.laufeZuKachel(this.eingangsSeiten[this
                        .andererHamster(dieserHamster)]);
            }

            // nun zum Haupteingang
            ham.laufeZuKachel(this.eingang);
            ham.setzeBlickrichtung(Hamster.OST);

            // dieserHamster ist nun in der Hoehle
        }
    }

    void main() {
        Position eingang = new Position(1, 3);
        HamsterBinaerSemaphor sem = new HamsterBinaerSemaphor5(
                eingang);
        HoehlenHamster paul = new HoehlenHamster(0, 0, 0, sem);
        HoehlenHamster willi = new HoehlenHamster(2, 0, 1, sem);
        paul.start();
        willi.start();
    }
```

Leider nutzt den Hamstern auch ihre Höflichkeit nichts. Die Lösung ist zwar insofern korrekt, dass sie gewährleistet, dass sich maximal ein Hamster in der Höhle aufhält und dass auch kein Deadlock auftreten kann, aber bei dieser Lösung kann es zu einem Livelock kommen. Wenn nämlich beide Hamster immer gleichzeitig ihre Markierung setzen, die andere überprüfen, ihre dann wieder rückgängig machen und gleichlang warten, wird nie ein Hamster die Höhle betreten.

Die folgende Ablaufsequenz demonstriert das Problem für die obige Klasse BinaerSemaphor:

```
Thread 0:                         Thread 1:

kritisch[0] = true;
                                  kritisch[1] = true;
kritisch[1]? (true)
                                  kritisch[0]? (true)
kritisch[0] = false
warten
                                  kritisch[1] = false;
                                  warten
kritisch[0] = true;
                                  kritisch[1] = true;
kritisch[1]? (true)
                                  kritisch[0]? (true)
kritisch[0] = false
warten
```

```
                          kritisch[1] = false;
                          warten

kritisch[0] = true;
                          kritisch[1] = true;

kritisch[1]? (true)
                          kritisch[0]? (true)

kritisch[0] = false
warten
                          kritisch[1] = false;
                          warten

...
```

## 12.3.6 Lösungsversuch 6

Anscheinend scheinen auch zwei Variablen nicht auszureichen, um das Problem zu lösen. Der nächste Lösungsversuch verwendet daher drei Variablen. Er kombiniert die Lösungsversuche 2 und 5. In jeweils einer booleschen Variablen markiert jeder Thread seinen Wunsch, den kritischen Abschnitt betreten zu wollen. Wenn beide Threads gleichzeitig diesen Wunsch äußern, entscheidet eine „Schiedsrichtervariable" darüber, wer eintreten darf und wer warten muss.

```java
public class BinaerSemaphor6 {

    // Variablen fuer jeden Thread
    private boolean[] kritisch = { false, false };

    // "Schiedsrichtervariable"
    private int anDerReihe = 0;

    public void p(int dieserThread) {

        // Wunsch zum Betreten des kritischen Abschnittes
        // markieren
        this.kritisch[dieserThread] = true;

        // unter Umstaenden warten, bis der andere Thread den
        // kritischen Abschnitt verlaesst
        while (this.kritisch[this.andererThread(dieserThread)]) {

            if (this.anDerReihe == this
                    .andererThread(dieserThread)) {

                // turnusmaessig ist der andere Thread an der
                // Reihe

                // dem anderen Thread die Chance geben, den
                // kritischen Abschnitt zu betreten
                this.kritisch[dieserThread] = false;

                // warten bis dieser Thread an der Reihe ist
                while (this.anDerReihe == this
```

```
                          .andererThread(dieserThread)) {
                  // aktives Warten
              }


              // Eintrittswunsch wiederholen
              this.kritisch[dieserThread] = true;

          }
        }
    }

    public void v(int dieserThread) {

        // Prioritaet abgeben
        this.anDerReihe = this.andererThread(dieserThread);

        // der kritische Abschnitt ist nun wieder frei
        this.kritisch[dieserThread] = false;
    }

    private int andererThread(int dieserThread) {
        return (dieserThread + 1) % 2;
    }
}
```

Ist dieser Lösungsversuch, der die Lösungsversuche 2 und 5 kombiniert, nun endlich korrekt? Ja, ist er! Das Problem der streng alternierende Reihenfolge aus Lösungsversuch 2 kann nicht auftreten, da die Schiedsrichtervariable aus der Schleifenbedingung entfernt wurde. Wenn nicht beide sondern nur ein Thread in den kritischen Abschnitt will, kann er dies unmittelbar tun. Die Reihenfolge spielt nur dann eine Rolle, wenn beide Threads in den kritischen Abschnitt wollen. In diesem Fall bekommen sie abwechselnd Zugang. Und auch das Problem des Livelocks aus Lösungsversuch 5 ist beseitigt, da durch die Schiedsrichtervariable stets ein Thread priorisiert wird.

Dieser Schlossalgorithmus wurde von Theodorus Dekker entwickelt und trägt daher den Namen *Dekker-Algorithmus*. Es ist der älteste bekannte Algorithmus, der das Problem des gegenseitigen Ausschlusses löst.

Die Hamster wollen natürlich überprüfen, ob der Dekker-Algorithmus korrekt ist. Sie ändern ihren Algorithmus dementsprechend ab. Die Schiedsrichtervariable wird durch ein Korn repräsentiert, das direkt vor dem Höhleneingang liegt. Wollen beide Hamster in die Höhle und liegt das Schiedsrichterkorn vor dem Eingang, bekommt Willi Zugang. Liegt dort kein Korn, darf Paul in die Höhle. Immer wenn Paul aus der Höhle kommt und vor dem Eingang kein Korn liegt, legt er dort eines ab. Wenn Willi aus der Höhle kommt und ein Schiedsrichterkorn da ist, entfernt er es.

```
class HamsterBinaerSemaphor6 extends HamsterBinaerSemaphor5 {

    public HamsterBinaerSemaphor6(Position eingang) {
        super(eingang);
    }

    public void p(int dieserHamster, HoehlenHamster ham) {
```

```
        // Wunsch zum Betreten der Hoehle signalisieren
        ham.gib();

        // unter Umstaenden warten, bis der andere Hamster die
        // Hoehle verlaesst
        ham.laufeZuKachel(this.eingangsSeiten[this
                .andererHamster(dieserHamster)]);
        while (ham.kornDa()) {

            // ist dieser Hamster an der Reihe
            ham.laufeZuKachel(this.eingang);
            if (this.anzahlKoerner(ham) != dieserHamster) {

                // turnusmaessig ist der andere Hamster an der
                // Reihe

                // dem anderen Hamster die Chance geben, die
                // Hoehle zu betreten
                ham.laufeZuKachel(this.eingangsSeiten[dieserHamster]);
                ham.nimm();

                // warten bis dieser Hamster an der Reihe ist
                ham.laufeZuKachel(this.eingang);
                while (this.anzahlKoerner(ham) != dieserHamster) {
                    // aktives Warten
                }

                // Eintrittswunsch wiederholen
                ham.laufeZuKachel(this.eingangsSeiten[dieserHamster]);
                ham.gib();
                ham.laufeZuKachel(this.eingangsSeiten[this
                        .andererHamster(dieserHamster)]);
            } else {
                ham.laufeZuKachel(this.eingangsSeiten[this
                        .andererHamster(dieserHamster)]);
            }
        }

        // nun zum Haupteingang
        ham.laufeZuKachel(this.eingang);
        ham.setzeBlickrichtung(Hamster.OST);

        // dieserHamster ist nun in der Hoehle
    }

    public void v(int dieserHamster, HoehlenHamster ham) {

        // Prioritaet abgeben
        this.alternieren(dieserHamster, ham);

        // der Hamster entfernt sein Korn
        ham.laufeZuKachel(this.eingangsSeiten[dieserHamster]);
```

```
        ham.nimm();

        // die Hoehle ist nun wieder frei
    }

    protected int anzahlKoerner(HoehlenHamster ham) {
        if (ham.kornDa()) {
            return 1;
        } else {
            return 0;
        }
    }

    protected void alternieren(int dieserHamster,
            HoehlenHamster ham) {
        if (dieserHamster == 0) {
            if (!ham.kornDa()) {
                ham.gib();
            }
        } else {
            if (ham.kornDa()) {
                ham.nimm();
            }
        }
    }
}

void main() {
    Position eingang = new Position(1, 3);

    HamsterBinaerSemaphor sem = new HamsterBinaerSemaphor6(
            eingang);

    int MAX_HOEHLE_BETRETEN = 1000000;
    HoehlenHamster paul = new HoehlenHamster(0, 0,
            MAX_HOEHLE_BETRETEN, 0, sem);
    HoehlenHamster willi = new HoehlenHamster(2, 0, 1, sem);

    paul.start();
    willi.start();
}
```

### 12.3.7 Lösungsversuch 7

Etwas einfacher als der Dekker-Algorithmus ist der so genannte *Peterson-Algorithmus*. Hierbei handelt es sich um eine Kombination aus den Lösungsversuchen 2 und 4. Das Problem der streng alternierenden Reihenfolge aus Lösungsversuch 2 wird dadurch vermieden, dass diese nur eine Rolle spielt, wenn beide Threads gleichzeitig den kritischen Abschnitt betreten wollen. Eine Verklemmungsgefahr wie in Lösungsversuch 4 besteht nicht, weil die Schiedsrichtervariable eindeutig festlegt, wer an der Reihe ist.

```
public class BinaerSemaphor7 {

    private boolean[] kritisch = { false, false };

    // "Schiedsrichtervariable"
    private int anDerReihe = 0;

    public void p(int dieserThread) {

        // Wunsch zum Betreten des kritischen Abschnittes
        // signalisieren
        this.kritisch[dieserThread] = true;

        this.anDerReihe = this.andererThread(dieserThread);

        // unter Umstaenden warten, bis der andere Thread den
        // kritischen Abschnitt verlaesst
        while ((this.anDerReihe == this
                    .andererThread(dieserThread))
                 && this.kritisch[this
                        .andererThread(dieserThread)]) {
            // aktives Warten
        }

    }

    public void v(int dieserThread) {

        // der kritische Abschnitt ist nun wieder frei
        this.kritisch[dieserThread] = false;
    }

    private int andererThread(int dieserThread) {
        return (dieserThread + 1) % 2;
    }
}
```

Und auch die Hamster können natürlich den Peterson-Algorithmus simulieren. Die Umsetzung ist analog zur Umsetzung des Dekker-Algorithmus.

```
class HamsterBinaerSemaphor7 extends HamsterBinaerSemaphor6 {

    public HamsterBinaerSemaphor7(Position eingang) {
        super(eingang);
    }

    public void p(int dieserHamster, HoehlenHamster ham) {

        // Wunsch zum Betreten der Hoehle signalisieren
        ham.gib();

        // Prioritaet abgeben
        ham.laufeZuKachel(this.eingang);
```

```
        this.alternieren(dieserHamster, ham);

        // unter Umstaenden warten, bis der andere Hamster die
        // Hoehle verlaesst
        while (this.blockiert(dieserHamster, ham)) {
            // aktives Warten
        }

        // nun zum Haupteingang
        ham.laufeZuKachel(this.eingang);
        ham.setzeBlickrichtung(Hamster.OST);

        // dieserHamster ist nun in der Hoehle
    }

    public void v(int dieserHamster, HoehlenHamster ham) {

        // der Hamster entfernt sein Korn
        ham.laufeZuKachel(this.eingangsSeiten[dieserHamster]);
        ham.nimm();

        // die Hoehle ist nun wieder frei
    }

    protected int anzahlKoerner(HoehlenHamster ham) {
        if (ham.kornDa()) {
            return 1;
        } else {
            return 0;
        }
    }

    protected boolean blockiert(int dieserHamster,
            HoehlenHamster ham) {
        ham.laufeZuKachel(this.eingang);

        // an der Reihe
        if (this.anzahlKoerner(ham) == dieserHamster) {
            return false;
        }
        ham.laufeZuKachel(this.eingangsSeiten[this
                .andererHamster(dieserHamster)]);

        // anderer Hamster will nicht in Hoehle
        if (!ham.kornDa()) {
            return false;
        }
        return true;
    }
}

void main() {
```

```
    Position eingang = new Position(1, 3);
    HamsterBinaerSemaphor sem = new HamsterBinaerSemaphor7(
            eingang);

    int MAX_HOEHLE_BETRETEN = 1000000;
    HoehlenHamster paul = new HoehlenHamster(0, 0,
            MAX_HOEHLE_BETRETEN, 0, sem);
    HoehlenHamster willi = new HoehlenHamster(2, 0, 1, sem);
    paul.start();
    willi.start();
}
```

## 12.4 Beispielprogramme

Es folgen drei Beispielprogramme, die die Verwendung von Semaphoren und expliziten Sperren verdeutlichen.

### 12.4.1 Beispielprogramm 1

Wir erinnern uns. Beim Hamster-Erzeuger-Verbraucher-Problem ging es darum, dass Erzeuger-Hamster Körner in einer Lücke abgelegen und Verbraucher-Hamster die dort abgelegten Körner wieder entfernen und konsumieren (siehe Kapitel 11.2). Dabei gilt: Es darf sich zu jeder Zeit maximal ein Hamster in der Lücke befinden, Erzeuger-Hamster dürfen die Lücke nur betreten, wenn dort kein Korn liegt, und Verbraucher-Hamster dürfen die Lücke nur betreten, wenn dort ein Korn vorhanden ist.

Die Lösung des Erzeuger-Verbraucher-Problems in Kapitel 11.2 setzt die klassischen Synchronisationmechanismen von Java ein. Sie hat dabei einen Nachteil: Durch den Aufruf von `notifyAll` werden unnötigerweise mehr wartende Hamster geweckt als notwendig. Schauen Sie sich dazu die Klasse Luecke nochmal an, in der die Aktivitäten der Erzeuger und Verbraucher synchronisiert werden:

```
class Luecke {

    private int reihe; // Reihe der Luecke

    private int spalte; // Spalte der Luecke

    Luecke(int r, int s) {
        this.reihe = r;
        this.spalte = s;
    }

    synchronized void put(ErzeugerHamster ham) {

        // wenn Korn in Luecke liegt: warten
        while (Territorium.getAnzahlKoerner(this.reihe,
                this.spalte) > 0) {
```

```
                try {
                    this.wait();
                } catch (Exception e) {
                }
            }

            // Korn ablegen
            ham.vor();
            ham.gib();
            ham.linksUm();
            ham.linksUm();
            ham.vor();
            this.notifyAll();
        }

        synchronized void get(VerbraucherHamster ham) {

            // wenn Luecke leer: warten
            while (Territorium.getAnzahlKoerner(this.reihe,
                    this.spalte) == 0) {
                try {
                    this.wait();
                } catch (Exception e) {
                }
            }

            // Korn nehmen
            ham.vor();
            ham.nimm();
            ham.linksUm();
            ham.linksUm();
            ham.vor();
            this.notifyAll();
        }

        int getReihe() {
            return this.reihe;
        }

        int getSpalte() {
            return this.spalte;
        }
    }
```

Der Aufruf der Methode `notifyAll` ist bei dieser Lösung zwingend notwendig. Ein Aufruf von `notify` reicht nicht aus. Denn stellen Sie sich einmal vor, zwei Erzeuger und ein Verbraucher sind durch den Aufruf von `wait` blockiert. Ein weiterer Verbraucher führt gerade die get-Methode aus, d.h. er befindet sich in der Lücke und „verbraucht" ein Korn. Würde am Ende der get-Methode nur `notify` aufrufen, ist ja unbestimmt, welcher blockierte Thread geweckt wird. Wäre dies ausgerechnet der andere wartende Verbraucher, würde es zu einem Deadlock kommen.

Auslösender Grund für die zwingende Verwendung von `notifyAll` ist die Tatsache, dass sich in der

Warteschlange des Sperr-Objektes Threads befinden können, die auf die Erfüllung unterschiedlicher Bedingungen warten (siehe auch Kapitel 8.8).

Allerdings werden durch die Verwendung von `notifyAll` alle wartenden Erzeuger- und Verbraucher-Threads geweckt, obwohl ja prinzipiell das Wecken eines einzelnen Erzeuger-Threads ausreichen würde. Genau dieses kann nun durch den Einsatz expliziter Sperren erreicht werden werden, wie die folgende Implementierung der Klasse Luecke demonstriert.

```java
import java.util.concurrent.locks.ReentrantLock;
import java.util.concurrent.locks.Condition;

class Luecke {

  private int reihe;
  private int spalte;

  private ReentrantLock sperre;
  private Condition kornVerbraucht;
  private Condition kornErzeugt;

  Luecke(int r, int s) {
      this.reihe = r;
      this.spalte = s;
      this.sperre = new ReentrantLock();
      this.kornVerbraucht = this.sperre.newCondition();
      this.kornErzeugt = this.sperre.newCondition();
  }

  void put(ErzeugerHamster ham) {
      this.sperre.lock();
      try {
          while (Territorium.getAnzahlKoerner(this.reihe,
                  this.spalte) > 0) {
              try {
                  this.kornVerbraucht.await();
              } catch (Exception e) {}
          }
          ham.vor();
          if (!ham.maulLeer()) {
              ham.gib();
          }
          ham.linksUm(); ham.linksUm();
          ham.vor();
          this.kornErzeugt.signal();
      } finally {
          this.sperre.unlock();
      }
  }

  void get(VerbraucherHamster ham) {
      this.sperre.lock();
      try {
          while (Territorium.getAnzahlKoerner(this.reihe,
```

```
                        this.spalte) == 0) {
                try {
                    this.kornErzeugt.await();
                } catch (Exception e) {}
            }
            ham.vor();
            if (ham.kornDa()) {
                ham.nimm();
            }
            ham.linksUm(); ham.linksUm();
            ham.vor();
            this.kornVerbraucht.signal();
        } finally {
            this.sperre.unlock();
        }
    }

    int getReihe() {
        return this.reihe;
    }

    int getSpalte() {
        return this.spalte;
    }
}
```

Anstelle der synchronized-Anweisung wird ein ReentrantLock-Objekt (`sperre`) zum Absperren des kritischen Abschnittes eingesetzt. Von diesem Objekt werden nun zwei Condition-Objekte (`korn-Erzeugt` und `kornVerbraucht`) mittels der Methode `newCondition` erzeugt und wechselweise zur Synchronisation eingesetzt:

- Ein Verbraucher, der die get-Methode aufruft, wartet über die kornErzeugt-Condition darauf, dass ein Korn in der Lücke abgelegt wird.

- Ein Erzeuger, der die put-Methode aufruft, wartet über die kornVerbraucht-Condition darauf, dass ein Korn aus der Lücke entfernt wird.

- Ein Verbraucher signalisiert durch Aufruf der Methode `signal` für die kornVerbraucht-Condition, dass er das Korn genommen hat und weckt maximal einen wartenden Erzeuger. Wartende Verbraucher werden nicht geweckt, da Verbraucher ja über das andere Condition-Objekt warten.

- Ein Erzeuger signalisiert durch Aufruf der Methode `signal` für die kornErzeugt-Condition, dass er das Korn abgelegt hat und weckt maximal einen wartenden Verbraucher. Wartende Erzeuger werden nicht geweckt, da Erzeuger ja über das andere Condition-Objekt warten.

Während beim klassischen wait-notify-Mechanismus ein einziges Objekt – nämlich das Sperr-Objekt – recht häufig für die Abbildung verschiedener Wartebedingungen verwendet wird, erlaubt der Einsatz expliziter Sperren, jede Wartebedingung durch ein eigenes Condition-Objekt zu repräsentieren. Dadurch kann nicht nur vermieden werden, dass unnötig viele Threads durch ein `notifyAll` geweckt werden, auch die Struktur und Logik eines Programms lässt sich hierüber präziser darstellen.

Der Vollständigkeit halber folgen hier auch noch einmal die anderen Klassen des Programms:

```java
class ErzeugerHamster extends AllroundHamster {

    private Luecke luecke;

    ErzeugerHamster(int r, int s, int b, int k, Luecke luecke) {
        super(r, s, b, k);
        this.luecke = luecke;
        this.start();
    }

    public void run() {
        while (true) {
            this.umherlaufen();
            if (!this.maulLeer()) {
                this.zurLueckeLaufen();
                this.kornAblegen();
            }
        }
    }

    void umherlaufen() {

        // zufaellig im Territorium umherlaufen
        int anzahlAktionen = (int) (Math.random() * 15);
        for (int i = 0; i < anzahlAktionen; i++) {
            int blickrichtung = (int) (Math.random() * 4);
            this.setzeBlickrichtung(blickrichtung);
            if (this.vornFrei() && !this.lueckeVorn()) {
                this.vor();
            }
        }
    }

    void zurLueckeLaufen() {
        this.laufeZuKachel(this.luecke.getReihe(), this.luecke
                .getSpalte() - 1);
        this.setzeBlickrichtung(Hamster.OST);
    }

    void kornAblegen() {
        this.luecke.put(this);
    }

    boolean lueckeVorn() {
        return this.getBlickrichtung() == Hamster.OST
                && this.getReihe() == this.luecke.getReihe()
                && this.getSpalte() == this.luecke.getSpalte() - 1;
    }

}
```

```
class VerbraucherHamster extends AllroundHamster {

    Luecke luecke;

    VerbraucherHamster(int r, int s, int b, int k, Luecke luecke) {
        super(r, s, b, k);
        this.luecke = luecke;
        this.start();
    }

    public void run() {
        while (true) {
            this.umherlaufen();
            this.zurLueckeLaufen();
            this.kornAufnehmen();
        }
    }

    void umherlaufen() {

        // zufaellig im Territorium umherlaufen
        int anzahlAktionen = (int) (Math.random() * 20);
        for (int i = 0; i < anzahlAktionen; i++) {
            int blickrichtung = (int) (Math.random() * 4);
            this.setzeBlickrichtung(blickrichtung);
            if (this.vornFrei() && !this.lueckeVorn()) {
                this.vor();
            }
        }
    }

    void zurLueckeLaufen() {
        this.laufeZuKachel(this.luecke.getReihe(), this.luecke
                .getSpalte() + 1);
        this.setzeBlickrichtung(Hamster.WEST);
    }

    void kornAufnehmen() {
        this.luecke.get(this);
    }

    boolean lueckeVorn() {
        return this.getBlickrichtung() == Hamster.WEST
                && this.getReihe() == this.luecke.getReihe()
                && this.getSpalte() == this.luecke.getSpalte() + 1;
    }
}

void main() {
    Luecke luecke = new Luecke(2, 4);

    // Erzeuger starten
```

```
int ANZAHL_ERZEUGER = 4;
for (int i = 0; i < ANZAHL_ERZEUGER; i++) {
    new ErzeugerHamster(0, 0, Hamster.OST, 1000, luecke);
}

// Verbraucher starten
int ANZAHL_VERBRAUCHER = 3;
for (int i = 0; i < ANZAHL_VERBRAUCHER; i++) {
    new VerbraucherHamster(0, 6, Hamster.WEST, 0, luecke);
}
}
```

## 12.4.2 Beispielprogramm 2

Wie in Beispielprogramm 1 geht es auch in Beispielprogramm 2 erneut um das Hamster-Erzeuger-Verbraucher-Problem aus Kapitel 11.2). Diesmal heben wir die Einschränkung auf, dass maximal ein Korn in der Lücke liegen darf. Vielmehr sollen $n$ Körner in der Lücke liegen dürfen, wobei $n$ eine natürliche Zahl größer gleich 1 sein muss, deren Wert beim Programmstart feststeht. Zu jedem Zeitpunkt darf sich aber maximal ein Hamster in der Lücke befinden. Zur Lösung des Problems verwenden wir Semaphore, genauer die JDK-Klasse java.util.concurrent.Semaphore.

Über einen Semaphor semMutex wird geregelt, dass sich maximal ein Hamster gleichzeitig in der Lücke aufhalten darf. Dieser Semaphor wird daher mit dem Wert 1 initialisiert. Ein zweiter Semaphor semErzeugen dient zur Koordination der Erzeuger-Hamster. Er repräsentiert die Anzahl an Körnern, die aktuell noch abgelegt werden können. Da anfangs die Lücke leer ist, wird der Semaphor semErzeugen mit dem Wert $n$ initialisiert. Ein dritter Semaphor semVerbrauchen koordiniert die Verbraucher-Hamster. Er repräsentiert die aktuelle Anzahl an Körnern in der Lücke und wird daher mit 0 initialisiert.

Möchte ein Erzeuger-Hamster ein Korn in der Lücke ablegen (Methode kornAblegen), ruft er zunächst die Methode acquireUninterruptibly des semErzeugen-Semaphors auf. Ist noch Platz vorhanden, wird er durch die Sperre durchgelassen. Anschließend muss er die exklusive Sperre des semMutex-Semaphors überwinden. Gelingt ihm auch diese, kann er endlich die Lücke betreten. Nach dem Ablegen des Korns gibt der Hamster beim Verlassen der Lücke zunächst den semMutex-Semaphor wieder frei. Außerdem signalisiert er durch Aufruf der release-Methode des semVerbrauchen-Semaphors, dass ein weiteres Korn verbraucht werden kann.

Das Betreten der Lücke durch einen Verbraucher-Hamster erfolgt analog. Will ein Verbraucher-Hamster ein Korn aus der Lücke abholen (Methode kornAufnehmen), überprüft er zunächst durch Aufruf der Methode acquireUninterruptibly des semVerbrauchen-Semaphors, ob dort überhaupt ein Korn liegt. Unter Umständen wird er zunächst blockiert. Ist ein Korn vorhanden, muss als nächstes die Sperre des semMutex-Semaphors überwunden werden. Danach ist der Weg zur Lücke und zu einem Korn frei. Beim Verlassen der Lücke gibt der Verbraucher-Hamster zunächst die semMutex-Sperre frei und signalisiert anschließend durch Aufruf der release-Methode des sem-Erzeugen-Semaphors, dass wieder ein Platz für ein weiteres Korn in der Lücke geschaffen wurde.

```
import java.util.concurrent.Semaphore;

class Luecke {
```

```
    private int reihe;

    private int spalte;

    Luecke(int r, int s) {
        this.reihe = r;
        this.spalte = s;
    }

    int getReihe() {
        return this.reihe;
    }

    int getSpalte() {
        return this.spalte;
    }
}

class ErzeugerHamster extends AllroundHamster {

    private Luecke luecke;

    private Semaphore semMutex;

    private Semaphore semErzeugen;

    private Semaphore semVerbrauchen;

    ErzeugerHamster(int r, int s, int b, int k, Luecke luecke,
            Semaphore semMutex, Semaphore semErzeugen,
            Semaphore semVerbrauchen) {
        super(r, s, b, k);
        this.luecke = luecke;
        this.semMutex = semMutex;
        this.semErzeugen = semErzeugen;
        this.semVerbrauchen = semVerbrauchen;
    }

    public void run() {
        while (true) {
            this.umherlaufen();
            if (!this.maulLeer()) {
                this.zurLueckeLaufen();
                this.kornAblegen();
            }
        }
    }

    private void umherlaufen() {
        int anzahlAktionen = (int) (Math.random() * 15);
        for (int i = 0; i < anzahlAktionen; i++) {
            int blickrichtung = (int) (Math.random() * 4);
```

```
            this.setzeBlickrichtung(blickrichtung);
            if (this.vornFrei() && !this.lueckeVorn()) {
                this.vor();
            }
        }
    }

    private void zurLueckeLaufen() {
        this.laufeZuKachel(this.luecke.getReihe(), this.luecke
                .getSpalte() - 1);
        this.setzeBlickrichtung(Hamster.OST);
    }

    private void kornAblegen() {

        // weiteres Korn ablegen
        this.semErzeugen.acquireUninterruptibly();

        // exklusiver Zugang zur Luecke
        this.semMutex.acquireUninterruptibly();

        this.vor();
        if (!this.maulLeer()) {
            this.gib();
        }
        this.kehrt();
        this.vor();

        // exklusiver Zugang aufgehoben
        this.semMutex.release();

        // weiteres Korn kann verbraucht werden
        this.semVerbrauchen.release();
    }

    private boolean lueckeVorn() {
        return this.getBlickrichtung() == Hamster.OST
                && this.getReihe() == this.luecke.getReihe()
                && this.getSpalte() == this.luecke.getSpalte() - 1;
    }
}

class VerbraucherHamster extends AllroundHamster {

    private Luecke luecke;

    private Semaphore semMutex;

    private Semaphore semErzeugen;

    private Semaphore semVerbrauchen;
```

```
VerbraucherHamster(int r, int s, int b, int k,
        Luecke luecke, Semaphore semMutex,
        Semaphore semErzeugen, Semaphore semVerbrauchen) {
    super(r, s, b, k);
    this.luecke = luecke;
    this.semMutex = semMutex;
    this.semErzeugen = semErzeugen;
    this.semVerbrauchen = semVerbrauchen;
}

public void run() {
    while (true) {
        this.umherlaufen();
        this.zurLueckeLaufen();
        this.kornAufnehmen();
    }
}

private void umherlaufen() {
    int anzahlAktionen = (int) (Math.random() * 20);
    for (int i = 0; i < anzahlAktionen; i++) {
        int blickrichtung = (int) (Math.random() * 4);
        this.setzeBlickrichtung(blickrichtung);
        if (this.vornFrei() && !this.lueckeVorn()) {
            this.vor();
        }
    }
}

private void zurLueckeLaufen() {
    this.laufeZuKachel(this.luecke.getReihe(), this.luecke
            .getSpalte() + 1);
    this.setzeBlickrichtung(Hamster.WEST);
}

private void kornAufnehmen() {

    // Korn entnehmen
    this.semVerbrauchen.acquireUninterruptibly();

    // exklusiver Zugang zur Luecke
    this.semMutex.acquireUninterruptibly();

    this.vor();
    if (this.kornDa()) {
        this.nimm();
    }
    this.kehrt();
    this.vor();

    // exklusiver Zugang aufgehoben
    this.semMutex.release();
```

```
            // weiteres Korn kann abgelegt werden
            this.semErzeugen.release();
        }

        private boolean lueckeVorn() {
            return this.getBlickrichtung() == Hamster.WEST
                    && this.getReihe() == this.luecke.getReihe()
                    && this.getSpalte() == this.luecke.getSpalte() + 1;
        }
}

void main() {
    int ANZAHL_ERZEUGER = 4;
    int ANZAHL_VERBRAUCHER = 3;
    int ANZAHL_ERLAUBTE_KOERNER = 2;

    Luecke luecke = new Luecke(2, 4);

    // exklusiver Zugang zur Luecke
    Semaphore semMutex = new Semaphore(1);

    // erlaubte Koerner in Luecke
    Semaphore semErzeugen = new Semaphore(
            ANZAHL_ERLAUBTE_KOERNER);

    // aktuell liegt kein Korn in der Luecke
    Semaphore semVerbrauchen = new Semaphore(0);

    for (int i = 0; i < ANZAHL_ERZEUGER; i++) {
        (new ErzeugerHamster(0, 0, Hamster.OST, 1000,
                luecke, semMutex, semErzeugen,
                semVerbrauchen)).start();
    }

    for (int i = 0; i < ANZAHL_VERBRAUCHER; i++) {
        (new VerbraucherHamster(0, 6, Hamster.WEST, 0,
                luecke, semMutex, semErzeugen,
                semVerbrauchen)).start();
    }
}
```

## 12.4.3 Beispielprogramm 3

In Kapitel 11.4.4 haben wir einen Lösungsansatz des Philosophen-Problems aus Kapitel 11.3 kennengelernt, der darin besteht, Deadlocks dadurch zu vermeiden, dass einer der Philosophen mit überkreuzten Armen isst. Diesen Lösungsansatz werden wir im Folgenden nochmals durch Verwendung der Klasse java.util.concurrent.Semaphore implementieren.

Es fallen denkbar wenige Änderungen gegenüber der Lösung aus Kapitel 11.4.4 an. Alles was wir tun müssen, ist die Klasse Gabel anstatt von der Klasse Mailbox von der Klasse java.util.con-

current.Semaphore abzuleiten. Eine Gabel kann nur exklusiv benutzt werden, entspricht also einem binären Semaphor, weshalb wir den super-Konstruktor mit dem Wert 1 aufrufen. Weiterhin
geben wir an, dass der Semaphor fair sein soll, sodass die Philosophen-Hamster nicht verhungern
können. Beim Aufnehmen der Gabel wird die geerbte Methode acquireUninterruptibly aufgerufen. Dadurch wird ein Hamster blockiert, solange die Gabel besetzt ist. Das Ablegen einer Gabel
wird durch den Aufruf der geerbten Methode release implementiert, wodurch signalisiert wird,
dass die Gabel wieder frei ist.

```java
import java.util.concurrent.Semaphore;

class Gabel extends Semaphore {

    private Position pos;

    Gabel(int reihe, int spalte) {
        super(1, true);
        this.pos = new Position(reihe, spalte);
    }

    void aufnehmen() {
        this.acquireUninterruptibly();
    }

    void ablegen() {
        this.release();
    }

    Position getPosition() {
        return this.pos;
    }

    int getReihe() {
        return this.pos.getReihe();
    }

    int getSpalte() {
        return this.pos.getSpalte();
    }
}
```

Der Vollständigkeit halber wird auch nochmal der Rest des Programms aufgeführt.

```java
class Position {

    private int reihe;

    private int spalte;

    Position(int r, int s) {
        this.reihe = r;
        this.spalte = s;
    }
```

```
    int getReihe() {
        return this.reihe;
    }

    int getSpalte() {
        return this.spalte;
    }
}

class Philosoph extends AllroundHamster {

    private int sitzReihe;

    private int sitzSpalte;

    private int sitzRichtung;

    private Gabel linkeGabel;

    private Gabel rechteGabel;

    Philosoph(int r, int s, int b, Gabel linkeGabel,
            Gabel rechteGabel) {
        super(r, s, b, 0);
        this.sitzReihe = r;
        this.sitzSpalte = s;
        this.sitzRichtung = b;
        this.linkeGabel = linkeGabel;
        this.rechteGabel = rechteGabel;
    }

    public void lebe() {
        this.start();
    }

    public void run() {
        while (true) {
            this.denken();
            this.nimmGabeln();
            this.essen();
            this.gibGabeln();
        }
    }

    private void nimmGabeln() {

        // nimm linke Gabel
        this.linkeGabel.aufnehmen();
        this.laufeZuKachel(this.linkeGabel.getReihe(),
                this.linkeGabel.getSpalte());
        this.nimm();
```

```
        // nimm rechte Gabel
        this.rechteGabel.aufnehmen();
        this.laufeZuKachel(this.rechteGabel.getReihe(),
                this.rechteGabel.getSpalte());
        this.nimm();

        // zurueck zum Platz
        this.laufeZuKachel(this.sitzReihe, this.sitzSpalte);
        this.setzeBlickrichtung(this.sitzRichtung);
    }

    private void gibGabeln() {

        // gib linke Gabel
        this.laufeZuKachel(this.linkeGabel.getReihe(),
                this.linkeGabel.getSpalte());
        this.gib();
        this.linkeGabel.ablegen();

        // gib rechte Gabel
        this.laufeZuKachel(this.rechteGabel.getReihe(),
                this.rechteGabel.getSpalte());
        this.gib();
        this.rechteGabel.ablegen();

        // zurueck zum Platz
        this.laufeZuKachel(this.sitzReihe, this.sitzSpalte);
        this.setzeBlickrichtung(this.sitzRichtung);
    }

    private void denken() {
        int bedenkZeit = (int) (Math.random() * 5000);
        this.schlafen(bedenkZeit);
    }

    private void essen() {
        this.schreib("Hmmmm, das schmeckt!");
        int kauZeit = (int) (Math.random() * 3000);
        this.schlafen(kauZeit);
    }
}

void main() {
    Gabel[] gabeln = new Gabel[8];
    gabeln[0] = new Gabel(1, 1);
    gabeln[1] = new Gabel(3, 1);
    gabeln[2] = new Gabel(5, 1);
    gabeln[3] = new Gabel(5, 3);
    gabeln[4] = new Gabel(5, 5);
    gabeln[5] = new Gabel(3, 5);
    gabeln[6] = new Gabel(1, 5);
    gabeln[7] = new Gabel(1, 3);
```

```
// Philosoph p1 isst mit ueberkreuzten Armen
Philosoph p1 = new Philosoph(2, 1, Hamster.OST,
        gabeln[1], gabeln[0]);
Philosoph p2 = new Philosoph(4, 1, Hamster.OST,
        gabeln[1], gabeln[2]);
Philosoph p3 = new Philosoph(5, 2, Hamster.NORD,
        gabeln[2], gabeln[3]);
Philosoph p4 = new Philosoph(5, 4, Hamster.NORD,
        gabeln[3], gabeln[4]);
Philosoph p5 = new Philosoph(4, 5, Hamster.WEST,
        gabeln[4], gabeln[5]);
Philosoph p6 = new Philosoph(2, 5, Hamster.WEST,
        gabeln[5], gabeln[6]);
Philosoph p7 = new Philosoph(1, 4, Hamster.SUED,
        gabeln[6], gabeln[7]);
Philosoph p8 = new Philosoph(1, 2, Hamster.SUED,
        gabeln[7], gabeln[0]);
p1.lebe();
p2.lebe();
p3.lebe();
p4.lebe();
p5.lebe();
p6.lebe();
p7.lebe();
p8.lebe();
}
```

## 12.5 Aufgaben

Viele Beispielprogramme und Aufgaben, die in den vergangenen Kapiteln mit Hilfe des klassischen Synchronisationsansatzes von Java gelöst wurden, lassen sich natürlich auch mit Hilfe von Semaphoren und expliziten Sperren lösen. Sie sollen genau das in den folgenden Übungsaufgaben bewerkstelligen. Gehen Sie dabei am besten so vor, dass sie sich zunächst mit den Aufgaben auseinandersetzen, ohne einen Blick in die Lösungen der vergangenen Kapitel zu werfen. Vergleichen Sie anschließend die unterschiedlichen Lösungen miteinander.

### 12.5.1 Aufgabe 1

In Beispielprogramm 1 in Abschnitt 12.4.1 wurde das Hamster-Erzeuger-Verbraucher-Problem durch den Einsatz expliziter Sperren gelöst. Ändern Sie die Lösung aus Abschnitt 12.4.1 dahingehend ab, dass nicht maximal 1 Korn sondern maximal $n$ Körner in der Lücke abgelegt werden dürfen, wobei $n$ der Anzahl an Körnern im Maul des Standard-Hamsters entspricht. Zu jedem Zeitpunkt darf sich aber maximal ein Hamster in der Lücke befinden.

## 12.5.2 Aufgabe 2

In Beispielprogramm 2 in Abschnitt 12.4.2 wurde das Hamster-Erzeuger-Verbraucher-Problem durch den Einsatz von Semaphoren gelöst. In der Lücke durften maximal $n$ Körner liegen. Zu jedem Zeitpunkt durfte sich nur ein Hamster in der Lücke aufhalten. Letztere Bedingung soll in dieser Aufgabe aufgeweicht werden: Zu jedem Zeitpunkt dürfen sich $m$ Hamster gleichzeitig in der Lücke aufhalten, wobei $m$ eine Zahl größer als 0 ist, die bei Programmstart feststeht.

## 12.5.3 Aufgabe 3

Versuchen Sie, eine alternative Lösung des Philosophen-Problems in Abschnitt 12.4.3 zu finden und zu implementieren, die auch auf dem Einsatz von Semaphoren basiert.

## 12.5.4 Aufgabe 4

Das Bodyguard-Programm in Abschnitt 12.1.4 endet nie. Sobald der vordere Bodyguard eine Mauer erreicht, terminiert er. Er teilt dies aber den anderen Hamstern nicht mit, sodass diese endlos warten. Ändern Sie dies bitte.

## 12.5.5 Aufgabe 5

In Abschnitt 12.1.4 wurde die Methode `tryAcquire` der Klasse `java.util.concurrent.Semaphore` vorgestellt. Überlegen Sie einmal, wie man diese Methode mit Hilfe der Methoden `availablePermits` und `acquireUninterruptibly` und durch Einsatz der Standard-Synchronisationsmechanismen von Java implementieren könnte.

## 12.5.6 Aufgabe 6

Bereits mehrfach haben wir uns mit dem Hamster-Höhlen-Problem beschäftigt: Der Standard-Hamster hat im Hamster-Territorium eine Höhle entdeckt (siehe Abbildung 12.5). Er ist neugierig, was sich am anderen Ende der Höhle befindet. Allerdings leidet er unter Platzangst und kann daher den engen Höhlengang nicht durchqueren. Also ruft er seine Freunde herbei, die ihm natürlich helfen wollen. Da die Luft in der Höhle ziemlich schlecht ist, entscheiden diese, nacheinander die Höhle zu durchqueren, um ja nicht in die Gefahr eines qualvollen Erstickungstodes zu kommen.

Lösen Sie das Hamster-Höhlen-Problem durch den Einsatz

1. von Semaphoren,

2. von expliziten Sperren.

Vergleichen Sie Ihre Lösung mit den Lösungen aus Kapitel 6.5.1, 7.8.1, 8.7.1 und 11.5.5.

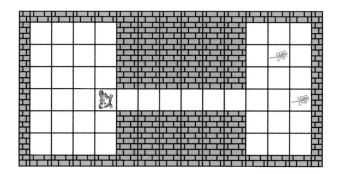

Abbildung 12.5: Typisches Hamster-Territorium zu Aufgabe 6

## 12.5.7 Aufgabe 7

Entwickeln Sie eine erweiterte Hamster-Klasse `XHamster`, die sicherstellt, dass ein XHamster nur dann den vor-Befehl ausführt, wenn sich auf der Kachel vor ihm kein anderer XHamster befindet. Implementieren Sie zwei Lösungen:

1. Wenn die Kachel vor einem XHamster durch einen anderen XHamster besetzt ist, soll er warten, bis die Kachel wieder frei ist.

2. Wenn die Kachel vor einem XHamster durch einen anderen XHamster besetzt ist, soll die vor-Methode eine entsprechende Exception werfen.

Definieren Sie die Klasse `XHamster` durch den Einsatz von Semaphoren bzw. expliziten Sperren.

## 12.5.8 Aufgabe 8

Implementieren Sie das Diskotheken-Problem aus Abschnitt 12.1.2 durch den Einsatz expliziter Sperren.

## 12.5.9 Aufgabe 9

Implementieren Sie das Hamster-Brücken-Problem aus Kapitel 11.1 durch den Einsatz von Semaphoren.

## 12.5.10 Aufgabe 10

In Kapitel 11.4 wurde die Kommunikation zwischen Threads über Nachrichten vorgestellt. Insbesondere wurde eine Klasse `Mailbox` definiert, mit der ein indirekter Nachrichtenaustausch simuliert werden kann. Implementieren Sie die Klasse durch den Einsatz von Semaphoren bzw. expliziten Sperren.

## 12.5.11 Aufgabe 11

Gegeben sei das folgende „Hamster-Turmbesteigungsproblem": Die Hamster haben einen Aussichtsturm in ihr Territorium gebaut. Der Weg auf den Turm und vom Turm herunter führt über eine schmale Körnertreppe (siehe auch Abbildung 12.6). Die Treppe ist so schmal, dass sie immer nur in eine Richtung begangen werden kann.

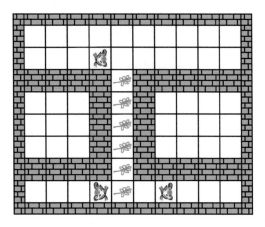

Abbildung 12.6: Typisches Hamster-Territorium zu Aufgabe 11

Entwickeln Sie ein Hamster-Programm, das das Hamster-Turmbesteigungsproblem umsetzt. Ein Hamster darf nur dann die Treppe hoch- bzw. hinabsteigen, wenn ihm keiner entgegenkommt. Es dürfen sich jedoch mehrere Hamster auf der Treppe befinden, wenn sie in dieselbe Richtung gehen. Setzen Sie zur Synchronisation der Hamster Semaphore oder explizite Sperren ein.

Vergleichen Sie die Lösung mit Ihrer Lösung von Aufgabe 7 aus Kapitel 11.5.7.

## 12.5.12 Aufgabe 12

Die Hamster haben sich eine Autorennstrecke in ihr Territorium gebaut (siehe Abbildung 12.7). Sie besteht aus zwei freien Bahnen und kann prinzipiell beliebig groß sein.

Auf der Strecke können sich beliebig viele Renn-Hamster befinden, die unterschiedlich schnell sind. Gefahren wird immer gegen den Uhrzeigersinn. Die Renn-Hamster sind natürlich bestrebt, den kürzesten Weg zu fahren. Deshalb benutzen sie standardmäßig die innere Bahn. Allerdings darf sich in diesem Szenario auf einer Kachel immer nur maximal ein Renn-Hamster befinden, d.h. beim Überholen muss ein Renn-Hamster auf die Außenbahn ausweichen und muss dort so lange bleiben, bis der Überholvorgang abgeschlossen ist. Erst dann darf er wieder auf die Innenbahn wechseln.

Implementieren Sie dieses Hamster-Autorennen-Szenario. Setzen Sie dabei zur Synchronisation der Renn-Hamster Semaphore oder explizite Sperren ein.

Vergleichen Sie die Lösung mit Ihrer Lösung von Aufgabe 9 aus Kapitel 11.5.9.

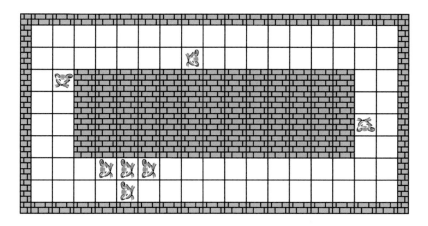

Abbildung 12.7: Typisches Hamster-Territorium zu Aufgabe 12

### 12.5.13 Aufgabe 13

Der Dekker- und der Peterson-Schlossalgorithmus wurden in Abschnitt 12.3 für den Fall implementiert, dass $n = 2$ Prozesse um das Betreten eines kritischen Abschnittes konkurrieren. Verallgemeinern Sie die beiden Algorithmen für $n >= 2$.

Genauso wie bereits im vorangehenden Kapitel werden in diesem Kapitel Konzepte der parallelen Programmierung bzw. der Thread-Programmierung in Java vorgestellt, die erst mit der Version 1.5 bzw. 5.0 in Java integriert wurden. Die entsprechend zur Verfügung gestellten Klassen sind dabei eigentlich obsolet und können prinzipiell mit den Basis-Thread-Mechanismen von Java reimplementiert werden.[1] Daher ist dieses Kapitel auch mit „Zugabe" betitelt. Die Klassen erleichtern einem Programmierer jedoch in vielen Fällen das Leben. Daher dient dieses Kapitel zum einen zur Vorstellung weiterführender Konzepte der parallelen Programmierung und zum anderen auch der Wiederholung und Vertiefung beim Einsatz der Basis-Thread-Mechanismen.

In Abschnitt 1 dieses Kapitels werden JDK-Klassen vorgestellt, die es erlauben, atomar, d.h. ohne Unterbrechung, den Wert einer Variablen abzufragen und unter Umständen neu zu setzen. Damit lassen sich bspw. kritische Abschnitte sichern, ohne Threads blockieren zu müssen. Queues sind spezielle Speicherklassen, um Informationen zwischenzuspeichern. Das JDK stellt eine Reihe von Queues mit unterschiedlichen Eigenschaften zur Verfügung, auf die in Abschnitt 2 eingegangen wird. Zum bilateralen Informationsaustausch zwischen zwei Threads kann die JDK-Klasse Exchanger eingesetzt werden, wie Abschnitt 3 zeigt. Eine weitere JDK-Klasse namens CountDownLatch kann genutzt werden, um Threads so lange zu blockieren, bis eine bestimmte Anzahl an Aktionen ausgeführt wurde, sprich ein Countdown heruntergezählt worden ist. Hierauf geht Abschnitt 4 ein. Ebenfalls dem Warten dient die in Abschnitt 5 eingeführte JDK-Klasse CyclicBarrier. Sie kann dazu genutzt werden, dass mehrere Threads an definierten Sammelpunkten aufeinander warten. So genannte Thread-Pools beinhalten intern eine Reihe unter Umständen bereits gestarteter Threads. An Thread-Pools können auszuführende Aufträge übergeben werden, die dann von einem der internen Threads bearbeitet werden. Das Thread-Pool-Konzept sowie der Einsatz von im JDK bereits definierten Thread-Pooling-Klassen werden in Abschnitt 6 demonstriert. Abschnitt 7 geht auf die Klasse FutureTask ein, mit der genau das erreicht werden kann, was wir bereits in Kapitel 5.10.3 selbst implementiert haben, nämlich dass Threads Werte berechnen und liefern können. Bevor das Kapitel und auch das Buch in Abschnitt 9 mit einigen Übungsaufgaben enden, enthält Abschnitt 8 noch eine kurze Schlussbemerkung.

## 13.1 Atomare Variablen

Wir haben in Kapitel 7 gesehen, welche unter Umständen dramatische Auswirkungen der nicht-synchronisierte Zugriff mehrerer Prozesse auf gemeinsame Variablen haben kann. Schauen Sie sich insbesondere nochmal das Konto-Beispiel in Kapitel 7.1.2 an. Bei einer nicht-synchronisierten Implementierung konnten auf ein Konto eingezahlte Gelder „verloren" gehen.

---

[1] In vielen der Aufgaben am Ende des Kapitels wird auch genau das von Ihnen gefordert.

Seit der Version 1.5 stellt Java im JDK-Paket `java.util.concurrent.atomic` Klassen für die Repräsentation so genannter *atomarer Variablen* zur Verfügung, mit denen derartige Probleme ohne den Einsatz von Sperren gelöst werden können. Hintergrund der atomaren Variablen ist der, dass CPUs traditionell mit dem so genannten *Compare-And-Set-Befehl* einen Assemblerbefehl anbieten, mit dem eine Speicherstelle atomar, d.h. ohne Unterbrechung, überprüft und auf einen neuen Wert gesetzt werden kann. Die Klassen des Pakets `java.util.concurrent.atomic` nutzen diesen Assembler-Befehl und können zu einer besseren Performanz führen, weil auf den Einsatz von Sperren verzichtet werden kann.

## 13.1.1 AtomicInteger

Schauen wir uns einmal exemplarisch die Klasse `AtomicInteger` an. Sie definiert unter anderem folgende Methoden:

```
package java.util.concurrent.atomic;

public class AtomicInteger extends java.lang.Number {
    public AtomicInteger(int initialValue)
    public final void set(int newValue)
    public final int get()

    public final boolean compareAndSet(int expect, int update)
    public final int addAndGet(int delta)

    public final int getAndIncrement()
    public final int getAndDecrement()
    public final int getAndAdd(int delta)
}
```

Ein AtomicInteger-Objekt kapselt eine interne int-Variable, deren initialer Wert dem Konstruktor übergeben wird. Über die Methoden `get` und `set` kann der gekapselte int-Wert abgefragt bzw. gesetzt werden. Die Methode `compareAndSet` entspricht dem angesprochenen Assembler-Befehl: Falls der aktuell im AtomicInteger-Objekt gespeicherte int-Wert gleich dem ersten Parameterwert ist, wird der internen Variablen der Wert des zweiten Parameters zugewiesen und `true` geliefert. Falls die Gleichheitsüberprüfung fehlschlägt, bleibt die interne Variable unverändert und es wird `false` geliefert. Die Überprüfung und Wertveränderung wird dabei als atomare Aktion durchgeführt, d.h. während der Ausführung der Methode wird dem aktiven Thread nicht der Prozessor entzogen. Ebenfalls atomar ist die Methode `addAndGet`. Sie addiert den als Parameter übergebenen Wert zur internen Variablen und liefert deren neuen Wert als Ergebnis zurück. Die Methoden `getAndIncrement` und `getAndDecrement` entsprechen den Operationen i++ bzw. i-- für eine int-Variable i, d.h. sie liefern den alten Wert und erhöhen bzw. erniedrigen anschließend den Wert der internen Variablen um 1, und zwar atomar. Die Methode `getAndAdd` verallgemeinert die letzten beiden Operationen.

Eine Thread-sichere Klasse Konto, die die Klasse `AtomicInteger` nutzt und daher ohne Sperren auskommt, hat folgende Gestalt:

```
import java.util.concurrent.atomic.AtomicInteger;

class Konto {
```

```
AtomicInteger kontostand;

Konto() {
    this.kontostand = new AtomicInteger(0);
}

int einzahlen(int betrag) {

    // atomar; liefert neuen Kontostand
    return this.kontostand.addAndGet(betrag);
}

int getKontoStand() {
    return this.kontostand.get();
}
}
```

## 13.1.2 Schlossvariablen

Eine weitere Klasse des JDK-Paketes `java.util.concurrent.atomic` ist die Klasse Atomic-
Boolean. Sie definiert unter anderem folgende Methoden:

```
package java.util.concurrent.atomic;

public class AtomicBoolean extends java.lang.Object {
    public AtomicBoolean(boolean initialValue)
    public final void set(boolean newValue)
    public final boolean get()
    public final boolean compareAndSet(boolean expect,
                                       boolean update)
    public final boolean getAndSet(boolean newValue)
}
```

Die Semantik der Methoden ergibt sich unmittelbar aus deren Namen. Die Methoden werden atomar
durchgeführt. Insbesondere interessant ist die Methode `compareAndSet`. Falls der Wert des ersten
Parameters gleich dem gekapselten internen Wert ist, wird der interne Wert auf den Wert des zweiten
Parameters gesetzt und `true` geliefert. Im anderen Fall passiert nichts und es wird `false` geliefert.

Die Methode `compareAndSet` können wir nutzen, um eine Klasse `BinaerSemaphor` zu definieren,
wie wir es bereits in Kapitel 12.3 mit Schlossvariablen versucht haben.

```
import java.util.concurrent.atomic.AtomicBoolean;

class BinaerSemaphor {

    private AtomicBoolean frei = new AtomicBoolean(true);

    public void p() { // passieren
        while (!this.frei.compareAndSet(true, false)) {
            // aktives Warten
        }
```

```
        // kritischer Abschnitt kann nun betreten werden und ist
        // damit belegt
    }

    public void v() {  // verlassen
        this.frei.set(true);

        // kritischer Abschnitt ist wieder verlassen worden und
        // ist damit frei
    }
}
```

Durch die Methode `compareAndSet` wird atomar überprüft, ob der interne Wert des Attributs `frei` true ist. Falls ja, wird er auf `false` gesetzt und `true` geliefert, d.h. die Schleife wird beendet. Falls nein, wird `false` geliefert und aktiv gewartet.

## 13.2 Queues

Für das Speichern einer a priori unbekannt großen Anzahl an Objekten stellt das JDK im Paket `java.util` mehrere Klassen zur Verfügung. Die sicher am häufigsten verwendete Klasse ist die Klasse `ArrayList`, die quasi ein unbegrenzt großes Array repräsentiert. Mit der Methode `add` kann bspw. ein Objekt hinten angefügt werden. Die Methode `get` liefert das Objekt, das beim als Parameter übergebenen Index gespeichert ist.

```
package java.util;

public class ArrayList<E> {
    public ArrayList()
    public boolean add(E o)
    public E get(int index)
    ...
}
```

Neben der Klasse `ArrayList` existiert im JDK-Paket `java.util` eine weitere Klasse namens `Vector`, die quasi analoge Methoden definiert. Frage: Was ist der Grund für die Existenz zweier scheinbar identischer Klassen? Antwort: Die Klasse `ArrayList` ist nicht Thread-sicher, d.h. nutzen mehrere Threads ein gemeinsames Objekt der Klasse `ArrayList`, kann es bei einem nicht-synchronisierten Zugriff auf das Objekt zu Fehlern kommen. Dahingegen sind bei der Klasse `Vector` alle gefährdeten Methoden als `synchronized` deklariert, die Klasse ist Thread-sicher. Durch das Absperren der kritischen Abschnitte ist sie jedoch weniger performant.

```
package java.util;

public class Vector<E> {
    public ArrayList()
    public synchronized boolean add(E e)
    public synchronized E get(int index)
    ...
}
```

Für den geregelten Austausch von Objekten zwischen Threads stellt das JDK weitere Interfaces und Klassen insbesondere in den Paketen `java.util` und `java.util.concurrent` zur Verfügung. Diese unterstützen vor allem die Implementierung von Erzeuger-Verbraucher-Problemen (siehe auch Kapitel 11.2). Erzeuger produzieren Daten, die unter Umständen zwischengespeichert werden müssen, bevor sie von Verbrauchern abgefragt werden. Die bereitgestellten Klassen unterscheiden sich durch die implementierte Auslieferungsstrategie und dadurch, ob die Speicherkapazität begrenzt ist oder nicht. Die wichtigsten dieser so genannten *Queues* werden im Folgenden kurz charakterisiert:

- Die Klasse `ArrayBlockingQueue` ist eine Queue mit begrenzter Anzahl an Speicherplätzen und einer FIFO-Auslieferungsstrategie[2] Ein Thread, der ein Objekt in die Queue einstellen wird, wird blockiert, falls die Queue voll ist. Ein Thread, der ein Objekt aus der Queue abfragen will, wird blockiert, falls die Queue leer ist.

- Die Klasse `LinkedBlockingQueue` unterscheidet sich von der Klasse `ArrayBlockingQueue` dadurch, dass die Anzahl an Speicherplätzen unbegrenzt ist. Blockiert werden können also nur noch konsumierende Threads.

- Die Klasse `SynchronousQueue` besitzt keinen internen Speicher. Die Übergabe von Objekten zwischen Produzenten und Konsumenten erfolgt hier „on the fly". Der abspeichernde Thread wird blockiert, bis ein Konsument das Objekt entgegennimmt.

- Die Klasse `PriorityBlockingQueue` ist speicherplatzmäßig unbegrenzt. Die Klasse unterscheidet sich von der Klasse `LinkedBlockingQueue` durch die implementierte Auslieferungsstrategie. Die gespeicherten Objekte werden nach einer Strategie, die auf Prioritäten basiert, geliefert. Die Berechnung der Prioritäten erfolgt dabei gemäß der natürlichen Ordnung der Objekte oder über einen *Comparator*, der dem Konstruktor übergeben werden kann.

- Die Klasse `DelayQueue` ist von der Speicherkapazität her unbegrenzt und liefert ihre Objekte aufgrund einer Verzögerungsstrategie aus. Jedes Objekt legt selbst fest, wie lange es in der Queue verweilen muss, bevor es abgerufen werden kann.

Um die Funktionalität von Queues zu demonstrieren, schauen wir uns im Folgenden die Klasse `ArrayBlockingQueue` etwas genauer an und implementieren mit ihrer Hilfe das Hamster-Erzeuger-Verbraucher-Problem (siehe Kapitel 11.2).

```
package java.util.concurrent;

class ArrayBlockingQueue<E> {
    public ArrayBlockingQueue(int capacity)
    public void put(E obj) throws InterruptedException
    public E take() throws InterruptedException
    public E poll()
    public int remainingCapacity()
    public int size()
}
```

Im Konstruktor wird die maximale Speicherkapazität übergeben. Die Methode `put` dient zum Abspeichern eines Objektes. Ist die Queue voll, wird der aufrufende Thread blockiert, bis ein Platz frei wird. Das am längsten in der Queue verweilende Objekt kann mit der Methode `take` abgefragt und aus der Queue entfernt werden. Ist die Queue leer, wird der aufrufende Thread blockiert, bis ein neues Objekt abgespeichert wird. Im Gegensatz zu `take` blockiert die Methode `poll` nicht, sondern

---

[2]FIFO = First-In-First-Out, d.h. das am längsten in der Queue verweilende Objekt wird als nächstes geliefert.

liefert den Wert `null`, falls die Queue leer ist. Über die Methode `remainingCapacity` kann die Anzahl an aktuell freien Speicherplätzen abgefragt werden. `size` liefert die Anzahl an Objekten, die aktuell in der Queue abgespeichert sind.

An der Lösung des Hamster-Erzeuger-Verbraucher-Problems ist vor allem die Klasse Luecke interessant, die ein Objekt der Klasse `ArrayBlockingQueue` einsetzt. Im Gegensatz zu Kapitel 11.2 dürfen bei dieser Lösung *n* Körner gleichzeitig in der Lücke abgelegt werden. Dem Queue-Objekt wird im Konstruktor diese Zahl *n*, die ja die Anzahl maximaler Speicherplätze angibt, übergeben.

Versucht ein Erzeuger-Hamster mittels der Lücken-Methode put ein Korn in der Lücke abzulegen, wird er automatisch beim Aufruf der Queue-Methode put blockiert, wenn in der Lücke aktuell bereits *n* Körner abgelegt sind. Auf Verbraucher-Seite führt ein Aufruf der Queue-Methode take zur Blockade, wenn die Lücke leer ist. Andernfalls wird ein Objekt aus der Queue entfernt und der Weg zur Lücke ist für den Verbraucher frei.

```
import java.util.concurrent.ArrayBlockingQueue;
import java.util.concurrent.Semaphore;

class Luecke {

    private int reihe;

    private int spalte;

    private ArrayBlockingQueue<Object> speicher;

    private Semaphore mutex;

    Luecke(int r, int s, int maxKoerner) {
        this.reihe = r;
        this.spalte = s;
        this.speicher = new ArrayBlockingQueue<Object>(
                maxKoerner);
        this.mutex = new Semaphore(1);
    }

    void put(Hamster ham) {
        if (ham.maulLeer()) {
            return;
        }
        try {

            // abspeichern bzw. warten, falls voll
            this.speicher.put(new Object());
        } catch (InterruptedException exc) {
        }

        // exklusiver Zutritt zur Luecke
        this.mutex.acquireUninterruptibly();
        try {
            ham.vor();
            ham.gib();
            ham.linksUm();
```

```
            ham.linksUm();
            ham.vor();
        } finally {
            this.mutex.release();
        }
    }

    void get(Hamster ham) {
        try {

            // warten, falls leer, bzw. entfernen
            this.speicher.take();
        } catch (InterruptedException exc) {
        }

        // exklusiver Zutritt zur Luecke
        this.mutex.acquireUninterruptibly();
        try {
            ham.vor();
            ham.nimm();
            ham.linksUm();
            ham.linksUm();
            ham.vor();
        } finally {
            this.mutex.release();
        }
    }

    int getReihe() {
        return this.reihe;
    }

    int getSpalte() {
        return this.spalte;
    }
}

class ErzeugerHamster extends AllroundHamster {

    private Luecke luecke;

    ErzeugerHamster(int r, int s, int b, int k, Luecke luecke) {
        super(r, s, b, k);
        this.luecke = luecke;
    }

    public void run() {
        while (true) {
            this.umherlaufen();
            if (!this.maulLeer()) {
                this.zurLueckeLaufen();
                this.kornAblegen();
```

```
            }
        }
    }

    private void umherlaufen() {
        int anzahlAktionen = (int) (Math.random() * 15);
        for (int i = 0; i < anzahlAktionen; i++) {
            int blickrichtung = (int) (Math.random() * 4);
            this.setzeBlickrichtung(blickrichtung);
            if (this.vornFrei() && !this.lueckeVorn()) {
                this.vor();
            }
        }
    }

    private void zurLueckeLaufen() {
        this.laufeZuKachel(this.luecke.getReihe(), this.luecke
            .getSpalte() - 1);
        this.setzeBlickrichtung(Hamster.OST);
    }

    private void kornAblegen() {
        this.luecke.put(this);
    }

    private boolean lueckeVorn() {
        return this.getBlickrichtung() == Hamster.OST
            && this.getReihe() == this.luecke.getReihe()
            && this.getSpalte() == this.luecke.getSpalte() - 1;
    }
}

class VerbraucherHamster extends AllroundHamster {

    private Luecke luecke;

    VerbraucherHamster(int r, int s, int b, int k, Luecke luecke) {
        super(r, s, b, k);
        this.luecke = luecke;
    }

    public void run() {
        while (true) {
            this.umherlaufen();
            this.zurLueckeLaufen();
            this.kornAufnehmen();
        }
    }

    private void umherlaufen() {
        int anzahlAktionen = (int) (Math.random() * 20);
        for (int i = 0; i < anzahlAktionen; i++) {
```

```
            int blickrichtung = (int) (Math.random() * 4);
            this.setzeBlickrichtung(blickrichtung);
            if (this.vornFrei() && !this.lueckeVorn()) {
                this.vor();
            }
        }
    }

    private void zurLueckeLaufen() {
        this.laufeZuKachel(this.luecke.getReihe(), this.luecke
                .getSpalte() + 1);
        this.setzeBlickrichtung(Hamster.WEST);
    }

    private void kornAufnehmen() {
        this.luecke.get(this);
    }

    private boolean lueckeVorn() {
        return this.getBlickrichtung() == Hamster.WEST
                && this.getReihe() == this.luecke.getReihe()
                && this.getSpalte() == this.luecke.getSpalte() + 1;
    }
}

void main() {

    int ANZAHL_ERZEUGER = 4;
    int ANZAHL_VERBRAUCHER = 3;
    int ANZAHL_ERLAUBTE_KOERNER = 2;

    Luecke luecke = new Luecke(2, 4, ANZAHL_ERLAUBTE_KOERNER);

    for (int i = 0; i < ANZAHL_ERZEUGER; i++) {
        (new ErzeugerHamster(0, 0, Hamster.OST, 1000, luecke))
                .start();
    }

    for (int i = 0; i < ANZAHL_VERBRAUCHER; i++) {
        (new VerbraucherHamster(0, 6, Hamster.WEST, 0,
                luecke)).start();
    }
}
```

Die über die Queue zwischen den Erzeuger- und Verbraucher-Hamstern ausgetauschten Objekte sind in diesem Beispiel unerheblich. Die Queue wird ausschließlich zur Synchronisation eingesetzt. Dass aber über Queues auch sinnvolle Informationen ausgetauscht werden können, zeigt das folgende Beispiel. In diesem wird ein blinder Hamster erzeugt. Er soll bis zur nächsten Wand laufen. Da er nicht sehen kann, schickt er einen Such-Hamster los. An der Wand angekommen, teilt dieser dem blinden Hamster mit, wie viele Schritte er ausführen muss.

Zum Informationsaustausch wird ein Objekt der Klasse SynchronousQueue verwendet. Die Klasse besitzt wie die Klasse ArrayBlockingQueue die Methoden put und take. Wie weiter oben bereits beschrieben, erfolgt der Informationsaustausch „on the fly". Ein die put-Methode ausführender Thread wartet, bis ein anderer Thread via take das Objekt entgegennimmt, und umgekehrt. Als Information übergibt der Such-Hamster in dem Beispiel die Anzahl an Schritten bis zur nächsten Wand.

```java
import java.util.concurrent.SynchronousQueue;

class BlinderHamster extends Hamster {

    private SynchronousQueue<Integer> queue;

    BlinderHamster(Hamster ham) {
        super(ham);
        this.queue = new SynchronousQueue<Integer>();
    }

    public void run() {
        int schritte = 0;
        Hamster helfer = new SuchHamster(this, this.queue);
        helfer.start();
        try {
            schritte = this.queue.take(); // warten auf Infos
        } catch (InterruptedException exc) {
        }
        for (int i = 0; i < schritte; i++) {
            this.vor();
        }
    }
}

class SuchHamster extends Hamster {

    private SynchronousQueue<Integer> queue;

    SuchHamster(Hamster ham, SynchronousQueue<Integer> queue) {
        super(ham);
        this.queue = queue;
    }

    public void run() {
        int schritte = 0;
        while (this.vornFrei()) {
            this.vor();
            schritte++;
        }
        try {
            this.queue.put(schritte); // Uebergabe der Infos
        } catch (InterruptedException exc) {
        }
    }
```

```
}

void main() {
    (new BlinderHamster(Hamster.getStandardHamster()))
        .start();
}
```

## 13.3 Exchanger

Die beiden Hamster Paul und Maria stehen sich in einem mauerlosen Territorium gegenüber, Paul an der linken Seite, Maria an der rechten Seite. In der Reihe, in der sie sich befinden, liegt genau ein Korn. Beide wollen zur gegenüberliegenden Seite, können sich aber unglücklicherweise nicht mehr an den Testbefehl erinnern, mit dem sie überprüfen können, ob sich vor ihnen eine Mauer befindet (vornFrei()). Aber sie haben von einem Hilfsmittel erfahren, das Java seit der Version 1.5 zur Verfügung stellt und das sie zur Lösung ihres Problems verwenden können: die Klasse Exchanger aus dem Paket java.util.concurrent.

Die Klasse Exchanger stellt unter anderem eine Methode exchange zur Verfügung, mit deren Hilfe zwei Threads wechselseitig Objekte austauschen können:

```
package java.util.concurrent;

public class Exchanger<V> {
    public Exchanger()
    public V exchange(V data) throws InterruptedException
}
```

Ruft ein Thread A für ein Exchanger-Objekt die Methode exchange auf, wird er blockiert bis ein anderer Thread für dasselbe Exchanger-Objekt ebenfalls die Methode exchange aufruft. In diesem Moment tauschen die beiden Threads ihre jeweils der Methode exchange als Parameter übergebenen Objekte aus. Für Thread A liefert die Methode exchange also das von Thread B übergebene Parameterobjekt und umgekehrt. Die Blockade von Thread A wird aufgehoben und beide Threads können weiterarbeiten.

Diese Klasse können in der Tat auch die beiden Hamster Paul und Maria nutzen. Sie treffen sich bei dem in der Reihe liegenden Korn. Beide zählen die Schritte, die sie bis zum Korn gebraucht haben. Am Korn tauschen sie diese Information aus und laufen anschließend die entsprechende Anzahl an Schritten weiter.

```
import java.util.concurrent.Exchanger;

class AustauschHamster extends AllroundHamster {

    private Exchanger<Integer> exchanger;

    AustauschHamster(int s, int b, Exchanger<Integer> ex) {
        super(0, s, b, 0);
        this.exchanger = ex;
    }
```

```
    public void run() {
        try {
            int ersteSchritte = this.hinLaufen();

            // Anzahl an Schritten austauschen
            int weitereSchritte = this.exchanger
                    .exchange(ersteSchritte);
            this.weiterLaufen(weitereSchritte);
        } catch (InterruptedException exc) {
        }
    }

    private int hinLaufen() {
        int schritte = 0;
        while (!this.kornDa()) {
            this.vor();
            schritte++;
        }
        return schritte;
    }

    private void weiterLaufen(int schritte) {
        for (int i = 0; i < schritte; i++) {
            this.vor();
        }
    }
}

void main() {
    Exchanger<Integer> exchanger = new Exchanger<Integer>();
    AustauschHamster paul = new AustauschHamster(0,
            Hamster.OST, exchanger);
    AustauschHamster maria = new AustauschHamster(
            Territorium.getAnzahlSpalten() - 1,
            Hamster.WEST, exchanger);
    paul.start();
    maria.start();
}
```

## 13.4 Countdown

Wieder einmal wollen die Hamster ein Wettrennen bestreiten. Spalte 0 ist die Startlinie und die nächste Wand ist als Ziel auserkoren worden. Der Standard-Hamster[3] fungiert als Schiedsrichter. Er hat eine Starter-Pistole und verkündet „Auf die Plätze ... fertig ... los!" Bei „los" erfolgt der Startschuss und das Rennen beginnt.

Damit keiner der Läufer einen Fehlstart begehen kann, hat sich der Standard-Hamster etwas einfallen lassen. Er benutzt die JDK-Klasse CountDownLatch aus dem Paket java.util.concurrent:

---

[3]genauer der Main-Thread

```
package java.util.concurrent;

public class CountDownLatch {

    public CountDownLatch(int initCount)
    public void await() throws InterruptedException
    public void countDown()
    ...
}
```

Alle Läufer müssen als erstes die await-Methode eines CountDownLatch-Objektes aufrufen. Dadurch werden sie blockiert, bis ein interner Countdown-Zähler des Objektes den Wert 0 annimmt. Der Standard-Hamster initialisiert den internen Countdown-Zähler beim Aufruf des Konstruktors des CountDownLatch-Objektes mit dem Wert 3. Nach „Auf die Plätze", „fertig" und „los!" ruft er jeweils die Methode countDown auf, was jedes Mal dazu führt, dass der interne Countdown-Zähler um den Wert 1 erniedrigt wird. Nach „los!" und dem Startschuss ist, da der Zähler den Wert 0 erreicht hat, der Countdown beendet: Alle Läufer werden deblockiert und können loslaufen.

Doch halt, es gibt einen Nachzügler, der sich nicht schnell genug umgezogen hatte. Dieser ruft die await-Methode erst nach dem Startschuss auf, d.h. nachdem der interne Countdown-Zähler den Wert 0 erhält. Das macht jedoch nichts aus, denn die Methode await blockiert nicht, wenn der Zähler bereits den Wert 0 erreicht hat. Der Nachzügler kann also unmittelbar den anderen Läufern hinterherlaufen.

```
import java.util.concurrent.CountDownLatch;

class Laeufer extends AllroundHamster {

    private CountDownLatch startschuss;

    private CountDownLatch ende;

    Laeufer(int r, int s, CountDownLatch startschuss,
            CountDownLatch ende) {
        super(r, s, Hamster.OST, 0);
        this.startschuss = startschuss;
        this.ende = ende;
    }

    public void run() {
        try {

            // auf Startschuss warten
            this.startschuss.await();

            // Wettrennen ist gestartet
            while (this.vornFrei()) {
                this.vor();
            }

            // geschafft
            this.ende.countDown();
```

```
        } catch (InterruptedException exc) {
        }
    }
}

void main() {
    int ANZAHL_LAEUFER = 5;
    Hamster starter = Hamster.getStandardHamster();

    CountDownLatch start = new CountDownLatch(3);
    CountDownLatch ende = new CountDownLatch(ANZAHL_LAEUFER);

    for (int i = 1; i < ANZAHL_LAEUFER; i++) {
        (new Laeufer(i, 0, start, ende)).start();
    }

    starter.schreib("Auf die Plaetze ...");
    start.countDown();
    try {
        Thread.sleep(1000);
    } catch (InterruptedException exc) {
    }
    starter.schreib("... fertig ...");
    start.countDown();
    try {
        Thread.sleep(800);
    } catch (InterruptedException exc) {
    }
    starter.schreib("... los!");
    start.countDown();

    // Wettrennen ist gestartet

    // Nachzuegler
    (new Laeufer(0, 0, start, ende)).start();

    try {
        // auf Ende warten
        ende.await();
    } catch (InterruptedException exc) {
    }

    // Ende verkuenden
    starter.schreib("Alle Leufer haben das Ziel erreicht!");
}
```

In dem Programm wird neben dem startschuss-CountDownLatch-Objekt ein weiteres CountDown-Latch-Objekt ende eingesetzt. Dieses wird mit der Anzahl an Läufern initialisiert. Nach dem Startschuss ruft der Standard-Hamster die await-Methode für dieses Objekt auf und wird somit blockiert. Auf der anderen Seite ruft jeder Läufer nach dem Erreichen des Ziels einmal die countDown-Methode auf. Der Countdown ist also beendet, wenn alle Läufer im Ziel sind, was der Standard-Hamster den Zuschauern verkündet.

## 13.5 Sammelpunkte

Die Hamster haben Urlaub. Sie sind ins Gebirge gefahren und wollen Bergsteigen. Vor ihnen befindet sich gerade ein regelmäßiger Berg unbekannter Höhe, dessen Gipfel sie erklimmen wollen (siehe Abbildung 13.1).

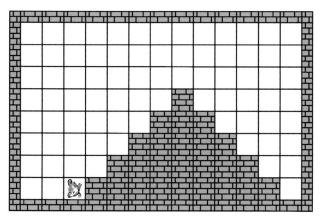

Abbildung 13.1: Regelmäßiger Berg

Da die Hamster keine besonders erfahrenen Bergsteiger sind und sich keiner Gefahr aussetzen wollen, haben sie beschlossen, möglichst dicht zusammenzubleiben, genauer: Sie wollen jede zweite Stufe aufeinander warten. Hierzu setzen sie ein Objekt der Klasse CyclicBarrier aus dem JDK-Paket java.util.concurrent ein:

```
package java.util.concurrent;

class CyclicBarrier {

    public CyclicBarrier(int anzahl)
    public int await() throws InterruptedException,
                              BrokenBarrierException
    ...
}
```

Die Klasse CyclicBarrier kann zur Umsetzung von Sammelpunkten für mehrere Threads eingesetzt werden. Initialisiert wird ein CyclicBarrier-Objekt dazu mit der Anzahl $n$ an teilnehmenden Threads. Ruft ein Thread die Methode await des CyclicBarrier-Objektes auf, wird er blockiert, bis diese Methode auch von den anderen Threads aufgerufen wurde. Haben $n$ Threads die Methode aufgerufen, werden alle deblockiert und können weitermachen. Der Name *Cyclic*Barrier rührt daher, dass sich das Treffen an Sammelpunkten zyklisch wiederholen kann.

Zur Realisierung der regelmäßigen Sammelpunkte auf jeder zweiten Stufe müssen also alle Bergsteiger-Hamster jeweils die Methode await eines gemeinsamen CyclicBarrier-Objektes aufrufen.

```
import java.util.concurrent.CyclicBarrier;

class Bergsteiger extends AllroundHamster {
```

```
    private CyclicBarrier sammelpunkt;

    Bergsteiger(int r, int s, int b, CyclicBarrier sammelpunkt) {
        super(r, s, b, 0);
        this.sammelpunkt = sammelpunkt;
    }

    public void run() {
        int stufen = 0;
        while (!this.gipfelErreicht()) {
            this.erklimmeStufe();
            stufen++;
            if (stufen % 2 == 0) {
                this.warten();
            }
        }
    }

    private boolean gipfelErreicht() {
        return this.vornFrei();
    }

    private void erklimmeStufe() {
        this.linksUm();
        this.vor();
        this.rechtsUm();
        this.vor();
    }

    private void warten() {
        try {
            this.sammelpunkt.await();
        } catch (Exception exc) {
        }
    }
}

void main() {
    int ANZAHL_BERGSTEIGER = 3;

    CyclicBarrier sammelpunkt = new CyclicBarrier(
            ANZAHL_BERGSTEIGER);

    for (int i = 0; i < ANZAHL_BERGSTEIGER; i++) {
        (new Bergsteiger(14, 0, Hamster.OST, sammelpunkt))
                .start();
    }
}
```

# 13.6 Thread-Pooling

Die Hamster haben in ihrem Territorium ein Restaurant eingerichtet. Dort sind Gäste jederzeit willkommen. Sie können leckere Körner verspeisen und gemütlich miteinander schwatzen. Im Restaurant gibt es einen großen Tisch mit $n$ Plätzen, die sich in der obersten Reihe ganz rechts befinden. Die Küche des Restaurants ist die Kachel mit den Koordinaten (0/0) (siehe auch Abbildung 13.2).

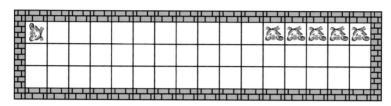

Abbildung 13.2: Typisches Hamster-Restaurant mit 5 Gästen

Für die Bedienung der Gäste wurden speziell ausgebildete Kellner-Hamster eingestellt, insgesamt $m$ Hamster. Wie in Restaurants üblich gibt es aber in der Regel deutlich weniger Kellner als Gäste, d.h. $m < n$. Das Treiben der Gäste besteht nun darin, dass sie abwechselnd jeweils eine Zeitlang schwatzen und dann essen. Nach dem Verzehr eines Korns bzw. wenn gar kein Korn da ist, rufen sie einen Kellner, d.h. sie geben eine Bestellung auf.

Bei der Umsetzung dieses Szenarios werden so genannte `Thread-Pools` verwendet. Thread-Pools bestehen aus einer Menge an unter Umständen bereits gestarteten Threads, die auf einen Auftrag warten, diesen dann ausführen und erneut warten.

Unterschieden wird zwischen begrenzten und unbegrenzten Thread-Pools. Begrenzte Pools bestehen aus einer maximalen Anzahl an Threads, unbegrenzte nicht. Soll ein Auftrag ausgeführt werden, wird überprüft, ob gerade ein Thread des Pools frei ist. Ist dies der Fall, führt dieser den Auftrag aus. Ist kein Thread frei, wird bei unbegrenzten Thread-Pools ein neuer Thread erzeugt und in den Pool integriert. Dieser kann den Auftrag dann übernehmen. Bei begrenzten Pools wird genauso verfahren, außer wenn bereits die maximale Anzahl an Threads erreicht ist. In diesem Fall wird der Auftrag erst ausgeführt, wenn wieder ein Thread frei ist.

Hintergrund des Thread-Poolings ist der, dass zur Ausführung von Aufträgen bereits gestartete Threads vorgehalten werden können, die die Aufträge ausführen können. Auch der Start von Threads kostet Zeit, die dadurch gespart werden kann.

Java stellt eine Menge von Interfaces und Klassen zur Handhabung von Thread-Pools zur Verfügung. Bevor wir uns diese jedoch anschauen, versuchen wir einmal, das Thread-Pooling für unser Hamster-Restaurant-Szenario selbst zu implementieren. Dadurch verstehen wir das dahinterstecken-de Konzept besser. Außerdem wird dadurch auch nochmal der Einsatz von Queues demonstriert.

## 13.6.1 Kellner-Pool

Der Thread-Pool für das Hamster-Restaurant-Szenario wird durch eine Klasse `KellnerPool` realisiert. Dem Konstruktor der Klasse wird die Anzahl an verfügbaren Kellner, d.h. die Anzahl an Threads des Pools, mitgeteilt. Es handelt sich um einen begrenzten Thread-Pool. Im Konstruktor werden entsprechend viele Kellner-Hamster erzeugt und gestartet.

Die Klasse `KellnerPool` besitzt eine Bestellungsqueue vom Typ `LinkedBlockingQueue` (siehe Abschnitt 13.2), in der prinzipiell beliebig viele Bestellungen eingetragen werden können und die garantiert, dass die älteste Bestellung auch als nächste abgearbeitet wird.

Zum Aufgeben von Bestellungen dient die Methode `bedienen`, der eine Bestellung übergeben wird. Eine Bestellung besteht dabei aus der Angabe der Spalte des Territoriums, in der der hungrige Gast, der die Bestellung aufgegeben hat, sitzt. Aufgabe der Kellner ist es, hungrigen Gästen jeweils ein Korn an ihren Platz zu bringen.

Alle Kellner warten auf Bestellungen, indem sie die Methode `take` der Bestellungsqueue aufrufen. Geht eine Bestellung ein, wird diese mit Hilfe der Methode `put` in die Bestellungsqueue eingetragen. Sobald ein Kellner frei ist, nimmt er also die Bestellung und führt sie aus.

Achtung: Gäste warten nicht, wenn sie eine Bestellung aufgegeben haben, sondern schwatzen weiter. Es kann also durchaus vorkommen, dass für einen Gast mehrere Bestellungen noch nicht ausgeführt sind.

```java
import java.util.concurrent.LinkedBlockingQueue;

class Bestellung {

    private int spalte;

    Bestellung(int spalte) {
        this.spalte = spalte;
    }

    int getSpalte() {
        return this.spalte;
    }
}

class KellnerPool {

    private LinkedBlockingQueue<Bestellung> bestellungen;

    KellnerPool(int anzahlKellner) {
        this.bestellungen = new LinkedBlockingQueue<Bestellung>();

        // Kellner des Pools erzeugen und starten
        for (int i = 0; i < anzahlKellner; i++) {
            (new Kellner(this)).start();
        }
    }

    void bedienen(Bestellung bestellung) {
        try {

            // Bestellung eintragen
            this.bestellungen.put(bestellung);
        } catch (InterruptedException exc) {
        }
    }
```

```java
        LinkedBlockingQueue<Bestellung> getBestellungen() {
            return this.bestellungen;
        }
}

class Kellner extends AllroundHamster {

    private KellnerPool pool;

    Kellner(KellnerPool p) {
        super(0, 0, Hamster.OST, 0);
        this.pool = p;
    }

    public void run() {
        while (true) {
            try {

                // Bestellung uebernehmen
                Bestellung bestellung = this.pool
                        .getBestellungen().take();

                // Gast bedienen
                this.bedienen(bestellung.getSpalte());
            } catch (InterruptedException exc) {
            }
        }
    }

    private void bedienen(int spalte) {
        if (!this.kornDa()) {
            return; // Kueche leer
        }
        this.nimm();
        this.laufeZumGast(spalte);
        this.gib();
        this.laufeZurueckZurKueche();
    }

    private void laufeZumGast(int spalte) {
        this.laufeZuSpalte(spalte);
    }

    private void laufeZurueckZurKueche() {
        this.laufeZuKachel(0, 0);
    }
}

class Gast extends AllroundHamster {

    KellnerPool personal;
```

```
Gast(int s, KellnerPool kellner) {
    super(0, s, Hamster.NORD, 0);
    this.personal = kellner;
}

public void run() {
    int i = 0;
    while (true) {

        // essen
        if (this.kornDa()) {
            this.nimm();
        }

        // Nachschub! Herr Ober!
        this.schreib("Hunger " + i++);
        this.personal.bedienen(new Bestellung(this
                .getSpalte()));

        // schwatzen
        int zeit = (int) (Math.random() * 8000);
        try {
            Thread.sleep(zeit);
        } catch (InterruptedException exc) {
        }

    }
}
}

void main() {
    int ANZAHL_KELLNER = 2;
    int ANZAHL_GAESTE = 3;
    KellnerPool kellnerPool = new KellnerPool(ANZAHL_KELLNER);
    for (int i = 0; i < ANZAHL_GAESTE; i++) {
        (new Gast(Territorium.getAnzahlSpalten() - i - 1,
            kellnerPool)).start();
    }
}
```

## 13.6.2 JDK-Klassen für das Thread-Pooling

Java stellt im JDK-Paket `java.util.concurrent` einige Interfaces und Klassen für den Umgang
mit Thread-Pools zur Verfügung. Die Klassen sind sehr flexibel instanziierbar und sehr viel allgemein gültiger nutzbar als im vorhergehenden Abschnitt am Beispiel der kellnernden Hamster demonstriert wurde.

### 13.6.2.1 Die Klasse `ThreadPoolExecutor`

Zentrale Klasse der Thread-Pooling-Mechanismen von Java ist die Klasse `ThreadPoolExecutor`, die eine Vielzahl von Methoden definiert. Über den einfachsten Konstruktor der Klasse können beim Erzeugen eines Thread-Pools angegeben werden

- die Anzahl an lebendigen Threads, die auf jeden Fall immer im Pool vorhanden sind,

- die maximale Anzahl an Threads des Pools (die im Falle eines unbegrenzten Pools sehr groß gewählt werden muss),

- die Zeitspanne, nach der ein unbeschäftigter Thread des Pools beendet werden soll und

- eine Queue zur Speicherung der Aufträge.

Soll ein Auftrag durch ein Objekt der Klasse `ThreadPoolExecutor` ausgeführt werden, muss die Methode `execute` aufgerufen werden. Als Parameter erwartet die Methode ein Runnable-Objekt, also ein Objekt einer Klasse, die das Interface `java.lang.Runnable` implementiert (siehe auch Kapitel 4.5):

```
public interface Runnable {
    public void run();
}
```

Die Ausführung des Auftrags besteht im Aufruf der Methode `run` des übergebenen Runnable-Objektes durch einen Thread des Thread-Pools. Achtung: Die Methode `run` wird direkt als Methode aufgerufen und nicht durch Aufruf von `start` aktiviert.

### 13.6.2.2 Die Klasse `Executors`

Für einen vereinfachten Umgang mit Thread-Pools kann die Klasse `Executors` herangezogen werden:

```
package java.util.concurrent;

public class Executors {
    public static ExecutorService newCachedThreadPool()
    public static ExecutorService newFixedThreadPool(
        int maxAnzahlThreads)
    // ...
}
```

Beide Methoden liefern ein ExecutorService-Objekt:

```
public interface ExecutorService {
    public void execute(Runnable auftrag)
    // ...
}
```

Ein ExecutorService-Objekt führt beim Aufruf der Methode `execute` in einem internen Thread den als Parameter übergebenen Auftrag aus, d.h. die run-Methode des entsprechenden Objektes wird aufgerufen (nicht gestartet!). Bei einem `CachedThreadPool` wird die Anzahl an Threads des

Pools den momentanen Anforderungen angepasst, d.h. jeder Auftrag wird unmittelbar ausgeführt, gegebenenfalls durch einen neu erzeugten Thread. Bei einem `FixedThreadPool` verzögert sich die Ausführung, falls bereits die maximale Anzahl an Threads erzeugt und gerade alle Threads des Pools beschäftigt sind.

Das folgende Beispiel demonstriert den Einsatz der Klasse `Executors`. Als Dienstleister wird ein FixedThreadPool-Objekt erzeugt, das maximal zwei Threads beinhaltet. Die „Aufträge" bestehen darin, dass die Threads des Pools Lauf-Hamster, die als Vertretungshamster des Standard-Hamsters erzeugt werden, bis zur nächsten Mauer steuern (Methode `run` der Klasse `LaufHamster`). Insgesamt werden fünf Aufträge generiert, die intern gepuffert werden müssen, da durch die Beschränkung auf zwei Threads im Pool ja maximal zwei Hamster gleichzeitig unterwegs sein können. Die Methode `shutdown` blockiert den Main-Thread, bis alle Aufträge abgearbeitet sind.

```java
import java.util.concurrent.Executors;
import java.util.concurrent.ExecutorService;

class LaufHamster extends Hamster {

    LaufHamster(Hamster ham) {
        super(ham);
    }

    public void run() {
        while (this.vornFrei()) {
            this.vor();
        }
    }
}

void main() {
    int ANZAHL_AUFTRAEGE = 5;
    int ANZAHL_GLEICHZEITIGE_THREADS = 2;
    ExecutorService dienstleister = Executors
            .newFixedThreadPool(ANZAHL_GLEICHZEITIGE_THREADS);
    for (int i = 0; i < ANZAHL_AUFTRAEGE; i++) {
        dienstleister.execute(new LaufHamster(Hamster
            .getStandardHamster()));
    }
    dienstleister.shutdown();
}
```

## 13.7 FutureTasks

Bereits in Kapitel 5.10.3 haben wir uns mit dem Problem beschäftigt, dass die run-Methoden der Klasse `Thread` bzw. des Interfaces `Runnable` als `void` deklariert sind, d.h. Threads können zwar Aktivitäten ausführen, sie können aber keine unter Umständen berechneten Ergebnisse liefern. In Kapitel 5.10.3 haben wir dieses Problem durch ein Interface `Callable` und eine spezielle Thread-Klasse `Task` gelöst. Schauen Sie sich die entsprechende Lösung bitte nochmals an.

Eine fast identische Lösung bietet Java seit der Version 1.5 bzw. 5.0 standardmäßig mit dem Interface Callable und der Klasse FutureTask aus dem Paket java.util.concurrent an:

```
public interface Callable<V> {

    public V call() throws Exception;

}

public class FutureTask<V> implements Runnable {

    public FutureTask(Callable<V> callable)
    public V get() throws InterruptedException, ExecutionException
    // ...

}
```

Möchte also ein Programmierer eine nebenläufige Aktivität implementieren, die ein Ergebnis berechnet und dieses liefern soll, muss er eine Klasse definieren, die anstelle des Interface Runnable das Interface Callable implementiert. Die Methode call liefert dabei ein Ergebnis oder wirft eine Exception, falls aus irgendeinem Grund kein Ergebnis ermittelt werden kann.

Zur Ausführung dieser Callable-Klasse muss ein FutureTask-Objekt erzeugt werden, dem im Konstruktor ein Objekt der Callable-Klasse übergeben wird. Die Klasse FutureTask implementiert das Interface Runnable, sodass das FutureTask-Objekt, wie in Kapitel 4.5 beschrieben, einem Thread-Objekt übergeben und gestartet werden kann. Von diesem Thread wird die Methode call des Callable-Objektes ausgeführt.

Beim Aufruf der Methode get für das FutureTask-Objekt wird der aufrufende Thread blockiert, bis der dem FutureTask-Objekt zugeordnete Thread beendet ist. Liefert die Methode call ein Ergebnis, wird dieses als Ergebnis der Methode get weitergereicht. Wird bei der Ausführung der Methode call eine Exception geworfen, wird diese in ein Objekt der Klasse ExecutionException aus dem Paket java.util.concurrent verpackt und von der Methode get geworfen. Die durch den Aufruf der Methode get ausgelöste Blockade des aufrufenden Threads kann durch den Aufruf von interrupt beseitigt werden. In diesem Fall wirft die Methode get eine InterruptedException.

Die Klasse FutureTask definiert übrigens noch weitere Methoden, die hier aber nicht weiter erörtert werden sollen.

Im Folgenden setzen wir die Callable-FutureTask-Kombination zur Lösung des Hamster-Problems nach der Suche der Kachel mit der größten Anzahl an Körnern in der Reihe des Standard-Hamsters ein. Vergleichen Sie die Lösung bitte mit der Lösung aus Kapitel 5.10.3.3.

```
import java.util.concurrent.Callable;
import java.util.concurrent.FutureTask;
import java.util.concurrent.ExecutionException;

class ErmittlungsHamster extends AllroundHamster implements
        Callable<Integer> {

    private int maxHoehe;

    ErmittlungsHamster(int r, int s, int b, int k) {
```

```
            super(r, s, b, k);
            this.maxHoehe = -1;
        }

    public Integer call() {
        this.maxHoehe = -1;
        while (this.vornFrei()) {
            this.vor();
            this.bearbeiteKachel();
        }
        return this.maxHoehe;
    }

    private void bearbeiteKachel() {
        int koerner = this.nimmAlle();
        if (koerner > this.maxHoehe) {
            this.maxHoehe = koerner;
        }
        this.gib(koerner); // Vermeidung von Seiteneffekten
    }
}

class InfoHamster extends AllroundHamster {

    InfoHamster(Hamster existierenderHamster) {
        super(existierenderHamster.getReihe(),
                existierenderHamster.getSpalte(), Hamster.NORD,
                0);
    }

    public void run() {

        // zwei helfende Hamster werden auf die Suche geschickt;
        // einer nach links, einer nach rechts
        ErmittlungsHamster helferLinks = new ErmittlungsHamster(
                this.getReihe(), this.getSpalte(), Hamster.WEST,
                0);
        ErmittlungsHamster helferRechts = new ErmittlungsHamster(
                this.getReihe(), this.getSpalte(), Hamster.OST,
                0);
        FutureTask<Integer> nachLinks = new FutureTask<Integer>(
                helferLinks);
        FutureTask<Integer> nachRechts = new FutureTask<Integer>(
                helferRechts);
        new Thread(nachLinks).start();
        new Thread(nachRechts).start();

        // die Kachel, auf der der Hamster steht uebernimmt der
        // Hamster selber
        int maxHoehe = this.nimmAlle();
        this.gib(maxHoehe);
```

```
            // nun wird das Endergebnis
            // ermittelt und verkuendet
            try {
                if (nachLinks.get() > maxHoehe) {
                    maxHoehe = nachLinks.get();
                }
                if (nachRechts.get() > maxHoehe) {
                    maxHoehe = nachRechts.get();
                }
                this.schreib("Die maximale Anzahl an "
                        + "Koernern auf Kacheln in\n"
                        + "der Reihe, in der ich stehe, betraegt "
                        + maxHoehe + "!");
            } catch (ExecutionException exc) {
                // hier nicht moeglich
            } catch (Exception exc2) {
                // hier nicht moeglich
            }
        }
    }
}

void main() {
    Hamster paul = Hamster.getStandardHamster();
    paul.schreib("Meine Helfer und ich ermitteln "
            + "die maximale Anzahl an Koernern\n"
            + "auf Kacheln in der Reihe, in der ich stehe.");
    InfoHamster willi = new InfoHamster(paul);

    // der Vertretungs-Hamster wird auf die Suche geschickt
    willi.start();
}
```

Bei dieser Lösung zählt ein Info-Hamster als Vertretungshamster des Standard-Hamsters die Körner auf der Kachel des Standard-Hamster und schickt je einen Ermittlungshamster nach links und rechts. Der Info-Hamster wartet auf die Ergebnisse der Ermittlungshamster und ermittelt dann das endgültige Ergebnis.

## 13.8 Schlussbemerkung

Ja, nun sind wir *endlich* oder *leider* am Ende des Buches angekommen. Ich hoffe, Sie gehören zu denjenigen, die hier „leider" sagen, denn eigentlich ist die parallele Programmierung doch eine spannende Sache. Ich hoffe, die selbstständigen Hamster konnten Ihnen auf spielerische Art und Weise die Konzepte, Mechanismen, Vorteile und auch Probleme der Entwicklung paralleler Programme bzw. der Programmierung mit Java-Threads demonstrieren und Ihnen ein wenig die Angst vor der sicher nicht immer einfachen Materie nehmen. Wenn Sie es bis hierhin geschafft haben, die Hamster sowohl durch das Nachvollziehen ihrer Aktivitäten als auch das eigene Lösen ihrer Probleme zu begleiten, sind sie nun jedenfalls bestens gerüstet, Java-Threads auch bei der Lösung „echter" (und nicht nur Hamster-) Probleme einzusetzen.

# 13.9 Aufgaben

Verwenden Sie beim Lösen der folgenden Aufgaben die in diesem Kapitel vorgestellten Konzepte und Klassen.

## 13.9.1 Aufgabe 1

In Abschnitt 13.1.1 wurde die Klasse `AtomicInteger` vorgestellt, die im JDK-Paket `java.util.concurrent.atomic` mit Hilfe des Assemblerbefehls *Compare-And-Set* implementiert ist. Reimplementieren Sie die Klasse ohne Verwendung des Assemblerbefehls. Nutzen Sie stattdessen die synchronized-Anweisung, um die kritischen Abschnitte zu sichern.

```
public class AtomicInteger extends java.lang.Number {
    public AtomicInteger(int initialValue)
    public final void set(int newValue)
    public final int get()

    public final boolean compareAndSet(int expect, int update)
    public final int addAndGet(int delta)

    public final int getAndIncrement()
    public final int getAndDecrement()
    public final int getAndAdd(int delta)
}
```

## 13.9.2 Aufgabe 2

In Abschnitt 13.2 haben Sie die Klasse `ArrayBlockingQueue` kennengelernt. Diese wird im JDK-Paket `java.util.concurrent` definiert und Java-Programmierern zur Verfügung gestellt. Im Prinzip sollten Sie aber auch in der Lage sein, die Klasse selber zu implementieren. Versuchen Sie es mal!

```
class ArrayBlockingQueue<E> {
    public ArrayBlockingQueue(int capacity)
    public void put(E obj) throws InterruptedException
    public E take() throws InterruptedException
    public E poll()
    public int remainingCapacity()
    public int size()
}
```

## 13.9.3 Aufgabe 3

Lösen Sie das Hamster-Höhlen-Problem, mit dem wir uns bereits in den Kapiteln 6.5.1, 7.8.1, 8.7.1 und 11.5.5 beschäftigt haben, durch den Einsatz einer geeigneten Queue-Klasse des JDKs.

Zur Erinnerung, die genaue Aufgabenstellung lautet: Der Standard-Hamster hat im Hamster-Territorium eine Höhle entdeckt (siehe Abbildung 13.3). Er ist neugierig, was sich am anderen Ende der

Höhle befindet. Allerdings leider er unter Platzangst und kann daher den engen Höhlengang nicht durchqueren. Also ruft er seine Freunde herbei, die ihm natürlich helfen wollen. Da die Luft in der Höhle ziemlich schlecht ist, entscheiden diese, nacheinander die Höhle zu durchqueren, um ja nicht in die Gefahr eines qualvollen Erstickungstodes zu kommen.

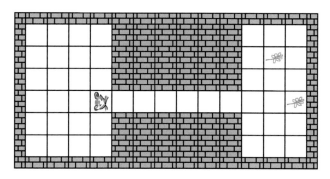

Abbildung 13.3: Typisches Hamster-Territorium zu Aufgabe 3

## 13.9.4 Aufgabe 4

Auf Kachel (0/0) eines innen mauerlosen Territoriums sitzt ein zwar selbstständiger aber leider blinder Hamster. Er hat großen Hunger. Um nicht elendig verhungern zu müssen, schickt er einen Knecht auf die Suche, der das komplette Territorium nach Körnern absucht. Jedes Mal, wenn der Knecht eine Körnerkachel entdeckt, teilt er deren Position dem blinden Hamster mit, der sie dann natürlich sofort aufsucht. Realisieren Sie dieses Hamster-Szenario durch Einsatz einer geeigneten Queue-Klasse des JDKs.

## 13.9.5 Aufgabe 5

Die Ausgangslage dieser Aufgabe ist dieselbe, wie in Aufgabe 4. Nur werden diesmal auf Kachel (0/0) nicht nur einer, sondern $n$ blinde Hamster erzeugt, die alle Hunger haben. Die blinden Hamster sollen abwechselnd in einer festgelegten Reihenfolge informiert werden, wenn der Knecht eine Körnerkachel gefunden hat. Realisieren Sie dieses Hamster-Szenario ohne Verwendung der synchronized-Anweisung nur durch Einsatz geeigneter Queue-Klassen des JDKs.

## 13.9.6 Aufgabe 6

Lösen Sie das Hamster-Philosophen-Problem aus Kapitel 11.3 durch Einsatz einer geeigneten Queue-Klasse des JDKs.

## 13.9.7 Aufgabe 7

In Kapitel 11.4 haben wir uns mit der Kommunikation zwischen Prozessen durch den Austausch von Nachrichten beschäftigt. Insbesondere haben wir in Kapitel 11.4.2 eine Klasse Mailbox definiert,

die den Austausch von Nachrichten zwischen Java-Threads simuliert. Reimplementieren Sie die
Klasse Mailbox durch den Einsatz einer geeigneten Queue-Klasse des JDKs.

### 13.9.8  Aufgaben 8

Die in Abschnitt 13.3 vorgestellte JDK-Klasse Exchanger kann man übrigens auch recht leicht
selbst mit Hilfe der JDK-Klasse SynchronousQueue (siehe Abschnitt 13.2) implementieren. Versuchen Sie es!

### 13.9.9  Aufgaben 9

Das Hamster-Territorium zu dieser Aufgabe besteht aus zwei mauerlosen Reihen. In jeder Reihe
lebt ein selbstständiger Hamster, der diese Reihe auch nicht verlassen kann. Die Aufgabe der beiden
Hamster besteht darin, die Körnerhaufen der beiden Reihen spaltenweise zu vertauschen, d.h. liegen
in einer Spalte in der oberen Reihe anfangs $n$ Körner und in der unteren Reihe $m$ Körner (siehe
Abbildung 13.4 (links)), sollen hinterher oben $m$ und unten $n$ Körner liegen (siehe Abbildung 13.4
(rechts)). Zum Austausch von Informationen sollen die beiden Hamster die in Abschnitt 13.3 vorgestellte JDK-Klasse Exchanger benutzen. Beide Hamster haben genügend Körner zum Erledigen
der Aufgabe im Maul.

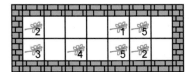 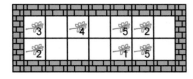

Abbildung 13.4: Typisches Hamster-Territorium zu Aufgabe 9

### 13.9.10  Aufgaben 10

Überlegen Sie, wie die in Abschnitt 13.4 vorgestellte JDK-Klasse CountDownLatch implementiert
sein könnte und implementieren Sie sie nach.

### 13.9.11  Aufgaben 11

Schauen Sie sich nochmal Beispielprogramm 1 in Kapitel 4.10.1 an. Hierin ermitteln die Hamster,
auf welcher Kachel einer bestimmten Reihe die meisten Körner liegen. Ein fauler Hamster schickt
dabei jeweils einen anderen Hamster nach links bzw. rechts und wartet auf deren Ergebnis. Er vergleicht die beiden Teilergebnisse und verkündet das Endergebnis. In diesem Beispielprogramm wartet der faule Hamster aktiv. Überlegen Sie, wie man durch Einsatz der Klasse CountDownLatch, die
in Abschnitt 13.4 vorgestellt wurde, das aktive Warten durch ein passives Warten ersetzen kann.

## 13.9.12  Aufgaben 12

Auch die in Abschnitt 13.5 eingeführte JDK-Klasse `CyclicBarrier` kann man leicht selber implementieren. Schaffen Sie es?

## 13.9.13  Aufgaben 13

$n$ selbstständige Hamster durchsuchen von oben nach unten jeweils von links nach rechts ein mauerloses Territorium. Immer wenn sie eine Kachel finden, auf der $n$ Körner liegen, warten sie aufeinander, fressen dann jeder ein Korn und suchen anschließend weiter. Realisieren Sie dieses Szenario durch Verwendung der JDK-Klasse `CyclicBarrier`, die in Abschnitt 13.5 vorgestellt wurde.

## 13.9.14  Aufgaben 14

Realisieren Sie das Hamster-Restaurant-Szenario aus Abschnitt 13.6.1 durch Verwendung der Klasse `Executors`, die in Abschnitt 13.6.2.2 vorgestellt wurde.

## 13.9.15  Aufgaben 15

Der Standard-Hamster bekommt die Aufgabe, die Anzahl an Körnern in einem beliebig großen mauerlosen Territorium zu zählen. Zur Erledigung der Aufgabe erzeugt er dazu auf allen Kacheln der linken Spalte einen Hamster, der die entsprechende Reihe bearbeiten soll. Der Standard-Hamster sammelt die Ergebnisse ein, summiert sie und verkündet das Ergebnis. Er setzt dabei das in Abschnitt 13.7 vorgestellte Callable-FutureTask-Konstrukt ein.

## 13.9.16  Aufgabe 16

Die Hamster bekommen die Aufgabe, in einem wie in Abbildung 13.5 skizzierten zyklenfreien Labyrinth, dessen Gänge maximal eine Kachel breit sind, die Anzahl der Kacheln des Labyrinths zu ermitteln.

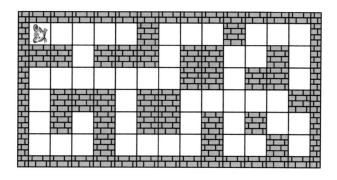

Abbildung 13.5: Typisches Hamster-Territorium zu Aufgabe 16

Zur Suche gehen sie folgendermaßen vor: Zunächst macht sich vom Eingang (Kachel (0/0) aus ein selbstständiger Hamster auf den Weg und zählt die Kacheln bis zur nächsten Kreuzung. Sobald er die nächste Kreuzung erreicht hat, bleibt er stehen und erzeugt und startet für jeden von der Kreuzung abgehenden Weg – insofern es keine Sackgasse ist – einen neuen selbstständigen Hamster, der das entsprechende Teillabyrinth durchforstet und dabei jeweils genauso vorgeht, wie sein Erzeuger-Hamster. Wenn es keinen abgehenden Weg gibt, teilt der Hamster die ermittelte Zahl seinem Erzeuger-Hamster mit. Jeder Erzeuger-Hamster wartet jeweils darauf, dass ihm die von ihm erzeugten Hamster ihre Ergebnisse mitteilen, summiert alle Zahlen und schickt seinerseits die Summe an seinen Erzeuger-Hamster. Dieser (rekursive) Algorithmus terminiert, wenn dem Ausgangshamster alle Zahlen zugekommen sind. Er gibt dann die Anzahl auf den Bildschirm aus und das Programm ist beendet. Setzen Sie zur Lösung der Aufgabe das in Abschnitt 13.7 vorgestellte Callable-FutureTask-Konstrukt ein.

# Anhang A
## Basisklassen des JDK zum Umgang mit Threads

In diesem Anhang werden übersichtsartig die Basisklassen des JDK für die Programmierung mit Java-Threads zusammengestellt. Die Auflistung der Methoden der einzelnen Klassen ist dabei nicht immer vollständig, sondern beschränkt sich auf die wirklich wichtigen Methoden im Zusammenhang mit diesem Buch. Die vollständige Beschreibung der Basisklassen sowie die Beschreibung der Klassen des Pakets `java.util.concurrent` können Sie der JDK-Dokumentation unter `http://java.sun.com` entnehmen.

## A.1 Interface `java.lang.Runnable`

```
package java.lang;

public interface Runnable {

    /**
     * Wenn über ein Objekt einer Klasse, die das Interface Runnable
     * implementiert, ein Thread gestartet wird, wird die Methode run
     * dieser Klasse in dem neuen Thread ausgeführt.
     */
    public abstract void run();
}
```

## A.2 Klasse `java.lang.Thread`

```
package java.lang;

public class Thread implements Runnable {

    /**
     * Minimale Priorität, die ein Thread haben kann.
     */
    public final static int MIN_PRIORITY;

    /**
     * Standard-Priorität eines Threads
     */
    public final static int NORM_PRIORITY;

    /**
     * Maximale Priorität, die ein Thread haben kann.
     */
    public final static int MAX_PRIORITY;

    /**
     * Default-Konstruktor
```

```
  */
public Thread()

/**
 * Konstruktor, dem das Runnable-Objekt übergeben wird,
 * dessen run-Methode beim Aufruf von start im neuen Thread
 * ausgeführt werden soll.
 *
 * @param target
 *             Runnable-Objekt, dessen run-Methode ausgeführt
 *             werden soll
 */
public Thread(Runnable target)

/**
 * Konstruktor, über den einem neuen Thread ein Name
 * zugewiesen werden kann
 *
 * @param name
 *             Name des Threads
 */
public Thread(String name)

/**
 * Konstruktor, dem ein Name und das Runnable-Objekt
 * übergeben wird, dessen run-Methode beim Aufruf von start
 * im neuen Thread ausgeführt werden soll.
 *
 * @param target
 *             Runnable-Objekt, dessen run-Methode ausgeführt
 *             werden soll
 * @param name
 *             Name des Threads
 */
public Thread(Runnable target, String name)

/**
 * Ein neuer Thread wird gestartet, der die run-Methode
 * ausführt.
 *
 * @exception IllegalThreadStateException
 *             falls der Thread bereits gestartet wurde
 */
public synchronized void start()

/**
 * Die Methode, die nach Aufruf von start in einem neuen
 * Thread ausgeführt wird; die Methode sollte von
 * Unterklassen überschrieben werden.
 */
public void run()

/**
 * Der Thread wird unmittelbar angehalten.
 *
 * @exception SecurityException
 *             falls der aktuelle Thread den Thread nicht
 *             modifizieren darf
 * @deprecated Die Methode ist unsicher, weil inkonsistente
 *             Zustände entstehen können.
```

```
  */
public final void stop()

/**
 * Ändert den Namen des Threads.
 *
 * @param name
 *              der neue Namen des Threads
 * @exception SecurityException
 *              falls der aktuelle Thread den Thread nicht
 *              modifizieren darf
 */
public final void setName(String name)

/**
 * Liefert den Namen des Threads.
 *
 * @return der Name des Threads
 */
public final String getName()

/**
 * Markiert den Thread als normalen oder als Dämon-Thread.
 * Die Methode muss vor Aufruf von start aufgerufen werden.
 *
 * @param on
 *              falls true, wird der Thread als Dämon-Thread
 *              gestartet, sonst als normaler Thread
 * @exception IllegalThreadStateException
 *              falls der Thread bereits gestartet wurde
 * @exception SecurityException
 *              falls der aktuelle Thread den Thread nicht
 *              modifizieren darf
 */
public final void setDaemon(boolean on)

/**
 * Überprüft, ob der Thread ein Dämon-Thread ist.
 *
 * @return true, falls der Thread ein Dämon-Thread ist, sonst
 *         false
 */
public final boolean isDaemon()

/**
 * Dem aktuell rechnenden Thread wird der Prozessor entzogen
 * und er wird in den Zustand rechenwillig versetzt.
 */
public static void yield()

/**
 * Dem aktuell rechnenden Thread wird der Prozessor entzogen
 * und er wird für mindestens die angegebene Zeitspanne in
 * den Zustand blockiert versetzt.
 *
 * @param millis
 *              die zu schlafende Zeit in Millisekunden
 * @exception InterruptedException
 *              falls der Thread via interrupt unterbrochen
 *              wird (das Unterbrechungsflag wird gelöscht)
```

```
       */
       public static void sleep(long millis)
               throws InterruptedException

       /**
        * Dem aktuell rechnenden Thread wird der Prozessor entzogen
        * und er wird für mindestens die angegebene Zeitspanne in
        * den Zustand blockiert versetzt.
        *
        * @param millis
        *                die Anzahl an Millisekunden, die der Thread
        *                schlafen soll
        * @param nanos
        *                zusätzliche Nanosekunden, die der Thread
        *                schlafen soll (0-999999)
        * @exception IllegalArgumentException
        *                falls der Wert von millis negativ ist oder
        *                sich der Wert von nanos nicht im Bereich
        *                0-999999 befindet
        * @exception InterruptedException
        *                falls der Thread via interrupt unterbrochen
        *                wird (das Unterbrechungsflag wird gelöscht)
        */
       public static void sleep(long millis, int nanos)
               throws InterruptedException

       /**
        * Der aktuell rechnende Thread wartet auf das Ende des
        * angegebenen Threads.
        *
        * @exception InterruptedException
        *                falls der Thread via interrupt unterbrochen
        *                wird (das Unterbrechungsflag wird gelöscht)
        */
       public final void join() throws InterruptedException

       /**
        * Der aktuell rechnende Thread wartet millis Millisekunden
        * auf das Ende des angegebenen Threads. Wird der Wert 0 als
        * Parameter übergeben, wird ohne Zeitbeschränkung gewartet.
        *
        * @param millis
        *                die Anzahl an zu wartenden Millisekunden; 0
        *                entspricht einem Warten ohne Zeitbeschränkung
        * @exception InterruptedException
        *                falls der Thread via interrupt unterbrochen
        *                wird (das Unterbrechungsflag wird gelöscht)
        */
       public final synchronized void join(long millis)
               throws InterruptedException

       /**
        * Der aktuell rechnende Thread wartet millis Millisekunden
        * und nanos Nanosekunden auf das Ende des angegebenen
        * Threads. Wird der Wert 0 als Parameter übergeben, wird
        * ohne Zeitbeschränkung gewartet.
        *
        * @param millis
        *                die Anzahl an zu wartenden Millisekunden
        * @param nanos
```

```
 *               0-999999 zusätzlich zu wartende Nanosekunden
 * @exception IllegalArgumentException
 *              falls der Wert von millis negativ ist oder
 *              der Wert von nanos sich nicht im Bereich
 *              0-999999 befindet.
 * @exception InterruptedException
 *              falls der Thread via interrupt unterbrochen
 *              wird (das Unterbrechungsflag wird gelöscht)
 */
public final synchronized void join(long millis, int nanos)
        throws InterruptedException


/**
 * Unterbricht den Thread und setzt sein Unterbrechungsflag.
 *
 * Wenn die Methode für einen Thread aufgerufen wird, der
 * aktuell durch den Aufruf einer wait-, join- oder
 * sleep-Methode blockiert ist, werden sein
 * Unterbrechungsflag wieder gelöscht und eine
 * InterruptedException geworfen.
 *
 *
 * @throws SecurityException
 *              falls der aktuelle Thread den Thread nicht
 *              modifizieren darf
 */
public void interrupt()

/**
 * Überprüft, ob das Unterbrechungsflag des aktuell
 * rechnenden Threads gesetzt ist und löscht es.
 *
 * @return true, falls das Unterbrechungsflag des aktuell
 *         rechnenden Thread gesetzt ist; sonst false
 */
public static boolean interrupted()

/**
 * Überprüft, ob das Unterbrechungsflag des Threads gesetzt
 * ist.
 *
 * @return true, falls das Unterbrechungsflag des aktuell
 *         rechnenden Thread gesetzt ist; sonst false
 *
 */
public boolean isInterrupted()

/**
 * Ändert die Priorität des Threads.
 *
 * @param newPriority
 *              neue Priorität des Threads
 * @exception IllegalArgumentException
 *              Falls newPriority nicht zwischen
 *              MIN_PRIORITY und MAX_PRIORITY liegt.
 * @exception SecurityException
 *              falls der aktuelle Thread den Thread nicht
 *              modifizieren darf
 */
```

```
public final void setPriority(int newPriority)

/**
 * Liefert die Priorität des Threads.
 *
 * @return die Priorität des Threads
 */
public final int getPriority()

/**
 * Überprüft, ob der Thread lebendig ist. Ein Thread ist
 * lebendig, wenn er gestartet aber noch nicht beendet ist.
 *
 * @return true, falls der Thread lebendig ist, sonst false
 */
public final boolean isAlive()

/**
 * Liefert eine Referenz auf den aktuell rechnenden Thread
 *
 * @return der aktuell rechnende Thread
 */
public static Thread currentThread()

/**
 * Liefert die Anzahl an aktiven Threads.
 *
 * @return die Anzahl an aktiven Threads
 */
public static int activeCount()

/**
 * Kopiert (insofern genügend Platz ist) Referenzen auf die
 * aktiven Threads in das übergebene Array.
 *
 * @param tarray
 *              das Array, in das die Threads kopiert werden
 *              sollen
 * @return die Anzahl an kopierten Threads.
 * @exception SecurityException
 *              falls der aktuelle Thread den Thread nicht
 *              modifizieren darf
 */
public static int enumerate(Thread tarray[])

/**
 * Blockiert den Thread bis zum nächsten Aufruf von resume.
 *
 * @exception SecurityException
 *              falls der aktuelle Thread den Thread nicht
 *              modifizieren darf
 *
 * @deprecated Die Methode ist unsicher, weil inkonsistente
 *              Zustände entstehen können.
 */
public final void suspend()

/**
 * Deblockiert einen via suspend blockierten Thread.
 *
```

```
     *  @exception SecurityException
     *                  falls der aktuelle Thread den Thread nicht
     *                  modifizieren darf
     *
     *  @deprecated Die Methode ist unsicher, weil inkonsistente
     *              Zustände entstehen können.
     */
    public final void resume()

    /**
     *  Liefert eine String-Repräsentation des Thread, die unter
     *  anderem seinen Namen und seine Priorität enthält.
     *
     *  @return eine String-Repräsentation des Threads
     */
    public String toString()

    /**
     *  Überprüft, ob der aktuell rechnende Thread den Lock eines
     *  angegebenen Objektes hält.
     *
     *  @param obj
     *              das Objekt, dessen Lock überprüft werden soll
     *  @throws NullPointerException
     *              falls obj null ist
     *  @return true, falls der aktuell rechnende Thread den Lock
     *          des angegebenen Objektes hält, sonst false
     */
    public static boolean holdsLock(Object obj)

    /**
     *  Liefert eine ID des Threads. Ihr Wert wird generiert und
     *  ist positiv. Die ID ist eindeutig und kann nicht geändert
     *  werden. Nach dem Ende eines Threads kann sie jedoch für
     *  einen anderen Thread wiederverwendet werden.
     *
     *  @return die ID des Threads
     */
    public long getId()

    /**
     *  Aufzählungstyp für die Beschreibung des Zustands eines
     *  Threads.
     */
    public enum State {
        /**
         *  Thread ist noch nicht gestartet.
         */
        NEW,

        /**
         *  Thread, der aktuell rechnend oder rechenwillig ist.
         */
        RUNNABLE,

        /**
         *  Thread wartet auf einen Lock.
         */
        BLOCKED,
```

```
    /**
     * Thread wartet, weil er eine wait- oder join-Methode
     * ohne Zeitbeschränkung aufgerufen hat.
     */
    WAITING,

    /**
     * Thread wartet, weil er eine sleep-, wait- oder
     * join-Methode mit Zeitbeschränkung aufgerufen hat.
     */
    TIMED_WAITING,

    /**
     * Thread ist beendet.
     */
    TERMINATED;
    }

    /**
     * Liefert den Zustand des Threads.
     *
     * @return den Zustand des Threads
     */
    public State getState()

}
```

## A.3 Klasse java.lang.Object

```
package java.lang;

public class Object {

    /**
     * Bewirkt die Blockade des aufrufenden Threads.
     *
     * @exception IllegalMonitorStateException
     *                  falls der aufrufende Thread nicht die
     *                  Sperre des Objektes besitzt
     * @exception InterruptedException
     *                  falls während der Blockade die Methode
     *                  interrupt für den blockierten Thread
     *                  aufgerufen wird. Seiteneffekt: Der
     *                  Unterbrechungsflag des Threads wird
     *                  gelöscht.
     */
    public final void wait() throws InterruptedException

    /**
     * Bewirkt die Blockade des aufrufenden Threads für maximal
     * die angegebene Zeitspanne.
     *
     * @param timeout
     *          die maximal zu wartende Zeitspanne in
     *          Millisekunden.
     *
     * @exception IllegalArgumentException
     *                  falls der Wert von timeout negativ ist
     * @exception IllegalMonitorStateException
```

```
 *                     falls der aufrufende Thread nicht die
 *                     Sperre des Objektes besitzt
 * @exception InterruptedException
 *                     falls während der Blockade die Methode
 *                     interrupt für den blockierten Thread
 *                     aufgerufen wird. Seiteneffekt: Der
 *                     Unterbrechungsflag des Threads wird
 *                     gelöscht.
 */
public final void wait(long timeout) throws InterruptedException

/**
 * Bewirkt die Blockade des aufrufenden Threads für maximal
 * die angegebene Zeitspanne.
 *
 * @param timeout
 *                     die maximal zu wartende Zeitspanne in
 *                     Millisekunden.
 * @param nanos
 *                     zusätzlich zu wartende Zeit in Nanosekunden
 *                     (0-999999).
 *
 * @exception IllegalArgumentException
 *                     falls der Wert von timeout negativ oder der
 *                     Wert von nanos nicht im Bereich 0 - 999999
 *                     ist
 * @exception IllegalMonitorStateException
 *                     falls der aufrufende Thread nicht die
 *                     Sperre des Objektes besitzt
 * @exception InterruptedException
 *                     falls während der Blockade die Methode
 *                     interrupt für den blockierten Thread
 *                     aufgerufen wird. Seiteneffekt: Der
 *                     Unterbrechungsflag des Threads wird
 *                     gelöscht.
 */
public final void wait(long timeout, int nanos)
        throws InterruptedException

/**
 * Deblockiert einen Thread, der aktuell durch Aufruf einer
 * wait-Methode für das Objekt blockiert ist.
 *
 * @exception IllegalMonitorStateException
 *                     falls der aufrufende Thread nicht die
 *                     Sperre des Objektes besitzt
 */
public final void notify()

/**
 * Deblockiert alle Threads, die aktuell durch Aufruf einer
 * wait-Methode für das Objekt blockiert sind.
 *
 * @exception IllegalMonitorStateException
 *                     falls der aufrufende Thread nicht die
 *                     Sperre des Objektes besitzt
 */
public final void notifyAll()
}
```

## A.4 Klasse `java.lang.InterruptedException`

```java
package java.lang;

/**
 * Wird geworfen, wenn ein Thread während eines sleep-, wait- oder
 * join-Aufrufs mittels interrupt unterbrochen wird.
 */
public class InterruptedException extends Exception {

    /**
     * Erzeugt ein Exception-Objekt ohne Fehlermeldung
     */
    public InterruptedException()

    /**
     * Erzeugt ein Exception-Objekt mit einer Fehlermeldung
     *
     * @param s die Fehlermeldung
     */
    public InterruptedException(String s)
}
```

## A.5 Klasse `java.lang.IllegalStateException`

```java
package java.lang;

/**
 * Signalisiert, dass eine Methode zu einem ungültigen Zeitpunkt
 * aufgerufen wurde.
 */
public class IllegalStateException extends RuntimeException {
    /**
     * Erzeugt ein Exception-Objekt ohne Fehlermeldung.
     */
    public IllegalStateException()

    /**
     * Erzeugt ein Exception-Objekt mit einer Fehlermeldung.
     *
     * @param s die Fehlermeldung
     */
    public IllegalStateException(String s)
}
```

## A.6 Klasse `java.lang.IllegalArgumentException`

```java
package java.lang;

/**
 * Signalisiert, dass einer Methode ein ungültiger Parameterwert
 * übergeben wurde.
 */
public class IllegalArgumentException extends RuntimeException {

    /**
```

```
   * Erzeugt ein Exception-Objekt ohne Fehlermeldung.
   */
  public IllegalArgumentException()

  /**
   * Erzeugt ein Exception-Objekt mit einer Fehlermeldung.
   *
   * @param s die Fehlermeldung
   */
  public IllegalArgumentException(String s)
}
```

## A.7 Klasse java.lang.IllegalMonitorStateException

```
package java.lang;

/**
 * Signalisiert, dass ein Thread versucht hat, die wait-, notify-
 * oder notifyAll-Methode eines Objektes aufzurufen, ohne vorher
 * dessen Sperre gesetzt zu haben.
 */
public class IllegalMonitorStateException extends RuntimeException {
  /**
   * Erzeugt ein Exception-Objekt ohne Fehlermeldung.
   */
  public IllegalMonitorStateException()

  /**
   * Erzeugt ein Exception-Objekt mit einer Fehlermeldung.
   *
   * @param s
   *              die Fehlermeldung
   */
  public IllegalMonitorStateException(String s)
}
```

Dieser Anhang enthält eine ausführliche Beschreibung der im Java-Hamster-Modell vordefinierten Klassen sowie der in vielen Programmen des Buches benutzten Klasse `AllroundHamster`.

## B.1 Exception-Klassen

```
/**
 * Oberklasse aller Exception-Klassen des Java-Hamster-Modells.
 * Bei allen Exceptions des Java-Hamster-Modells handelt es sich
 * um Unchecked-Exceptions, die nicht unbedingt abgefangen bzw.
 * deklariert werden muessen.
 */
public class HamsterException extends RuntimeException {

    /**
     * Konstruktor, der die Exception mit dem Hamster
     * initialisiert, der die Exception verschuldet hat.
     *
     * @param hamster
     *              der Hamster, der die Exception verschuldet hat
     */
    public HamsterException(Hamster hamster)

    /**
     * liefert den Hamster, der die Exception verschuldet hat
     *
     * @return der Hamster, der die Exception verschuldet hat
     */
    public Hamster getHamster()
}

/**
 * Hamster-Exception die den Fehler repraesentiert, dass Befehle
 * fuer einen zwar erzeugten aber nicht initialisierten Hamster
 * aufgerufen werden.
 */
public class HamsterNichtInitialisiertException extends
        HamsterException {

    /**
     * Konstruktor, der die Exception mit dem Hamster
     * initialisiert, der die Exception verschuldet hat.
     *
     * @param hamster
     *              der Hamster, der die Exception verschuldet hat
     */
    public HamsterNichtInitialisiertException(Hamster hamster)
```

```
    /**
     * liefert eine der Exception entsprechende Fehlermeldung
     *
     * @return Fehlermeldung
     * @see java.lang.Throwable#getMessage()
     */
    public String getMessage()
}


/**
 * Hamster-Exception, die den Fehler repraesentiert, dass dem
 * init-Befehl ungueltige Werte uebergeben werden.
 */
public class HamsterInitialisierungsException extends
        HamsterException {

    /**
     * Konstruktor, der die Exception mit dem Hamster
     * initialisiert, der die Exception verschuldet hat.
     *
     * @param hamster
     *             der Hamster, der die Exception verschuldet hat
     */
    public HamsterInitialisierungsException(Hamster hamster)

    /**
     * liefert eine der Exception entsprechende Fehlermeldung
     *
     * @return Fehlermeldung
     * @see java.lang.Throwable#getMessage()
     */
    public String getMessage()
}

/**
 * Hamster-Exception die den Fehler repraesentiert, dass fuer
 * einen Hamster, der vor einer Mauer steht, die Methode vor
 * aufgerufen wird auf.
 */
public class MauerDaException extends HamsterException {

    /**
     * Konstruktor, der die Exception mit dem die Exception
     * verschuldenden Hamster und den Koordinaten der durch eine
     * Mauer belegten Kachel initialisiert.
     *
     * @param hamster
     *             der Hamster, der die Exception verschuldet hat
     * @param reihe
     *             Reihe der Mauer-Kachel
     * @param spalte
     *             Spalte der Mauer-Kachel
     */
    public MauerDaException(Hamster hamster, int reihe,
            int spalte)

    /**
     * liefert die Reihe, in der die Mauer steht
     *
```

```
    * @return die Reihe, in der die Mauer steht
    */
   public int getReihe()

   /**
    * liefert die Spalte, in der die Mauer steht
    *
    * @return die Spalte, in der die Mauer steht
    */
   public int getSpalte()

   /**
    * liefert eine der Exception entsprechende Fehlermeldung
    *
    * @return Fehlermeldung
    * @see java.lang.Throwable#getMessage()
    */
   public String getMessage()
}

/**
 * Hamster-Exception die den Fehler repraesentiert, dass fuer
 * einen Hamster auf einer Kachel ohne Koerner die Methode nimm
 * aufgerufen wird.
 */
public class KachelLeerException extends HamsterException {

   /**
    * Konstruktor, der die Exception mit dem die Exception
    * verschuldenden Hamster und den Koordinaten der
    * koernerlosen Kachel initialisiert.
    *
    * @param hamster
    *               der Hamster, der die Exception verschuldet hat
    * @param reihe
    *               Reihe der koernerlosen Kachel
    * @param spalte
    *               Spalte der koernerlosen Kachel
    */
   public KachelLeerException(Hamster hamster, int reihe,
           int spalte)

   /**
    * liefert die Reihe der koernerlosen Kachel
    *
    * @return die Reihe der koernerlosen Kachel
    */
   public int getReihe()

   /**
    * liefert die Spalte der koernerlosen Kachel
    *
    * @return die Spalte der koernerlosen Kachel
    */
   public int getSpalte()

   /**
    * liefert eine der Exception entsprechende Fehlermeldung
    *
    * @return Fehlermeldung
```

```
     * @see java.lang.Throwable#getMessage()
     */
    public String getMessage()
}


/**
 * Hamster-Exception die den Fehler repraesentiert, dass fuer
 * einen Hamster ohne Koerner im Maul die Methode gib aufgerufen
 * wird.
 */
public class MaulLeerException extends HamsterException {

    /**
     * Konstruktor, der die Exception mit dem Hamster
     * initialisiert, der die Exception verschuldet hat.
     *
     * @param hamster
     *                der Hamster, der die Exception verschuldet hat
     */
    public MaulLeerException(Hamster hamster)

    /**
     * liefert eine der Exception entsprechende Fehlermeldung
     *
     * @return Fehlermeldung
     * @see java.lang.Throwable#getMessage()
     */
    public String getMessage()
}
```

## B.2  Die Klasse Hamster

```
/**
 * Repraesentation von objektorientierten Hamstern im
 * Java-Hamster-Modell
 */
public class Hamster extends Thread {

    /**
     * Blickrichtung Nord
     */
    public final static int NORD = 0;

    /**
     * Blickrichtung Ost
     */
    public final static int OST = 1;

    /**
     * Blickrichtung Sued
     */
    public final static int SUED = 2;

    /**
     * Blickrichtung West
     */
    public final static int WEST = 3;

    /**
```

```
 * Konstruktor zum Erzeugen eines nicht initialisierten
 * Hamsters
 */
public Hamster()

/**
 * Konstruktor zum Erzeugen und Initialisieren eines Hamsters
 * mit den uebergebenen Parametern
 *
 * @param reihe
 *             die Reihe des Territoriums, in der der Hamster
 *             erzeugt wird
 * @param spalte
 *             die Spalte des Territoriums, in der der Hamster
 *             erzeugt wird
 * @param blickrichtung
 *             die Richtung, in der der Hamster anfangs schaut
 *             (siehe Konstanten)
 * @param anzahlKoerner
 *             die Anzahl an Koernern, die der Hamster anfangs
 *             im Maul hat
 * @throws HamsterInitialisierungsException
 *             wird geworfen, wenn: (a) eine Kachel
 *             (reihe/spalte) nicht existiert (b) die Kachel
 *             (reihe/spalte) durch eine Mauer blockiert ist
 *             (c) der Wert von blickrichtung nicht zwischen
 *             0 und 3 liegt (d) der Wert von anzahlKoerner <
 *             0 ist
 */
public Hamster(int reihe, int spalte, int blickrichtung,
        int anzahlKoerner)
        throws HamsterInitialisierungsException

/**
 * Konstruktor zum Erzeugen und Initialisieren eines Hamsters
 * mit den Werten eines bereits existierenden Hamsters
 *
 * @param hamster
 *             ein bereits existierender Hamster
 */
public Hamster(Hamster hamster)

/**
 * Methode zum Initialisieren eines noch nicht initialisierten
 * Hamsters. Der Aufruf der Methode fuer einen bereits
 * initialisierten Hamster bewirkt nichts.
 *
 * @param reihe
 *             die Reihe des Territoriums, in der der Hamster
 *             erzeugt wird
 * @param spalte
 *             die Spalte des Territoriums, in der der Hamster
 *             erzeugt wird
 * @param blickrichtung
 *             die Richtung, in der der Hamster anfangs schaut
 *             (siehe Konstanten)
 * @param anzahlKoerner
 *             die Anzahl an Koernern, die der Hamster anfangs
 *             im Maul hat
 * @throws HamsterInitialisierungsException
```

```
 *                   wird geworfen, wenn: (a) eine Kachel
 *                   (reihe/spalte) nicht existiert (b) die Kachel
 *                   (reihe/spalte) durch eine Mauer blockiert ist
 *                   (c) der Wert von blickrichtung nicht zwischen
 *                   0 und 3 liegt (d) der Wert von anzahlKoerner <
 *                   0 ist
 */
public synchronized void init(int reihe, int spalte,
        int blickrichtung, int anzahlKoerner)
        throws HamsterInitialisierungsException


/**
 * Der aufgerufene Hamster springt auf die in Blickrichtung
 * vor ihm liegende Kachel.
 *
 * @throws HamsterNichtInitialisiertException
 *                   wird geworfen, wenn der Hamster noch nicht
 *                   initialisiert worden ist
 * @throws MauerDaException
 *                   wird geworfen, wenn die Kachel in
 *                   Blickrichtung vor dem Hamster durch eine Mauer
 *                   blockiert ist oder der Hamster in
 *                   Blickrichtung am Rand des Territoriums steht
 */
public synchronized void vor()
        throws HamsterNichtInitialisiertException,
        MauerDaException


/**
 * Der aufgerufene Hamster dreht sich linksum.
 *
 * @throws HamsterNichtInitialisiertException
 *                   wird geworfen, wenn der Hamster noch nicht
 *                   initialisiert worden ist
 */
public synchronized void linksUm()
        throws HamsterNichtInitialisiertException


/**
 * Der aufgerufene Hamster legt ein Korn auf der Kachel ab,
 * auf der er sich gerade befindet.
 *
 * @throws HamsterNichtInitialisiertException
 *                   wird geworfen, wenn der Hamster noch nicht
 *                   initialisiert worden ist
 * @throws MaulLeerException
 *                   wird geworfen, wenn der Hamster keine Koerner
 *                   im Maul hat
 */
public synchronized void gib()
        throws HamsterNichtInitialisiertException,
        MaulLeerException


/**
 * Der aufgerufene Hamster frisst ein Korn auf der Kachel,
 * auf der er sich gerade befindet.
 *
 * @throws HamsterNichtInitialisiertException
 *                   wird geworfen, wenn der Hamster noch nicht
 *                   initialisiert worden ist
```

```
 *  @throws KachelLeerException
 *                 wird geworfen, wenn auf der Kachel, auf der
 *                 sich der Hamster gerade befindet, kein Korn
 *                 liegt
 */
public synchronized void nimm()
        throws HamsterNichtInitialisiertException,
        KachelLeerException

/**
 *  liefert genau dann true, wenn sich in Blickrichtung vor
 *  dem aufgerufenen Hamster keine Mauer befindet (wenn sich
 *  der Hamster in Blickrichtung am Rand des Territoriums
 *  befindet, wird false geliefert)
 *
 *  @return true, wenn sich in Blickrichtung vor dem
 *          aufgerufenen Hamster keine Mauer befindet; sonst
 *          false
 *  @throws HamsterNichtInitialisiertException
 *                 wird geworfen, wenn der Hamster noch nicht
 *                 initialisiert worden ist
 */
public synchronized boolean vornFrei()
        throws HamsterNichtInitialisiertException

/**
 *  liefert genau dann true, wenn der aufgerufene Hamster
 *  keine Koerner im Maul hat
 *
 *  @return true, wenn der aufgerufene Hamster keine Koerner
 *          im Maul hat; sonst false
 *  @throws HamsterNichtInitialisiertException
 *                 wird geworfen, wenn der Hamster noch nicht
 *                 initialisiert worden ist
 */
public synchronized boolean maulLeer()
        throws HamsterNichtInitialisiertException

/**
 *  liefert genau dann true, wenn auf der Kachel, auf der sich
 *  der aufgerufene Hamster gerade befindet, mindestens ein
 *  Korn liegt
 *
 *  @return true, wenn auf der Kachel, auf der sich der
 *          aufgerufene Hamster gerade befindet, mindestens
 *          ein Korn liegt; sonst false
 *  @throws HamsterNichtInitialisiertException
 */
public synchronized boolean kornDa()
        throws HamsterNichtInitialisiertException

/**
 *  gibt den uebergebenen String (in einer Dialogbox) auf den
 *  Bildschirm aus
 *
 *  @param zeichenkette
 *                 der auszugebende String
 *  @throws HamsterNichtInitialisiertException
 *                 wird geworfen, wenn der Hamster noch nicht
 *                 initialisiert worden ist
```

```
    */
    public synchronized void schreib(String zeichenkette)
            throws HamsterNichtInitialisiertException

    /**
     * gibt den uebergebenen String auf den Bildschirm aus und
     * fordert den Benutzer auf, einen String einzugeben; der
     * eingegebene String wird als Wert geliefert
     *
     * @param aufforderung
     *              der auszugebende String
     * @return der vom Benutzer eingegebene String
     * @throws HamsterNichtInitialisiertException
     *              wird geworfen, wenn der Hamster noch nicht
     *              initialisiert worden ist
     */
    public synchronized String liesZeichenkette(
            String aufforderung)
            throws HamsterNichtInitialisiertException

    /**
     * gibt den uebergebenen String auf den Bildschirm aus und
     * fordert den Benutzer auf, eine Zahl einzugeben; die
     * eingegebene Zahl wird als Wert geliefert (wenn der
     * Benutzer eine ungueltige Zahl eingibt, wird der Wert 0
     * geliefert)
     *
     * @param aufforderung
     *              der auszugebende String
     * @return die vom Benutzer eingegebene Zahl
     * @throws HamsterNichtInitialisiertException
     *              wird geworfen, wenn der Hamster noch nicht
     *              initialisiert worden ist
     */
    public synchronized int liesZahl(String aufforderung)
            throws HamsterNichtInitialisiertException

    /**
     * liefert die Reihe der Kachel des Territoriums, auf der
     * sich der aufgerufene Hamster gerade befindet
     *
     * @return die Reihe der Kachel des Territoriums, auf der
     *              sich der aufgerufene Hamster gerade befindet
     * @throws HamsterNichtInitialisiertException
     *              wird geworfen, wenn der Hamster noch nicht
     *              initialisiert worden ist
     */
    public synchronized int getReihe()
            throws HamsterNichtInitialisiertException

    /**
     * liefert die Spalte der Kachel des Territoriums, auf der
     * sich der aufgerufene Hamster gerade befindet
     *
     * @return die Spalte der Kachel des Territoriums, auf der
     *              sich der aufgerufene Hamster gerade befindet
     * @throws HamsterNichtInitialisiertException
     *              wird geworfen, wenn der Hamster noch nicht
     *              initialisiert worden ist
     */
```

```
public synchronized int getSpalte()
        throws HamsterNichtInitialisiertException

/**
 * liefert die Blickrichtung, in die der aufgerufene Hamster
 * gerade schaut (die gelieferten Werte entsprechen den
 * obigen Konstanten)
 *
 * @return die Blickrichtung, in die der aufgerufene Hamster
 *         gerade schaut
 * @throws HamsterNichtInitialisiertException
 *             wird geworfen, wenn der Hamster noch nicht
 *             initialisiert worden ist
 */
public synchronized int getBlickrichtung()
        throws HamsterNichtInitialisiertException

/**
 * liefert die Anzahl der Koerner, die der aufgerufene
 * Hamster gerade im Maul hat
 *
 * @return die Anzahl der Koerner, die der aufgerufene
 *         Hamster gerade im Maul hat
 * @throws HamsterNichtInitialisiertException
 *             wird geworfen, wenn der Hamster noch nicht
 *             initialisiert worden ist
 */
public synchronized int getAnzahlKoerner()
        throws HamsterNichtInitialisiertException

/**
 * liefert den Standard-Hamster, das ist der Hamster, der
 * sich standardmaessig im Territorium befindet, ohne
 * explizit erzeugt werden zu muessen
 *
 * @return der Standard-Hamster
 */
public synchronized static Hamster getStandardHamster()

/**
 * liefert die Gesamtzahl an erzeugten und initialisierten
 * Hamstern im Territorium (inkl. dem Standard-Hamster)
 *
 * @return die Gesamtzahl an erzeugten und initialisierten
 *         Hamstern im Territorium
 */
public synchronized static int getAnzahlHamster()

/**
 * Methode, die einen Klon des aufgerufenen Hamsters erzeugt
 * und liefert, d.h. die Werte der Attribute des neuen
 * Hamsters sind identisch zu den Werten des aufgerufenen
 * Hamsters. Wenn der aufgerufene Hamster noch nicht
 * initialisiert ist, wird der neu erzeugte Hamster auch
 * nicht initialisiert (ueberschreibt die entsprechende von
 * der Klasse Object geerbte Methode).
 *
 * @return ein Klon des aufgerufenen Hamsters
 * @see java.lang.Object#clone()
 */
```

```
    public synchronized Object clone()

    /**
     * Methode, die ueberprueft, ob die Werte der Attribute des
     * aufgerufenen Hamsters gleich der Attributwerte des
     * uebergebenen Hamsters sind (zwei nicht initialisierte
     * Hamster sind auch gleich) (ueberschreibt die entsprechende
     * von der Klasse Object geerbte Methode)
     *
     * @param hamster
     *                muss ein Objekt der Klasse Hamster oder einer
     *                davon abgeleiteten Klasse sein
     * @see java.lang.Object#equals(java.lang.Object)
     */
    public synchronized boolean equals(Object hamster)

    /**
     * Methode, die eine String-Repraesentation der folgenden Art
     * fuer den aufgerufenen Hamster liefert: "Hamster steht auf
     * Kachel (0/0) mit Blickrichtung OST und 2 Koernern im Maul"
     * Wenn der aufgerufene Hamster noch nicht initialisiert ist,
     * wird folgender String geliefert: "Hamster ist nicht
     * initialisiert" (ueberschreibt die entsprechende von der
     * Klasse Object geerbte Methode)
     *
     * @return eine String-Repraesentation des aktuellen
     *         Hamster-Zustands
     * @see java.lang.Object#toString()
     */
    public synchronized String toString()
}
```

## B.3  Die Klasse `Territorium`

```
package util;

/**
 * Die Klasse stellt eine Repraesentation des
 * Hamster-Territoriums dar. Sie definiert ausschliesslich
 * Klassenmethoden. Diese dienen zum Abfragen bestimmter
 * Zustandswerte des aktuellen Territoriums.
 */
public class Territorium {

    /**
     * private-Konstruktor: es koennen keine Instanzen der Klasse
     * erzeugt werden
     */
    private Territorium()

    /**
     * liefert die Anzahl an Reihen im Territorium
     *
     * @return die Anzahl an Reihen im Territorium
     */
    public synchronized static int getAnzahlReihen()

    /**
     * liefert die Anzahl an Spalten im Territorium
```

```
 *
 * @return die Anzahl an Spalten im Territorium
 */
public synchronized static int getAnzahlSpalten()

/**
 * ueberprueft, ob sich auf der Kachel (reihe/spalte) eine
 * Mauer befindet; es wird genau dann true geliefert, wenn
 * sich auf der angegebenen Kachel eine Mauer befindet oder
 * wenn sich die angegebenen Werte ausserhalb des
 * Territoriums befinden
 *
 * @param reihe
 *          Reihe der Kachel
 * @param spalte
 *          Spalte der Kachel
 * @return true geliefert, wenn sich auf der angegebenen
 *          Kachel eine Mauer befindet oder wenn sich die
 *          angegebenen Werte ausserhalb des Territoriums
 *          befinden; sonst false
 */
public synchronized static boolean mauerDa(int reihe,
        int spalte)

/**
 * liefert die Gesamtzahl an Koernern, die im Territorium auf
 * Kacheln herumliegen
 *
 * @return die Gesamtzahl an Koernern, die im Territorium auf
 *          Kacheln herumliegen
 */
public synchronized static int getAnzahlKoerner()

/**
 * liefert die Anzahl an Koernern auf der Kachel
 * (reihe/spalte) oder 0, falls die Kachel nicht existiert
 * oder durch eine Mauer blockiert ist
 *
 * @param reihe
 *          Reihe der Kachel
 * @param spalte
 *          Spalte der Kachel
 * @return die Anzahl an Koernern auf der Kachel
 *          (reihe/spalte) oder 0, falls die Kachel nicht
 *          existiert oder durch eine Mauer blockiert ist
 */
public synchronized static int getAnzahlKoerner(int reihe,
        int spalte)

/**
 * liefert die Gesamtzahl an erzeugten und initialisierten
 * Hamstern im Territorium (inkl. dem Standard-Hamster)
 *
 * @return die Gesamtzahl an erzeugten und initialisierten
 *          Hamstern im Territorium
 */
public synchronized static int getAnzahlHamster()

/**
 * liefert alle erzeugten und initialisierten Hamster im
```

```
 * Territorium (inkl. dem Standard-Hamster)
 *
 * @return alle erzeugten und initialisierten Hamster im
 *         Territorium
 */
public synchronized static Hamster[] getHamster()

/**
 * liefert die Anzahl an Hamstern auf der Kachel
 * (reihe/spalte) oder 0, falls die Kachel nicht existiert
 * oder durch eine Mauer blockiert ist
 *
 * @param reihe
 *              Reihe der Kachel
 * @param spalte
 *              Spalte der Kachel
 * @return die Anzahl an Hamstern auf der Kachel
 *         (reihe/spalte) oder 0, falls die Kachel nicht
 *         existiert oder durch eine Mauer blockiert ist
 */
public synchronized static int getAnzahlHamster(int reihe,
        int spalte)

/**
 * liefert alle erzeugten und initialisierten Hamster, die
 * aktuell auf der Kachel (reihe/spalte) stehen (inkl. dem
 * Standard-Hamster)
 *
 * @param reihe
 *              Reihe der Kachel
 * @param spalte
 *              Spalte der Kachel
 * @return alle erzeugten und initialisierten Hamster, die
 *         aktuell auf der Kachel (reihe/spalte) stehen
 */
public synchronized static Hamster[] getHamster(int reihe,
        int spalte)

/**
 * liefert ein Objekt, das als Sperr-Objekt fuer Aktionen auf
 * der entsprechenden Kachel genutzt werden kann (und soll)
 *
 * @param reihe
 *              Reihe der Kachel
 * @param spalte
 *              Spalte der Kachel
 * @return ein der Kachel zugeordnetes Sperr-Objekt
 */
public synchronized static Object getKachel(int reihe,
        int spalte)
}
```

## B.4 Klasse AllroundHamster

```
/**
 * die Klasse erweitert den Befehlssatz eines normalen Hamsters
 * um viele nuetzliche Befehle
 */
public class AllroundHamster extends Hamster {
```

```
/**
 * initialisiert einen neuen AllroundHamster mit den
 * uebergebenen Werten
 *
 * @param r
 *               Reihe
 * @param s
 *               Spalte
 * @param b
 *               Blickrichtung
 * @param k
 *               Anzahl Koerner im Maul
 */
public AllroundHamster(int r, int s, int b, int k) {
    super(r, s, b, k);
}

/**
 * initialisiert einen neuen AllroundHamster mit den
 * Attributwerten eines bereits existierenden Hamsters
 *
 * @param existierenderHamster
 *               ein bereits existierender Hamster
 */
public AllroundHamster(Hamster existierenderHamster) {
    super(existierenderHamster);
}

/**
 * der Hamster dreht sich "anzahlDrehungen" mal um 90 Grad
 * nach links
 *
 * @param anzahlDrehungen
 *               Anzahl der linksum-Drehungen
 */
public synchronized void linksUm(int anzahlDrehungen) {
    for (int i = 0; i < anzahlDrehungen; i++) {
        this.linksUm();
    }
}

/**
 * der Hamster dreht sich um 180 Grad
 */
public synchronized void kehrt() {
    this.linksUm(2);
}

/**
 * der Hamster dreht sich um 90 Grad nach rechts
 */
public synchronized void rechtsUm() {
    this.linksUm(3);
}

/**
 * der Hamster laeuft "anzahl" Schritte, maximal jedoch bis
 * zur naechsten Mauer; geliefert wird die tatsaechliche
 * Anzahl gelaufener Schritte
```

```
 *
 * @param anzahl
 *              maximal zu laufende Schritte
 * @return tatsaechliche Anzahl gelaufener Schritte
 */
public synchronized int vor(int anzahl) {
    int schritte = 0;
    while (this.vornFrei() && anzahl > 0) {
        this.vor();
        schritte = schritte + 1;
        anzahl = anzahl - 1;
    }
    return schritte;
}


/**
 * der Hamster legt "anzahl" Koerner ab, maximal jedoch so
 * viele, wie er im Maul hat; geliefert wird die
 * tatsaechliche Anzahl abgelegter Koerner
 *
 * @param anzahl
 *              maximal abzulegende Kerner
 * @return tatsaechliche Anzahl ablegter Koerner
 */
public synchronized int gib(int anzahl) {
    int abgelegteKoerner = 0;
    while (!this.maulLeer() && anzahl > 0) {
        this.gib();
        abgelegteKoerner = abgelegteKoerner + 1;
        anzahl = anzahl - 1;
    }
    return abgelegteKoerner;
}


/**
 * der Hamster frisst "anzahl" Koerner, maximal jedoch so
 * viele, wie auf der aktuellen Kachel liegen
 *
 * @param anzahl
 *              maximal aufzunehmende Koerner
 * @return tatsaechlich Anzahl aufgenommener Koerner
 */
public synchronized int nimm(int anzahl) {
    int gefresseneKoerner = 0;
    while (this.kornDa() && anzahl > 0) {
        this.nimm();
        gefresseneKoerner = gefresseneKoerner + 1;
        anzahl = anzahl - 1;
    }
    return gefresseneKoerner;
}


/**
 * der Hamster legt alle Koerner, die er im Maul hat, auf der
 * aktuellen Kachel ab; geliefert wird die Anzahl abgelegter
 * Koerner
 *
 * @return Anzahl abgelegter Koerner
 */
public synchronized int gibAlle() {
```

```
        int abgelegteKoerner = 0;
        while (!this.maulLeer()) {
            this.gib();
            abgelegteKoerner = abgelegteKoerner + 1;
        }
        return abgelegteKoerner;
}


/**
 * der Hamster frisst alle Koerner auf der aktuellen Kachel;
 * geliefert wird die Anzahl gefressener Koerner
 *
 * @return Anzahl aufgenommener Koerner
 */
public synchronized int nimmAlle() {
    int gefresseneKoerner = 0;
    while (this.kornDa()) {
        this.nimm();
        gefresseneKoerner = gefresseneKoerner + 1;
    }
    return gefresseneKoerner;
}


/**
 * der Hamster laeuft bis zur naechsten Mauer; geliefert wird
 * die Anzahl ausgefuehrter Schritte
 *
 * @return Anzahl ausgefuehrter Schritte
 */
public synchronized int laufeZurWand() {
    int schritte = 0;
    while (this.vornFrei()) {
        this.vor();
        schritte = schritte + 1;
    }
    return schritte;
}


/**
 * der Hamster testet, ob links von ihm die Kachel frei ist
 *
 * @return true, falls die Kachel links vom Hamster frei ist,
 *         false sonst
 */
public synchronized boolean linksFrei() {
    this.linksUm();
    boolean frei = this.vornFrei();
    this.rechtsUm();
    return frei;
}


/**
 * der Hamster testet, ob rechts von ihm die Kachel frei ist
 *
 * @return true, falls die Kachel rechts vom Hamster frei
 *         ist, false sonst
 */
public synchronized boolean rechtsFrei() {
    this.rechtsUm();
    boolean frei = this.vornFrei();
```

```
        this.linksUm();
        return frei;
}


/**
 * der Hamster testet, ob hinter ihm die Kachel frei ist
 *
 * @return true, falls die Kachel hinter dem Hamster frei
 *         ist, false sonst
 */
public synchronized boolean hintenFrei() {
    this.kehrt();
    boolean frei = this.vornFrei();
    this.kehrt();
    return frei;
}


/**
 * der Hamster dreht sich so lange um, bis er in die
 * uebergebene Blickrichtung schaut
 *
 * @param richtung
 *         die Richtung, in die der Hamster schauen soll
 */
public synchronized void setzeBlickrichtung(int richtung) {
    while (this.getBlickrichtung() != richtung) {
        this.linksUm();
    }
}


/**
 * der Hamster laeuft in der Spalte, in der er gerade steht,
 * zur angegebenen Reihe; Voraussetzung: die Reihe existiert
 * und es befinden sich keine Mauern auf dem gewaehlten Weg
 *
 * @param reihe
 *         Reihe, in die der Hamster laufen soll
 */
public synchronized void laufeZuReihe(int reihe) {
    if (reihe == this.getReihe()) {
        return;
    }
    if (reihe > this.getReihe()) {
        this.setzeBlickrichtung(Hamster.SUED);
    } else {
        this.setzeBlickrichtung(Hamster.NORD);
    }
    while (reihe != this.getReihe()) {
        this.vor();
    }
}


/**
 * der Hamster laeuft in der Reihe, in der er gerade steht,
 * zur angegebenen Spalte; Voraussetzung: die Spalte
 * existiert und es befinden sich keine Mauern auf dem
 * gewaehlten Weg
 *
 * @param spalte
 *         Spalte, in die der Hamster laufen soll
```

```
    */
    public synchronized void laufeZuSpalte(int spalte) {
        if (spalte == this.getSpalte()) {
            return;
        }
        if (spalte > this.getSpalte()) {
            this.setzeBlickrichtung(Hamster.OST);
        } else {
            this.setzeBlickrichtung(Hamster.WEST);
        }
        while (spalte != this.getSpalte()) {
            this.vor();
        }
    }


    /**
     * der Hamster laeuft zur Kachel (reihe/spalte);
     * Voraussetzung: die Kachel existiert und es befinden sich
     * keine Mauern im Territorium bzw. auf dem gewaehlten Weg
     *
     * @param reihe
     *              Reihe der Zielkachel
     * @param spalte
     *              Spalte der Zielkachel
     */
    public synchronized void laufeZuKachel(int reihe, int spalte) {
        this.laufeZuReihe(reihe);
        this.laufeZuSpalte(spalte);
    }


    /**
     * ueberprueft, ob auf der Kachel, auf der der Hamster
     * aktuell steht, mindestens eine bestimmte Anzahl an
     * Koernern liegt
     *
     * @param anzahl
     *              Anzahl der geforderten Koerner
     * @return true, falls auf der aktuellen Kachel mindestens
     *         "anzahl"-Koerner liegen
     */
    public synchronized boolean koernerDa(int anzahl) {
        return Territorium.getAnzahlKoerner(this.getReihe(),
                this.getSpalte()) >= anzahl;
    }


    /**
     * liefert die Kachel, auf der der Hamster gerade steht; das
     * Objekt kann als Sperr-Objekt fuer Aktionen auf der
     * entsprechenden Kachel genutzt werden kann
     *
     * @return die Kachel, auf der der Hamster gerade steht
     */
    public synchronized Object getKachel() {
        return Territorium.getKachel(this.getReihe(), this
                .getSpalte());
    }


    /**
     * Hamster schlaeft die uebergebene Zeit (in Millisekunden)
     *
```

```
 * @param millisekunden
 *               die zu schlafende Zeit
 */
public synchronized void schlafen(int millisekunden) {
    try {
        Thread.sleep(millisekunden);
    } catch (InterruptedException exc) {
    }
}
}
```

# Glossar

**Adressraum**  Arbeitsspeicher, der einem Programm für die Speicherung von Daten sowie dem ausführbaren Programmcode vom Betriebssystem zur Verfügung gestellt wird.

**Aktiver Hamster**  Synonym zu ↑selbstständiger Hamster.

**Aktiver Thread**  ↑Thread, der gestartet und noch nicht beendet ist.

**Aktives Warten**  Warten auf das Erfülltsein einer bestimmten Bedingung, indem ständig die Bedingung überprüft wird.

**Aktivierungsbefehl**  Methode der Klasse `Thread` namens `start`, deren Aufruf für ein ↑Thread-Objekt zur Erzeugung eines neuen ↑Threads dient, durch den die Anweisungen der ↑run-Methode der entsprechenden ↑Thread-Klasse ausführt werden.

**Ausschließender Semaphor**  Synonym zu ↑binärer Semaphor.

**Bedingungssynchronisation**  Synonym zu ↑einseitige Synchronisation.

**Betriebsmittel**  Synonym zu ↑Ressource.

**Binärer Semaphor**  ↑Semaphor, dessen interner Zähler mit 1 initialisiert wird. Mit binären Semaphoren kann der ↑gegenseitige Ausschluss realisiert werden.

**Body**  Bezeichnung für die ↑run-Methode einer ↑Thread-Klasse.

**Busy Waiting**  Synonym zu ↑aktives Warten.

**Client-Server-System**  Programmsystem, bei dem ein als Server fungierender ↑Prozess Anfragen von einem oder mehreren Client-Prozessen entgegennimmt und bearbeitet oder bearbeiten lässt.

**Dämon-Thread**  ↑Thread, der automatisch beendet wird, wenn der ↑Main-Thread und alle gestarteten Nicht-Dämon-Threads beendet sind.

**Deadlock**  ↑Verklemmungssituation, bei der jeder ↑Prozess einer Menge von Prozessen auf ein Ereignis wartet, das nur ein anderer Prozess der Menge auslösen kann.

**Einseitige Synchronisation**  Typ der ↑Synchronisation zwischen ↑Prozessen, bei der ein Prozess darauf wartet, dass durch einen anderen Prozess eine bestimmte Bedingung erfüllt bzw. ein bestimmtes Ereignis ausgelöst wird.

**Erzeuger-Verbraucher-Problem**  Klassisches Synchronisationsproblem der ↑parallelen Programmierung. Erzeuger-↑Prozesse legen Daten in einen begrenzt aufnahmefähigen Speicher ab, Verbraucher-Prozesse entnehmen dem Speicher Daten. Erzeuger müssen warten, wenn der Speicher voll ist. Verbraucher müssen warten, wenn der Speicher leer ist.

**Faires Scheduling**  ↑Scheduling-Strategie, die garantiert, dass alle rechenwilligen ↑Prozesse bei der Prozessorzuordnung berücksichtigt werden.

**Garbage-Collector**  ↑Dämonen-Thread, der von der ↑Java Virtual Machine gestartet wird und nicht mehr benötigten Speicher wieder frei gibt.

**Gegenseitiger Ausschluss**  Prinzip, dass sich zu einem Zeitpunkt maximal ein einzelner ↑Prozess in einem ↑kritischen Abschnitt befindet.

**Gemeinsame Variable** Variable, auf die mehrere ↑Prozesse Zugriff haben. Über gemeinsame Variablen können Prozesse ↑Kommunikation betreiben.

**Geschachtelter Monitor** ↑Monitor, bei dessen Realisierung selbst wieder ein anderer ↑Monitor benutzt wird.

**Interleaving** Anordnung der Ausführung von Anweisungen mehrerer ↑Prozesse in einer bestimmten Reihenfolge.

**Java-Scheduler** Der für die Verwaltung und Steuerung von ↑Threads zuständige Teil der ↑Java Virtual Machine.

**Java Virtual Machine** Teil der Java-Laufzeitumgebung, der für die Ausführung von Java-Bytecode zuständig ist.

**Kommunikation** Austausch von Daten zwischen mehreren ↑Prozessen.

**Konkurrenz** Situation, bei der mehrere ↑Prozesse eine ↑Ressource beanspruchen, auf die zu einem Zeitpunkt allerdings nur ein einzelner Prozess zugreifen darf.

**Kooperation** Zusammenarbeit mehrerer ↑Prozesse, um ein gegebenes Problem zu lösen.

**Koordination** Situation, bei der miteinander kooperierende ↑Prozesse sich untereinander abstimmen müssen.

**Kritischer Abschnitt** Teil eines Programms, in dem die Gefahr von ↑Schreib/Schreib- oder ↑Schreib/Lese-Konflikten besteht.

**Leichtgewichtiger Prozess** ↑Prozess, der sich mit anderen Prozessen einen virtuellen ↑Adressraum teilt. ↑Threads werden als leichtgewichtige Prozesse realisiert.

**Leser-Schreiber-Problem** Klassisches Synchronisationsproblem der parallelen Programmierung. Leser- und Schreiber-↑Prozesse wollen einen gemeinsamen kritischen Abschnitt betreten. Es dürfen sich aber zu einem Zeitpunkt niemals sowohl Leser und Schreiber und maximal ein Schreiber im kritischen Abschnitt aufhalten.

**Lock** Synonym zu ↑Sperre.

**Logische Synchronisation** Synonym zu ↑einseitige Synchronisation.

**Livelock** ↑Verklemmungssituation, bei der mehrere ↑Prozesse endlos dieselbe Aktion wiederholen und es nicht schaffen, diesen Zustand zu verlassen.

**Main-Thread** ↑Thread, der beim Starten eines Java-Programms automatisch erzeugt und in dem die main-Prozedur ausgeführt wird.

**Mehrseitige Synchronisation** Maßnahmen zur Vermeidung von ↑Schreib/Schreib- und ↑Schreib/Lese-Konflikten.

**Monitor** Konzept, bei dem die Zugriffe mehrerer ↑Prozesse auf eine gemeinsame ↑Ressource dadurch vor Inkonsistenzen sicher gemacht werden, dass alle Zugriffe über Funktionen erfolgen, die über ein gemeinsames Objekt synchronisiert werden. In Java wurde der Begriff des Monitors für Klassen übernommen, deren Instanzen ↑Thread-sicher sind.

**Mutual Exclusion** Synonym zu ↑gegenseitiger Ausschluss.

**Nebenläufigkeit** Synonym zu ↑Pseudo-Parallelität.

**Parallele Programmierung** Entwicklung ↑paralleler Programme.

**Paralleles objektorientiertes Hamster-Programm** Hamster-Programm mit ↑selbstständigen Hamstern.

**Paralleles Programm** Programm, bei dessen Ausführung mehrere ↑Prozesse gleichzeitig aktiv sind.

**Passiver Hamster** Synonym zu ↑unselbstständiger Hamster.

**Philosophen-Problem** Klassisches Synchronisationsproblem der parallelen Programmierung. Fünf Philosophen sitzen an einem runden Tisch und müssen den Zugriff auf fünf Gabeln, von denen sie jeweils zwei zum Essen benötigen, synchronisieren.

**Polling** Andauernde Überprüfung, ob eine bestimmte Bedingung inzwischen erfüllt ist.

**Preemptives Scheduling** ↑Scheduling-Strategie, bei der rechnenden ↑Prozessen nach einer bestimmten aber nicht unbedingt definierten Zeitspanne der Prozessor vom ↑Scheduler entzogen wird.

**Produzenten-Konsumenten-Problem** Synonym zu ↑Erzeuger-Verbraucher-Problem.

**Prozess** Repräsentation eines Programms während der Ausführung. Ein Prozess umfasst den ausführbaren Code eines Programms sowie Daten im Arbeitsspeicher und weitere Kontextinformationen.

**Pseudo-Parallelität** Simulierte Parallelität der Ausführung mehrerer ↑Prozesse, bei der durch das Betriebssystem oder das Laufzeitsystem dafür gesorgt wird, dass die Prozesse abwechselnd einen einzelnen Prozessor zugeteilt bekommen.

**Quasi-Parallelität** Synonym zu ↑Pseudo-Parallelität.

**Queue** Datenstruktur für den geregelten Austausch von Objekten zwischen mehreren ↑Prozessen.

**Race** Situation, bei der mehrere ↑Prozesse um einen einzelnen Prozessor konkurrieren und ihn jeweils eine unbestimmte Zeitlang zugeordnet bekommen.

**Race-Condition** Umstände eines ↑Race.

**Reentrant** Spezielle Eigenschaft einer ↑Sperre. Wenn ein ↑Prozess die Sperre eines ↑Sperr-Objektes bereits besitzt, kann er die Sperre dieses Objektes bei weiteren Versuchen ungehindert passieren.

**Ressource** Oberbegriff für (gemeinsame) Güter, auf die unter Umständen mehrere ↑Prozesse Zugriff haben und um die sie konkurrieren (Variablen, Körner, Prozessor, Drucker, ...)

**run-Methode** Methode, in der die Aktivitäten eines ↑Threads beschrieben werden. Beim Aufruf der start-Methode eines ↑Thread-Objektes wird ein neuer Thread erzeugt, der die Anweisungen der run-Methode der entsprechenden ↑Thread-Klasse ausführt.

**Scheduler** Instanz des Betriebssystems oder Laufzeitsystems, die für das ↑Scheduling von ↑Prozessen zuständig ist.

**Scheduling** Verwaltung und Steuerung von ↑Prozessen, insbesondere was die Zuordnung von Prozessen zum Prozessor betrifft.

**Schlossalgorithmus** Algorithmus zur Realisierung der Zugriffsmethoden einer ↑Schlossvariablen.

**Schlossvariable** Abstrakte Datenstruktur zur Verwaltung ↑kritischer Abschnitte.

**Schreib/Lese-Konflikt** Konflikt der entstehen kann, wenn ein ↑Prozess schreibend und andere Prozesse lesend auf eine ↑gemeinsame Variable zugreifen.

**Schreib/Schreib-Konflikt** Konflikt, der entstehen kann, wenn mehrere ↑Prozesse schreibend auf eine ↑gemeinsame Variable zugreifen.

**Schwergewichtiger Prozess** ↑Prozess auf Betriebssystemebene mit eigenem virtuellen ↑Adressraum.

**Selbstständiger Hamster** Hamster, dessen ↑run-Methode in einem ↑Thread nebenläufig zu anderen Threads ausgeführt wird.

**Semaphor** Abstrakter Datentyp zur Verwaltung eines ↑kritischen Abschnitts, der aus einem internen Zähler, einer Warteschlange, einer Methode zum Eintreten in den kritischen Abschnitt und einer zweiten Methode zum Verlassen des kritischen Abschnitts besteht.

**Sequentielles objektorientiertes Hamster-Programm** Hamster-Programm ohne ↑selbstständige Hamster.

**Sequentielles Programm** Programm, dessen Anweisungen nacheinander in einem einzelnen ↑Prozess ausgeführt werden.

**Sperre** Hilfsmittel, das zu einer kontrollierten reversiblen Blockade von ↑Prozessen eingesetzt werden kann.

**Sperr-Objekt** Objekt, dessen Sperre in Java in einer ↑synchronized-Anweisung zur Realisierung des ↑gegenseitigen Ausschlusses genutzt wird.

**Synchronisation** Maßnahmen zur Ordnung der zeitlichen Abfolge bestimmter Aktivitäten mehrerer ↑Prozesse. Man unterscheidet die ↑einseitige und die ↑mehrseitige Synchronisation.

**synchronized-Anweisung** Spezielle Java-Anweisung zur Realisierung des ↑gegenseitigen Ausschlusses.

**synchronized-Methode** Abkürzende Schreibweise für die Umsetzung einer kompletten Methode als ↑synchronized-Anweisung in Java.

**Thread** ↑Leichtgewichtiger Prozess in Java.

**Thread-Klasse** Klasse, die von der Klasse `java.lang.Thread` direkt oder indirekt abgeleitet ist.

**Thread-Methode** Methode, die in einem extra hierfür erzeugten ↑Thread ausgeführt wird.

**Thread-Objekt** Objekt einer ↑Thread-Klasse.

**Thread-sichere Klasse** Klasse, deren gleichzeitige Nutzung durch mehrere ↑Threads nicht zu Inkonsistenzen führen kann. Problematische Methoden derartiger Klassen sind im Allgemeinen als ↑synchronized-Methoden realisiert.

**Thread-Zustand** Zustand, in dem sich ein ↑Thread befinden kann (erzeugt, rechenwillig, rechnend, blockiert, beendet).

**Unselbstständiger Hamster** Hamster, dem kein eigener ↑Thread zugeordnet ist.

**Verklemmung** Situation, in der ein ↑paralleles Programm einen Zustand erreicht, den es nicht mehr verlässt, der aber nicht der gewünschte Endzustand ist. Zwei Typen von Verklemmungen sind ↑Deadlocks und ↑Livelocks.

**Verteiltes Programm** Programm, das nicht auf einem einzelnen Rechner ausgeführt wird, sondern auf mehreren Rechnern, die über ein Netzwerk miteinander verbunden sind.

**Wettrennen** Synonym zu ↑Race.

# Literaturverzeichnis

[BB04]    BOLES, D. und C. BOLES: *Objektorientierte Programmierung spielend gelernt mit dem Java-Hamster-Modell*. Teubner, 2004.

[Bol08]   BOLES, D.: *Programmieren spielend gelernt mit dem Java-Hamster-Modell*. Teubner, 4. Auflage Auflage, 2008.

[GPB⁺06]  GÖTZ, B., T. PEIERLS, J. BLOCK, J. BOWBEER, D. HOLMES und D. LEA: *Java Concurrency in Practice*. Addison-Wesley Longman, Amsterdam, 2006.

[HH94]    HERRTWICH, R. G. und G. HOMMEL: *Nebenläufige Programme*. Springer, 1994.

[Lea99]   LEA, D.: *Concurrent Programming in Java. Design Principles and Patterns*. Addison-Wesley Longman, Amsterdam, 1999.

[Oec07]   OECHSLE, R.: *Parallele und verteilte Anwendungen in Java*. Carl Hanser Verlag, 2007.

[OW04]    OAKS, S. und H. WONG: *Java Threads*. O'Reilly Media, 2004.

[TvS07]   TANENBAUM, A. und M. VAN STEEN: *Verteilte Systeme: Prinzipien und Paradigmen*. Pearson Studium, 2007.

# Sachverzeichnis

# Aus dem Programm Informatik

Boles, Dietrich

**Programmieren spielend gelernt
mit dem Java-Hamster-Modell**

4., überarb. Aufl. 2008. XIV, 368 S. mit 190 Abb. Br. EUR 24,90
ISBN 978-3-8351-0194-4

Grundlagen: Programmierung - Programmiersprachen - Programm-
entwicklung - Computer - Aussagenlogik - Imperative Programmierung:
Grundlagen des Hamster-Modells - Anweisungen und Programme - Prozeduren - Auswahlanweisungen - Wiederholungsanweisungen - Boolesche
Funktionen - Programmentwurf - Boolesche Variablen - Zahlen, Variablen
und Ausdrücke - Prozeduren und Funktionen - Funktionsparameter -
Rekursion - Ausblick

Mit dem Hamster-Modell wird Programmieranfängern ein einfaches
aber mächtiges Modell zur Verfügung gestellt, mit dessen Hilfe
Grundkonzepte der Programmierung auf spielerische Art und Weise
erlernt werden.

**VIEWEG+
TEUBNER**

Abraham-Lincoln-Straße 46
65189 Wiesbaden
Fax 0611.7878-400
www.viewegteubner.de

Stand Januar 2008.
Änderungen vorbehalten.
Erhältlich im Buchhandel oder im Verlag.